Valéry Giscard d'Estaing · Macht und Leben

Valéry Giscard d'Estaing

Macht und Leben

Erinnerungen

Ullstein

Titel der französischen Originalausgabe: *Le pouvoir et la vie*
Published by Compagnie 12, Paris 1988

Ins Deutsche übertragen von Widulind Clerc-Erle und Martina Drescher

Satz: Fotosatz-Service Weihrauch, Würzburg
Druck und Verarbeitung: May & Co. Nachf., Darmstadt
Printed in Germany 1988
ISBN 3 550 07936 2

CIP-Titelaufnahme der Deutschen Bibliothek

Giscard d'Estaing, Valéry:
Macht und Leben : Erinnerungen / Valéry Giscard d'Estaing.
[Ins Dt. übertr. von Widulind Clerc-Erle u. Martina Drescher].
– Frankfurt/Main ; Berlin : Ullstein, 1988
Einheitssacht.: Le pouvoir et la vie ‹dt.›
ISBN 3-550-07936-2

Für Anne-Aymone,
Valérie-Anne, Henri,
Louis und Jacinte
und all die, die ich in das Abenteuer
der Macht und des Lebens mitgerissen
habe.

Wenn er scheitert,
so zumindest am Wagnis großer Dinge;
daß sein Platz nie unter den kalten,
ängstlichen Seelen sei,
die weder den Sieg noch die
Niederlage kennen.

Theodore Roosevelt

Inhalt

	Vorwort	9
	Leben als Präsident	
I	Über die Gesundheit von Staatsmännern	13
II	Die Amtseinführung	55
III	Begegnungen	76
	Der Schah von Persien	76
	Jean Monnet	103
	Helmut Schmidt	108
IV	Staatsgeheimnisse	141
V	Wie Entscheidungen getroffen werden	155
VI	Frauen in der Politik	208
VII	Die Todesstrafe	225
VIII	Symbole	240
IX	Bewegende Augenblicke	268
X	Ausblick	298
	Anhang	308
	Bericht von Sonderbotschafter Michel Poniatowski vom 29. 12. 1978 über die Vorgänge in Teheran	

Vorwort

Leben als Präsident

Als der Kommandowagen, in dem ich entlang der Seine-Kais die Truppenparade abgenommen hatte, an jenem Morgen des 14. Juli 1974 auf der Place de la Bastille hielt, fragte ich mich, wie ich wohl am besten aussteigen könnte. Dieser Wagen mit hohem Bodenabstand besaß lediglich ein kleines grünes Trittbrett aus Metall, das sich etwa auf halber Höhe befand. Sich am Türrahmen festzuhalten und mit abgewandtem Rücken herauszuklettern, hätte ausgesprochen unelegant ausgesehen. Aber wegen der Höhe gab es keine andere Möglichkeit.

Vor mir sah ich den großen leeren, in der gleißenden Sonne liegenden Platz, weit entfernt die Reihen der Zuschauer. Dort erhob sich in der Mitte die offizielle Tribüne. Sie wirkte durch das Gegenlicht fast schwarz. Es blieb mir nichts anderes übrig: Ich mußte aus dem Wagen aussteigen und diese große sonnenüberflutete Fläche überschreiten. Vor der Fahne und der Musikkapelle der Republikanischen Garde, deren rote Federbüsche ich von weitem sah, sollte ich stehenbleiben.

Ein Schwindel ergriff mich, vergleichbar jenem, der einen auf einem Berggipfel überfallen kann. Keine Angst, sondern eine Art Kribbeln in den Gliedern, vor allem in den Beinen. Ein Kribbeln, das sie so schwach macht, daß man glaubt, sie seien aus Watte. Beim Aussteigen klammerte ich mich doch am Türrahmen fest. Dann ging ich, begleitet von zwei Militärs, die sich dicht hinter mir hielten, auf die Tribüne zu.

Mein Kopf war ganz leer. Ich fühlte mich wie in einem luftleeren Raum: Ein ähnliches Gefühl, als ob man zu rasch aufgestanden und das Gehirn noch nicht richtig durchblutet sei.

Ich blieb vor der Fahne stehen, und die Militärkapelle begann, die

Marseillaise zu spielen. Die dunklen Reihen des Musikkorps wirkten beruhigend auf mich. Da sie nur ein paar Meter von mir entfernt waren, verkürzten sie die Perspektive. Aber ich dachte daran, daß noch der ganze Platz vor mir lag. Wieder beschlich mich Angst: Ich würde es nicht schaffen, mein Gleichgewicht zu bewahren, mit diesen Beinen wie aus Watte und diesem Dröhnen in den Ohren. Wirre Gedanken über das, was mit mir geschehen könnte, schossen mir durch den Kopf. Ich kam mir vor wie ein Spielzeug, das man vergessen hatte aufzuziehen.

Die Kapelle spielte jetzt, etwas zurückgenommener, ». . . hört, Brüder! Hört ihr nicht im Felde . . .« Plötzlich merkte ich, daß ich aufgehört hatte zu atmen. Und ich sagte mir, wenn ich nicht sofort wieder normal zu atmen anfangen würde, hätte ich keinerlei Chance, mit natürlich wirkendem Gang den Platz zu überschreiten. Ich konzentrierte mich ganz auf diesen Gedanken und zwang mich, den Mund zu öffnen, um wieder regelmäßig Luft zu holen. Ich fühlte, wie meine Kräfte zurückkehrten. Langsam löste ich mich aus der Erstarrung. Ich ging auf die Rednertribüne zu, kletterte die Stufen hinauf, begrüßte den Ministerpräsidenten und die Präsidenten der Nationalversammlung. Es war geschafft.

In Erinnerung an dieses Erlebnis, an das ungeheure Mißverständnis, das Regierende und Regierte voneinander entfernt, sie in dem Glauben wiegt, sie gehörten verschiedenen menschlichen Rassen an, beschloß ich, dieses Buch zu schreiben. Keine Memoiren also, keinen chronologischen Bericht von Ereignissen und Gedanken. Wer zu früh damit anfängt, kann kaum ehrlich und objektiv dabei sein. Die Memoiren, die ich gelesen habe und in denen es um Ereignisse ging, deren Zeuge ich selbst war, geben die Wirklichkeit nicht so wieder, wie ich sie erlebte. Möglicherweise sind andere aber eher in der Lage, Vergangenes aufzuarbeiten.

Die vollständigen Unterlagen über die sieben Jahre meiner Präsidentschaft werden in den Staatsarchiven aufbewahrt. Sie füllen dort, so wurde mir gesagt, 540 Meter Regalwand; diese enthalten meine Memoiren. Vielleicht wird eines Tages ein Biograph auf sie zurückgreifen. Ich hoffe, er wird mir freundlich gesonnen und begabt sein. Denn je häufiger ich voller Vergnügen die Biographien anderer Leute lese, desto klarer wird mir, daß unser Bild historischer Persönlichkeiten weniger auf ihren eigenen Fehlern oder Qualitäten beruht als auf dem Talent und dem Wohlwollen ihrer Biographen.

Also keine Memoiren. Sondern ein Versuch, das mitzuteilen, was ich als Präsident der Republik erlebte: was ich fühlte und gedacht habe. Ich wollte beschreiben, was für mich das Fazit der Begegnungen mit anderen Menschen ist, was ich während meiner Gespräche mit ihnen beobachten konnte und was an inneren und äußeren Spannungen zurückgeblieben ist.

Es ist eine banale Erkenntnis, daß die einfachsten Gefühle sich nur schwer ausdrücken lassen. Jeder hat es auf seine Weise versucht, Worte, Verse, Musik beschworen. Wie soll ich da die eigene Erfahrung mit einem Amt beschreiben, das ich selbst als fremd und abstrakt, mit allzu großen Machtbefugnissen ausgestattet, empfunden habe. Als mit Lebensbedingungen verbunden, die mit denen anderer Menschen nichts mehr gemein haben?

Eine Möglichkeit scheint mir zu sein, spontan und in aller Offenheit meinen Erinnerungen zu vertrauen. Ich werde mich also damit begnügen, Eindrücke und Bilder wiederzugeben, die in meinem Gedächtnis auftauchen, den Text nicht allzusehr zu »schönen« und nachträglich nicht zu verändern.

Es scheint mir auch besser zu sein, mich auf die Genauigkeit meiner Erinnerungen zu verlassen. Ich werde keine großen Nachforschungen anstellen, höchstens ein paar Daten und ein paar Orte nachprüfen lassen. Diese Aufgabe werde ich Philippe Sauzay anvertrauen, der mein Kabinettschef war, als ich meinen Einzug in den Elysée-Palast hielt, und der bis zum Ende meiner Amtszeit ein mir treuer und fähiger Mitarbeiter war.

Davon abgesehen, hat unser Gedächtnis eine eigene Art von Genauigkeit: Wenn ich mich an ein bestimmtes Ereignis oder einen bestimmten Eindruck in einer bestimmten Art erinnere, so ist das auch gleichsam das Substrat dessen, was sie in mir zurückgelassen haben. Und dann ist es auf jeden Fall besser, ich gebe diese Zeit so wieder, wie sie sich mir darstellt.

Ich werde dabei auch keine chronologische Reihenfolge einhalten, denn ich erzähle hier keine fortlaufende Geschichte. Aber ich werde mich bemühen, den Rhythmus der Bewegung zu wahren, den ich empfunden habe, der mich begleitet, mich unterstützt und über diese sieben Jahre hinweg getragen hat. Von dem anfänglichen, fast jugendlichen und zuversichtlichen Enthusiasmus nach einer kurzen Wahlkampagne bis hin zu jenen gischtigen, alles überrollenden Wogen, unter denen ich bereits die verborgenen, drohenden und tödlichen Klippen emporragen sah.

I

Über die Gesundheit von Staatsmännern

Ohne Georges Pompidous Krankheit und seinen Tod wäre ich nie Präsident der Republik geworden.

Nur ein einziges Mal war der Präsident mir gegenüber auf seine Wiederwahl zu sprechen gekommen. Das war im November 1973, anläßlich einer unserer wöchentlichen Besprechungen im Elysée-Palast. Ich zitiere aus dem Gedächtnis: »Ich habe nicht die Absicht, erneut für die Präsidentschaft zu kandidieren. Einmal, finde ich, reicht. Außerdem will meine Frau nichts davon hören. Sie ist entschlossen, mich daran zu hindern. Aber - und das sollten Sie wissen - es gibt einen Grund, der mich doch dazu veranlassen würde, und zwar unter allen Umständen: falls sich herausstellen sollte, daß ich der einzige bin, der François Mitterrand schlagen könnte. Ich werde alles tun, um seinen Wahlsieg und seinen Einzug in den Elysée-Palast zu verhindern. Wenn es sein muß, werde ich mich dann erneut zur Wahl stellen.«

Daraus schloß ich, daß er mit ziemlicher Sicherheit wieder kandidieren würde. Wahrscheinlich würden die Meinungsumfragen ergeben, daß er tatsächlich als einziger Mann François Mitterrand schlagen könne. Ich rechnete also mit seiner Wiederwahl und hoffte, in diesem Fall meine Arbeit an der Spitze meines mir vertraut gewordenen Wirtschafts- und Finanzministeriums fortsetzen zu können. Mir war zwar klar, daß eine so lange Tätigkeit in einem derart wichtigen Ministerium früher oder später Probleme aufwerfen mußte. Aber man würde ja sehen.

Aufgrund ihrer Ansichten über Zynismus und Skrupellosigkeit der Politiker sind weite Kreise der Öffentlichkeit davon überzeugt, wir hätten von der schweren Erkrankung des Präsidenten damals schon gewußt. Das stimmt nicht. Wir ahnten davon nichts.

Gerüchte kamen auf, genährt durch die sich häufenden »Grippen« des Präsidenten und durch die langen Ruhepausen danach. Ich bemerkte die Schwere seiner Krankheit zum ersten Mal in der »Caravelle«, mit der wir am 30. Mai 1973 zu einem zweiten Gipfeltreffen mit Richard Nixon in Reykjavik nach Island flogen.

Präsident Pompidou hielt sich in einem Abteil auf, das in der vorderen Hälfte des Flugzeugs für ihn eingerichtet war. Zu beiden Seiten des Mittelgangs standen zwei Tische sowie einander gegenüberstehende Sessel. Eine Wand trennte diesen Raum von dem übrigen Teil der Kabine, in der sich das »Gefolge« befand.

Wir überflogen gerade Nord-Schottland mit seinen Inselreihen, die aus einem grauen, mit Schaumkronen bedeckten Meer emporragten, als der Präsident mich durch seinen persönlichen Adjutanten rufen ließ. Er besprach mit mir Währungsfragen und die Kursschwankungen des Dollars im Vergleich mit dem Franc. Sollte man mit den Amerikanern über bindende Zusicherungen bezüglich ihrer Intervention auf dem Devisenmarkt verhandeln? Ich antwortete ihm ziemlich kurz: Damals waren die Probleme des Geldmarktes weniger wichtig als bei dem vorhergehenden Gipfeltreffen auf den Azoren.

Wir waren allein; der Stewart hatte uns Kaffee gebracht. Präsident Pompidou sagte zu mir: »Bitte entschuldigen Sie mich. Ich bin noch ziemlich erkältet. Wahrscheinlich sind daran die vielen Zigaretten schuld. Ich will vor der Ankunft noch ein bißchen schlafen. Bleiben Sie ruhig da. Hier können Sie besser arbeiten als im hinteren Teil der Maschine.«

Ich setzte mich auf die andere Seite des Mittelgangs. Er schlief fast augenblicklich ein, den Kopf zurückgelehnt und mit offenem Mund. Sein Atem ging schwer. Und plötzlich sah ich ihn anders: sein vor Müdigkeit graues Gesicht. Statt einer frischen, glatten Haut mit ein paar kleinen Lachfalten um den Mund: eine sich verdickende Lederhaut, hinter der das Leben sich zurückzuziehen begann.

Es krampfte mir das Herz zusammen. Ich bemühte mich, nicht mehr hinzuschauen. Doch unwillkürlich tat ich es noch zwei- oder dreimal, bis der Stewart uns mitteilte, daß wir bald landen würden. Präsident Pompidou wachte auf und begann sich vorzubereiten. Ich ging zurück in das Heck der Maschine mit diesem beängstigenden und erschütternden Eindruck meiner ersten Begegnung mit seiner Krankheit.

Später kam mir dazu Alphonse Daudets Schilderung des Herzogs von Morny in den Sinn, dessen Sekretär er war. Eines Morgens, als er ihm wie gewöhnlich die Zeitungen und die Korrespondenz brachte, bemerkte er ein paar Blutstropfen auf dem Kopfkissen dicht neben seinem Mund. Morny machte eine Bewegung und entdeckte plötzlich ebenfalls die roten Flecken. Und da sah Daudet, für den Bruchteil einer Sekunde, in seinem Blick die klare, schreckliche Erkenntnis dessen, was geschehen war.

Als ich im Sommer 1973 erfuhr, daß Präsident Pompidou im September einen Staatsbesuch in China plante, dachte ich, die endgültige Entscheidung über diese Reise könnte einen eindeutigen Hinweis auf seinen Gesundheitszustand geben. Denn sicherlich würden seine Ärzte sich dieser anstrengenden Reise widersetzen, wenn er wirklich ernsthaft erkrankt wäre. Wenn sie es aber nicht taten, so hielten sie seine Krankheit wohl für weniger besorgniserregend. Tatsächlich flog Präsident Pompidou am 11. September nach China. Wie alle Minister - nach dem alten Brauch, den General de Gaulle eingeführt hatte - ging auch ich zum Flughafen, um mich von ihm zu verabschieden. Damit hatte ich zunächst meine Antwort.

Erst später, im März 1974, wurde uns im Ministerrat klar, wie ernst es um ihn stand. Jeder wußte, daß ihn die Behandlung aufgrund der Cortisonspritzen sehr anstrengte. Wie immer waren die absurdesten und widersprüchlichsten Gerüchte über die Art seiner Krankheit im Umlauf. Ich hielt es für besser, sie zu ignorieren.

An diesem Morgen ging Präsident Pompidou nicht wie gewöhnlich um den langen Beratungstisch herum, um jedem einzelnen seiner Minister mit einer witzigen Bemerkung die Hand zu schütteln. Er setzte sich sofort in seinen Sessel, oder vielmehr, er ließ sich in ihn fallen. Ganz offensichtlich war er sehr erschöpft. Seine Gesten waren unsicher, seine Haltung nachlässig. Die Regierungsmitglieder mußten wohl alle intuitiv die Situation erfaßt haben, denn die Tagesordnungspunkte wurden rasch abgehandelt, und die Diskussion war kurz. Präsident Pompidou ergriff das Wort: »Meine Herren Minister, ich bitte Sie heute, nicht zu warten, bis ich selbst aufstehe, sondern bereits vorher zu gehen. Die Behandlung, der ich mich unterziehen muß, strengt mich sehr an. Es gibt ja einige, die mich schon auf dem Sterbebett sehen. Nun, sie werden enttäuscht sein. Aber ich muß zugeben, die Behandlung ist sehr anstrengend. Ich danke Ihnen für Ihr Verständnis.«

Wie verließen schweigend den Saal. Von weitem hörte ich das Stimmengewirr aus der Vorhalle. Wegen der Marmorverkleidung klang dort alles besonders laut. Die Halle führte hinaus auf den Hof, wo die Fotografen warteten. Präsident Pompidou blieb allein an dem leeren Tisch sitzen, bis der letzte von uns gegangen war.

Am Nachmittag schrieb ich ihm vom Finanzministerium aus ein paar persönliche Worte, die ich in sein Sekretariat bringen ließ. Ich versicherte Pompidou, er könne sich darauf verlassen, daß seine Minister und besonders ich selbst die Staatsgeschäfte nach den von ihm vorgezeichneten Linien getreulich weiterführen würden, falls er durch die ärztliche Behandlung zu stark angegriffen sei.

Am nächsten Morgen rief ich den Generalsekretär des Präsidialamtes an, um zu erfahren, ob mein üblicher wöchentlicher Besprechungstermin am Mittwoch um 17 Uhr, in dem ich dem Staatspräsidenten einen Bericht über die aktuellen wirtschaftlichen und finanziellen Entwicklungen geben wollte, eingehalten würde. Er bestätigte den Termin. Also fuhr ich wie gewöhnlich am Steuer meines Dienstautos, eines schwarzen Citroëns, die Rue de Rivoli entlang. Mein Chauffeur Gabriel Lavaire saß neben mir. Wie immer fuhr ich ganz rechts, um an der Ampel der Place de la Concorde nicht allzu lange warten zu müssen.

Als sein persönlicher Adjutant mich in sein Büro führte, stand Präsident Pompidou nicht auf.

»Entschuldigen Sie, daß ich sitzen bleibe. Ich bin wegen dieser verflixten Behandlung doch noch sehr erschöpft. Ihren Brief habe ich bekommen.«

In seinem Blick lag eine ungewohnte, fast sanfte Freundlichkeit. Zum ersten Mal schien sein Mißtrauen, das einer der Grundzüge seines Charakters war und das mich oft verletzt und gestört hatte, verflogen zu sein.

»Ich danke Ihnen für diesen Brief. Ihre Worte haben mich gerührt.«

Für einen Augenblick kam ein Gefühl der Ergriffenheit auf. Er fuhr fort: »Da Sie meinen Gesundheitszustand erwähnt haben und man eine Menge dummes Zeug darüber erzählt, will ich Ihnen genau sagen, wie es um mich steht. Man behandelt mich seit mehreren Monaten wegen einer Krankheit, die die Ärzte genau kennen. Was mich so erschöpft, ist nicht die Krankheit, sondern die Behandlung. Aufgrund meines Amtes ist man gezwungen, die Dosis noch zu verstärken. Ich habe mir eine böse Grippe geholt, so daß es zusätzlich ein paar Komplikationen gegeben hat. Vorübergehend muß ich mit der Behandlung aufhören. Am Sonnabend werde ich abreisen. Zunächst will ich das Wochenende über in Orvilliers bleiben und in der Woche darauf fahre ich weiter nach Carjac. Dort werde ich die Ostertage verbringen und bis Mitte April bleiben. Anschließend werde ich, wenn alles normal verläuft, meine Tätigkeit wieder aufnehmen können. Bis dahin wird man mich über die wichtigsten Staatsgeschäfte unterrichten. Ich will es so einrichten, daß ich täglich auf dem laufenden gehalten werde. Sollte sich ein dringendes Problem ergeben, können Sie mich jederzeit besuchen. Am einfachsten ist es, Sie nehmen die Strecke über Balladur.«

Für immer wird mir dieses Bild von ihm bleiben: Sein Gesicht aufgedunsen. Das schwindende Tageslicht unterstreicht noch die Ringe unter seinen Augen. Vor ihm, zu beiden Seiten des Schreibtisches, stehen zwei vergoldete sechsarmige Silberleuchter von Biennais, die für Napoleon angefertigt worden waren. Die Bienen auf den schweren Lampenschirmen sind in der Restaurationszeit entfernt und durch Lilien ersetzt worden.

Ich stehe auf, um mich zu verabschieden. Er kann mich nicht zur Tür begleiten, bleibt sitzen.

Als Finanzminister nahm ich wenige Einladungen zu Abendessen an. Aber am Montag darauf, dem 2. April 1974, fuhr ich nach Neuilly. Ein früherer Mitarbeiter von Paul Reynaud hatte mich eingeladen. Er war später Sekretär von Dag Hammarskjöld bei den Vereinten Nationen geworden und besaß dadurch gute Verbindungen zu den politischen Kreisen in New York. Er empfing an dem Abend

Katherine Graham, die Besitzerin der *Washington Post* und der *Newsweek*, die von zwei ihrer Mitarbeiter begleitet wurde.

Um Viertel vor 10 Uhr hörte ich das Telefon klingeln. Der Haushofmeister, der bei Tisch bediente und im Flur an den Apparat gegangen war, öffnete die Tür und verkündete: »Der Herr Finanzminister wird vom Präsidialamt der Republik am Telefon verlangt.«

Ich verließ den Speisesaal und nahm den Hörer. Eine Männerstimme, die ich nicht kannte – wahrscheinlich von der Vermittlung –, sagte zu mir: »Herr Minister, hier ist der Elysée-Palast. Ich wurde beauftragt, Sie zu benachrichtigen, daß der Präsident der Republik soeben verstorben ist. Es wird sofort bekanntgegeben werden. Man wird Sie noch verständigen, wann die Minister morgen früh zusammentreten werden.« Dann legte er auf.

Ich gehe zurück in den Speisesaal. Ich starre auf den Rücken des Haushofmeisters, auf den Wein auf dem Tisch, der in den blitzenden Rillen der Kristallgläser schwärzlich-rot schimmert, und sage: »Man hat mich soeben benachrichtigt, daß Präsident Pompidou tot ist.«

Meine Stimme klingt flach und hohl. Wie jedesmal, wenn ich etwas sagen muß, das stärker ist als alle Worte. Schweigen. Jeder nimmt eine bestimmte Haltung ein, setzt sich in seinem Sessel zurecht, bevor er die erste Reaktion äußert: Erstaunen, Erschrecken vor dem Unvorhergesehenen, feierliches Schweigen . . . und sucht vor allem die Antwort auf die Frage: Wie muß ich jetzt reagieren auf die Nachricht vom Tod des Präsidenten der Republik?

Nach und nach kommt das Gespräch wieder in Gang. Wer hat ihn als letzter gesehen? Wer hat von seinem nahen Tod etwas geahnt? Er hatte sich auf den Fotos verändert, vor allem sein Gesicht und sein Hals waren zum Schluß sehr aufgedunsen. Und dann beginnen die Lobreden, jene Lobreden, die man den Lebenden verweigert und die nach ihrem Tod so leichtfallen, weil sie zu nichts mehr verpflichten. Dazwischen streut man ein paar Anekdoten ein. Man preist seine Güte, seine vielseitige Bildung, seine Vorliebe für moderne Malerei, die Einfachheit seines Lebens. Das Problem seiner Nachfolge wird noch nicht angesprochen. Es ist schicklicher, zumindest eine viertel Stunde, eine halbe Stunde damit zu warten. Aber ich spüre, diese Frage liegt in der Luft.

Ich stehe auf, um mich zu verabschieden. Um morgen früh gleich in der Stadt zu sein und nicht in einen Verkehrsstau zu geraten, werde ich wie an jedem Abend vor einer Ministerkonferenz in der Rue de Rivoli schlafen, in dem Appartement, das auf die Terrasse des Carrousel hinausgeht.

Ich nehme nicht den Aufzug. Ich laufe gern zu Fuß die breite Treppe hinauf, deren monumentale Wandlampen ich anschalte. Auf dem Treppenabsatz angekommen, knipse ich sie wieder aus. Man sieht die pechschwarze Nacht durch die großen Fenster, von einem orangefarbenen Saum der Lichter des Palais Royal umgeben. Georges Pompidou ist tot.

War es nun Glück oder Zufall: Krankheiten haben während meiner siebenjährigen Regierungszeit kaum eine Rolle gespielt. Für eine so lange Zeit ist das keine Selbstverständlichkeit. Nie habe ich meine Geschäfte unterbrechen, eine Behandlung oder eine Operation über mich ergehen lassen müssen. Nur die gewöhnlichen Erkältungen, eine im Oktober, die andere im März.

Da sich diese Erkältungen jedoch immer mehr hinzogen, nahm ich von 1978 an meine Zuflucht zur Anti-Grippe-Impfung. Die Krankenschwester des Elysée-Palastes, die auch schon General de Gaulle und Präsident Pompidou behandelt hatte, stieß mir eine feine Nadel in den Rücken: Ein Stich, weniger spürbar als der von einer Mücke, und dann hatte ich das Jahr über meine Ruhe.

Nur während des Winters 1976 ging es mir nicht besonders gut. Im Dezember 1975 waren wir zu einem Staatsbesuch nach Ägypten gereist. Präsident Sadats Popularität hatte damals ihren Höhepunkt erreicht. In einem ersten Entwurf ihres Besuchsprogramms hatten die Ägypter mir einen Besuch des Suezkanals vorgeschlagen, um mir dessen traurige Verwahrlosung seit dem Jom-Kippur-Krieg zu zeigen. Trotz des Abkommens, das Israel und Ägypten drei Monate zuvor über den Rückzug aus dem Sinai geschlossen hatten, war das östliche Suezkanal-Ufer noch immer von israelischen Soldaten besetzt. Ich war der Ansicht, ein Besuch der gegenüberliegenden Seite könnte von den Israelis als Herausforderung angesehen werden. Darum lehnte ich ab.

Aber ich suchte nach einem Weg, dieses große Werk französischer Baukunst dennoch gebührend zu würdigen. Am Mittwoch, dem 10. Dezember, landete ich in Kairo. Die Fahrt vom Flughafen zum Abdine-Palast, in dem wir wohnen sollten, führte uns vorbei an dichtgedrängten Menschenmassen am Straßenrand. Im Palast angekommen, wiederholte Präsident Sadat seinen Vorschlag. Ich erwiderte: »Ich möchte nicht zum Suezkanal fahren, bevor sich die Verhältnisse dort nicht wieder normalisiert haben. Aber ich würde Sie sehr gerne nach Ismailia begleiten, um das Haus von Ferdinand de Lesseps zu besuchen.«

Meine Bitte überraschte ihn. Ja, sie schien ihn trotz seiner Herzlichkeit mir gegenüber, seiner Bereitwilligkeit, mir unbesehen all meine Wünsche zu erfüllen, etwas zu verstimmen. Er antwortete nicht. Am übernächsten Tag nahm mich Premierminister Mandouh Salem nach einem Mittagessen in dem bezaubernden Palmenhain von Assuan beiseite: »Ich habe gerade eine Nachricht von Präsident Sadat erhalten. Er bittet mich, Ihnen auszurichten, daß er mit Ihrem Vorschlag und Ihren Bedingungen einverstanden ist. Er wird Sie morgen am Flughafen von Ismailia erwarten und Sie in seiner Privatresidenz empfangen. Vor der Verstaatlichung wohnte dort übrigens der Direktor der Suezkanalgesellschaft.«

Ich dachte an meinen Onkel Jacques Georges-Picot. War das früher sein Haus gewesen? Ich setzte die Journalisten, die mich begleiteten, von der Programmänderung in Kenntnis.

Die Reise war ganz offensichtlich improvisiert. Wir flogen am frühen Nachmittag von Luxor ab. Ich traf Sadat auf dem Landeplatz, und wir fuhren gemeinsam durch den Wüstenstreifen in Richtung des Suezkanals.

Kurz bevor wir Ismailia erreichten, schlug der Präsident vor, die Stadt zu besichtigen. Die Bevölkerung hatte wohl durch das Radio von unserem Besuch gehört. Sie strömte auf die Straßen. Bald waren wir von einer begeisterten Menge umringt. Aufrecht standen wir in dem offenen Wagen. Offensichtlich galt diese Begeisterung Präsident Sadat. Ihm streckten sich alle Hände entgegen, an ihn richteten sich die lauten Ovationen. Der Ordnungsdienst hatte es aufgegeben, das Volk zurückzudrängen. Die jüngeren Leute rannten neben unserem Wagen her. Wie ein Nebel aus Schweiß und Sand stiegen Staubwolken über der Menge auf.

Es war ein kurzer Besuch geplant, um die Sozialwohnungen zu besichtigen, die von Osman, einem Reformpolitiker, kürzlich errichtet worden waren. Er hatte auf seine Kosten ganz Ägypten mit Plakaten überschwemmt, die zwei freundliche, etwas starre Bilder von Präsident Sadat und mir zeigten. Darunter standen teils auf arabisch, teils auf englisch, Slogans, die die französisch-ägyptische Freundschaft feierten. Sein Sohn war mit der jüngsten Tochter des Präsidenten verlobt. Ich fand die gleichen Plakate, geschickt verteilt, auf allen Straßen von Kairo bis nach Assuan wieder.

Die Wohnungen schienen ordentlich und gut gebaut zu sein. Die erschrockenen Bewohner, die sich plötzlich einem völlig ungeordneten Gefolge gegenübersahen, das sich inzwischen völlig aufgelöst hatte, waren sichtlich erleichtert, als sie Präsident Sadat erkannten. Wir verließen das Gebäude über einen kleinen, noch ungepflasterten Platz aus gestampftem Lehm und fuhren dann weiter in der Hitze, umgeben von einem unbeschreiblichen Tumult.

War es dieser Staub, der in Augen, Nase und Hals drang, waren es irgendwelche Bakterien, die sich in mir festsetzten und die ich mit nach Frankreich nahm? Jedenfalls begann ich nach den Weihnachtsfeiertagen, die ich in unserem Haus in der Vendôme verbrachte, eine mir unerklärliche Schwäche zu spüren. Ich hatte Mühe, überhaupt aufzustehen. Ich merkte das besonders deutlich, als meine Neujahrswünsche für den Elysée-Palast zu Silvester 1976 aufgezeichnet wurden. Dieser Zustand war jedoch mehr allgemeiner Natur und schien eine medizinische Untersuchung nicht zu rechtfertigen. Was für Symptome hätte ich schon beschreiben können?

Die beiden Monate Januar und Februar über hoffte ich inständig, diese Schwäche möge wieder vergehen. Aber im Gegenteil, es wurde immer schlimmer; ja sie wurde geradezu zu einer Zwangsvorstellung. Während der Konferenzen, die regelmäßig im Elysée-Palast stattfanden, wurde ich ständig von einem Alptraum heimgesucht: der Furcht, am Ende der Versammlung nicht mehr aufstehen zu können, um aus dem Saal zu gehen. Im Februar 1976 habe ich sogar einmal mitten in der Sitzung den Salon Murat verlassen, unter dem

Vorwand, ich hätte ein dringendes Telefongespräch zu führen: Mich quälte nur die Angst vor der Länge der Sitzung. Jeder dachte sogleich an ein Gespräch mit einem der Großen dieser Welt. Ich jedoch legte mich auf mein Bett. Wenn ich die Augen schloß und mich nicht rührte, schien alles ganz normal zu sein. Dann stand ich wieder auf und kehrte nach etwa zehn Minuten zurück.

Am schlimmsten jedoch wurde ich der Kirche von Bormes-les-Mimosas heimgesucht. Jedesmal, wenn wir in Bregançon weilten, fuhren wir sonntags zur Elf-Uhr-Messe in die Kirche von Bormes.

Ich mochte diese Kirche sehr, mit ihrem Louis-XIV-Altar und jener sehr viel schlichteren barocken Architektur, die man nur in der Provence antrifft, wie eine in den französischen Geschmack »übersetzte« Version der prunkvollen italienischen Bauwerke von Bernini. Ihr Priester, Pater Carret, hatte früher schon Präsident Pompidou empfangen. Er war ein wortgewaltiger Mensch, der auch zwischen der großen klassischen Tradition und der ansteckenden Warmherzigkeit des Südens stand. Als wir die Kirche über die Treppe verließen, mußte ich mich auf der breiten Freitreppe vor der Fassade den Autogrammjägern stellen, während die örtlichen Gendarmen uns mehr schlecht als recht einen Weg zu unserem Wagen bahnten. Ich ließ stets das Fenster offen: Ich wollte nicht zwischen diese neugierigen, strahlenden Gesichter und mich, der für sie aufgrund des Amtes zu einem gleichsam geheimnisvollen und unerreichbaren Wesen geworden war, eine Glaswand schieben.

Dreimal im Jahr fuhren wir nach Bregançon. Eine Woche im Sommer, zwei Wochen zu Pfingsten, einem Fest, das ich wegen der Besinnung auf den Heiligen Geist und der roten Farben des Kirchenschmucks besonders liebe. Und noch ein Wochenende im Winter.

Wenn in Paris die grauen Nebel hochsteigen und die Schieferdächer vom Regen glänzen, gibt es morgens kein schöneres Erwachen, als wenn man die Fensterläden öffnet und der strahlende, vom Winter nur ein wenig blasser gefärbte Himmel der Provence vor einem liegt, wenn man die streng gegliederte Landschaft vor sich sieht, die von Olivenbäumen gepunkteten roten Hügel, die Reihen der mächtigen Eichen und am Horizont die schroffen Felslinien.

An jenem Sonntag, dem 15. Februar – einen Tag nach einem französisch-deutschen Gipfeltreffen, zu dem ich Bundeskanzler Schmidt in der Nähe von Vence empfangen hatte, war alles wie gewohnt abgelaufen: Am Steuer des grünen Peugeot hatte ich Bregançon über den kleinen Deich verlassen, gefolgt von einem Begleitwagen. Nach der kurzen steilen Straße nach Bormes hinauf kamen wir zu dem rechteckigen Platz, der jetzt, nachdem die sommerlichen Touristen verschwunden waren, wieder den Pétanque-Spielern gehörte, die aufmerksam jeden Wurf verfolgten. Schon während der Predigt fühlte ich mich so schwach, daß ich den quälenden Gedanken nicht mehr los wurde, am Ende des Gottesdienstes nicht einmal mehr den Mittelgang durchschreiten zu können. Ich brachte es fertig, während der Messe noch aufzustehen und stützte mich probeweise von Zeit zu Zeit mit den Händen auf die Banklehne. Ich stellte mir schon die Reaktion der Kirchengemeinde vor, das erschrockene Murmeln und schließlich die Schlagzeilen in der Presse: »Präsident in der Kirche von Unwohlsein befallen!«; »Giscard von schwerer Krankheit getroffen?« Und auch die ängstliche oder genüßliche Nervosität in den politischen Kreisen.

Ich saß ganz außen am Mittelgang, Anne-Aymone rechts neben mir. Ich sah ihr feingezeichnetes Profil und ihren Blick, der so in sich versunken war, daß er die Bewegungen der Andächtigen rings um sie gar nicht mehr wahrnahm. Neben ihr saßen zwei Damen, und vor uns waren die Reihen voller Kinder.

Die Messe ging zu Ende. Hinter uns wurden die Kirchentüren geöffnet. Strahlender Sonnenschein fiel in die Kirche, und ein fröhliches Stimmengewirr erhob sich. Pater Carret kam an unsere Bank, um uns hinauszubegleiten. Ich stützte mich auf seine Arme, um aufzustehen. Der neblige Schleier wurde noch dichter. Ich hörte nur noch gedämpft das Echo meiner Stimme unter dem hohen Gewölbe. Dann trat ich hinaus. Die frische Luft, die mir entgegenschlug, tat mir gut. Während ich die Treppe hinunterging, fand mein Körper einen fast mechanischen Rhythmus, langsam und hölzern. Der Wagen erschien mir wie eine Zuflucht.

Dann endlich waren wir wieder zurück im Schloß, in dem Eßsaal mit einer Gewölbedecke wie in einer Kasematte: Den Gerüchten nach empfing ich hier für gewöhnlich meine Gäste – auf einem

Thron sitzend. Zu Mittag gab es Fisch. Wir saßen auf den Korbsesseln, deren Kissen mit provencalischem Baumwollstoff bezogen waren. Während die Sonne einen hellen Streifen auf die weiße Wand warf, der langsam weiterwanderte, entschloß ich mich, nach meiner Rückkehr in Paris die Ärzte aufzusuchen.

Das war nicht einfach. Im Elysée-Palast bestand das ärztliche Personal aus ein oder zwei jungen Medizinern am Ende ihrer Ausbildung, Assistenzärzten an den Krankenhäusern, die gerade ihren Wehrdienst ableisteten. Sie wechselten deshalb jedes Jahr. Ich erinnere mich gut an die Überraschung von Helmut Schmidt, als ich ihm, auf eine seiner Fragen antwortend, unsere bescheidene medizinische Versorgung schilderte.

Es war wirklich nicht einfach. Denn es ging ja auch darum, die Medien nicht aufzuschrecken. Ich vereinbarte also einen Termin mit dem Oberarzt von Val-de-Grâce.

Da er zur Untersuchung seine ganze Analyse-Einrichtung brauchte, mußte ich ihn selbst aufsuchen. Das neue Militärhospital befindet sich in einem Neubau am Boulevard de Port-Royal. Man hatte mir den Weg genau beschrieben: Mit dem Auto sollte ich an das schmiedeeiserne Tor fahren, wo die Wache mich passieren lassen würde, dann sollten wir um das Gebäude links herumfahren und durch einen Hintereingang hinunter ins Kellergeschoß gehen. Tatsächlich verlief alles ohne Zwischenfall. Der Oberarzt und sein Assistent erwarteten mich in dem Kellergeschoß. Sonst war niemand dort. Mit dem Aufzug gelangten wir in einen Flur, auf dem wir, da ja niemand von meinem Kommen in Kenntnis gesetzt worden war, nur zwei Krankenschwestern begegneten. Sie blieben einen Augenblick erstaunt stehen und gingen dann, zur Disziplin erzogen, weiter.

In dem Sprechzimmer des Arztes dann die gewohnten Untersuchungen: Ich muß mich auf eine Stahlliege flach hinlegen; über den Unterarm werden mir zwei Gummimanschetten gezogen, und ich sehe wie gebannt zu, als sie sich mit Luft füllen. Der Arzt untersucht den Blutdruck, den Kreislauf, macht ein EKG. Dann entnimmt er die notwendigen Proben für die Analysen: Mein Blut fließt zäh und leicht schäumend in ein Glasröhrchen.

Das Zimmer ist mit einer Art dunkelgrüner Samttapete ausgeschlagen, an der Wand hängen Grafiken und Zeichnungen. Es sind vorwiegend Tiere dargestellt: Rehe und Wildschweine. Offensichtlich ist der Arzt ein begeisterter Jäger. Ich mache eine Bemerkung darüber, mit jener unbeteiligten, klaren Stimme, die Selbstbeherrschung beweisen soll. Ich habe richtig geraten: Er ist ein begeisterter Hochwildjäger. Während die Nadeln sich auf den kleinen runden Zählern bewegen und die Schwingungen von einem langsam abrollenden Streifen aufgezeichnet werden, brauche ich mich um die Konversation nicht mehr zu bemühen: Ich bekomme alles über die Rotwildjagd zu hören. Die besten Jagdgebiete, die beste Saison und ein paar bedauernde Worte, nicht bessere Gelegenheiten gehabt zu haben.

Die Untersuchungen hier sind beendet. Wir fahren wieder hinunter, um eine Röntgenaufnahme zu machen. Die Abteilung ist bereits geschlossen, aber der Oberarzt hat einen Teil des Personals aufgefordert, sich bereitzuhalten: einen Radiologen, der mich mit einem Blick mustert, der ebenso durchdringend ist wie der seiner Apparate, und seine Assistentin. Ich ziehe mein Hemd aus und presse meinen Oberkörper gegen die kalte Platte. Der Röntgenarzt verharrt einen Augenblick schweigend, dann macht er seine Aufnahmen. Ich ziehe mich wieder an. Die Untersuchung ist abgeschlossen.

Auf dem Rückweg nehme ich denselben Weg. Ich fahre zurück bis zur Avenue de Marigny, vor das Gartentor des Elysée-Palastes, nehme die kleine Treppe hinauf in meine Privatwohnung, in der ich einen Augenblick bleibe und mir telefonisch ein Kännchen Tee bringen lasse. Das Haus ist erstaunlich ruhig. Kein Laut. Zur Rue de l'Elysée hin sind die Fensterläden bereits geschlossen. Der Arzt hat mir gesagt, er habe die vollständigen Resultate der Analysen in einer Woche. Es dauert deswegen so lange, weil er verschiedene Blutuntersuchungen vornehmen will. Er wird mich dann anrufen, um mir die Ergebnisse zu erläutern. Ich kehre zurück in mein Büro, wo ich noch einen Besuch erwarte.

Acht Tage später empfange ich den Arzt. Bevor er mir die Ergebnisse mitteilt, macht er eine kurze Pause. Angst steigt in mir hoch. Dann plötzlich die Erleichterung: Er teilt mir mit, daß er nichts, absolut nichts entdeckt hat, daß alles in Ordnung ist. Seine Ausführungen schließt er mit den üblichen Redensarten: »Sie haben ein prächtiges Herz.« Nirgendwo Hinweise auf eine Viruserkrankung. Nur ein paar Spuren, nach dem was ich begriffen habe, von bereits toten Mikroben, die auf eine schon mehrere Jahre zurückliegende Infektion hindeuten, die ich mir vielleicht in den afrikanischen Flußgebieten geholt habe; die Erreger seien jedoch inzwischen abgebaut. Also keine Behandlung, der ich mich unterziehen muß, abgesehen von den gewöhnlichen Vorsichtsmaßnahmen, insbesondere einer ausgewogenen Ernährung, die er mir dringend ans Herz legt. Anschließend unterhalten wir uns wieder über Rehe und Wildschweine.

Danach war zwar jenes quälende Angstgefühl verschwunden, aber der Grund dafür, die sonderbaren Symptome, die mir weiterhin unerklärliche Schwäche, blieben.

Erst ein paar Wochen später, wahrscheinlich unter dem kräftigenden Einfluß der Höhenluft in den Bergen, überwand ich endgültig diese Schwäche. Wie jedes Jahr fuhren Anne-Aymone, die Kinder und ich nach Courchevel zum Skifahren. Das Wetter war ungewöhnlich schön. Die Silhouette des Montblanc spiegelte sich im blauen Dunst des Himmels wider. Oben auf dem Gipfel des Saulire angelangt, atmete ich tief die klare, prickelnde Luft ein. Ich spürte, daß meine Schwäche nun endgültig überwunden war. Auf dem Militärflughafen von Chambéry, auf dem uns der Hubschrauber absetzte und von dem aus wir nach Paris weiterflogen, spürte ich nur noch einen – fast angenehmen – Muskelkater.

War diese Schwäche mit dem Staub von Ismailia über mich gekommen? Jetzt war sie jedenfalls verschwunden, so wie der Wind den Staub verwehte.

Bei zweien meiner hohen Besucher, dem sowjetischen Staats- und Parteichef Leonid Breschnew und dem deutschen Bundeskanzler Helmut Schmidt, wurde ich Zeuge ihrer gesundheitlichen Probleme.

Leonid Breschnews erster Besuch fand im Dezember 1974 statt. Ich hatte ihn bereits verschiedentlich in meiner Funktion als Wirtschafts- und Finanzminister von Präsident Pompidou getroffen. Damals leitete ich die französische Delegation der sogenannten »Großen französisch-sowjetischen Kommission«, die abwechselnd in Paris und Moskau tagte.

Anläßlich des französisch-sowjetischen Treffens in Pitsunda waren Präsident Pompidou und Leonid Breschnew übereingekommen, daß in Zukunft alljährlich eine »Gipfelkonferenz« zwischen den beiden Staatsoberhäuptern stattfinden solle. Nach dem alternierenden Prinzip war für 1974 Breschnews Besuch in Frankreich vorgesehen.

Nach meiner Wahl bestätigte ich Leonid Breschnew die Einladung und schlug vor, ihn in Rambouillet zu empfangen. Ich habe die Treffen in Paris immer möglichst zu vermeiden gesucht, weil dann die zahlreichen offiziellen Fahrten durch die Hauptstadt den Verkehr lahmlegen und die Pariser nur verärgern. Außerdem wünschte ich mir ungestörte Gespräche mit möglichst wenig Unterbrechungen, wie sie in der Hauptstadt kaum möglich sind, um meinen Gesprächspartner besser kennenlernen zu können. Ich wollte versuchen, gewisse Denkmechanismen zu ergründen und seine Reaktionen für mich berechenbarer zu machen.

Ich kannte das Schloß von Rambouillet, weil ich dort mehrere Male von Charles de Gaulle und später von Präsident Pompidou zur Jagd eingeladen gewesen war.

General de Gaulles Einladungen liefen nach einem feststehenden Ritual ab, das mich sehr beeindruckt hat. Denn es charakterisiert eine gewisse französische Lebensart.

Die Gäste versammelten sich um 8.30 Uhr. Man verließ Paris über den Pont de Saint-Cloud. Durch das große Tor an der Landstraße nach Paris, das zu dieser Gelegenheit geöffnet wurde, fuhren wir in den Park ein. Die Sicherheitspolizei stand rechts und links der Strekke, erst in der Platanenallee, dann an der Biegung des Weges, der mitten auf das Schloß zuführt. Wir fuhren um das Gebäude herum und parkten an der rückwärtigen Fassade, vor dem großen Teich.

Während man Koffer, Stiefel und Gewehre auspackte und in ein

Zimmer im zweiten Stock brachte, in dem wir uns vor dem Mittagessen umkleideten, wurde ein Stehfrühstück im Marmorsaal serviert. Diese Galerie, die das ganze Erdgeschoß einnimmt, ist im Stil der Schule von Fontainebleau ganz mit Marmor in zwei verschiedenen Rottönen verkleidet. Auf dem Kamin aus Pyrenäen-Marmor thronte eine schlechte Reproduktion einer Büste von François I. aus dunkelgrünem Gips, dessen zweideutiges Lächeln der Gioconda entlehnt zu sein schien. Die Haushofmeister in marineblauem Frack mit goldenen Knöpfen und roter Weste boten den Gästen Milchkaffee in Sèvres-Tassen und Croissants an. Dann ging es auf die Jagd. Zur letzten Treibjagd, die vor dem Mittagessen stattfand, gesellte sich unweigerlich General de Gaulle zu uns. Er stellte sich hinter einen der Schützen, den ihm sein persönlicher Adjutant vorgeschlagen hatte. Mir ist das mehrere Male passiert. Es war ein sonderbares Gefühl, ihn so dicht hinter sich zu wissen, sozusagen zum Anfassen nahe. Seine hohe Gestalt war in einen grauen Lodenmantel gehüllt. Wenn ich mich umdrehte, um mit ihm zu sprechen, begegnete ich, etwa in der gleichen Höhe, seinem Blick aus den leicht zusammenstehenden, zu beiden Seiten der Nasenflügel schmaler werdenden Augen, die seine wie eine Lupe wirkenden Brillengläser stark vergrößerten. Und ich hörte ihn rufen: »Da, sehen Sie doch! Ein Vogel, links von Ihnen!«

Er sah also erstaunlicherweise recht gut, denn tatsächlich flog mir über der Reihe von Thujas, die man extra angepflanzt hatte, damit die Vögel besser aufflogen, ein hellbrauner Fleck entgegen: ein Rebhuhn.

Zum Mittagessen kehrten wir in den Speisesaal des Schlosses zurück, der nie ganz jene muffige Feuchtigkeit selten gelüfteter Räume verlor. Die graugestrichene Holzverkleidung, die schon leicht gelblich schimmerte, die Disproportion des großen Fensters, das auf den Teich hinausgeht, hinter dem auf der Straße nach Maintenon winzig klein wirkende Wagen vorüberfuhren, die geringe Anzahl der Gäste, nicht mehr als ein Dutzend, rings um einen viel zu breiten Tisch verliehen diesem Saal etwas Aquariumhaftes. General de Gaulle, der mit dem Rücken zum Fenster saß, führte auf seine joviale, stets höfliche Art die Konversation, gab die Stichworte dazu.

Nach dem Kaffee fuhr er ab, ohne zu warten. Unsere Wagen folgten ihm auf der Straße nach Paris in weitem Abstand. Hinter dem Tunnel von Saint-Cloud löste sich die Kolonne auf; die einen fuhren zurück nach Hause, die anderen in ihre Ministerien. Ich nahm den Weg an der Seine und den Renault-Werken entlang in Richtung der Rue de Rivoli. Eine Viertelstunde später saß ich bereits in meinem Büro, in dem so alltägliche Dinge wie die Korrespondenz und Probleme des Finanzministeriums auf mich warteten, die rasch gelöst werden mußten. Aber ein leichter Nachgeschmack von dem morgendlichen Milchkaffee war mir noch geblieben. Auch der stockige Geruch nach toten Blättern auf der braunen Erde im Park. Eine flüchtigschöne Erinnerung.

Am Nachmittag vor dem Treffen mit Breschnew bin ich hinausgefahren, um mich zu vergewissern, daß die letzten Vorbereitungen für seinen Besuch getroffen waren.

Man hatte für ihn das Zimmer von François I. und die daran angrenzenden Räumlichkeiten vorgesehen. Dieses Zimmer ist ganz oben in dem großen Turm und geht nach vorne hinaus. Es hat seinen Namen zur Erinnerung an François I. Dieser war, während einer Jagd im großen Wald von Rambouillet, plötzlich erkrankt und hatte im Schloß seines Vasallen d'Angennes Zuflucht gesucht. Ein paar Tage später starb er. Niemand kennt die wirkliche Todesursache. Aber da dieses Zimmer eines der wenigen ist, die man nicht im 18. Jahrhundert und noch einmal während des Empire umgebaut hat, nimmt man einfach an, dieses Zimmer sei das Sterbezimmer gewesen.

Neben diesem Raum hatte Präsident Vincent Auriol, der sich während der Jagdsaison jede Woche von Donnerstag bis Montag in Rambouillet aufzuhalten pflegte, ein Appartement im *Art deco*-Stil einrichten lassen: hellgelbes Holz und grünes Leder. Ein einziges Telefon, ein Modell aus dem Jahre 1950. Die Verantwortlichen der verschiedenen Dienststellen überwachten gerade die letzten Arbeiten in den Räumen für die engsten Mitarbeiter, die Dolmetscher und den Arzt des russischen Staatsoberhaupts. Alle anderen russischen Gäste würden in Paris in der Botschaft wohnen und nach Rambouillet hinausfahren, wenn sie gebraucht würden.

Breschnew sollte nach seiner Ankunft am Mittwoch allein in seinem Appartement zu Abend essen, um sich von den Strapazen der Reise zu erholen. Für den nächsten Tag war ein Mittagessen mit den wichtigsten Mitgliedern der beiden Delegationen – insgesamt acht – geplant. Unser erstes Gespräch war für 17.30 Uhr vorgesehen. Es sollte zwei Stunden dauern. Nur die Dolmetscher sollten anwesend sein.

Das gemeinsame Mittagessen findet wie geplant statt. Anschließend trennen wir uns. Um 15 Uhr erste Botschaft: der Generalsekretär bittet, ob nicht der Anfang des Gesprächs auf 18 Uhr verlegt werden kann. Ohne jede weitere Erklärung. Ich antworte ihm zustimmend und bleibe in dem kleinen Büro neben meinem Zimmer, gehe noch ein paar Akten durch.

Um 16.15 Uhr zweite Botschaft: Leonid Breschnew wünscht, sich noch etwas auszuruhen. Könnte die Unterredung nicht um 18.30 Uhr beginnen? Ich denke an die Reaktion in der Öffentlichkeit. Gewiß, grundsätzlich wird der genaue zeitliche Ablauf unseres Treffens nicht publik gemacht. Aber man muß auf jeden Fall mit einer Indiskretion rechnen und der naheliegenden Interpretation: *Breschnew läßt Giscard warten. Nie hätte er sich das mit de Gaulle erlaubt. Aber er legt wohl Wert darauf, den Unterschied deutlich zu machen.* Durch den Generalsekretär des Elysée-Palasts lasse ich ihm nach kurzer Überlegung ausrichten, es sei nicht wünschenswert, die Unterredung weiter hinauszuschieben, wolle man sie nicht über Gebühr verkürzen. Ich würde also Breschnew um 18 Uhr wie verabredet erwarten.

Ich habe in dem Kamin des kleinen Zimmers, das am Ende der langen Reihe der Salons liegt, ein Feuer anzünden lassen. Der Raum ist mit prächtigen Holzschnitzereien aus dem 18. Jahrhundert geschmückt, eine erstaunlich feine Arbeit. Rings auf den Paneelen erkennt man Darstellungen verschiedener Haustiere. Leider ist alles in ziemlich schlechtem Zustand; hier und da bröckelt ein bißchen Farbe ab, so daß das rohe Holz darunter zum Vorschein kommt. Ich überlege mir, daß die Holzverkleidungen demnächst restauriert werden müßten.

Die erste Tür, noch ziemlich weit entfernt, öffnet sich, und ich sehe Breschnew auf mich zukommen. Sein Gang ist unsicher, ganz und gar nicht hoheitsvoll, als müsse er bei jedem Schritt erneut die Richtung suchen. Ihm folgen sein persönlicher Adjutant - ein Mann weit über die sechzig, wahrscheinlich ein Arzt - sowie sein Dolmetscher. Hinter ihm, wie immer, eine größere Gruppe dunkelgekleideter Männer, seine Berater. Unter ihnen erkenne ich den sowjetischen Botschafter in Paris.

Ich erwarte meinen Gast auf der Schwelle. Die Begrüßung ist herzlich. Er umfaßt meine ausgestreckte Rechte mit beiden Händen, schüttelt sie, wendet dabei den Blick zu seinem Dolmetscher. Er äußert seine Freude darüber, mich zu treffen, seine Hoffnung, man könne gemeinsam gute Arbeit leisten für die französisch-sowjetische Zusammenarbeit, sein Bedauern über den Tod Präsident Pompidous. Sein Kopf mit dem vollen, nach unten breiter werdenden Gesicht sitzt dicht auf den Schultern. Seine lebhaften, tiefliegenden Augen sind zu zwei schrägen Schlitzen verengt. Ich bemerke an der Bewegung seines Unterkiefers, daß er eine gewisse Mühe beim Sprechen hat.

Der Amtsdiener schließt die Flügeltüren. Ich bitte Breschnew, vor dem Feuer Platz zu nehmen. Die Dolmetscher ziehen ihre länglichen Notizblöcke hervor und klappen die Umschlagseite hoch. Die Unterredung beginnt mit den üblichen Themen: der gegenseitige Wunsch nach Friede und Entspannung, die Bedeutung der französisch-sowjetischen Zusammenarbeit und so fort. Aber er verleiht auch seinem Unmut Ausdruck: »Mir wurde berichtet, Ihre Zinsen seien für unsere Aufträge zu hoch. Von den anderen bekommen wir bessere Konditionen, vor allem von den Italienern und den Deutschen. Wir sind bereit, Sie bei unserer Auftragsvergabe bevorzugt zu berücksichtigen. Aber Sie müssen uns auch die gleichen Bedingungen einräumen, sonst gehen unsere Aufträge doch an die anderen.« Ich fühle mich an die Probleme meines früheren Amtes erinnert: Diese Fragen wurden bereits eingehend in der Großen Kommission erörtert. Ich möchte lieber aktuelle Dinge mit ihm besprechen: seine Beziehungen zu den USA seit Präsident Nixons Rücktritt vor vier Monaten und die Haltung der Sowjetunion als zweitgrößter Ölproduzent der Welt in der Erdölkrise.

Ich bemerke die Mühe, die er beim Reden hat. Wenn er die Lippen bewegt, kommt es mir vor, als hörte ich das mahlende Geräusch seiner Kiefer, jedoch gedämpft, als seien seine Kinnladen aus Watte. Man bringt uns Tee. Er bittet um ein Glas Wasser. Seine Antworten sind allgemein gehalten und eher banal, jedoch durchaus richtig. Es fällt auf, daß er es vorzieht, auf ihm bekanntem Terrain zu bleiben. Obgleich er Nixons Rücktritt bedauert, denn »wenn er auch unser Feind war, man konnte mit ihm verhandeln«, denkt er, daß Präsident Gerald Ford, von Henry Kissinger beraten, die gleiche Politik weiterführen wird. Dann kommt er auf die Wirtschaftsbeziehungen zu sprechen.

»Was das Erdöl angeht, so ist die Sowjetunion zwar bereit, an Sie zu liefern, aber wir haben im Augenblick keine größeren verfügbaren Bestände, denn wir müssen auch an die Versorgung der Länder des Warschauer Pakts denken. Es finden jedoch Verhandlungen über diesen Punkt statt.«

Das ist wahr, aber sein Argument ist nicht gerade neu. Und es sind tatsächlich Verhandlungen im Gang, jedoch schon seit einigen Jahren, sogar noch vor der Erdölkrise. Damals begannen wir, uns nach künftigen Lieferquellen umzusehen, um den prognostizierten Bedarf zu decken. Außerdem wollten wir damit auch die Bilanz unserer Lieferungen von Betriebsanlagen in die UdSSR ausgleichen. Aber die von den Russen gelieferte Menge Erdöl ist nur unbedeutend gestiegen, höchstens ein paar Millionen Tonnen jährlich, und sie sind auch offensichtlich nicht zu einer Erhöhung bereit.

Breschnews Aussprache wird immer undeutlicher, das mahlende Geräusch der Kiefer immer lauter. Wir reden jetzt schon fünfzig Minuten miteinander. Ich lese die Dauer unauffällig von meiner Uhr ab, die ich am Handgelenk umgedreht habe. Leonid Breschnew steht plötzlich auf – ich werde das noch des öfteren bei ihm erleben – und schickt sich sogleich an zu gehen. Er sagt ein paar Worte zu seinem Dolmetscher, offensichtlich um sich die Tür öffnen zu lassen und seinen Adjutanten zu verständigen, der sich wahrscheinlich in unmittelbarer Nähe aufhält. Kaum hat er die ersten Schritte getan, existiert für ihn die Anwesenheit der anderen nicht mehr: so sehr ist er bemüht, seinen Gang zu kontrollieren. »Ich muß mich jetzt etwas ausruhen. Es war ein ziemlich stürmischer Flug gestern. Außerdem werden wir uns ja zum Abendessen wiedersehen.«

Das stimmt. Es ist ein gemeinsames Abendessen geplant, an dem auch der sowjetische Außenminister Andrej Gromyko, der rechts von mir sitzen soll, sowie sein französischer Kollege Jean V. Sauvagnargues teilnehmen werden. Sie haben ihrerseits bereits mit den Unterredungen begonnen. Auch die beiden Botschafter und unsere jeweiligen engsten Mitarbeiter sind eingeladen. Außerdem natürlich die Dolmetscher: Auf französischer Seite Fürst Andronikow, der die Dolmetscherabteilung an der Dauphine-Universität leitet. Wenn er zu Besuch in Moskau ist, ist er jedesmal für ein paar Stunden verschwunden, um die russischen Klöster zu besichtigen. Auf sowjetischer Seite ist es ein hochgewachsener Diplomat, der auch ein Brite sein könnte, mit feingeschnittenen Zügen und vorzeitig ergrautem Haar, der ein literarisches Französisch ohne jeden Akzent spricht.

Das Abendessen findet in demselben Speisesaal statt, in dem General de Gaulle uns zu den Jagdessen empfing. Ich schließe einen Augenblick die Augen, um mich daran zu erinnern. Es ist schon dunkel geworden, aber da an dem großen Fenster keine Vorhänge sind, sieht man die schwarze Wand der Bäume auf der anderen Seite des Teiches und am Himmel gelegentlich ein paar Wildenten, die sich zu ihren Schlafstätten begeben.

Breschnew zwingt sich offensichtlich, etwas zu essen. Vom anderen Ende des Tisches aus beobachtet ihn sein Arzt. Wir reden nur wenig miteinander und wenig Wesentliches. Aus wie vielen Banalitäten bestehen meistens diese Treffen von Staatsoberhäuptern, die die Journalisten mit solchem Eifer verfolgen und von der die besorgte Öffentlichkeit sich so viel verspricht! Ich betrachte die mahlenden Unterkiefer des Parteichefs. Ob wir wohl morgen in unserem Gespräch etwas weiterkommen, uns aus dem vertrauten Terrain der Allgemeinplätze entfernen und mehr auf die Details der Probleme eingehen können? Wie anders soll man sonst ein paar Dinge bewegen?

Nach dem Dessert begleite ich Breschnew zurück in die Vorhalle mit dem schwarzweißen Steinfußboden. Wir wünschen uns gegenseitig eine gute Nacht. Dann sehe ich ihm nach, wie er sich, begleitet von seinen Mitarbeitern, mit immer noch unsicheren Schritten in Richtung des Zimmers von François I. entfernt, um dort die Nacht zu verbringen.

Im Oktober 1975 war dann die Reihe an mir, seinen Besuch zu erwidern. Die Sowjets bestanden darauf, diesem Treffen den Charakter eines Staatsbesuches zu verleihen. Offensichtlich sollten in Zukunft die reinen Arbeitskonferenzen und die offiziellen Besuche einander abwechseln. Sie hatten also auch das bei Staatsbesuchen übliche Zeremoniell eingeplant. Anne-Aymone sowie ein ziemlich großer Mitarbeiterstab begleiteten mich. Wir sollten im Kreml wohnen. Die Kommentare der französischen Presse beschäftigten sich eingehend mit der Art des Empfangs, der mir in Moskau zuteil werden würde: Ob man mich wohl mit dem gleichen Pomp feiern würde wie General de Gaulle und Präsident Pompidou? Die konservative Presse dagegen stellte entgegengesetzte Fragen: Würde Giscard, der de Gaulles Politik fortzusetzen bestrebt war, sich den Sowjets gegenüber vielleicht allzu entgegenkommend zeigen?

Ich hielt meine Mission zwar für schwierig, jedoch stellten sich für mich dabei ganz andere Probleme. Ich glaubte nicht mehr an den wirklichen Nutzen dieser unter großem Gepränge ablaufenden Staatsbesuche. Ich wußte sehr wohl: Die Anziehungskraft des Neuen, die diese Begegnungen noch zu jener Zeit besaßen, als Frankreich die Initiative ergriff und eine Entspannung zwischen Ost und West herzustellen suchte, verlor sich immer mehr, nachdem auch unsere amerikanischen, deutschen und englischen Verbündeten ihrerseits direkte Kontakte mit Moskau pflegten. Die Feierlichkeit der Empfänge und die Begeisterung der Bevölkerung waren inzwischen zu Alltäglichkeiten geworden.

Was in Zukunft eine sehr viel größere Rolle spielte, war der Inhalt der Gespräche. Besaß Frankreich immer noch den diplomatischen Vorteil, den ihm in den Augen der Sowjets General de Gaulles Initiative eingetragen hatte? Oder beabsichtigten unsere Gesprächspartner, uns einfach zu benutzen, um einen Präzedenzfall zu schaffen und dadurch eine Verbesserung in ihren Beziehungen zur Bundesrepublik Deutschland herbeizuführen, die sie sicherlich für sehr viel wichtiger hielten? Ging es für sie darum, Frankreich auf das Gleis einer stillschweigenden Neutralität abzuschieben, indem sie uns mit ihrer Anerkennung unserer zur Verteidigung des Landes aufgebauten atomaren Abwehr in trügerischer Sicherheit wiegten, nur um die Schlagkraft der Atlantikpakt-Staaten zu schwächen? Oder hielten sie unsere atomare Abschreckung für eine ernstzunehmende und zusätzliche Bedrohung, die ihre Chancen einer siegreichen Invasion im Falle eines militärischen Konflikts mit dem Westen vermindern würde?

Über die Art des Empfangs konnte ich mir rasch klarwerden. Die Maschinen der offiziellen Besucher landen auf dem Flughafen von Scheremetewo, nordwestlich von Moskau, auf dem eine spezielle Landebahn für sie reserviert ist. Die sowjetischen Würdenträger stellen sich wartend in einer Reihe auf und gehen dann zur Begrüßung bis an die Gangway. Kaum sind wir gelandet, schwenken von den Schulen gestellte Kindergruppen samt der sie begleitenden Lehrerinnen kleine Trikolore- und Sowjetfähnchen aus Papier. Ich gehe freundlich auf sie zu, allerdings im Innersten überzeugt davon, daß sie wahrscheinlich gar nicht wissen, wer ich bin. Sie freuen sich ganz einfach, weil dieser Ausflug ihnen mehr Spaß macht als der Unterricht; ihre Gesichter sind von der beginnenden Herbstkälte gerötet. Sie haben warme Windjacken an, und die Mädchen tragen Wollstrümpfe.

Unsere Kolonne fährt in Richtung Moskau. Wir durchqueren einen Birkenwald mit hellem Untergehölz und kommen dann an einem Denkmal vorbei, einem Fries aus Stacheldraht, das den äußersten Punkt des Vorstoßes der deutschen Armee im Dezember 1941 markiert. Wie man sagt, ist das gar nicht der richtige Ort. Ich denke daran, daß Helmut Schmidt, der die deutsche Offensive miterlebte, jenseits der Schneefelder und der verkohlten Baumstümpfe den Feuerschein von Moskau aufsteigen sah. Wir kommen jetzt durch endlose Vorstadtstraßen, aus denen der ohnehin nur schwache Verkehr verbannt wurde. Endlich nähern wir uns der Stadt. Eine breite Allee, die nach einem Bogen auf die Brücke über die Moskwa führt; gleich dahinter liegt der Kreml. Dort versammelt sich die

Menge der Neugierigen, auf die auch die Fernsehkameras gerichtet sind – anschließend kann man dann von der Begeisterung der Bevölkerung reden.

Vor zwei Jahren hatte ich als Finanzminister genau denselben Weg zurückgelegt. Eine Menge wartete auf irgend jemanden, aber nicht auf mich. Man erzählte mir dann, daß der Ministerpräsident von Nord-Vietnam, Pham-Van-Dong, zu einem Staatsbesuch erwartet werde. Mir kam es so vor, als hätten sich gut zwanzig- oder dreißigtausend Menschen auf dem Platz versammelt. Die Erklärung für diesen Zustrom fand ich bald: als ich nämlich in den Seitenstraßen die langen Reihen geparkter Lastwagen bemerkte, die die Zuschauer hergefahren hatten.

Diesmal gibt es zu meiner Begrüßung längst nicht einen solchen Auflauf. Auf den Bürgersteigen drängen sich nur die gewöhnlichen Passanten, die unserer Wagenkolonne kaum einen Blick zuwerfen. Ich stelle mir die Reaktion der Journalisten in den Pressewagen vor, die nur ein paar hundert Meter hinter uns sind.

Die Sowjets haben ihre begeisterte Menge an das letzte Stück des Weges postiert. Von weitem sehe ich die wartenden Lkw. In dichten Reihen gedrängt applaudiert das Volk. Welch ein Wunder, sie halten blau-weiß-rote Fähnchen in der Hand. Leonid Breschnew, der links von mir im Wagen sitzt, läßt mir durch einen Dolmetscher uns gegenüber mitteilen: »Da sehen Sie, wie sehr die Moskauer sich freuen, Sie begrüßen zu können.«

Ich denke, daß zumindest die Organisation gut geklappt hat. Laut jedoch bemerke ich, um ihm einen kleinen Stich zu versetzen: »Ich finde, so groß ist die Menge gar nicht.«

Er ist überrascht, verliert für einen Augenblick benahe die Fassung. »Wir haben heute einen Wochentag, viele Leute müssen arbeiten.«

Ich antworte ihm nicht. Wozu dieses Gespräch fortsetzen? Ich sehe doch ganz deutlich die Lastwagen vor mir, die offensichtlich die Arbeiter aus den Fabriken hierher gebracht haben.

Vor uns liegt jetzt, entlang der Moskwa, die ganze Pracht des Kremls, Festung und Kirche in einem, goldgeschmückt, mit seinen Disneyland-Türmen, denen die Kraft des russischen Volkes und die lange blutige Geschichte seines Kampfes gegen die Tataren eine Art barbarischer Authentizität verleihen.

Wir treten durch einen Torbogen ein, wenden uns nach links, gehen an dem ersten Wohngebäude entlang. Leonid Breschnew begleitet mich bis zum Eingang, verläßt mich dann vor dem Aufzug, nachdem Anne-Aymone uns inzwischen nachgekommen ist.

Wir fahren in die für uns bestimmten, frisch gestrichenen Räume hinauf; das Mobilar ist nüchtern und nichtssagend. Das Parkett dagegen ist prachtvoll. Man hat uns Mineralwasser auf die Tische gestellt; die Flaschenöffner, die daneben liegen, schmückt das Bild des Kremls mit dem roten Stern darüber. Die Bonbons in den Dessertschalen sind mit verschiedenfarbigem, metallisch glitzerndem Papier eingewickelt.

Wer mag hier wohl früher gewohnt haben? Ein Teil der Zarenfamilie, verrät uns der *Guide bleu*, später dann, im 20. Jahrhundert, Zar Nikolaus II.

Für den Abend ist nach einem ersten Gespräch unter vier Augen um 19 Uhr ein offizielles Abendessen im Facetten-Palast des Kremls vorgesehen. Wir empfangen Seite an Seite die Gäste, im ganzen etwa zweihundert. Sie treten in einer langen Reihe ein, zuerst die französische, dann die russische Delegation und zum Schluß die Journalisten.

Breschnew sieht erschöpft aus, aber offenbar hat man ihm starke Spritzen gegeben. Wir gehen in einen Saal hinüber, dessen Wände mit prachtvollen, sehr farbigen Fresken bedeckt sind. Man erläutert uns die kriegerischen Figuren, berühmte Adelige des Großfürstentums Moskau. Die Decke ist niedrig, wie in einem jener Schlupfwinkel von Iwan dem Schrecklichen.

Wir sitzen uns beide gegenüber. Um an meinen Platz zu gelangen, muß ich hinter der Reihe der Gäste und der sowjetischen Würdenträger entlanggehen. Ich entdecke unter ihnen auch das Politbüromitglied Michail A. Suslow mit seinem weißen Haarschopf über dem gealterten Studentengesicht.

Breschnew liest seine Rede vom Blatt. Seine Vortragsweise ist außerordentlich abgehackt, offensichtlich unter dem Einfluß seiner Krankheit. Er betont seine Sätze, die mir in der Übersetzung vom

Inhalt her banal erscheinen, auf eine Art und Weise, die ihnen fast einen drohenden Unterton verleiht. Die Herzlichkeit seiner Begrüßung, die üblichen Höflichkeitsphrasen und die ständige Betonung der Wichtigkeit der französisch-sowjetischen Beziehungen werden dadurch etwas überschattet. Dann ergreife ich das Wort. Ich habe meinen Text im Elysée-Palast bereits ausgearbeitet, auf der Grundlage eines ausgezeichneten Papiers, das mir mein diplomatischer Berater Gabriel Robin vorbereitet hatte.

Zwei Dinge habe ich neu hinzugefügt. Einmal, um zu sagen, daß wir von der Koexistenz, jenem Status, in dem man sich damit begnügt, das bloße Existenzrecht des anderen anzuerkennen, zur Kooperation gelangen müssen. Diese müsse darin bestehen, gemeinsam die Lösung bestimmter Probleme zu suchen, wenn man die Fortschritte der letzten zehn Jahre bewahren und festigen wolle.

Der andere neue Punkt ist eine Warnung: Es gibt eine wachsende Unvereinbarkeit zwischen dem Streben nach Entspannung und der ideologischen Auseinandersetzung. Ich beabsichtige mit meinen Ausführungen, die Heftigkeit der sowjetischen Angriffe gegen den Imperialismus anzuprangern, wie sie in der Presse und den russischen Medien verbreitet werden, und die wir entgegen der Ansicht unserer Gesprächspartner sehr gut kennen. Wir werden darin gemeinsam mit den Amerikanern und den »Kriegstreibern« der Bundesrepublik regelrecht angeklagt.

Suslow, den ich von der Seite beobachte, denn ich bin zu meiner Rede aufgestanden, steckt fast die Nase in seinen Teller. Ich glaube nicht, daß Breschnew der Übersetzung meiner Rede folgt. Er bedenkt meine Schlußworte mit höflichem Beifall und bringt dann noch ein paar Toasts aus. Wir stehen auf, er ergreift meine Hand und wir verlassen wie zwei Schulkinder den Saal. Seine Herzlichkeit und seine gute Laune sind wiedergekehrt.

Als wir uns voneinander verabschieden, wiederholt er noch einmal, daß er mich am nächsten Nachmittag erwartet: »Wir brauchen viel Zeit für unsere Gespräche. Aber wir werden zusammen sicherlich gute Arbeit leisten.«

Um in unser Appartement zurückzugelangen, das sich in einem anderen Gebäude befindet, müssen wir durch eine lange Reihe von

Fluren gehen. Ich verweile einen Augenblick mit Anne-Aymone in der Kapelle, in der Leo Tolstoi die Tochter eines Hofarztes geheiratet hat. Und dann sind wir wieder in unserem unpersönlichen Zimmer. An den Fenstern gibt es keine Läden. Man kann gegenüber die gedrungene Silhouette der Eckgebäude des Kremls sehen. Der Himmel ist klar. In der Stadt herrscht Stille. Während ich einschlafe, stelle ich mir die unendliche Weite der Steppe und der russischen Wälder rings um uns vor.

Für den nächsten Morgen sieht das offizielle Programm einen Besuch in Jasnaja Poljana vor, wo Leo Tolstoi gelebt hat. Das Gut liegt bei Tula, 100 km südlich von Moskau. Nach einem kürzeren Flug fahren wir mit dem Wagen weiter.

Das große, geräumige Holzhaus wirkt von außen etwas streng. Die Zimmer gehen alle ineinander über, sind aber unübersichtlich angeordnet. Auf dem Boden eingelegtes Parkett; an den Wänden hängen Familienbilder: Tolstois Eltern und Großeltern. Zu meiner großen Überraschung kommt mir eines ganz bekannt vor - das Porträt von Tolstois Großvater, dessen Gestalt als Vorlage für die Figur des alten Fürsten Bolkonskij in *Krieg und Frieden* diente. Die Maske des Schauspielers, der diese Rolle im Film spielte, ist täuschend echt gewesen. An den persönlichen Dingen des Schriftstellers wurde, russischer Tradition gemäß, nichts geändert. Die Morgenmäntel hängen noch an den Kleiderhaken, die Schuhe stehen unten in den Schränken. Auf seinem tintenfleckigen Schreibtisch aus knorrigem Holz liegen Federhalter mit Stahlfedern in einer Schreibtischschale.

Wir besuchen anschließend auch Tolstois Grab. Sein Sarg ruht in der Erde am Rand einer Schlucht, in dem Birkenwald bei Zakaz. Als er noch ein Kind war, hatte sein Bruder Nikolaus ihm erzählt, an dieser Stelle liege ein grüner Stab versteckt, auf dem geschrieben stehe, was alles Böse im Herzen der Menschen auslöschen und ihnen Gutes zu tun vermöge. Und ich erinnere mich an Tolstois rührende Bitte, die er 60 Jahre später, nach einem Leben voller Ruhm und Erfolg äußerte: »Da mein Körper schließlich irgendwo eingescharrt werden muß, so möchte ich an jenem Ort begraben sein, in Erinnerung an meinen Bruder Nikolaus.« Ich lege auf dem kleinen Erdhügel Blumen nieder, die ich aus Moskau mitgebracht habe.

Während der Rückfahrt wird mir über Funk eine Nachricht durchgegeben. Es gibt Schwierigkeiten in bezug auf mein Gespräch mit Leonid Breschnew, das für den Nachmittag vorgesehen ist. Er wird mich gleich nach meiner Ankunft anrufen. Wir sollten zuvor ein privates Mittagessen in unserem Appartement im Kreml zu uns nehmen. Als ich das Vorzimmer betrete, finde ich unsere Delegation in heller Aufregung. Offenbar hat Breschnew unser Treffen abgesagt. Das romanische Temperament meiner Mitarbeiter geht mit ihnen durch. Sie überfallen mich im Arbeitszimmer meines Appartements und scheinen mit den Nerven völlig am Ende.

»Das können Sie nicht dulden! Die Journalisten sind bereits informiert. Sie telefonieren nach Paris, um durchzugeben, daß Breschnew Sie brüskiert!«

Ich erkundige mich erst einmal: »Woher haben Sie denn diese Nachricht?«

»Von der sowjetischen Delegation. Wie es scheint, will Breschnew Sie selbst anrufen.«

Mein Herz schlägt ganz langsam, wie jedes Mal, wenn ich mich einer mehr oder weniger großen Krisensituation gegenübersehe; ich habe dadurch meine Reaktionen besser im Griff. Wozu diese ganze Aufregung? Wenn er dieses Gespräch absagt, muß er einen Grund dafür haben. Sollte dieser Grund für mich beleidigend sein, fliege ich ganz einfach sofort wieder zurück. Ist er jedoch gerechtfertigt, dann wird man mir das sicherlich erklären. Aber das ist die Aufgabe der Sowjets.

Tatsächlich sucht mich in diesem Augenblick ein Mitglied der sowjetischen Delegation auf, um mir mitzuteilen, daß Breschnew mich um eine telefonische Unterredung bittet. Die Verbindung wird hergestellt.

Er sagt ein paar Worte auf russisch, die ich nicht verstehe. Dann schaltet sich ein Dolmetscher ein: »Der Generalsekretär bittet Sie, ihn zu entschuldigen. Er ist sehr erschöpft. Er fühlte sich schon gestern nicht gut, aber er hat darauf bestanden, Sie am Flughafen zu begrüßen. Dabei muß er sich auch noch erkältet haben. Er hat eine sehr schlechte Nacht verbracht.«

Ich höre, wie Breschnew am Telefon auf russisch mit mir redet.

»Er muß sich heute nachmittag unbedingt ausruhen. Er bittet Sie persönlich« - ich registriere diese Worte genau - »um den Gefallen, Ihr Programm etwas zu ändern. Sie könnten heute nach Borodino fahren, statt erst am Freitag. Und wir könnten die Besprechung dann auf Freitag verschieben. Er bittet Sie sehr herzlich um Ihr Einverständnis, denn er ist wirklich sehr erschöpft.«

Er sagt das in sehr eindringlichem Ton, und seine Erklärung scheint mir überzeugend. Ich stelle mir bereits die Reaktion meiner Mitarbeiter vor, die natürlich sofort an die Medien denken werden: »Das hätten Sie nie akzeptieren dürfen; de Gaulle gegenüber hätte er das nie gewagt. Er könnte Ihnen wenigstens soweit entgegenkommen und ein einstündiges Gespräch akzeptieren.«

Ich habe drei Sekunden, um mich zu entscheiden. Ich wäge das Für - Breschnews Gesundheit - und das Wider - meine Machtposition - ab. Und ich gebe meine Antwort: »Ich bin einverstanden, die Unterredung auf Freitag zu verschieben. Wir dürfen jedoch die Reaktionen der Presse nicht außer acht lassen. Sie werden sicherlich negativ sein. Es ist Ihre Aufgabe, diese Vertagung zu begründen. An Ihnen liegt es, dies überzeugend zu tun und die Verantwortung dafür zu übernehmen. Übermitteln Sie Herrn Breschnew meine Wünsche für seine baldige Genesung.«

Ich fuhr aufgrund dieses Zwischenfalls also schon am Nachmittag nach Borodino.

Ich hatte, als diese Reise vorbereitet wurde, den Wunsch geäußert, das Schlachtfeld an der Moskwa, das die Russen Borodino nennen, zu besichtigen. Soviel ich weiß, hat es noch kein französisches Staatsoberhaupt je besucht, seit im August 1811 die Große Napoleonische Armee sich dort unter blutigen Verlusten den Weg nach Moskau freigekämpft hat.

Ich wollte unseren Landsleuten aus dem Poitou und der Picardie und allen Soldaten der anderen Länder und Staaten, die zu Fuß durch ganz Europa marschiert sind und halb Rußland durchquert haben, eine letzte Ehre erweisen. Sie haben sich einen ganzen Tag lang tapfer und ausdauernd geschlagen und hofften, er würde die Entscheidung bringen. Aber es gelang ihnen doch nur, die gelichteten russischen Regimenter vom Schlachtfeld zu vertreiben, die sich an anderer Stelle neu formierten, um anschließend überall und nirgends zugleich aufzutauchen. Ich hatte meinen Stabschef General Vanbremeersch, einen Mann von scharfer, ausgewogener Intelligenz und vornehmem Charakter, gebeten, mich zu begleiten. Auch General Davout d'Auerstaedt, der damals Direktor des Armeemuseums war, gehörte zu meinen Begleitern. Ihn hatte ich gewählt, damit ein großer Name des französischen Kaiserreichs an diesem Ort vertreten war.

Tolstoi hat in *Krieg und Frieden* diese Schlacht ganz hervorragend geschildert. Wie ein Besessener hat er daran in dem unterirdischen Arbeitszimmer seines Gutes Jasnaja Poljana gearbeitet, in dem er alles Material sammelte, dessen er habhaft werden konnte.

In seiner Schilderung fehlen weder die Farbe einer Uniformjacke, noch die schwärende Wunde eines von einer Kugel zerfetzten Stumpfes, noch der flehende Hilferuf eines Sterbenden.

Ich hatte diesen Roman im Sommer zuvor gelesen und auf der Karte die Truppenbewegungen verfolgt.

Wir waren inzwischen aus dem Wagen ausgestiegen, und die Landschaft lag vor uns. Sie ist gar nicht so weiträumig, wie ich sie mir vorgestellt hatte. Kaum größere Bodenerhebungen; die Entfernungen können nur ganz unbedeutend gewesen sein.

Ich bin auf den kleinen Hügel geklettert, den eine Säule schmückt, und von dem aus Napoleon die Schlacht verfolgt hat, sein Fernglas kaum einen Augenblick absetzend.

Dank der Herbstsonne schien alles von ländlichem Leben erfüllt. Links vor uns konnte man die runde Anhöhe in der Mitte des Feldes sehen. Dort hatte sich die berühmte Feldschanze befunden, bestückt von russischen Kanonen, um die es bei dieser Schlacht entscheidend ging; ein lächerlich niedriger Hügel, kaum ein paar Meter hoch; ein paar Schritte und schon ist man oben.

Ich stellte mir den Schlachtenlärm und den Pulverqualm vor. Rechts erstreckt sich der Birkenwald, in dem das lange Einschließungsmanöver der polnischen Reiterei unter Poniatowski vorbereitet wurde. Links ist der Horizont ohne Begrenzung. Man ahnt die Bodensenkungen, in denen die Truppen, noch in der Deckung geduckt, den Befehl zum Angriff abwarteten. Und weiter hinten die Verstärkung, das italienische Garderegiment, das von Eugène de Beauharnais befehligt wurde.

Ich versuche, mir am anderen Ende, außer Sichtweite, die niedrige gekalkte Lehmhütte vorzustellen, vor der Kutusow saß. Von hier aus schwärmten seine Adjutanten aus, überbrachten die Befehle, die zunächst darauf zielten, den französischen Angriff abzuwehren und schließlich nur noch die feindlichen Kräfte aufzureiben trachteten. Mit Tränen des Zorns in seinen wasserblauen Augen und bebenden Lippen mußte er sich endlich doch in sein Schicksal fügen und den demütigenden Befehl zum Rückzug geben.

Wir konnten nur wenig mehr als eine Stunde bleiben, denn wir mußten rechtzeitig zu einer Vorstellung des Bolschoi-Theaters im Kongreßpalast zurück sein. Während der Fahrt zurück in den Kreml begann es bereits dunkel zu werden.

Erst am Freitag, nach unserem letzten Gespräch, gibt Breschnew persönlich die Erklärung für diese Programmänderung bekannt. Als ich am Mittwoch dem Ersten Programm des französischen Fernsehens ein Interview gab, wollte ich Breschnews Erkrankung nicht erwähnen, und das Pressebüro der französischen Botschaft hatte strengste Anweisung erhalten, nichts nach außen dringen zu lassen, und sich auch daran gehalten. Zum Schluß meines Besuches äußert sich die Presse höchst anerkennend über das »Zartgefühl«, das die französische Delegation bewiesen habe. Aber in unserer medienabhängigen Gesellschaft löscht diese Art verspäteter Komplimente einen ersten negativen Eindruck nicht mehr aus.

Was wird von diesem Tag im Gedächtnis bleiben? Breschnews »Affront«? Oder ganz einfach, daß diese französisch-sowjetische Zusammenarbeit, deren Ziele von beiden Seiten sorgfältig und vorsichtig abgesteckt wurden, sich so weiterentwickelt, wie man es vermuten konnte?

Oder möglicherweise eine Indiskretion in bezug auf Breschnews Gesundheitszustand? So etwas pflanzt sich rascher fort als der Blitz. Aber ich werde daran sicherlich nicht schuld sein.

Vier Jahre später, im April 1979, erwartet Leonid Breschnew mich erneut am Flughafen von Scheremetewo. Diesmal ist der Empfang sehr viel nüchterner. Keine Schulklassen. Es ist ein Arbeitstreffen. Während des Fluges fragte ich mich, ob wohl Breschnew persönlich oder nur ein Vertreter zur Begrüßung kommen würde; in politischen Kreisen gingen Gerüchte über seine Krankheit um. Er sage sehr häufig seine Besuche ab.

Er war da; er trug einen grauen Mantel und einen Filzhut mit rotem Seidenband; Gromyko stand an seiner Seite sowie einige Funktionäre des Außenministeriums.

Ich steige die Gangway hinunter. Es ist wirklich angenehm, daß mich fast niemand erwartet und man mir die stramme Haltung, das eingefrorene Lächeln und die Blumen in Cellophan erspart. Wir steigen in Breschnews großen schwarzen Wagen; dann setzt sich die Kolonne ohne Eile in Richtung Moskau in Bewegung.

Unsere Dolmetscher sitzen uns gegenüber. Der meine hat gewechselt. Andronikow ist in den Ruhestand getreten. Eine junge Russin, Katerina Litwinow, hat ihn abgelöst. Ich erkundige mich, ob sie mit dem ehemaligen sowjetischen Kommissar im Außenministerium verwandt ist, den ich nur dem Namen nach kenne.

»Ja«, erwidert sie, »er ist ein entfernter Verwandter. Aber von meiner Mutter her stamme ich aus einer Kosakenfamilie.« Sie hat ihre Knie wie ein braves Schulmädchen abgewinkelt, um uns nicht zu behindern. Leonid Breschnew schaut sie mit leichter Verwunderung an, als sähe er sie heute zum ersten Mal. Sie hat einen Schmollmund und den hellen Teint der Slawinnen. Ihr sicherlich klassisches Russisch hört sich angenehm an. Breschnew ergreift sogleich das Wort: »Ich wollte trotz der Warnungen meines Arztes zu Ihrer Begrüßung auf den Flughafen kommen. Er hatte es mir verboten. Sie wissen sicherlich, daß ich meine letzten Besuche abgesagt habe. Aber ich weiß, daß Ihnen die guten französisch-sowjetischen Beziehungen sehr am Herzen liegen. Ich wollte nicht, daß man meine Abwesenheit falsch interpretiert. Sie sind ein Freund.«

Er lehnt sich in die Polster zurück. Schweißperlen stehen auf seiner Stirn. Er wischt sie mit einem Taschentuch ab. Ich danke ihm mit den üblichen banalen Redewendungen. Meine Dolmetscherin legt sehr viel Wärme in ihre helle, klare Stimme. Die Landschaft draußen hat sich nicht verändert; die Birken fliegen an uns vorüber.

Breschnew ergreift wieder das Wort. Er sagt einen kurzen Satz auf russisch, ohne besondere Betonung.

Der Dolmetscher übersetzt ihn in dem gleichen ruhigen, fast teilnahmslosen Tonfall: »Ich möchte Ihnen sagen, daß ich sehr krank bin.«

Ich halte den Atem an. Unwillkürlich stelle ich mir vor, was dieser Satz, über die Medien ausgestrahlt, alles auslösen könnte. Weiß er, daß die westliche Presse tagtäglich Vermutungen über seinen Gesundheitszustand anstellt, über die Zeit, die ihm wohl noch bleibt?

Er fährt fort: »Ich will Ihnen sagen, wie es um mich steht, zumindest, was die Ärzte mir darüber sagen. Sie erinnern sich, daß ich Probleme mit meinem Kiefer hatte. Sie haben es in Rambouillet ja bemerkt. Es war sehr unangenehm, aber das habe ich überstanden. Die Ärzte haben ihr Bestes getan.«

Es stimmt, er scheint wieder ganz normal zu sprechen, und seine untere Gesichtshälfte ist nicht mehr geschwollen. Aber warum vertraut er mir das alles an? Ist er sich über das Risiko klar, das er dabei eingeht? Weiß er, daß diese Enthüllungen, leichtfertig oder gar absichtlich weitergegeben, für ihn ganz verheerende Folgen haben können?

»Jetzt ist es sehr viel schlimmer. Ich werde bestrahlt. Sie wissen, was ich damit sagen will. Manchmal wird es zu anstrengend für mich, dann bin ich gezwungen, die Behandlung zu unterbrechen. Die Ärzte sind ganz zuversichtlich. Sehen Sie, hier, im Rücken, sitzt das Übel!«

Er dreht sich schwerfällig um.

»Sie meinen, sie könnten mich noch heilen oder zumindest die Krankheit aufhalten. Aber in meinem Alter ist das auch ziemlich egal.«

Er lacht, die Augen unter den dichten Augenbrauen halb geschlossen. Dann folgen klinische Details über die Behandlung, der er sich unterzieht. Ich habe sie nicht im einzelnen behalten.

Er legt seine Hand auf mein Knie, eine breite Hand mit dicken, runzeligen Fingern. Eine Hand geprägt von Generationen russischer Bauern.

»Ich sage Ihnen das, damit Sie verstehen, wie es um mich steht.

Aber ich werde schon wieder auf die Beine kommen. Ich habe eine Pferdenatur!«

Plötzlich ändert er den Ton: »Sie kennen doch Präsident Carter ganz gut. Was halten Sie von ihm?«

Ich entgegne: »Ich habe ihn bisher erst zweimal getroffen. Er prüft jedes Problem ganz gründlich. Er hat keine internationale Erfahrung, aber er besitzt eine rasche Auffassungsgabe.«

»Nein, das meine ich nicht. Ich wollte Sie fragen, wie Sie ihn als Mensch beurteilen. Für wen hält er mich?«

Breschnew ereifert sich. Seine Erbitterung und Frustration lassen ihn seine Schwäche vorübergehend vergessen.

»Er schreibt mir ständig Briefe; sie sind zwar sehr liebenswürdig. Aber ich habe ihn nicht darum gebeten!«

Ich werfe ein: »Mir schreibt er auch. Er schreibt auch an Schmidt und Callaghan. Offensichtlich ist das ein Faible von ihm.«

Breschnew hört mir nicht mehr zu. Er steigert sich immer mehr in seine Empörung hinein: »Er schreibt mir also diese ganzen Briefe. Und am Ende der Woche höre ich, daß er in irgendein Nest im Mittelwesten oder an eine Universität fährt. Und dort beschimpft er mich. Er beleidigt mich derart, daß ich das einfach nicht hinnehmen kann. Wahrscheinlich denkt er, ich sei nicht informiert. Aber ich bekomme alle seine Reden. Er glaubt wohl, mit mir könne man so umspringen. Was ist das bloß für ein Mensch? Für wen hält er sich?«

Er kann sich in seiner Entrüstung kaum noch beherrschen. Ich spüre, daß er enttäuscht und verletzt ist. Offensichtlich ist er weniger als wir an solche Beschimpfungen gewöhnt! Zugegeben, diese Unmenge kurzer Notizen und Briefe kann einem schon auf die Nerven gehen.

Breschnews Erregung flaut ab; er verschließt sich wieder. Wir nähern uns Moskau. Bis zu unserer Ankunft spricht er kein Wort mehr mit mir. Die Dolmetscher bleiben stumm, wie erstarrt in ihrer professionellen Zurückhaltung.

Ich nehme den gleichen Weg durch den Kreml wie damals, den gleichen Aufzug. Auch das Appartement ist unverändert, aber diesmal ist Anne-Aymone nicht bei mir.

Am nächsten Tag führen wir sehr konkrete Gespräche; mit Überraschung bemerke ich, daß er aus dem Gedächtnis ganze Sätze aus unseren früheren Unterredungen zitiert.

Seine Krankheit erwähnt er mir gegenüber nicht mehr.

Nie hat Helmut Schmidt bei unseren Treffen aus Müdigkeit einen Termin verschoben oder auch nur ein Gespräch unterbrochen. Nie außer einem einzigen Mal.

Ich wußte, daß er Probleme mit seinem Hals oder vielmehr mit seiner Schilddrüse hatte. Er war ein starker Raucher. Ich wurde Zeuge, wie er nach und nach vor den Warnungen der Ärzte kapitulierte. Von der Zigarette zur Pfeife, von der Pfeife zum Schnupftabak. Er schüttete ein paar Tabakkrumen auf seinen Handrücken und schnüffelte sie ein. Um seine Nase herum blieben kleine bräunliche Tabakflecken davon zurück. Von Zeit zu Zeit konnte er sich nicht mehr beherrschen, und dann tauchte die Pfeife wieder auf. Aber nie mehr die Zigaretten.

Diese, wenn auch gelegentlich unterbrochene, Entwöhnung war notwendiger Bestandteil seiner Schilddrüsenbehandlung. Er mußte sich einer Operation unterziehen. Er sprach mit mir andeutungsweise darüber, um mir seine gelegentlichen Erschöpfungszustände zu erklären.

Erschöpfung hin oder her, nichts konnte ihn aufhalten, wenn er sich in ein Gespräch oder eine Idee verbissen hatte. Wie spät es auch sein mochte, ein oder zwei Uhr morgens - so lange dauerten manchmal die Nächte nach den Abendessen bei den europäischen Gipfeltreffen - Helmut Schmidt entwickelte eine unerschöpfliche Energie, um unsere dänischen oder irländischen Kollegen von der Stichhaltigkeit seiner Argumente zu überzeugen. Er verbiß sich geradezu in sie, wie eine Bulldogge oder ein Foxterrier, während ich diskret auf den toten Punkt lauerte, der es uns erlauben würde, die Diskussion zu beenden.

Ein einziges Mal innerhalb von sieben Jahren gewann die Krankheit die Oberhand.

Am 3. Februar 1980, einem Sonntag, kam er zu unserem üblichen französisch-deutschen Treffen nach Paris. Schon während des allerersten dieser Gespräche hatten General de Gaulle und Bundeskanzler Adenauer ihren genauen Ablauf festgelegt. Staatspräsident Pompidou hatte von seinem Vorgänger dieses Ritual übernommen und gleichsam festgefroren. Ich hatte beschlossen, daran ebenfalls nichts zu ändern.

Die deutsche Delegation landete am frühen Nachmittag in Orly. Sie wurde vom Ministerpräsidenten empfangen, also anfangs von Jacques Chirac und später von Raymond Barre. Der Kanzler begab sich zu einem ersten Gespräch mit mir in den Elysée-Palast, während die deutschen Minister ihre französischen Kollegen trafen. Ein offizielles Abendessen im Elysée-Palast führte die beiden Delegationen dann wieder zusammen. Der Kanzler und ich hielten kurze politische Tischreden.

Am nächsten Morgen wieder ein gemeinsamen Treffen, in dessen Verlauf sich der Ministerpräsident und die Außenminister zu uns gesellten. Dann folgte im großen Speisesaal eine Sitzung in größerem Kreis, während der die Minister jeweils paarweise ihre – häufig sterbenslangweiligen – Arbeitsberichte ablieferten. Die Koordinatoren der französisch-deutschen Zusammenarbeit gaben ihre Stellungnahme ab, vor allem der deutsche Koordinator Carlo Schmid. Er war eine Institution bei diesen Treffen, ein Mann, der auf einzigartige Weise ein germanisch-katalanisches Erbe in sich vereinte, mit der Kraft und der derben Herzlichkeit seiner beiden Ursprungsländer. Im Verlauf unserer Treffen sah man ihn, den lebendigen und warmherzigen Sozialisten, mit Würde alt werden. Er erinnerte uns immer wieder an den humanistischen und pazifistischen Ursprung der französisch-deutschen Versöhnung. Zum Schluß zogen der Bundeskanzler und ich die Ergebnisse aus diesem Treffen.

Anschließend begaben wir uns hinüber in den Festsaal, in dem die Presse sich versammelt hatte, und gaben unseren Bericht ab. Wie ein gut eingespieltes Duett warfen wir uns gegenseitig die Bälle zu.

Den Abschluß bildete ein Mittagessen in der Deutschen Botschaft, in dem prächtigen Palais de Beauharnais, durch das noch die Erinnerungen an die Königin Hortense und den Prinzen Eugen geistern. Man hat es mit einer fast unangenehmen Perfektion restauriert, so daß man sich kaum auf einen Sessel zu setzen oder ein Glas auf einem Tischchen abzustellen wagt. Es war dies einer der seltenen

Besuche des Präsidenten der Republik in einer ausländischen Botschaft. Die Absolventinnen eines Sekretärinnenkurses in dem Gebäude gegenüber warteten bereits auf mein Erscheinen und winkten mir freundlich zu. Die Stimmung während des Essens war betont entspannt, um zu demonstrieren, daß die Arbeitsgespräche nun beendet und überdies in einer »freundschaftlichen Atmosphäre« verlaufen seien. Wir hielten erneut kurze Reden, diesmal mit französisch-deutschen Zitaten angereichert. Die Dolmetscher ließen die Worte in der jeweiligen Übersetzung genüßlich auf der Zunge zergehen, um zu betonen, wie geistreich sie seien.

Da Helmut Schmidt diesmal an einem Sonntag kam, waren wir von der üblichen Reihenfolge etwas abgewichen. Wir hatten uns am Nachmittag in dem menschenleeren Elysée-Palast getroffen. Aus dem Fenster sahen wir hinunter auf eine Rue de Faubourg Saint-Honoré, die im Gegensatz zu sonst jetzt im Winter fast verlassen wirkte. Unser übliches Gespräch sollte dagegen erst am nächsten Tag um 15 Uhr stattfinden.

Am Morgen darauf rief Helmut mich von seinem Hotel aus an. Er fragte mich, ob man nicht unser Treffen am Nachmittag etwas verschieben könne. Er käme lieber gegen 18 Uhr; man könnte unser Gespräch ja dann bis zum Abendessen fortsetzen. Natürlich habe ich nichts dagegen. Im Gegenteil, ich bin dankbar für diese Zeitverschiebung, die mir ein paar freie Minuten läßt, in denen ich sorgfältig und in aller Ruhe die diplomatischen Berichte aus Washington und Moskau lesen kann.

Um ihm die Anstrengung des Treppensteigens zu ersparen, beschließe ich, Helmut in einem Zimmer im Erdgeschoß zu empfangen, dem Salon der Adjutanten. Im Erdgeschoß des Elysée-Palastes gibt es nämlich eine ganze Reihe von Räumen, angefangen mit dem Salon Murat, den zwei prächtige Wandgemälde von Carle Vernet schmücken, die Murats und Caroline Bonapartes Residenz im Schloß von Benrath darstellen, als Murat Großherzog von Berg war, und eine Ansicht von Rom, vom Tiberufer aus gesehen. Das letzte dieser Gemächer ist der *Salon des Portraits*, so genannt wegen der schlechten Kopien der Porträts sämtlicher Herrscher, die im Elysée-Palast während des Zweiten Empires residiert haben.

Der Salon der Adjutanten führt in den Garten hinaus; seine Täfelung ist in Weiß und Gold gehalten. Hierher werden die Besucher zuerst geführt. Und ich hatte es mir angewöhnt, in diesem Raum das Band der Ehrenlegion an die zu verleihen, die sie lieber aus meiner Hand entgegennahmen. Ihre Verwandten und Freunde stehen bei dieser Gelegenheit meist scheu und ergriffen an den Wänden aufgereiht. Das Mobiliar besteht aus Sesseln und einem Sofa aus den öffentlichen Beständen, die mit einem hübschen blauen Seidenstoff bezogen sind; außerdem aus einem Mosaiktisch aus Marmor.

Als Helmut eintritt, erschreckt mich sein Aussehen: sein Gesicht ist grau. Ohne zu warten, setzt er sich hin.

»Tut mir leid, Valéry, daß ich nicht eher gekommen bin. Ich war zu erschöpft.«

Wir reden englisch miteinander, um ohne Dolmetscher auszukommen. Wir sind allein. Seine Mitarbeiter sind draußen im Vorzimmer geblieben; eine Doppeltür trennt es von unserem Salon.

»Möchten Sie Tee oder Kaffee?«

»Nein danke, vielleicht später.«

Wir beginnen unser Gespräch. Helmut wählt die Themen. Die bevorstehenden amerikanischen Wahlen stehen natürlich im Vordergrund. Er gibt mir zu verstehen, wie groß seine Ungeduld ist, endlich Präsident Carter loszuwerden. Seine Abneigung ihm gegenüber war bei ihm schon fast zu einer fixen Idee geworden. Ebenso wie mich hat ihn inzwischen unser früherer Kollege, der Finanzminister George Shultz besucht. Helmut freut sich über den Einfluß, den dieser sicherlich haben wird, wenn er erst einmal ein Amt in der neuen Regierung bekleidet.

»Glauben Sie, er wird einen Posten im Kabinett übernehmen?« fragt mich Helmut.

»Nein, das glaube ich nicht. Er hat mir gesagt, er sei mit seinen privaten Beratertätigkeiten sehr viel glücklicher. Aber wie auch immer, er wird einen direkten Draht zum künftigen Präsidenten haben, denn er wird ihn während seiner Wahlkampagne unterstützen.«

Er fragt mich: »Haben Sie vor, Reagan bald zu besuchen?«

Mir fällt auf, wie schleppend und kehlig seine Stimme plötzlich klingt.

»Ich fühle mich nicht wohl, Valéry. Aber das geht schon vorüber.«

Er zieht heftig an seiner Krawatte, öffnet den Knoten. Seine Augäpfel sind von dunkelroten Äderchen durchzogen. Er versucht, es sich in dem Sessel mit der geraden Lehne etwas bequemer zu machen.

Ich setze die Unterhaltung fort, um sein Unwohlsein zu überspielen. »Vor den nächsten Wahlen werde ich sicherlich nicht nach Washington fliegen. Im nächsten Juni findet erst einmal das Finanzgipfeltreffen in Venedig statt. Und was danach kommt, kann ich noch gar nicht sagen, denn in Frankreich stehen die Präsidentschaftswahlen vor der Tür.«

Er stößt ein Röcheln aus, gefolgt von einem lauten Stöhnen. Mir wird klar, wie ernst es um ihn steht.

»Legen Sie sich auf das Sofa. Dort haben Sie es bequemer. Soll ich einen Arzt rufen?«

Ich helfe ihm aufzustehen und sich auf dem Sofa auszustrecken. Er antwortet mir nicht. Sein Kopf fällt zur Seite, er verdreht die Augen. Offensichtlich hat er das Bewußtsein verloren. Wir beide sind allein im Zimmer; die Türen sind geschlossen. Draußen nimmt man natürlich an, wir seien in unser Gespräch vertieft. Wenn ich hinaus in das Vorzimmer gehe und um Hilfe bitte, werden seine Mitarbeiter sofort hereinstürzen. Die Journalisten und die Fotografen warten bestimmt im Hof. Man müßte ihn hinaustragen, und das in seinem beklagenswerten Zustand. Nein, besser, ich nehme die Sache selbst in die Hand. Ich gehe zum Telefon, das zur Vermittlung geschaltet ist. »Hier spricht der Präsident, können Sie mich mit Herrn Hennequin verbinden?«

Hennequin, der Verwalter des Elysée-Palasts, ist ein prächtiger Mensch, den ich von Präsident Pompidou »geerbt« habe; noch in den letzten Monaten von dessen Amtszeit ist mir seine jugendliche Erscheinung aufgefallen, die Tatkraft und Umsicht ausstrahlt. Er ist sozusagen das Mädchen für alles im Haus, herrscht über Tafel und Küche, sorgt für Sauberkeit und Ordnung in den Privatgemächern. Er ist ein Marineoffizier des technischen Dienstes, von tadelloser Diskretion, aber voller Heiterheit und Witz. Ab und zu, wenn er den geregelten Ablauf eines Essens überwacht, das ich einem Staatschef anläßlich eines Besuches gebe, wende ich mich ihm zu und fange dann einen belustigten, fast verschwörerischen Blick von ihm auf.

Es ist nie schwer, ihn zu erreichen. Die Vermittlung verbindet mich mit ihm.

»Sind Sie es, Hennequin? Bundeskanzler Schmidt geht es nicht gut. Mir ist es jedoch lieber, daß man niemanden davon verständigt. Können Sie mir den diensthabenden Arzt herbringen? Gehen Sie durch den großen Salon, aber beeilen Sie sich. Ich warte auf Sie.«

»Gut, Herr Präsident. Ich komme sofort.«

Die ärztliche Versorgung des Präsidialamts der Republik besteht, wie bereits erwähnt, aus einem jungen Arzt am Ende seiner Ausbildung, der von der Armee abkommandiert ist, und einer Krankenschwester, die schon zum Elysée-Palast gehörte, als General de Gaulle im Amt war, und die immer noch eine fanatische Anhängerin von ihm ist. Ironie des Schicksals: Ausgerechnet Helmut Schmidt hatte wegen dieser schlechten medizinischen Versorgung Bedenken geäußert.

»Das ist doch einfach lächerlich. Sehen Sie nur mal, was die Amerikaner und die Sowjets an Ärzten haben. Wenn Ihnen irgend etwas passiert, brauchen Sie erfahrene Leute.«

Das ist gewiß richtig. Aber im Augenblick erwarte ich ungeduldig Hennequin und den angehenden Mediziner.

Ich horche auf jeden Laut. Alles im Haus scheint ruhig zu sein. Vom Speisesaal her dringen die gedämpften Laute der Vorbereitungen zum Abendessen herüber. Ich werfe einen Blick auf Helmut, wage aber nicht, ihm ins Gesicht zu sehen. Er rührt sich nicht mehr. Ein leichtes pfeifendes Atemgeräusch ist das einzige Lebenszeichen. Inzwischen ist es Nacht geworden. Auf den Champs-Elysées sieht man die Scheinwerfer der Wagen, die, wenn die Ampel grün wird, wieder anfahren, und die von innen beleuchtete Kuppel des Grand Palais.

Diese Krankenwache, finde ich, hat etwas von einer Shakespeare-Szene. In diesem Augenblick denke ich an Breschnew und Helmut eher als an zwei Freunde als an zwei Staatsoberhäupter. Die Krankheit des einen, das plötzliche Unwohlsein des anderen schließt sie sozusagen in einen luftdichten Raum der Einsamkeit ein. Was würde wohl die Öffentlichkeit, die Menge dazu sagen, wenn sie uns so sähe, Helmut auf dem Sofa und mich, wie ich hilflos neben ihm wache, ohne ihm helfen zu können?

Ein leises Klopfen an der Tür. Hennequin und der Arzt treten ein. Auf dem Weg durch den großen Salon sind sie niemandem begegnet. Ich deute auf Helmut. Der Arzt beugt sich über ihn und untersucht ihn. Ich wende ihm den Rücken zu und unterhalte mich mit Hennequin. Er hat ein Tablett mit einer Wasserkaraffe und einem Glas mitgebracht.

Der Arzt nimmt sein Stethoskop - das einzige medizinische Instrument, dessen Namen ich kenne - aus seinem schwarzen Koffer. Er steckt sich die beiden Gummistöpsel in die Ohren.

»Der Kanzler hat das Bewußtsein verloren«, sagt er zu mir. »Aber ich glaube nicht, daß es etwas sehr Ernsthaftes ist. Das Herz schlägt ganz normal. Er wird bald wieder zu sich kommen.«

Ich beobachte Helmuts Gesichtszüge.

Ein paar Minuten später ein Seufzen, eine erste Bewegung. Er streicht sich mit der Hand über die Stirn.

»Was ist geschehen?« fragt er.

Wir kehren mit Riesenschritten wieder in die normale Wirklichkeit zurück. Der Arzt hilft dem Kanzler, sich aufzusetzen. Wenn er sich erst etwas besser fühlt, werden wir seinen Assistenten kommen lassen.

»Valéry, Sie brauchen wirklich nicht länger zu warten. Es wird mir gleich besser gehen.«

»Möchten Sie lieber ins Hotel zurückgehen?« frage ich. »Ich werde dann sagen, daß Sie an dem Essen lieber nicht teilnehmen wollten.«

»Nein«, entgegnet Helmut, »ich glaube, bis zum Essen wird es mir besser gehen. Es ist in einer Stunde, nicht wahr? Ich werde hierbleiben.«

Seine alte Energie kehrt wieder zurück, der Adrenalinstoß verletzter Büffel. Ich lasse ihn in Hennequins Obhut zurück und bitte diesen, so zu tun, als sei nichts gewesen, als brauche Helmut nur vorübergehend etwas Ruhe.

Ein paar Minuten vor 20 Uhr kehre ich in den Salon der Adjutanten zurück. Ich habe veranlaßt, daß die Gäste schon ihre Plätze bei Tisch einnehmen und auf uns warten. Unser Gespräch, so wurde ihnen erklärt, habe sich noch etwas hingezogen. Noch bevor ich ihn frage, sagt Helmut zu mir: »Mir geht es besser. Ich werde an dem Essen teilnehmen. Ich bitte Sie nur, es nicht zu spät werden zu lassen.«

Er hat den Knoten seiner Krawatte wieder festgezogen. Sein Hemdkragen jedoch ist noch zerdrückt. An seiner Kleidung entdeckt man jene untrüglichen Zeichen, die beweisen, daß sie in Unordnung geraten ist. Aber die Aufmerksamkeit meiner Gäste wird sich sicher auf andere Dinge richten.

Die Amtsdiener haben die beiden Flügeltüren geöffnet.

Er steht auf und betritt vor mir den Saal, als müsse er seine Schritte beschleunigen, um sie nicht unsicher erscheinen zu lassen. Wir nehmen unsere Plätze einander gegenüber ein. Am Ende des Essens hält er noch eine kurze Tischrede.

II

Die Amtseinführung

Als ich in den Elysée-Palast eingezogen bin, habe ich einen Fehler gemacht: Ich habe fast die ganze Mannschaft, mit der ich im Finanzministerium zusammengearbeitet habe, mitgenommen.

Ich habe es aus Gewohnheit getan. Es waren Frauen und Männer, von denen einige - Victor Chapot, Madame Villetelle, meine Sekretärin - seit meinen Anfängen als Staatssekretär der Finanzen unter der ersten Regierung der 5. Republik, im Dezember 1958, meine Mitarbeiter waren. Andere waren später hinzugekommen und hatten nach und nach diesen Mitarbeiterstab ergänzt. Es waren leitende Ministerialbeamte oder Männer aus den Spitzen der Verwaltung: Jean Serise, Jacques Calvet, Jean-Pierre Ruault, Jacques de Larosière, Michel Pebereau, Lionel Stoleru, Xavier Gouyou Beauchamp. Natürlich gab es auch hier ab und zu einen Wechsel: Jacques Calvet hatte mich verlassen, um Generaldirektor der Banque de Paris zu werden. Olivier Fouquet, der vorher dem Staatsrat angehörte, war mein Berater in sozialen Fragen geworden.

Wenn ich diesen Fehler begangen habe, so auch aus Dankbarkeit und Treue: Es waren hervorragende, tatkräftige, außergewöhnliche Mitarbeiter und Freunde. Diese »Mannschaft« besaß nicht nur Sachverstand; es herrschte in ihr auch eine ungezwungene Atmosphäre, wie man sie nur selten antrifft. Einige, wie zum Beispiel Jacques Calvet, waren meine ständigen Tennispartner. Ich habe bei allen Einstellungen stets nach meinem alten Prinzip gehandelt, sich nur den Besten auszusuchen und nie jemanden zu nehmen, dessen Gegenwart einem unangenehm ist, dem gegenüber man eine physische oder psychische Abneigung empfindet.

Dieses Bestreben, meinen Mitarbeiterstab zu behalten, beruht auf einem ausgeprägten Zug meines Charakters: einer instinktiver eingefleischten Aversion gegen jede Veränderung der lebenden Umgebung. Das mag paradox erscheinen bei jemandem, der seinen Wahlkampf mit dem Slogan »Wandel in der Beständigkeit« angetreten hat und dem ein Teil der öffentlichen Meinung später gerade die – für übertrieben gehaltenen – zahlreichen Veränderungen der französischen Gesellschaftsstrukturen vorgeworfen hat.

Ich erkenne Veränderung als eine Notwendigkeit an, die uns unter dem Druck äußerer Ereignisse aufgezwungen wird und an die man sich, wie ich meine, besser rechtzeitig anzupassen weiß. Aber willkommen ist sie mir deshalb noch lange nicht. Alles, was sich seit meiner Kindheit rings um mich verändert hat, die Gesichter, die Gestalten, Gegenstände, die man nicht mehr benutzt, Ölbilder, die rissig werden, Wege, die man teert, all das, was an Ursprünglichkeit verliert, an Unversehrtheit, erfüllt mich mit Trauer; es ist ein Symbol all dessen, was verloren ist, was man nie wiederfinden wird. Unwillkürlich fällt mir dabei das Bild eines todbringenden Pilzes ein, der von innen her alles, was man liebt, zerfrißt.

Ich habe erst später eine Erklärung für diese ganz instinktive und irrationale Haltung gefunden: die Vorliebe des Konfuzianismus für die Vergangenheit, die Vorstellung, es habe einmal eine Zeit gegeben, in der alles weise, voller Frieden und Harmonie gewesen sei, eine Zeit, die wie in ein goldenes Licht getaucht scheint und von der man sich nicht entfernen, sondern zu der man im Gegenteil zurückzukehren versuchen sollte.

In den folgenden Versen Baudelaires, die für mich die schönsten unserer Dichtung sind, finde ich dieses Gefühl ausgedrückt:

Mais le vert paradis des amours enfantines,
L'innocent paradis, plein de plaisirs furtifs,
Est-il déjà plus loin que l'Inde et que la Chine?
Peut-on le rappeler avec des cris plaintifs,
Et l'animer encore d'une voix argentine,
L'innocent paradis plein de plaisirs furtifs?

. . . doch das grüne Paradies der Kinder, die sich liebten,
Das Paradies der Unschuld voll verstohlener Genüsse,
ist es uns ferner als Indien und China? Kannst du

zurück mit Klageschreien es rufen und es beleben
wieder mit silberner Stimme,
das Paradies der Unschuld, voll verstohlener Genüsse?

(In der Übersetzung von Friedhelm Kemp, München 1975)

Mein Fehler, den ich aus dieser Haltung heraus beging, lag darin, daß unter meinen engsten Mitarbeitern vergleichsweise zu viele Männer waren, die in ihrem Denken von der Strenge und der Skepsis geprägt blieben, die das Amt eines hohen Finanzbeamten nun einmal mit sich bringt. Und das in einem Augenblick, in dem ich, um die Regierung nicht lahmzulegen, keinen »Politiker« und keinen in einem anderen Bereich geformten Mitarbeiter in mein Kabinett berief, was sicherlich eine bessere Zusammensetzung meiner Mannschaft bewirkt hätte. Was meine Abneigung gegenüber jeder Veränderung und meine Liebe zu alten Gewohnheiten angeht, so führten sie dazu, daß mit Ausnahme der allerhöchsten Posten auch später kaum ein Wandel im Elysée-Palast eintrat. Der Stimmung, die dort herrschte, und der Freundschaftlichkeit der persönlichen Beziehungen kam das zwar zugute, doch der Nachteil war - was die öffentliche Meinung auch intuitiv feststellte -, daß nach einer gewissen Zeit sich jeder nur mehr in seiner eigenen Welt bewegte, sich abgrenzte und gegenüber den äußeren menschlichen Kontakten abschottete.

Am Morgen des 27. Mai habe ich mein Amt übernommen. Die Wahlresultate waren am Sonntag, dem 19. Mai, gegen Abend bekanntgeworden. Ich hatte sie in meinem Appartement im Finanzministerium abgewartet, in dem ein Fernsehapparat aufgestellt worden war. Da das Wetter sehr schön und die Tage lang waren, hatte ich die Flügeltür zu der Steinterrasse hin geöffnet, die zu dem Garten gegenüber dem Eingang des Louvre-Museums hinausführt.

Als die ersten offiziellen Hochrechnungen bekanntwurden - 50,8 Prozent der Stimmen für Giscard, 49,2 Prozent für Mitterrand - ging ich hinüber zu denen, die mich während meines Wahlkampfs unterstützt hatten. Meine Mannschaft befand sich in einem Gebäude in der Rue de la Bienfaisance, das eigens für die Wahlvorbereitungen gemietet worden war.

Dort herrschte eine ausgelassene Stimmung: Überraschung, Freude und Zuversicht. Anne-Aymone erwartete mich bereits. Die begeistertsten unter meinen Mitstreitern bestanden darauf, daß wir uns auf dem Balkon zeigten. Ich hielt das für lächerlich, denn ich wollte kein geschichtliches Ereignis aus etwas machen, das nur die natürliche Folge eines Wahlergebnisses war. Aber wir konnten uns diesem Zwang kaum widersetzen. Und so begaben Anne-Aymone und ich uns auf den Balkon. Es war kaum mehr als ein schmaler Vorsprung, umgeben von einem schmiedeeisernen Geländer. Wir befanden uns im zweiten Stock und beugten uns zu der dunklen, dichtgedrängten Menge auf der Straße hinunter. Hurra-Schreie stiegen zu uns auf. Die Blitzlichter der Fotografen zerrissen die Nacht wie ein Feuerwerk, das vom Boden aus gezündet wird.

Es ist nicht einfach, das Haus zu verlassen. Wir müssen uns unseren Weg durch mehrere Menschenreihen bahnen, um zu meinem Dienstwagen als Minister, dem Citroën, zu gelangen. Die hellen Gesichter heben sich wie ein weißes Band im Dunkeln ab. Mit strahlenden Blicken stimmen die Umstehenden das »Abschiedslied« an. Ich drücke Hände, die sich mir entgegenstrecken, und benutze dabei die Rechte und die Linke gleichzeitig, versuche, niemanden zu vergessen. Der Wagen erwartet uns an der Ecke der Avenue de Messine. Die Menschenreihen lichten sich. Begeisterte Anhängerinnen umarmen mich. Ich spüre feuchte Lippen auf meiner Wange: Sicherlich hinterlassen sie zwei rote Lippenstiftspuren. Lavaire wartet auf uns. Noch ein paar Abschiedsrufe. Wir fahren durch die Rue de Miromesnil zurück, vorbei am Elysée-Palast, in dem alle Lichter erloschen sind. Ich kehre zurück in mein Zimmer im Finanzministerium, sehe noch einen Augenblick aus dem Fenster und blicke hinunter auf den kleinen Garten, in dem das Foto für mein Wahlplakat aufgenommen wurde: meine Tochter Jacinte und ich. Und weiter entfernt sehe ich mein Lieblingsmonument, den Arc de Triomphe du Carrousel, neben dem sich noch die dunklen Silhouetten der letzten Besucher und ein aufgeregt hin- und herlaufender Hund bewegen.

Mitten in der Nacht läutet das Telefon. Ich bin nicht daran gewöhnt, nachts angerufen zu werden, und dieses Läuten im Dunkeln bedeutet für mich, wie wohl für die meisten Menschen, eine Katastrophennachricht. Ich taste mühsam nach dem Knopf meiner Nachttischlampe und hebe den Hörer ab. Die Telefonvermittlung des Ministeriums meldet ein Gespräch aus dem Ausland. Dann höre ich eine näselnde Stimme auf englisch sprechen: »Hier ist das Weiße Haus. Der Präsident der Vereinigten Staaten möchte gern den Präsidenten Giscard d'Estaing sprechen.« Halb verschlafen versuche ich meine Gedanken zu sammeln.

»Ja, das bin ich.«

»Bleiben Sie bitte am Apparat. Ich verbinde mit dem Präsidenten.« Ich erkenne Richard Nixons Stimme, den ich bereits mehrere Male getroffen habe: bei den Beisetzungsfeierlichkeiten für General de Gaulle, in Washington anläßlich von Währungskonferenzen und schließlich bei den beiden Gipfeltreffen auf den Azoren und in Reykjavik.

»Ich freue mich, Sie zu Ihrer Wahl beglückwünschen zu können. Ich kenne Ihre Fähigkeiten. Die Franzosen haben eine ausgezeichnete Wahl getroffen. Ich hoffe auf eine vertrauensvolle Zusammenarbeit mit Ihnen, wie früher mit Präsident Pompidou.«

Er redet, ohne auch nur einen Augenblick innezuhalten. Ich kann seinen Redefluß nicht unterbrechen. Es kommt mir vor, als läse er einen Text herunter, wenn auch einen freundschaftlichen.

Ich bedanke mich und sage ihm, ich würde mich freuen, ihn bald zu treffen. Ich weiß, daß er in die Watergate-Affäre verwickelt ist und man bereits davon spricht, es werde möglicherweise zu einem Amtsenthebungs-Verfahren kommen. Ich schaue auf die Uhr: drei Uhr morgens. In Washington muß es zehn Uhr abends sein. Er ist der erste und der einzige, der mich in dieser Nacht anruft. Für ihn, den großen professionellen Politiker, eine selbstverständliche Pflicht.

Am nächsten Morgen lasse ich Philippe Sauzay, einen Unterpräfekten, in mein Büro im Ministerium kommen. Ich hatte das Innenministerium vorher gebeten, ihn in die Rue de Rivoli abzuordnen, um die Kabinettsaufgaben zu übernehmen, die für die Beamten des Finanzministeriums zu ungewohnt sind.

Im Kultusministerium ist er der Mitarbeiter von André Malraux gewesen. Danach bekam er seine Ernennung für das Departement Doubs, wo er auch Edgar Faure kennenlernte. Man hatte ihn mir sehr empfohlen. Er ist ein »pied-noir«*, in Bône geboren, diskret, pünktlich und umsichtig. Er hat einen ausgesprochenen Blick für das Detail. Aber er ist auch ein sehr kultivierter, belesener Mann, der Verleger und Bibliophile zu seinen Freunden zählt. Wie viele Südländer verbirgt er sorgfältig unter einem zurückhaltenden Äußeren eine fast übertriebene Empfindsamkeit und romantische Gefühle.

Michel Poniatowski, mein Freund und treuer Gefährte aus dem Finanzministerium, ist bei unserem Gespräch dabei.

Ich bitte Philippe Sauzay, Präsident Poher aufzusuchen, der während der Interimszeit die Geschäfte geführt hat, und sich für halbtags ein Büro im Elysée-Palast einzurichten, um meine Amtsübernahme vorzubereiten.

Bis zum kommenden Samstag soll er zusammen mit Jean-Paul Anglès, dem Protokollchef, die Organisation der offiziellen Festlichkeiten besprechen. Jeden Tag fährt er zwischen dem Elysée-Palast und der Rue de Rivoli hin und her, um meine Direktiven einzuholen. Das Programm steht inzwischen endgültig fest.

Die Amtsübernahme wird aus mehreren Teilakten bestehen, die den ganzen Tag ausfüllen: die Zeremonie der Investitur im Festsaal des Elysée-Palasts um 10.40 Uhr, eine Kranzniederlegung am Arc de Triomphe, ein Mittagessen, zu dem ich den Premierminister und die Präsidenten der Nationalversammlung, der verfassung- und der gesetzgebenden Versammlungen eingeladen habe, gegen Abend ein Besuch bei Madame Pompidou in ihrer Wohnung am Quai de Bethune und schließlich ein Empfang im Hôtel de Ville.

Am Nachmittag werde ich Pierre Messmer, den Ministerpräsidenten, empfangen, der mir die Rücktrittserklärung seiner Regierung übergeben wird, der ich sonderbarerweise ja auch noch selbst angehöre. Ich beabsichtige, gleich darauf die Ernennung des neuen Ministerpräsidenten bekanntzugeben.

---

* Eigentlich »Schwarzfuß«; Bezeichnung für aus Nordafrika stammende Franzosen. (A.d.Ü.)

Am Sonntag, dem 26. Mai, habe ich meine letzte Nacht im Finanzministerium verbracht.

Am Montagmorgen habe ich mich rasiert und dabei die Acht-Uhr-Nachrichten in Europe Nr. 1 gehört. Ich habe mich bemüht, zweimal mit der Klinge über den Bart zu gehen, um auch noch am Abend gepflegt auszusehen. Ein Journalist beschreibt das Tagesprogramm in allen Einzelheiten. Man erwartet von mir eine »wichtige Erklärung«. Gewiß, ich habe einen Text vorbereitet, einen ziemlich kurzen, den ich nachher anläßlich der Amtsübergabe sprechen werde. Ich habe ihn auswendig gelernt und gestern noch einmal wiederholt. Bevor ich in den Festsaal hinübergehe, werde ich ihn mir noch einmal durchlesen.

Dann habe ich wie gewöhnlich um 8.30 Uhr mein Frühstück im grünen Bibliothekszimmer eingenommen, in dem mir der Milchkaffee auf einem niedrigen Spieltisch serviert wird. Auf dem Tablett neben der Tasse liegen die Morgenzeitungen und die erste Ausgabe des *France-Soir*. Während ich mein Croissant esse, überfliege ich sie. Sie bringen das Programm in allen Einzelheiten. Die Kommentare sind eher wohlwollend. Man hebt meinen Wunsch nach Veränderung hervor, nach Beseitigung überlebter, verstaubter Traditionen, warnt mich jedoch auch vor übermäßigen Neuerungen.

Ich gehe ans Fenster und sehe, daß der Himmel blau und klar ist. Nur ein paar unbedeutende Schäfchenwolken, die der Westwind vor sich hertreibt. Ein ideales Wetter für eine Amtseinführung.

Durch den Flur gehe ich hinüber in mein Büro. Die Türen stehen offen. Philippe Sauzay kommt zu mir herein. Als wir uns auf den Weg machen wollen, bitte ich ihn, schon vorauszugehen. Ich will allein sein in dem Augenblick, in dem ich mich auf der Schwelle noch einmal umdrehe und einen letzten Blick auf diesen großen, unverhältnismäßig hohen Raum werfe, in dem ich so glückliche und erfüllte Stunden erlebt habe. Ich versuche, mir die Farbe der roten Seide mit dem großzügigen Empire-Muster genau einzuprägen, mit der ich die Wände habe bespannen lassen. Aber ich spüre, daß Sauzay ungeduldig wird. Noch einen Augenblick.

Es ist Zeit zu gehen.

Inzwischen ist es zehn Uhr. Im ovalen Salon, dem Besuchszimmer, hat mein Kabinettschef Jacques de Larosière meinen Mitarbeiterstab versammelt. Ich danke allen und drücke Larosière die Hand. Wir nehmen den Aufzug, um zu meinem Wagen hinunterzufahren. Einige Angestellte des Ministeriums haben sich am unteren Treppenabsatz versammelt, um bei meinem Abschied dabeizusein. Schweigend und noch wie benommen von diesem ungewöhnlichen Ereignis stehen sie da. Vielleicht denken sie, es müsse alles noch etwas feierlicher sein ...

Als wir die Schwelle überschreiten, hört Philippe Sauzay meinen leisen Seufzer: »Ach, mein liebes altes Finanzministerium!«

Ich setze mich ans Steuer, Philippe Sauzay nimmt neben mir und mein Chauffeur Gabriel Lavaire auf dem Rücksitz Platz. Gleich darauf stehen wir im Stau in der Rue de Rivoli und an der Place de la Concorde. Neugierige Autofahrer schauen zu mir hinüber; sie haben mich erkannt. Wir biegen in die Champs-Elysées ein und halten vor dem Théatre Marigny. Meine Ankunft war bereits gemeldet worden. Die Polizei hat vor dem Bürgersteig der Avenue de Marigny Schranken aufgestellt. Die Zuschauer, die hier auf mich warten, sind, so scheint mir, vor allem meine jungen Anhänger. Sie haben wahrscheinlich nicht sehr lange geschlafen. Ich sehe von weitem Valérie-Anne, die sich an die Absperrung lehnt. Sie trägt das T-Shirt von der Wahlkampagne, weiß mit blauen Buchstaben und dem Slogan: »Giscard ans Ruder.« Ich mache einen Umweg, um sie zu umarmen, und gleich klicken die Fotoapparate.

Ich komme zum Tor des Elysée-Palasts. Pierre Messmer, der Ministerpräsident, wartet auf mich im Hof. Wir schreiten zwei Schwadronen der *Garde Républicaine* ab. Die Musik spielt das »Abschiedslied«.

Präsident Poher empfängt mich an der obersten Stufe der Freitreppe. Er lächelt und umfaßt mit beiden Händen meine ausgestreckte Rechte. Dann begeben wir uns gemeinsam in den Salon der Botschafter.

Dort erwarten mich die Präsidenten der Versammlungen sowie André Chamson, der den damaligen Großkanzler der Ehrenlegion, Admiral Cabanier vertritt, der an jenem Tag erkrankt war. André Chamson ist ein schmaler, schlanker Gelehrter, der sich aus seiner

Heimat, der Ardèche, noch den singenden Tonfall bewahrt hat. Er übergibt mir die Insignien des Großkreuzes der Ehrenlegion: die schwere Halskette und das Ordenszeichen. Der Protokollchef, Jean-Paul Anglès, wird mich dann fünf Minuten vor der für den Festakt festgesetzten Zeit abholen. Ich will nicht zu spät kommen und bemühe mich auch später bei allen Kundgebungen und Konferenzen, an denen ich teilnehme, dies zu vermeiden. Von Natur aus bin ich nicht pünktlich: Es fällt mir schwer zu warten, weil ich ein eher ungeduldiger Mensch bin, aber wenn man sich bemüht, seine Wartezeit allzusehr zu reduzieren, wird daraus, das hat mich die Erfahrung gelehrt, meist ein Zuspätkommen.

Bei General de Gaulle habe ich Pünktlichkeit gelernt. Die seine war eher militärischer Natur und beruhte darauf, daß auf dem Schlachtfeld notwendigerweise alle Truppenbewegungen auf die Minute genau ausgeführt werden müssen. Damals habe ich begriffen, daß Pünktlichkeit ganz allgemein eine Bequemlichkeit bedeutet, die jedem seine Aufgabe erleichtert und verhindert, daß man seine Zeit mit Pausen, Verspätungen und Terminverschiebungen vertut.

Um 10.35 Uhr gibt Anglès mir ein Zeichen. Natürlich besitzt er die für sein Amt unentbehrliche Würde, die durch seine hohe Gestalt und sein vorzeitig weiß gewordenes Haar noch unterstrichen wird, aber wenn man genau hinsieht, entdeckt man in seinem Blick einen Schimmer von Ironie und Humor. Die beiden Flügeltüren sind weit geöffnet.

Anglès geht uns durch die Reihe der Salons voran, eingerahmt von zwei Amtsdienern. Staatspräsident Poher geht neben mir, Edgar Faure und Pierre Messmer folgen uns, und Philippe Sauzay beschließt den Zug. Wir lenken unsere Schritte zum Festsaal, aus dem mit jedem Schritt lauter werdendes Stimmengewirr dringt.

Noch ein paar Schritte nach links, und wir sind angelangt. Plötzlich Schweigen. Der Anblick ist überwältigend. Alle Lüster im Festsaal brennen. Das strahlend helle Licht verdeckt die Risse auf den Ölgemälden und die Abnutzungserscheinungen der schweren roten Samtvorhänge. Die Honoratioren, alles, was im Staat und im öffentlichen Leben zählt, stehen in dichten Reihen an den Seiten des Saals.

Der Präsident des Verfassungsrats, Roger Frey, ein treuer, warmherziger, mitfühlender Freund, wird die Zeremonie leiten. Die Feierlichkeit seines Amtes scheint ihn so zu beeindrucken, ja zu überwältigen, daß seine Hände zittern. Wir sind alle nur im dunklen Straßenanzug erschienen. Ich werde nachher auch nicht die schwere Halskette der Ehrenlegion anlegen, deren Großmeister ich durch meine Wahl werde.

Ich habe stets eine Abneigung gegenüber den Insignien der Macht gehabt, gegenüber Mitra und Krummstab, gegenüber Tiara und Dekorationsgehänge. Als wir uns für die Republik entschieden, haben wir ihr demokratisches Aussehen gewählt. Es ist nicht leicht, sie richtig zu lenken: Entscheidet man sich für die Lässigkeit, verfällt sie allzuleicht der Demagogie und streift oftmals die Grenze des Grotesken; besteht man jedoch auf zuviel Pomp und Pathos, ähnelt sie einer heruntergekommenen Monarchie, und man erweckt den Verdacht persönlicher Eitelkeit. Ich glaube, eine Republik kann sehr schön sein, vorausgesetzt, sie ist einfach und kraftvoll zugleich. Ich habe versucht, das zu verwirklichen, mit mehr oder weniger großem Erfolg. Die Halskette der Ehrenlegion liegt auch heute noch auf einem schwarzen Samtkissen. Dort liegt sie besser als um meinen Hals. Roger Frey verkündet das Wahlergebnis. Ein Amtsdiener hat ihm eine rot eingefaßte Plakette übergeben, auf der die Zahlen stehen. Er nennt sie: »Valéry Giscard d'Estaing: 13.396.203 Stimmen. François Mitterrand: 12.971.604 Stimmen. Ich erkläre Herrn Valéry Giscard d'Estaing zum gewählten Präsidenten der Französischen Republik.«

Er übergibt mir die Plakette, die ich an Jean-Paul Anglès weiterreiche. Bis zum letzten Tag wird sie auf meinem Schreibtisch liegen. Und ich werde mich immer an die Stimmenzahl erinnern, die ich auf ein Stück Papier geschrieben habe. Ich nähe diesen Zettel zwar nicht, wie Blaise Pascal, in mein Rockfutter ein, aber ich trage ihn stets in der Tasche, um immer wieder einen Blick darauf zu werfen. Nie will ich den persönlichen Vertrag vergessen, der mich für die Dauer von sieben Jahren an jene 13.396.203 Frauen und Männer bindet, die in der Einsamkeit der Wahlzelle, zumeist ohne mich zu kennen, ihr Kreuz neben meinen Namen gesetzt haben.

André Chamson präsentiert mir symbolisch die Schatulle mit der Kette der Ehrenlegion. Und nun ist es an mir zu sprechen.

Einige meiner Leser werden sich sicherlich fragen, was man in einem solchen Augenblick empfindet. Ich kann es nur für mich sagen: ein Gefühl weniger von Furcht oder Scheu als einer strahlenden Zuversicht, der tiefe Wunsch, sich zu bewähren, ein Empfinden, das, alle anderen Etappen überspringend, aus unserer Jugend emporsteigt, wie um eine Verschmelzung von Erfolg und Mühe zu realisieren.

Man hat mir ein hohes schwarzes Standmikrophon hingestellt. Ich trete vor: »Meine Herren Präsidenten, meine Damen und Herren. An diesem Tag beginnt eine neue Ära der französischen Politik. Das folgt nicht nur, Herr Präsident des Verfassungsrats, aus dem Wahlergebnis, das Sie soeben noch einmal verkündet haben und das ich, aus Achtung vor Frankreich und seiner langen Geschichte, für eine große Ehre halte.

Das folgt nicht nur aus den 13.396.203 Stimmen der Männer und Frauen, die mir ihr Vertrauen geschenkt und mich zum 20. Präsidenten der Französischen Republik bestimmt haben.

In Wirklichkeit folgt das aus allen am 19. Mai 1974 abgegebenen Stimmen. Diese gleichen Wahlen nach den Regeln der Demokratie, ob es nun die Stimmen von Frauen oder Männern sind, von jungen oder weniger jungen Menschen, der arbeitenden oder der nichtarbeitenden Bevölkerung. Sie alle haben sich auf ihre Art und nach ihrer politischen Überzeugung zu Wort gemeldet und ihren Willen zur Veränderung bekundet.

Mein erster Gruß als neuer Präsident der Republik gilt denen, die in diesem Wahlkampf dieses Amt anstrebten und die Fähigkeit besaßen, es zu übernehmen, insbesondere François Mitterrand und Jacques Chaban-Delmas.

Nun aber werde ich diese Veränderung herbeiführen und lenken, aber ich werde dies nicht allein tun. Denn wenn ich auch gewillt bin, voll und ganz die Aufgaben eines Präsidenten zu übernehmen und mich der Verantwortung, die dies mit sich bringt, zu stellen, so werden doch an meiner Arbeit sowohl die Regierung und ihre Initiativen als auch das Parlament mit seinen Kontrollrechten beteiligt sein. Ich werde diese Veränderung nicht allein herbeiführen, weil ich der gewaltigen Stimme des französischen Volkes, die für die Veränderung plädiert hat, lausche. Wir werden die Veränderung mit dem Volk und für das Volk realisieren, für seine Menschen, so zahlreich und vielfältig sie auch sein mögen. Und wir werden sie insbesondere mit seiner Jugend realisieren, die die Fackeln der Unbeschwertheit und der Zukunft voranträgt.

Meine Herren Präsidenten, meine Damen, meine Herren, so öffnet sich das Buch der Zeit, und angesichts seiner leeren Blätter mag einem schwindlig werden. Gemeinsam, als ein großes, einiges und brüderliches Volk werden wir die neue Epoche der französischen Politik beginnen.«

Mein Text kommt mir ganz leicht über die Lippen, als sei er improvisiert. Er ist kurz. Er enthält das, was ich denke. Mehr zu sagen, fiele mir schwer. Stehen mir etwa Tränen in den Augen oder brennen sie bloß? Nein, erst später gebe ich der Rührung nach. Ich denke an diese aufgeschlagene blendendweiße Seite, die ich, so gut ich es vermag, füllen möchte. Durch das Fenster werfe ich einen Blick auf die noch immer in Reih und Glied – aber nicht mehr stramm – stehenden Soldaten. Im Licht der Sonne glitzert die steinerne Terrasse.

Man applaudiert. Mir scheint, als sei der Beifall trotz der üblichen Zurückhaltung von Verwaltungsbeamten nicht nur höflich, sondern ein bißchen lebhafter; vielleicht, weil meine Worte so ungewohnt waren. Dann gehe ich langsam durch den ganzen Festsaal und begrüße jede einzelne Gruppe, unter anderem auch die Ressortleiter des Finanzministeriums, die links von mir zusammenstehen. Um den Kreis der offiziellen Gäste zu erweitern, habe ich gebeten, daß man zum ersten Mal auch die Universitätsprofessoren, die Präsidenten der Regionalversammlungen und die Schüler einer Klasse aus Courbevoie einlädt. Sie sind die letzten, die ich begrüße. Überall, wo die Jugend anwesend ist, bringt sie einen Hauch von Farbigkeit in das Bild.

Ich gehe hinaus in den Park, um die Reihen der Soldaten abzuschreiten, die dort auf mich warten. Sie gehören der Zweiten Schwadron des Zweiten Dragonerregiments an, in dem ich während des Feldzugs 1944/1945 gedient habe. Ich hatte darum gebeten, es an diesem Tag zum Elysée-Palast abzukommandieren, weil mich mit ihm meine beste militärische Erinnerung verbindet. Und außerdem kann ich mir keine große nationale Feierlichkeit ohne Teilnahme des Militärs denken. Während ich beobachte, wie sie Haltung annehmen, diese jungen Soldaten mit ihren rosigen, glatten Gesichtern, fast noch Kinder, in ihren Uniformen, die aus einem festeren Tuch sind als unsere Heeresuniformen aus amerikanischer Baumwolle, erinnere ich mich an zwei oder drei Bilder, die ebenso frühlingshaft sind wie dieser Tag: das triumphierende Hinabstürmen in die elsässische Ebene mit ihren blühenden Obstbäumen, der Einzug in Konstanz, einer menschenleeren, von Entsetzen erfüllten Stadt, die sich plötzlich mit Menschen füllte, die ganz erleichtert darüber waren, daß sie nicht jene afrikanischen Horden vor sich hatten, als die man uns beschrieben hatte, das Inntal in Tirol mit den langen schmalen, staubbedeckten Wegen, die sich durch die Weiden schlängeln. Das alles ist gestern gewesen. Wie konnte sich zwischen das Gestern und das Heute eine so lange Zeit schieben? Ich versuche nicht, die Jahre zu zählen!

Die Schwadron hat sich in Viererreihen auf der Wiese aufgestellt. Ich schreite, begleitet von ihrem Kommandeur, die Reihe ab, ohne mich zu beeilen. Denn ich will diesen Soldaten, die auf mich gewartet haben, zeigen, daß es sich dabei nicht um eine lästige Pflichtübung handelt. Ich versuche, ihren Blicken zu begegnen, um ihnen zu sagen, daß sie heute - und zwar jeder einzelne persönlich - mit mir an diesem Festakt teilnehmen. Anschließend das Salutieren vor der Standarte, die während der Besatzungszeit in einem U-Boot nach Algerien gebracht worden war, wo dieser Truppenteil neu zusammengestellt wurde, und zwar aus europäischen und muslimischen Kontingenten, die die Befreiung des Landes vorbereiten sollten. Am Ende der Reihe verabschiede ich mich von dem Oberst und gehe über die Terrasse zurück in den Salon.

Von weitem höre ich, wie die Schar der Gäste den Festsaal verläßt und langsam dem Ausgang zustrebt.

Der zweite Akt spielt sich auf der Straße ab.

Mein Weg führt die Avenue des Champs Elysées hinunter, um am

Grabmal des Unbekannten Soldaten einen Kranz niederzulegen und die Flamme unter dem Triumphbogen zu entfachen. Ich werde diesen Weg zu Fuß gehen. Ich habe aufmerksam die Zeremonie der Amtseinführung des Präsidenten der Vereinigten Staaten alle vier Jahre verfolgt. An diesem feierlichen Ereignis nimmt eine unübersehbare Menschenmenge teil; ganz Washington feiert, es gibt Feste und Bälle. In Frankreich war während der 4. Republik die Amtsübernahme eines Präsidenten ein zweitrangiges Ereignis, das mehr oder weniger übergangen wurde. Ich erinnere mich daran, daß ich aus Neugier seinerzeit die Ankunft von Präsident Vincent Auriol auf der Place de l' Etoile mitverfolgt habe: Die Bürgersteige auf den Champs-Elysées waren fast menschenleer, die Autos hatte die Polizei vorher von der Fahrbahn gescheucht, und der Präsident der Republik stand, mit einem Frack angetan, in einem offenen, schon etwas angejahrten Wagen und winkte einer nicht vorhandenen Menge zu. So wollte ich meine Amtszeit nicht beginnen.

Früher, als der Präsident noch vom Parlament gewählt wurde, war das eher verständlich. Aber heute wählt ihn das ganze Volk. Und da sollte man auch mit öffentlichen Feiern und Festen die *Brautnacht der Legitimität* begehen.

Ich hatte meine Absicht, zu Fuß vom George V bis zum Etoile die Champs-Elysées hinaufzulaufen, bereits vorher angekündigt. Bevor ich den Elysée-Palast verlasse, nimmt mich Edgar Faure beiseite, der mich, als Präsident der Nationalversammlung, begleiten sollte.

»Wissen Sie, Valéry - Sie erlauben mir doch, Sie noch Valéry zu nennen -, ich halte das für keine gute Idee, zu Fuß zu gehen. Ich glaube, daran werden viele Anstoß nehmen.«

»Man wird sehen, Herr Präsident, jedenfalls ist es jetzt zu spät, um noch etwas daran zu ändern.«

Unsere Wagen fahren am Rond-Point der Champs-Elysées vorbei. Auf dem Balkon im letzten Stock eines Gebäudes winkt mir Anne-Aymones Onkel aus seinem Rollstuhl aufmunternd zu.

Im unteren Teil der Champs-Elysées stehen die Zuschauer dicht gedrängt. Sie applaudieren, und ihr anhaltendes rhythmisches Klatschen begleitet uns. Wir kommen jetzt zur Kreuzung George V. Ob dort auch so viele Leute stehen?

Ja, es ist unwahrscheinlich, wie viele gekommen sind. Vom Wagen aus ist es schwierig, sich einen zahlenmäßigen Überblick zu verschaffen. Aber man sieht, dicht bei dicht, die Schaulustigen auf dem Bürgersteig bis hinunter zum Etoile stehen.

Wir steigen aus dem Auto; ich salutiere vor der Fahne der Republikanischen Garde.

Unsere Gruppe formiert sich: Poher, Edgar Faure, Messmer und Galley, der Verteidigungsminister, General Maurin und, als letzte, Anglès, der Polizeipräfekt Paolini und Sauzay. Daß so viele Zuschauer gekommen sind, deren anhaltendes Klatschen die Klänge der Militärmusik übertönt, ja, daß meine Idee so ein Erfolg war, erfüllt mich plötzlich mit unbändiger Freude. Keine Spur von Müdigkeit oder Anspannung mehr. Ich schlage meinen Begleitern vor, daß wir nicht zu rasch laufen und wenn möglich unseren Gang untereinander ein bißchen anpassen. Messmer und Galley, die früher Mitglieder des »Freien Frankreichs« waren, wird es, so denke ich mir, nicht schwerfallen, im Schritt zu marschieren.

Unser kleiner Zug setzt sich in Bewegung. Die Menschenmenge ist wirklich fast unübersehbar. Sie steht dicht gedrängt, und ihre Beifallsrufe, die hie und da von einzelnen ausgehen, werden augenblicklich von anderen aufgenommen. Die Allee ist zu breit, als daß wir, von der Mitte der Straße aus, einen Kontakt mit den Leuten aufnehmen könnten. Ich winke mit Händen und Armen mal zu der einen, mal zur anderen Seite hin. Und wenn uns eine besonders leidenschaftliche Anteilnahme entgegenschlägt und die Zuschauer uns ihre Arme entgegenstrecken, versuche ich, ihnen zu zeigen, daß ich sie bemerkt habe.

Etwa im Abstand von ein paar Metern sind die Soldaten postiert. Wenn wir an ihnen vorüberschreiten, präsentieren sie das Gewehr, und ich höre die Kommandos, die an die weiter entfernt Stehenden weitergegeben werden.

Auf der Place de l'Etoile stehen die Schaulustigen auf den Bürgersteigen bis hin zu den schmiedeeisernen Gittern der Hôtels des Maréchaux zu beiden Seiten der Allee. Es ist uns also gelungen, Feierlichkeit und Fest miteinander zu verbinden. Wir überqueren den Platz. Er kommt mir kleiner vor, als wenn ich mit dem Auto vorbeifahre, aber dafür etwas gewölbter. Wir bleiben vor dem Triumphbogen stehen. Vor der schönen bronzenen Gedenktafel lege ich den Kranz nieder. Während der darauffolgenden Schweigeminute lese ich wie jedes Mal die auf dem Bogen eingravierten Namen, diese sonderbaren, fremdartigen Namen, bekannte und unbekannte, österreichische, preußische und russische, diese Namen vergangener Siege, die wie der Index zu einem Atlas französischen Heldenmuts wirken.

Wir kommen zurück auf den Platz. Die Wagen sind uns nachgefahren. Ich bemerke, daß die Menge auf den Bürgersteigen sich langsam zerstreut. Vielleicht sind die Leute enttäuscht, daß ich so wenig auf sie zugegangen bin?

Wir fahren zurück durch die Avenue de Friedland, die so menschenleer ist, als hätten sich alle Passanten auf den benachbarten Champs-Elysées zusammengefunden. Dann biegen wir in die Rue du Faubourg Saint-Honoré und in die Rue Saint-Philippe du Roule ein. Ich werfe einen Blick auf das Spielwarengeschäft dort. Als meine Schwester und ich etwa zwölf Jahre alt waren, haben wir an dieser Stelle von der Straße aus stumm vor Schrecken einen schwarzen Wagen vorbeifahren sehen, in dem ein Mann wachsbleich in den Rücksitz zurückgesunken lag. Polizeiwagen mit eingeschalteten Sirenen fuhren voran. Als wir nach Hause zurückkamen, erzählte man uns, das sei Paul Doumer gewesen, der Staatspräsident, der gerade einem Attentat zum Opfer gefallen sei.

Der Wagen biegt in den Hof des Elysée-Palastes ein. Der Kies knirscht unter den Reifen. Im Vorzimmer treffe ich meine Gäste zum Mittagessen. Wir gehen hinüber in den Salon der Adjutanten, in dem die Getränke serviert werden.

Edgar Faure ist ganz glücklich. Er ruft mir zu: »Tja, ich muß zugeben, Ihre Idee war wirklich gut. Ich hätte das nicht geglaubt. Es sind ja unheimlich viel Zuschauer gekommen, und sie schienen alle begeistert zu sein. Ich habe sogar gehört, wie einige riefen: ›Es lebe Edgar Faure!‹«

Offensichtlich, so denke ich im stillen, hat er ein ganz ausgezeichnetes Gehör.

Mein Bestreben, mir jeden allzu schroffen Bruch mit meinen Gewohnheiten, jeden Wechsel vertrauter Mitarbeiter zu ersparen, äußerte sich ebenfalls in der Einrichtung meines neuen Domizils. Der Elysée-Palast besteht aus den offiziellen Empfangs- oder Arbeitsräumen und den Privatgemächern.

Als ich am nächsten Morgen in den Elysée-Palast fuhr, um mir einmal die Räume genauer anzusehen, war dieser leer, vollkommen leer. Im Vorzimmer des Erdgeschosses ein paar Amtsdiener und Beamte der Sicherheitspolizei. Niemand in den Büros. Die leeren Schränke standen offen. Mein Kabinettschef, Philippe Sauzay, begleitete mich wieder. Der Aufseher des Elysée-Palasts, Guy Hennequin, schritt uns voran. Wir gingen hinauf in den ersten Stock. Niemand. Ich blieb im *Goldenen Salon* stehen, dem Arbeitszimmer von General de Gaulle und später von Präsident Pompidou. Einen Augenblick lang überwältigte mich die Erinnerung an sie und an unsere allwöchentlichen Begegnungen, wenn ich ihnen in meiner Eigenschaft als Minister Bericht erstattete.

Ich traf meinen Entschluß fast instinktiv und ohne nachzudenken. Ich würde nicht in General de Gaulles Arbeitszimmer einziehen. Für mich wäre das wie ein Sakrileg gewesen. Ich huldige noch einem Phänomen, das im Aussterben begriffen ist: dem der Verehrung. Und ich erinnerte mich an den tiefen, unverwechselbaren Eindruck, den mir meine ersten Begegnungen mit General de Gaulle - in eben diesem Zimmer - gemacht haben: Ich spürte deutlich, wie unbedeutend meine Anwesenheit eigentlich war, angesichts seiner an einen Elefanten erinnernden Gestalt, seines Gesichts und seines Blicks, mit dem er mich trotz meiner eigenen Größe immer etwas von oben herab ansah, eher wie ein Objekt, das Neugier erweckt, als wie eine Person, die ein Interesse rechtfertigt.

Nein, ich werde de Gaulles Platz in seinem Sessel nicht einnehmen. Und er blieb auch leer, während meiner ganzen siebenjährigen Amtszeit. Wir gehen weiter.

Nachdem wir ein freundliches, mit blauem Stoff tapeziertes Zimmer durchquert hatten, in dem ich früher einmal durch die halbgeöffnete Tür Sekretärinnen habe arbeiten sehen, kamen wir in einen Ecksalon mit vier Fenstern. Zwei gingen nach vorn, auf die Champs-Elysées hinaus, zwei zur Seite. Direkt darunter lag eine

Rosenlaube mit verrosteten Bogen, aus der ich später einen kleinen Garten machte. Er gab den Hintergrund für die Fernsehinterviews zum 14. Juli ab.

Mir gefällt dieses große sonnige Zimmer auf den ersten Blick. Meine Wahl ist getroffen. Dort wird sieben Jahre lang mein Arbeitszimmer sein. Sauzay gibt mir zu bedenken, daß dann meine Besucher erst durch das Sekretariat gehen müssen, um in mein Zimmer zu gelangen. Ich finde das nicht weiter schlimm. So ist es übrigens auch bei den anderen Staatsoberhäuptern, die ich in Amerika, Deutschland und der UdSSR besucht habe. Bleibt die Frage der Möbel. Natürlich benutzen wir die Bestände des Elysée-Palasts, vor allem zwei große Bilder von Hubert Robert. Das Sofa, der niedrige Tisch, die drei Sessel, die in der Fensterecke stehen sollen, wo ich auch meine Besucher empfangen werde, stammen aus öffentlichen Beständen. Aber der Schreibtisch selbst, an dem ich schreibe und auf dem auch die vier oder fünf Dinge von zu Hause stehen, ist und bleibt mein Schreibtisch aus dem Finanzministerium.

Er ist das Meisterstück eines Kunstschreiners, von Riesener signiert. Meine Vorgänger im Ministerium hatten ihn nicht benutzt, und er stand vergessen in dem großen Salon Napoleon III., wo er auf einem der unergründlichen Wege der Verwaltung gelandet war. Ich hatte ihn entdeckt und ihn von den ausgezeichneten Handwerkern des Ministeriums reinigen und restaurieren lassen. Dann war er mein Schreibtisch geworden, und ich hatte mich an ihn gewöhnt.

Er wird mir in den Elysée-Palast folgen, ebenso wie ein halbhohes Pult aus hellem Obstholz, das sich auch in das Finanzministerium verirrt hatte; es stammt wahrscheinlich aus den Tuilerien und diente früher wohl als Schreib- und Stehpult. Ich werde es zwischen die beiden vorderen Fenster stellen und das bebilderte Buch über John Kennedys Präsidentschaft darauflegen; es blieb dort übrigens während meiner ganzen Amtszeit.

Die Frage der Möblierung ist geregelt; das Zimmer ist mir schon fast vertraut. Meine Begleiter und ich wandern weiter durch das menschenleere Palais. Plötzlich spüre ich, vielleicht wegen des heiteren Frühlingshimmels und des frischen Grüns auf dem langen Rasen, auf den ich durch die hohen Fenster einen kurzen Blick geworfen habe, vielleicht wegen des Eifers, mit dem ich dieser spannenden, neuen, verantwortungsvollen Arbeit, die mich erwartet, entgegensehe, einen ungeduldigen Hauch von Glück.

Das Sekretariat wird in dem Zimmer nebenan eingerichtet werden. General de Gaulles Büro soll leer bleiben und lediglich genutzt werden, wenn ich fremde Gäste sowie die Botschafter anläßlich der Überreichung ihrer Beglaubigungsschreiben empfange. Der Generalsekretär und sein Stellvertreter werden in die beiden Büros nach vorn hinaus ziehen, die am anderen Ende des Palastes liegen.

Anschließend begeben wir uns in Richtung meiner zukünftigen Privatgemächer.

Bisher habe ich sie nur ein einziges Mal betreten. Als Präsident Pompidou den Speisesaal im Erdgeschoß renovieren ließ und man ihn vorübergehend nicht benutzen konnte, hatte er Anne-Aymone und mich zu einem Abendessen eingeladen, an dem noch einige andere seiner persönlichen Freunde teilnahmen. Dieses Essen wurde im Salon seines Appartements serviert, auf kleinen Tischen. Ich erinnere mich nur noch an einen langen Flur, über den man dorthin gelangte, und an ein Zimmer, in dem ein großes, mit dunkelbraunem Samt bezogenes Sofa in einem Wintergarten mit ziemlich ramponierter Holzvertäfelung stand.

Tatsächlich durchquerten wir zunächst ein Vorzimmer, zu dem eine Seitentreppe führt und dessen Tür ständig geschlossen bleibt. Gegenüber eine andere Tür, die zum Wohnungsflur. Durch diese Tür schritt General de Gaulle jeden Abend um acht Uhr, schloß sie hinter sich und verbat sich jede Störung, um in Ruhe mit Madame de Gaulle zu Abend essen und fernsehen zu können. Die Flurwände sind mit rotem Stoff bespannt, auf dem Bilder von Hartung hängen. Links zwei Zimmer. Rechts ein großes Zimmer mit einem Bad, das zum Garten hinausführt. Am Ende des Flurs links ein anderes Bad, mit giftgrünen Kacheln, im Nachkriegs-Art-Deco-Stil, offensichtlich ein Vermächtnis von Vincent Auriol. Hier sind noch die Spuren der ärztlichen Behandlung sichtbar, der sich Präsident Pompidou zuletzt unterziehen mußte: eine Massageliege, medizinische Notapparate, Apothekenfläschchen und Tablettenschachteln. Ich wende den

Blick ab und bitte Hennequin, diesen Raum geschlossen zu halten. Am Ende des Flurs wendet man sich nach rechts, und ich komme in den Salon, in dem wir zu Abend gegessen haben. Er führt auf einer Seite auf die Rue de l'Elysée hinaus, deren Fassaden man dicht gegenüber sieht, und auf der anderen zu dem kleinen Rosengarten; die Fenster meines Arbeitszimmers liegen direkt gegenüber. Dann noch ein Raum, dessen Funktion unklar ist. Hier werde ich mir mein Bibliothekszimmer einrichten, in dem ich arbeiten kann, wenn ich gerne ungestört sein möchte. Als letztes kommt ganz am Ende noch ein Zimmer mit angrenzendem Bad. Es wurde sowohl von General de Gaulle als auch später von Präsident Pompidou als Schlafzimmer benutzt. Es ist ruhig, und eins seiner Fenster liegt hinaus zum Garten mit seinen Bäumen. Wenn es offensteht, kann man fast die Zweige berühren. Man kann von hier aus die ganze Rue de l'Elysée überblikken, an deren Ende die Autos in Richtung Avenue Gabriel vorbeifahren. Hier werde ich wohnen.

Ich veranlasse, daß man mir die Möbel hierherbringt, an denen ich am meisten hänge, mein vertrautes Nest aus Mahagoni und Schleiflack: mein Bett aus dem Finanzministerium, einen Sekretär, in dessen Fächern Maupassants Erzählungen in Taschenbuchausgabe stehen, Gustave Flauberts *Die Lehrjahre des Herzens* und die Romane von Tolstoi; ein prachtvoller Schreibtisch, der einst für das Schloß von Choisy-le-Roi angefertigt worden war und dessen Herkunft einer meiner Freunde, ein Kunstkenner und -sammler, trotz der zahlreichen Verstümmelungen im Laufe der Epochen festzustellen vermochte. Aus öffentlichen Beständen kommen noch ein Sessel, ein Fußschemel und eine Kommode dazu. In dem schmalen Korridor Regale für meine Hemden. Und im Badezimmer ein Schrank für Kleidung und Schuhe. Und schon bin ich eingerichtet.

Während der folgenden Jahre habe ich noch ein paar Verbesserungen vorgenommen. Im Salon hänge ich ein Porträt auf, das Mozart als Kind zeigen könnte, als er nach Paris kam, um dort Konzerte zu geben. Der Louvre hatte es aus seinen Beständen geholt; es war eigentlich für Rambouillet bestimmt. In die Bibliothek kommen noch meine Stereoanlage und meine Platten.

Im Grunde genommen ist alles beim alten geblieben. Es ist eher ein Umzug als eine Neueinrichtung. Ich versuche auf diese Weise, die Erinnerung an die glücklichen Jahre, die ich in der Rue de Rivoli erlebt habe, in den Elysée-Palast hinüberzunehmen. Dieses Hängen an den mir vertrauten Möbeln mit ihrem honigfarbenen Schleiflack und dem sanften Schimmer ihrer bronzenen Beschläge, ein Stück Nostalgie, dementiert gleichzeitig jenen berechnenden Charakter, den mir die Öffentlichkeit oft untergeschoben hat, einen, wie sie behauptet, im voraus geplanten und berechneten Feldzug, um mir den Präsidentensessel zu erobern, die Bereitschaft, alles auf meinem Weg dorthin niederzuwalzen.

Nein, ich fühlte mich vorher sehr viel glücklicher, in meinem Amt als Finanzminister, das mir jene einzigartige Mischung von individueller Freiheit und Sachverstand bot, in einem Alter, um die vierzig herum, in dem einem alles möglich erscheint, in dem das Leben vor Wünschen und Plänen überschäumt.

Unser Rundgang ist beendet. Über die Dienstbotentreppe gehen wir wieder hinunter und durchqueren in entgegengesetzter Richtung die modernen Salons im Erdgeschoß, die auf die Initiative des Präsidenten und Claude Pompidous hin restauriert wurden. Ich komme an Agams Meditationssalon vorbei, der ganz mit bunten horizontalen und diagonalen Streifen tapeziert ist, die sich je nach dem Blickwinkel zusammensetzen und wieder auflösen.

Am Eingang wieder angelangt, verabschiede ich mich von Philippe Sauzay und Hennequin. Ein einsamer Journalist irrt über den kiesbedeckten Hof. Alles ist bereit: Die Arbeit kann beginnen.

III

Begegnungen

Eine Frage hat man mir sehr oft gestellt: Wie wichtig sind eigentlich persönliche Beziehungen zwischen den Staatsoberhäuptern? Erleichtern sie die Lösung von Problemen und können sie gelegentlich auch dazu beitragen, Krisen zu verhindern? Aber gelegentlich höre ich auch besorgte Stimmen: Wenn man persönlichen Beziehungen zuviel Gewicht beimißt, stellt man dann nicht vielleicht seine eigenen Eindrücke oder Symphatien über die Berücksichtigung der Interessen, mit deren Wahrnehmung man betraut ist? Akzeptiert man nicht allzu leicht Kompromisse, um dem einen oder anderen Gesprächspartner einen Gefallen zu tun?

Das politische Leben besteht wie jedes normale Leben aus Begegnungen. Man trifft Menschen und Gesichter, die man manchmal sympatisch findet, manchmal unangenehm, die herzlich oder abweisend sind.

Ich will diese Frage nicht direkt beantworten. Aber eins kann ich sagen: Viele der Gesichter, denen ich im Lauf meiner Amtszeit begegnet bin und die ich beobachtet habe, sind mir noch lebhaft in Erinnerung. Und jedes dieser Gesichter ist auch ein Teil der Antwort auf jene Frage.

Der Schah von Persien

Mein erster Staatsgast war der Schah von Persien. Die Einladung stammte nicht von mir; Präsident Pompidou hatte sie noch ausgesprochen.

Ihre Beziehungen waren etwas schwierig geworden. Präsident Pompidou hatte sich geweigert, an den Festen von Persepolis teilzunehmen, die der Schah im Oktober 1971 organisiert hatte, um den 2500jährigen Geburtstag des persischen Kaiserreichs zu feiern. Zu dieser Jahreszahl war er durch eine gewagte Assoziierung seiner eigenen, von seinem Vater gegründeten Dynastie mit der der Achaimeniden gekommen. Der Staatspräsident hatte in gelegentlichen Gesprächen die Gründe für seine Weigerung durchblicken lassen: Er hielt diese Festlichkeiten für deplaziert und ihren Charakter für oberflächlich.

Er hatte sich durch seinen Ministerpräsidenten, Jacques Chaban-Delmas, vertreten lassen, obwohl der Schah mit der Anwesenheit der Staatsoberhäupter rechnete. Er maß nämlich tatsächlich diesem Jahrestag sehr viel Gewicht bei; er sollte der Höhepunkt seiner Herrscherzeit werden.

Er hatte den französischen Lieferanten und den Dekorateuren, die die Zelte von Persepolis ausstatteten, weitgehend den Vorrang eingeräumt. Und die Weigerung des französischen Präsidenten hatte ihn tief verletzt.

Der Schah war ein geradliniger Mann von unbeugsamem Charakter, der sehr empfindlich sein konnte, wenn es um seinen Rang und den seines Landes ging. Obwohl er in der französischen Kultur aufgewachsen war und die politischen Beziehungen zwischen beiden Ländern keine Probleme aufwarfen, blieb das persönliche Verhältnis zwischen den beiden Männern eher gespannt. Mit dieser Einladung Präsident Pompidous, die dieser erst kürzlich ausgesprochen und die der Schah angenommen hatte, sollte die Versöhnung zwischen ihnen besiegelt werden.

Gleich nach meiner Wahl sprach mich der Protokollchef, Jean-Paul Anglès, auf diese Frage an.

Wollte ich die Einladung zu diesem Besuch, der Ende Juni, also in weniger als sechs Wochen, stattfinden sollte, aufrechterhalten - was die Vorbereitungen für die offiziellen Veranstaltungen doch erschweren würde -, oder wollte ich ihn lieber verschieben?

Da ich mich an jenen Schwachpunkt der französisch-iranischen Beziehungen erinnerte, erwiderte ich ihm, man solle besser die Einladung nach Paris aufrechterhalten und bestätigen. Die Antwort des Schahs traf umgehend ein. Er käme mit Vergnügen. Später habe ich erfahren, er habe mit einer Bitte um einen späteren Zeitpunkt gerechnet und es als Entgegenkommen gewürdigt, daß wir an dem ursprünglichen Termin festgehalten haben.

Ich freute mich, ihn als Gast zu empfangen, denn er weckte in mir eine alte Erinnerung.

Während des Winters 1944-1945 formierte unsere Erste Armee vor der Frühjahrsoffensive ihre Streitkräfte neu. Seit Dezember waren alle Operationen praktisch zum Stillstand gekommen: Das schlechte Wetter, der Schnee und der erbitterte Widerstand der deutschen Einheiten hatten die vollständige Wiedereroberung des Elsaß verhindert. Entlang des Rheins gab es noch den *Sack von Colmar*, wo die Deutschen sich verschanzt hatten. Während wir auf bessere Tage warteten, reorganisierte General Lattre de Tassigny seine Armee. Er hatte beschlossen, die jungen Kader in den Gebäuden eines psychiatrischen Krankenhauses in Rufach, südlich von Colmar, zusammenzuziehen. Dort wurden alle Einheiten zusammengeworfen, und man gab uns sozusagen einen Schnellkurs, der von der Unterweisung im Waffengebrauch bis zur Kampfausbildung ging. Die etwas älteren unter uns murrten zwar wegen dieser Rückkehr zur Grundausbildung und dem etwas übertriebenen militärischen Zeremoniell. Die jüngeren jedoch, zu denen ich gehörte, amüsierten sich darüber und witzelten auch gelegentlich über die Neuerungen, die de Lattres Steckenpferd waren. So zum Beispiel die drei Tempi der Gewehrgriffe: normal, langsam und sehr langsam. Beim sehr langsamen Tempus hatte man nur einen Handgriff nach jeweils einer Pause dazwischen auszuführen, während die Ausbilder sich heiser schrien: »Präsentiert das Gewehr! Eins! Zwei! Drei!« Trotz dieser etwas absonderlichen Einfälle bei unserer Ausbildung – die fünfzehn Kilometer von der deutschen Armee entfernt stattfand – war de Lattre schon eine beeindruckende Persönlichkeit, vor allem des Abends, wenn wir im Licht der abgedunkelten Scheinwerfer einen amerikanischen General empfingen, den de Lattre, strahlend vor Stolz, auf seinen braunen Stock gestützt, empfing.

Der Nachmittag war der Ausbildung gewidmet. Einige Übungen fanden mit scharfgeladenen Waffen statt. Wir mußten uns an den

Häuserwänden eines kleinen zerstörten Dorfes entlangschleichen, während ein Maschinengewehr auf die Mitte der Straße zielte: Das sollte uns an das pfeifende Geräusch der Geschosse gewöhnen.

Eines Morgens befahl mich mein Kompaniechef zu sich. »Der König des Iran«, sagte er zu mir, »wird heute unserer Ausbildung beiwohnen. Man hat Sie als seinen Begleiter ausgewählt.«

Der König vom Iran? Wer ist das? Ich erinnerte mich vage an Bildnisse bärtiger, lockenköpfiger Krieger mit langen Kappen, die ich – im Profil – in den Sälen des Louvre gesehen hatte, und an das Foto des Treffens von Teheran, das damals gerade stattgefunden hatte: Roosevelt trug darauf einen schwarzen Umhang, der am Hals mit einer Kette zusammengehalten wurde, und eine Astrachankappe, Stalin eine flache Militärmütze mit einem roten Band.

Mittags traf er mit seinem Gefolge ein. Ich sah ihn von weitem: ein noch junger Mann, zartgliedrig, mit mattem Teint, regelmäßigen Gesichtszügen, schmalen Schläfen, einer etwas unproportionierten Nase, die die untere Gesichtshälfte verschattete, dichten schwarzen Augenbrauen und erstaunlich sanften Augen. Er war von einem Adjutanten begleitet, der sehr britisch wirkte, und höheren französischen Offizieren – die Zahl ihrer Achselschnüre konnte ich nicht genau erkennen. Meine Rolle war bescheiden. Ich hatte mich lediglich dem Gefolge anzuschließen. Am Nachmittag begaben wir uns in das Dorf, in dem die Schießübungen stattfanden. Für den Schah hatte man einen offenen Kommandowagen zur Verfügung gestellt. Man gibt mir den Befehl: »Steigen Sie neben dem König ein, um ihm die Übung zu erklären.«

Ich klettere in den Wagen und setze mich. Wir fahren los, um uns am Anfang der kleinen Straße hinzustellen. Ich betrachte das ruhige, ernste Profil des Schahs. Das Maschinengewehr ist aufgestellt; die Kanoniere sind bereit. Die Soldaten warten; sie stehen in ihren Kampfanzügen zu beiden Seiten der Straße. Das MG fängt an zu knattern. Gebückt schleichen sich die Soldaten dicht an der Wand entlang. Wenn sie am Ende der Straße ankommen, sind sie noch etwa zwei oder drei Meter von der Geschoßbahn entfernt. Es besteht also keine Gefahr für sie. Der Schah wendet sich an mich: »Haben Sie das auch geübt?«

Ich erwidere: »Ja, Sire.«

Ich habe keine Ahnung, wie man ihn richtig anredet, aber das Wort *Sire* scheint mir für diese Gelegenheit recht passend.

»Haben Sie Angst gehabt?«

Er spricht ein einwandfreies Französisch, ohne jede Spur von Akzent. Höchstens eine gewisse Verlangsamung, die einem anderen Rhythmus folgt, wie ein Lied ohne Klangfarbe.

»Ja, das erste Mal. Nachher nicht mehr.«

Es stimmt, das erste Mal habe ich Angst gehabt. Morgens, vor Beginn der Übung, hatte ich ein flaues Gefühl im Magen, allein schon wegen des Ausdrucks *scharfe* Munition. Das zweite Mal war es fast schon Gewohnheit, aber trotzdem aufregend, wegen der Selbstbeherrschung, die man sich erkämpfen mußte. Nur, wenn man wirklich eines Tages von gegenüber auf mich schießen sollte, werde ich dann nicht die Nerven verlieren? Werde ich mich dann nicht in den nächsten Graben werfen und mit den Fingernägeln versuchen, den Boden aufzukratzen, um einen Schlupfwinkel zu finden?

Wir sprachen dann weiter miteinander. Ich beschrieb ihm die verschiedenen Phasen der Ausbildung. Er hörte mir aufmerksam zu. War es nur aus Höflichkeit? Ich spürte bei ihm eine gewisse Teilnahmslosigkeit. Ich begegnete seinem Blick, wagte aber wegen des Rangunterschieds zwischen uns nicht, ihn festzuhalten. Sein Blick kam mir wie nach innen gekehrt, verletzlich vor. Auch wenn ich später den Schah bei anderen Gelegenheiten traf, erschien er mir so: Ganz anders, als die Öffentlichkeit ihn aufgrund seiner Haltung und seines Amtes sah.

Am Nachmittag fuhr er wieder fort; er dankte mir, so wie er allen anderen dankte.

Sechzehn Jahre später sah ich ihn wieder, als er mit General de Gaulle zusammentraf und ich ihn zu einem Gespräch über die Wirtschaftsbeziehungen zwischen Frankreich und dem Iran aufsuchte. Erinnerte er sich wirklich noch an seinen Aufenthalt im Elsaß, oder war er von seinen Mitarbeitern nur gut informiert worden? Jedenfalls erwähnte er diese Begegnung und spielte jedesmal, wenn wir uns wiedersahen, erneut darauf an.

Der Empfang des iranischen Herrscherpaares in Frankreich war überwältigend.

Etwas wie Feiertagsstimmung lag in der Luft. Vielleicht wegen der Jahreszeit, vielleicht wegen all der neuen Ereignisse. Die Franzosen lieben Regierungswechsel und den Wechsel von Personen. Jeder, der neu anfängt und den sie noch nicht kennen, hat von vornherein ein Plus in der öffentlichen Meinung. So ging es auch bei meiner Präsidentschaft. Außerdem waren viele sicherlich erleichtert, daß sie trotz aller ungünstigen Prognosen dem drohenden Gemeinsamen Programm und seinen Gefahren entgangen waren.

Während meiner Amtszeit verlief der Empfang eines fremden Staatsbesuchs nach einem feststehenden Ritual. Landung in Orly, danach der Flug im Hubschrauber bis zum Hôtel des Invalides. Wegen des Lärms kann man sich kaum miteinander unterhalten. Ich deute durch das Bullauge auf die Hallen von Rungis, auf die südlichen Vororte, die von den weißen Gebäuden der Neubausiedlungen durchsetzt sind, auf die Seine bei den Renault-Werken, über denen der Hubschrauber wendet, um im Gleitflug auf die Esplanade vor den Invalides hinunterzugehen. Wir fliegen dicht am zweiten Stock des Eiffelturms vorbei. Die Touristen winken uns mit den Taschentüchern zu, dann landen wir auf der geteerten Fläche des Vorplatzes, vor dem schmiedeeisernen Gitter. Der heftige Wind der Flügelblätter reißt den hohen Polizeibeamten die Käppis vom Kopf. Die offizielle Wagenkolonne fährt über die Esplanade der Invalides. Bis zum Elysée-Palast ist es nicht weit. Vor mir sehe ich die berittene Republikanische Garde. Die Tiere mit ihrem glänzend gestriegelten Fell und ihren breiten Kruppen lassen hier und da ein paar dampfende Pferdeäpfel fallen.

Die Gäste sind im Hôtel Marigny untergebracht, einem vornehmen, schönen alten Haus. Es war eine gute Idee von Präsident Pompidou gewesen, es Alain de Rothschild durch den Staat abkaufen zu lassen, um dort Frankreichs offizielle Staatsgäste unterzubringen. Bisher hatten sie immer am Quai d' Orsay gewohnt, was ständig zu einer Hin- und Herfahrerei der offiziellen Wagenkolonnen führte und damit zu Staus, die die Bevölkerung natürlich verärgerten. Vom Marigny aus braucht man nur über die Allee zu gehen, und schon ist man im Elysée-Palast. Das Beschaffungsamt hat das Hotel im Stil seiner früheren Besitzer höchst komfortabel eingerichtet; ihre prächtigen Sammlungen fehlen natürlich leider.

Die Ankunft erfolgt wie üblich in einer Art Hotelatmosphäre: Das Personal macht sich im Hintergrund eifrig mit dem Gepäck zu schaffen. Auf dem Tisch des großen Salons sind die Auszeichnungen und die Gastgeschenke ausgebreitet.

Wir gehen hinüber in das angrenzende Zimmer, wo der Tee serviert wird. Als ich mich setze, höre ich, wie die Polsterung des Sofas knarrt. Die Holzpaneele über den Türen sind bemalt; ich glaube, von dem Kunstprofessor eines Fräulein Rothschild. Eine junge Diana, die sich nach der Jagd hingesetzt hat. Sie trägt griechische Sandalen an den Füßen, deren Riemen über den Fußgelenken gekreuzt und bis zu den Beinen hinauf geschnürt sind. Sie wartet, daß eine Dienerin sie entkleidet.

Das erste Gespräch, das etwa eine Stunde dauern sollte, ist im allgemeinen uninteressant. Unsere Ehefrauen ziehen sich zurück. Wir legen kurz die wichtigsten Themen fest, die während des Staatsbesuchs behandelt werden sollen, und besprechen noch einmal den Programmablauf. Diese Gespräche unter vier Augen verlaufen für gewöhnlich in einer eher entspannten Atmosphäre, vor allem, wenn keine Dolmetscher dabei sind, wie bei den Gesprächen mit dem Schah. Als wir uns zum Schluß verabschieden, habe ich den Eindruck, daß die Dinge etwas unkomplizierter geworden sind und eine fast freundschaftliche Stimmung zwischen uns herrscht.

Zur Zeit des Schah-Besuchs waren die Renovierungsarbeiten im Hotel Marigny noch nicht beendet. Deshalb beschloß ich, das kaiserliche Paar im Trianon unterzubringen.

Wir fuhren zur Begrüßung hinaus nach Orly; dann brachte uns der Hubschrauber direkt bis zum Vorplatz des Trianon. Der Flug über Versailles war zauberhaft. Das Johannistags-Licht verlieh den Gesimsen der Fassaden ein erstaunlich klares Relief, und das Blätterkleid der Bäume war von einem intensiven Grün. Wir widmeten uns zunächst dem üblichen Austausch von Geschenken und Auszeichnungen. Der Schah erhielt zwei Sèvres-Vasen und die Schabanu einen von Bernard Buffet gemalten Wandschirm. Für ihre Kinder hatte ich Spiele, französische Bücher und einen Globus vorgesehen. Mir hatte der Schah Bronzen aus Luristan mitgebracht. Nach dem Tee trennen wir uns zunächst. Zum Abendessen werden wir uns wiedertreffen.

Den Empfang in Versailles habe ich sehr sorgfältig vorbereitet. Ich erinnerte mich noch an das Essen, das General de Gaulle zu Ehren des jungen Kennedypaares gegeben hat. Die Begegnung zwischen diesem historischen Staatsmann mit der Unerschütterlichkeit eines Elefanten und dem amerikanischen Präsidenten mit seiner strahlenden Jugendlichkeit, seinem sonnengebräunten Teint, seinem offenen Lächeln und den blitzenden Zähnen, wie gemacht für die Blitzlichter der Fotografen, war für alle Gäste ein eindrucksvolles Erlebnis, als würden sie Zeugen einer jener seltenen schicksalhaften Augenblicke. Als General de Gaulle mit Jacqueline Kennedy am Arm durch die Spiegelgalerie schritt, begleitete sie ein Murmeln, wie bei einer außergewöhnlichen Veranstaltung, von der man weiß, daß die Schauspieler nur ein einziges Mal auftreten.

Es ging natürlich nicht darum, diese Szene zu wiederholen. Aber mein Wunsch war, den Eindruck eines glänzenden, modernen Frankreichs zu vermitteln, das mit sich selbst im Einklang steht: Das heißt, ein Land, stolz auf seine lange Vergangenheit, ohne daß diese von irgend jemandem für sich in Anspruch genommen wird.

Als die Gästelisten erstellt wurden, haben wir so gut es ging jeden Parteigeist vergessen. Wenige Politiker, außer denen, die kraft ihres Amtes teilnehmen mußten, statt dessen Vertreter des kulturellen Lebens, Unternehmer, Professoren, Journalisten. Zur traditionellen Vorstellung, die im ersten Stock stattfand, kamen sie alle, einer nach dem anderen, an uns vorbei. Ich sah, wie sie sich auf der Türschwelle uns zuwandten, nachdem Fürling, der Amtsdiener, sie angekündigt hatte. Ich spürte ihre Schüchternheit und gleichzeitig ihre Freude. Als sie an den Fenstern vorbeigingen, kam es mir plötzlich so vor, als ob die Ruhe dieses außerordentlichen Ortes sie sozusagen verjüngte, sie entspannter machte und ihre Falten glättete.

Das Abendessen wurde im Spiegelsaal serviert. Das Museum von

Malmaison hatte uns den Aufsatz des feuervergoldeten Silbertisches geliehen, den die Stadt Paris anläßlich von Napoleons Krönung bei dem Goldschmied Henri Auguste bestellt hatte.

Wir saßen zum Garten hinaus, direkt gegenüber dem großen Kanal. Da es einer der längsten Tage des Jahres war, ging die Sonne im Westen gerade über den dichten Baumgipfeln des Parks unter, und ihr Licht war noch strahlend hell. Für den späten Abend war ein Feuerwerk vorgesehen. Es sollte vom Apollo-Becken am Ende der Blumenrabatten aus gezündet werden, dort, wo für gewöhnlich der Besuchereingang ist. Der Gedanke, dieses Feuerwerk nur für die Gäste des offiziellen Essens zu veranstalten, schockierte mich, und so erkundigte ich mich, ob man nicht auch das Publikum in den Park hineinlassen könnte. Aus Gründen der Sicherheit schlug man es mir ab. Aber ich blieb hartnäckig. Ich wollte, daß dieses Fest allen zugänglich sein sollte. Und ich setzte mich durch. Die verantwortlichen Beamten hielten das sicherlich für eine überflüssige Laune und zuckten, so vermute ich, mit den Schultern. »Na schön, wenn der Präsident der Republik darauf besteht . . .« Die Bürger von Versailles durften jedenfalls in den Park.

Zum Abschluß einer Vorstellung im kleinen Theater wurden dann die ersten Feuerwerkskörper abgeschossen. Wir traten an die Fenster und öffneten sie. Als ich den hellen Jubel der Zuschauer hörte, der das Aufsteigen der farbigen Sonnen und anschließend den Sternenregen begleitete, hatte ich endlich den Eindruck, daß dieses Fest von allen gefeiert wurde. Für mich war das ein Augenblick seltenen Glücks.

Am Nachmittag besuchte ich mit dem Schah das Atomforschungszentrum von Saclay. Ich wußte, daß er an dem Kauf von Kernkraftwerken interessiert war. Obgleich sein Land nun wirklich nicht arm an Erdöl war, dachte er bereits an den Augenblick, in dem diese natürlichen Reserven erschöpft sein würden und man sie durch eine andere Energiequelle ersetzen müßte.

Wir zogen die weißen Besuchermäntel an und befestigten daran den kleinen Geigerzähler. Ich wußte, daß die Mehrzahl der Angestellten und Forscher von Saclay die Politik des Schahs nicht billigten. Dennoch standen sie neugierig in kleinen Gruppen vor den einzelnen Werksanlagen zusammen. Vielleicht fühlten sie sich auch geschmeichelt, weil ihre Arbeit durch diesen Besuch eine besondere Anerkennung erfuhr.

Der Verwaltungsdirektor, André Giraud, führte uns. Seine Erklärungen waren präzise und leicht verständlich. Von Glaswänden geschützt, sahen wir uns den Kernreaktor an, in dem sich hinter einer Betonwand und einem Wärmeschild aus Stahl der Reaktorkern befindet. Von meinem Studium am Politechnikum her besaß ich noch einen Rest an Fachwissen. Ich staunte, wie sehr die technologischen Probleme - Material, Temperatur, Kontrollinstrumente - wissenschaftliche Daten in den Hintergrund drängten.

Der Schah hörte sich die Erläuterungen an, stellte nur selten eine Frage. Er wirkte noch immer nachdenklich und in sich gekehrt. Zusammen mit Michel d'Ornano, dem Wirtschaftsminister, begleitete ich ihn zu dem Hubschrauber, der ihn zurück zum Trianon brachte.

Als wir uns voneinander verabschiedeten, sagte er zu mir: »Wir werden mehrere Kernkraftwerke brauchen. Ich werde mich deswegen an verschiedene Länder wenden, aber ich bin beeindruckt vom hohen Stand der französischen Technik. Und Sie sind vor allem unabhängig. Sie müßten mir allerdings die Nachlieferung von Nuklearbrennstoff garantieren. Dagegen bin ich bereit, mich finanziell an Ihrer Anreicherungsanlage zu beteiligen. Ich bin durchaus geneigt, den größten Teil unserer Kernkraftwerke aus Frankreich zu beziehen. Gleich nach meiner Rückkehr nach Teheran werde ich dafür sorgen, daß die Verhandlungen darüber weitergeführt werden.«

Im Winter 1975 erfuhr ich, daß der Schah sich wie gewöhnlich in seiner Villa in St. Moritz aufhielt und erwartete, daß wir uns dort trafen. Es war an mir, seinen Besuch zu erwidern. Ich hatte beschlossen, daß wir, das heißt, die ganze Familie, im Februar eine Woche zum Wintersport nach Courchevel in das Chalet meiner Mutter fuhren, so wie wir das immer getan hatten. Diesen Zeitpunkt schlug der Schah jetzt für meinen Besuch vor. Wir würden einen Hubschrauber nehmen; dann konnten wir an einem Tag hin und zurück, von einem Alpenberg zum anderen fliegen.

Ein paar Neugierige stehen dabei, als wir am Montag, dem 17. Februar, von dem Landeplatz von Courchevel abheben. Wir nehmen direkt Kurs auf die Schweiz. Als wir zum Rhônetal kommen, bietet sich uns ein prächtiges Bild: auf der einen Seite das Matterhorn und auf der anderen die Berner Alpen mit dem schneebedeckten Gipfel der Jungfrau. Das Wetter ist prächtig. Mir war bisher noch nie so deutlich zu Bewußtsein gekommen, welch ein Eldorado für Skifahrer und Bergsteiger die Schweiz ist.

Ich erinnere mich an den Brauch, nach dem man an den Staatschef des Landes, das man überfliegt, ein kurzes Grußwort richtet. Deshalb schreibe ich ein paar liebenswürdige Worte nieder, die ich meinem Adjutanten übergebe, der sie über Funk weiterleiten soll. Ich habe dieses Grußwort an den Bundespräsidenten der Schweizerischen Eidgenossenschaft, Herrn Nello Celio, adressiert. Wie ich ist er früher Finanzminister gewesen, also ein Kollege von mir. Deshalb erinnerte ich mich an ihn. Nach meiner Rückkehr erfuhr ich, daß dieses unbedeutende Grußwort in der schweizerischen Presse mit sanfter Ironie kommentiert worden war, denn Nello Celio war schon seit zwei Jahren nicht mehr Bundespräsident. Ein unglücklicher Fauxpas, wenn auch aus guter Absicht.

Wir überfliegen jetzt den Ober-Engadin. Ein paar Kilometer östlich von St. Moritz befindet sich der Flughafen, auf dem wir landen sollen. Zwischen zwei schroffen Felsen geht unser Hubschrauber herunter. Der Schah erwartet uns auf dem Flugplatz. Er selbst setzt sich ans Steuer seines Mercedes; ich nehme auf dem Beifahrersitz Platz. Anne-Aymone folgt uns in einem anderen Wagen. Dicht neben dem Flughafengelände beobachten wir Langläufer mit dicken Pudelmützen auf dem Kopf, die mit weitausholenden Bewegungen auf der Piste an uns vorüberziehen.

Wir durchqueren die kleine Stadt, die unsere Wagenkolonne kaum zur Kenntnis nimmt, und biegen dann in einen steilen Weg hinter dem Hotel Suvretta ein. Schweizer Polizeibeamte bewachen die Einfahrt zur Villa, die an einer Biegung der Straße liegt. Wir steigen aus. Sogleich sind wir von Leibwachen umgeben. Diese persische Enklave besteht aus einem eher bürgerlichen Haus. Es ist aus grauem Stein erbaut, in deutsch beeinflußtem Stil. Die Schabanu erwartet uns auf der Schwelle, lächelnd, wie es ihrem heiteren, unbeschwerten Naturell entspricht, als seien ihr Haß und Feindseligkeit absolut fremd. Wir essen zu viert zu Mittag. Dann führt mich der Schah zu einem Gespräch in sein Büro. Es ist ein länglicher Raum mit maschinell angefertigter Holzvertäfelung, wie in den Arbeitszimmern der Ruhrindustriellen.

Seit seinem Besuch in Frankreich hat sich die Wirtschaftslage in der Welt verschlechtert. Dennoch besteht der Schah darauf, die Ölpreise zu erhöhen und läßt diese These weiterhin in den OPEC-Konferenzen vertreten. Ich warne ihn: »Der Erdölpreis ist schon hoch genug. Er führt zu Wirtschaftskrisen in allen Industrieländern. Diese Länder sind auch Ihre Partner und einige unter ihnen Ihre Verbündeten. Ich gebe es ja zu, eine Preiskorrektur war notwendig. Aber, wie man mir sagt, ist Ihnen das noch nicht genug. Eine Wirtschaftskrise wird in unseren Ländern politische Erschütterungen mit sich bringen. Kann der Iran daran interessiert sein?«

»Man hat jahrelang unsere natürlichen Vorkommen ausgebeutet, indem man uns das Erdöl zu einem Spottpreis abgekauft hat. Dann gelang es uns, den Spieß gewissermaßen umzudrehen. Das ist nur gerecht. Aber wenn Sie die Erdölpreise im langfristigen Vergleich sehen und sie mit der Inflationsrate vergleichen, werden Sie feststellen, daß Sie Ihr Erdöl immer noch billiger als im Jahre 1960 kaufen.« Er ergeht sich in einer Zahlenanalyse.

Ich erwidere ihm: »Schon möglich, aber Sie haben die Preise von heute auf morgen angeglichen. Das bringt die Handelsbilanz der importierenden Länder aus dem Gleichgewicht und schafft bei Ihnen ein Finanzaufkommen, das eine Inflation auslösen wird.«

»Wir brauchen dieses Geld. Unsere längste Grenze verläuft entlang der Sowjetunion. Ich kann mich auf niemanden verlassen, um unsere Verteidigung zu sichern. Die Amerikaner behaupten zwar, sie würden uns im Kriegsfall unterstützen. Aber ich glaube kaum, daß sie für uns einen Atomkrieg riskieren. Ich will aus dem Iran eine dritte militärische Weltmacht machen.«

Ich kann kaum glauben, was ich soeben gehört habe. Seine Gesichtszüge sind verzerrt. Er fährt in seinen Ausführungen fort: »Das scheint Sie zu erstaunen. Aber der Iran kann die dritte militärische

Weltmacht werden! Wir kaufen die besten amerikanischen Militärflugzeuge« – er zählt die Nummern der Modelle auf –, »die denen der Sowjets bei weitem überlegen sind. Und was unser Heer angeht, wir kaufen nur die modernsten Panzer und die beste Artillerie. Ich bin auch bereit, Aufträge an Frankreich zu vergeben. Außerdem brauchen wir das Geld für unsere Industrie. Sie kennen unsere Pläne: natürlich eine Erdölindustrie, aber auch eine Düngemittelproduktion, eine Eisen- und Stahlindustrie und eine Atomindustrie, um später das Erdöl ersetzen zu können.«

Ich habe Mühe, meinen wachsenden Unwillen zu beherrschen. Ich erinnere mich an die durch die Sonne und den Wassermangel verkarsteten Gebirge, die aus einem winzigen Raum bestehenden Geschäfte, die auf Straßen ohne Bürgersteig hinausgehen, an die Landbevölkerung, ein buntscheckiges Bild mit ihren Turbanen, ihren gestreiften weiten Jacken, und an die Jugendlichen in Jeans, die arbeitslos herumhocken. Eine Wirtschaftskrise in unseren Ländern läßt den Schah offenbar völlig kalt. Er träumt nur von seiner Militärmacht und diesem Hirngespinst einer Industrialisierung um jeden Preis.

Ich kann nicht mehr an mich halten: »Sire, Sie züchten sich damit eine Revolution heran! Der Iran ist noch ein Land mit vorherrschender Agrarstruktur. Sie können unmöglich in einer einzigen Generation aus einer in ihren Traditionen verwurzelten Landbevölkerung Facharbeiter einer hochentwickelten Industrie oder Unteroffiziere einer modernen Armee machen. Dazu brauchen Sie Zeit, mindestens zwei oder drei Generationen. Wenn Sie versuchen, diese Entwicklung zu überstürzen, züchten Sie sich selbst die Revolution heran.«

Zweimal habe ich denselben Ausdruck verwandt. Er ist schockiert. Sicherlich durch dieses Wort und durch die potentielle Gewalt, die darin liegt. Wahrscheinlich auch durch meine Haltung. Wie kommt dieser Gast eines befreundeten Landes – mit weniger politischer Erfahrung als er – dazu, ein Urteil über seine Handlungsweise zu fällen, ohne den ungeheuren Anstrengungen Rechnung zu tragen, die es ihn kostete, nach Mossadegh die Macht zu übernehmen und gegen die großen Feudalherren, gegen den religiösen

Fanatismus anzukämpfen? Ich beobachte, wie er mit sich ringt, zwischen Feindseligkeit und dem Akzeptieren einer Kritik schwankt, die er für anmaßend und ungerecht hält.

Er entscheidet sich für eine versöhnliche Reaktion und entgegnet in friedfertigem Ton: »Ich habe keine Zeit. Ich werde nicht mehr lange an der Macht bleiben; ich beabsichtige, in sieben oder acht Jahren abzudanken. Dann werde ich weit über sechzig sein. Es wäre mir lieber, ich könnte das schon vorher tun, aber mein Sohn ist noch zu jung. Ich muß warten, bis er soweit ist. Trotzdem will ich, daß die wesentlichen Reformen bereits vorher realisiert werden. Gewiß, anfangs wird es viele Schwierigkeiten geben. Meine Aufgabe besteht jedoch darin, den Wechsel im Iran herbeizuführen. Und ich bin entschlossen, dies zu tun.«

Darauf kann ich nicht viel entgegnen. Ich begreife seinen Kampf gegen die Zeit, aber die Entwicklung eines Volkes läßt sich nicht dem Zeitplan eines einzelnen anpassen. Was er vorhat, ist nicht zu realisieren und an seinem Ton, seinem Verhalten ist bereits abzulesen, daß dieser gefährliche Irrationalismus bereits die Wirklichkeit verdrängt hat.

Am späten Nachmittag, während unseres Rückflugs, überdenke ich noch einmal unser Gespräch. Wir überfliegen wieder die Gipfel der Alpen, während der Abend die tiefen Täler mit immer länger werdenden Schatten füllt.

Im Oktober 1976 begaben wir uns zu einem offiziellen Staatsbesuch nach Teheran. Der Schah und die Schabanu holten uns am Flughafen ab. Von dort fuhren wir in – von vier Schimmeln gezogenen – goldenen Karossen in die Hauptstadt. Der Empfang fand vor den Toren der Stadt statt. Eine verhältnismäßig kleine Gruppe begrüßte uns: Kinder in Pfadfinderuniformen, höhere Beamte, Zuschauer, die man sicherlich vorher auf Herz und Nieren geprüft hatte, und der Bürgermeister von Teheran. Rote Teppiche wurden aufgerollt, die beiden Nationalhymnen gespielt. Nach fünf Stunden Flug fand ich das ganz angenehm, aber am Abend, in unserem Palais im Innern der Stadt, gab mir Anne-Aymone zu bedenken, wie künstlich das alles war: »Wie ein Bühnenbild, in dem sich die Statisten bewegen.

Mir kam das ziemlich gespenstisch vor. Von normalen Bürgern keine Spur.«

Wir legten fast alle unsere Wege im Hubschrauber zurück, zwischen dem Palais, in dem wir untergebracht waren, und dem Hügel im Norden der Stadt, wo der Schah residierte. Anfangs hielt ich das für einen Beweis des Fortschritts. Später begriff ich, daß der Schah aus Sicherheitsgründen nie im Auto durch die Hauptstadt fuhr und man mich den gleichen Regeln unterwarf. Während des Mittagessens, das mir der Premierminister Hoveida gab, fühlte ich mich wie auf dem Montparnasse, in der Gegend der Coupole. Hoveida ist ein radikaler Politiker, von heiterem, leicht zynischem Wesen, ein spottlustiger, lebhafter Geist. Es ist ganz offensichtlich, daß er das Land weiterbringen will. Ich spüre ganz deutlich seine große Loyalität gegenüber dem Schah. Sollte das Land in eine schwierige politische Lage kommen, wäre er der Mann, diese Situation zu meistern. Aber ist das überhaupt noch denkbar, angesichts der Spannungen, die man überall spürt, der feindseligen Kräfte, die sich im Land organisieren, der Armee und des fanatischen Klerus? Ich bringe die Rede auf die Ausschreitungen der Geheimpolizei. Er erwidert mir, wie alle Kreons der Welt: »Ich bemühe mich, die Aufrührer im Zaum zu halten. Übrigens gibt es sehr viel weniger, als man behauptet. Aber man muß auch die Reaktionen der Polizei verstehen. Es gibt Attentate, bei denen einige ihrer Kollegen getötet werden, und Repressalien gegen ihre engsten Familienmitglieder. Daß sie da manchmal allzu heftig reagieren, ist nur verständlich.«

»Wir haben auch Informationen über die Folter in diesem Land. Verhöre, bei denen Folter angewandt wurde.«

»Ich habe eine Untersuchung darüber in die Wege geleitet, denn ich lese die Presseartikel. Ich lese jeden Tag die französischen Zeitungen, vom *Figaro* bis zu *Le Monde.* Man hat nur wenige Fälle festgestellt, in denen das tatsächlich zutraf. Ich habe inzwischen Sanktionen verhängt. Jedenfalls waren das nur vereinzelte Übergriffe. Systematisch wurde nie gefoltert.«

Sicherlich ist er aufrichtig; die Aufrichtigkeit des Politikers. Das heißt, in dem Augenblick, in dem er redet, glaubt er, was er sagt. Woher mag nur die Skepsis kommen, die ich bei seinen Worten empfinde? Erinnerungen noch an die Besatzungszeit, in der auch niemand etwas von den ständigen Folterungen im Gebäude nebenan gehört hatte? Ich kann mir jene Gespräche mit dem Chef der Geheimpolizei gut vorstellen: Er berichtet einem von einer unmittelbar drohenden Gefahr, und man hört ihm zu, ohne ihm präzise Befehle zu erteilen.

Wir unterhalten uns über die Chancen größerer politischer Rechte für das Land. Er äußert sich optimistisch. Er ist bereit, alles dafür zu tun, und hofft, bald allgemeine Wahlen abhalten zu können, wobei er mit lokalen Wahlen beginnen will. Zum Kaffee haben wir uns hinaus in den Garten gesetzt, unter Bäume mit ganz glattem Stamm, wohl Platanen, deren Blätter sich nicht bewegen, weil es völlig windstill ist.

Es ist ein Mittagessen unter Männern, etwa zwanzig mögen es sein. Anwesend sind mehrere Minister und die Berater des Ministerpräsidenten. Sie sprechen alle französisch, und zwar fast akzentfrei, nur mit einem leichten Rollen des »R«. Jeder der Anwesenden war im Verlauf der beiden letzten Monate schon einmal in Paris gewesen: Plaza-Athenée oder George V. Man versucht, völlig objektiv und unvoreingenommen die Probleme zu analysieren. Doch wo befindet sich das wirkliche Persien, die schwarzumränderten Augen unter den Schleiern, die Hunde mit den Ringelschwänzen, die in den Abfallhaufen wühlen, die Läden mit den von der Sonne ausgebleichten arabischen Schriftzeichen auf den Schildern? Und warum kann man sich in der Stadt nur mit dem Hubschrauber bewegen?

Am Donnerstag, dem 7. Oktober, essen wir im Palast des Schahs zu Abend, bevor wir nach Paris zurückfliegen. Als er nach Frankreich gekommen war, wollten wir ihm durch eine Geste zeigen, daß es unser Wunsch war, mehr zu tun als das, was das Protokoll vorsah. Und so haben wir nach Abschluß des offiziellen Besuchsprogramms ein Mittagessen zu viert, mit Anne-Aymone und der Schabanu, organisiert, ohne Staatsapparat und ohne Protokoll, in einem kleinen Raum von Trianon-sous-Bois. Wir haben politische Themen vermieden und uns über Reisen unterhalten, die wir vorhatten, über persönliche Pläne und die Studien der Kinder.

Und wahrscheinlich, um diese Geste zu erwidern, empfangen uns

– das heißt, Anne-Aymone, unsere beiden Töchter und mich – der Schah und die Kaiserin – diesen Titel hatte man ihr gerade verliehen – allein, mit ihren vier Kindern.

Der Palast liegt auf einem Hügel. Der Blick hinunter in die hell erleuchtete, weiter entfernte Stadt ist sehr schön. Im Vordergrund stehen rechts ein paar Hochhäuser, fast Wolkenkratzer, und internationale Hotels. Der Stil des Palastes ist unpersönlich, aber alles ist sehr gepflegt. Prachtvolle Teppiche, vorwiegend aus roter Seide, die sicherlich herrlich weich anzufassen sind.

Vor dem Abendessen trinken wir Champagner. Die Unterhaltung verläuft freundlich, aber etwas stockend. Die Kinder langweilen sich. Bei Tisch erzählt die Kaiserin von ihren Aktivitäten: Sie hat Werkstätten eingerichtet, um den Frauen im Inneren und im Osten des Landes Arbeit zu verschaffen. Sie reist sehr viel. Einmal pro Woche besucht sie die jeweiligen Orte. Wenn man sie so hört, bekommt man den Eindruck, als seien die Kontakte zur Bevölkerung dort leichter herzustellen als in Teheran und die Spannungen weniger groß. Der Schah folgt dem Gespräch, in das er nur selten eingreift. Mir fällt auf, wie erschöpft und abgespannt er wirkt. Ist daran nur die politische Situation schuld? Oder ist er wirklich krank, wie die Berichte behaupten, die ich aus Amerika erhalte?

Zum Kaffee ziehen wir uns beide zurück. Es fällt mir nicht leicht, meine Frage vorzubringen. Ich suche nach der schonendsten Form, sie ihm zu stellen: »Mir sind Ihre Bemühungen um eine Entspannung der politischen Situation im Iran wohl bekannt. Viele Ihrer Freunde und selbst die Kreise, die Ihnen nicht besonders wohlgesonnen sind, erkennen dies auch an. Aber es gibt etwas, das Ihr Bild in der Welt in einem ungünstigen Licht erscheinen läßt, und Ihre Gegner nutzen das aus: und zwar die Tätigkeit und die Methoden Ihrer Geheimpolizei. Glauben Sie nicht, es wäre besser, das Risiko einzugehen und sie zu entmachten und ihre Aufgaben den Polizeibehörden und den ordentlichen Gerichten anzuvertrauen?«

Er nimmt mir meine Worte nicht übel. Seine Mutlosigkeit muß schon sehr groß sein. Er setzt seine Tasse ab und sieht mich offen an: »Kennen Sie eigentlich das Programm meiner Gegner? Haben Sie je ihre Flugblätter gelesen? Ihre Pläne sind einfach: ›Tod dem Schah!‹«

Er hält inne und fährt nach einem Augenblick fort: »Sie sagen nicht nur: Tod dem Schah. Nein, sie wenden sich auch an alle anderen und befehlen ihnen: ›Ihr müßt handeln! Das Wichtigste ist, den Schah zu beseitigen!‹ Wie wollen Sie dem begegnen? Ich habe viele Anhänger. Die ganze Armee ist mir treu ergeben. Soll ich mich widerstandslos umbringen lassen? Gegen solche Gegner muß ich mich schließlich verteidigen.«

Ich entgegne: »Glauben Sie wirklich, die Geheimpolizei ist da ein wirksamer Schutz? Sie steigert nur den Haß der Bevölkerung. Und sie verhilft ihren Gegnern zu einer Unterstützung von außen. Wenn die normalen Polizeibehörden gute Arbeit leisten, sind ihre Ergebnisse genauso gut.«

Er antwortet mir nicht. Für ihn ist dieses Gespräch überflüssig. Und ich halte es inzwischen auch für nutzlos. Er lebt in einem anderen System. Ich weiß, er ist von Natur aus weder gewalttätig noch grausam. Aber er ist in dieses Räderwerk geraten. Wie würde ich angesichts von Gegnern reagieren, deren einziges Ziel es ist, mich umzubringen? Was empfindet man, wenn man ein Flugblatt in die Hände bekommt oder einen Bericht liest, in dem steht: »Bringt ihn um! Schießt ihn nieder!« Ich glaube, ich würde mich an meine Prinzipien und meine Überzeugungen halten. Ich glaube es – aber ich bin nicht in seiner Situation.

Wir gehen hinaus auf die Terrasse, um uns voneinander zu verabschieden. Der Schah, die Kaiserin und ihre Kinder sagen uns Lebewohl. Sie wirken etwas steif. Die Nacht ist hereingebrochen; sie ist warm, weich und wohltuend.

Als unser Wagen den Palast verläßt, um uns zu dem Hubschrauberlandeplatz zu bringen, winke ich ihnen hinter der Scheibe aus Panzerglas zu.

Ich sah ihn nur noch einmal wieder – ein Jahr später, am 17. November 1977 –, als er, auf dem Weg in die Vereinigten Staaten, zu einem Gespräch nach Marigny kam.

Während der Zuspitzung der Krise im Iran im August 1978 wurde ich von unserem Botschafter, Raoul Delaye, ausgezeichnet informiert. Mir waren seine Fähigkeiten bereits aufgefallen, als er noch

Sprecher des Außenministeriums war; damals leitete Michel Jobert das Amt am Quai d' Orsay. Er sandte fast täglich umfassende, präzise Telegramme. Er hatte einen direkten Draht zu den jeweiligen Ministerpräsidenten und hohen Regierungskreisen im Iran. Dagegen hatte ich bemerkt, daß er über den Schah und seine Umgebung weniger gut informiert war.

Seine Prognose war pessimistisch. Trotz der Unterstützung durch die Armee erschien ihm die Abdankung des Schahs unvermeidlich. Es gab kein politisches Konzept für eine andere Regierung. In den allgemeinen Wirren, die darauf folgen mußten, würden die Kommunisten – die Tudeh-Partei –, die einzige straff organisierte Vereinigung, die auch mit der Unterstützung der sowjetischen Nachbarn rechnen konnte, schließlich wohl den Sieg davontragen.

Ich wollte gern direkt die Meinung des Schahs erfahren, und zwar vor dem Gipfeltreffen von Guadeloupe, das Anfang Januar stattfinden sollte. Offensichtlich gelang es unserem Botschafter nicht, den Schah zu einem Gespräch unter vier Augen zu bewegen. Ich beschloß, Michel Poniatowski nach Teheran zu entsenden. Nachdem er aus der Regierung ausgeschieden war, hatte ich ihn als meinen persönlichen Gesandten mit mehreren Missionen betraut. Er kannte den Schah von zwei Besuchen her persönlich und genoß offenbar dessen Vertrauen.

Vom 26. bis 28. Dezember 1978 begab er sich nach Teheran und hatte am Nachmittag des 27. Dezember ein ausführliches Gespräch mit dem Schah.

Nach seiner Rückkehr faßte er den wesentlichen Inhalt seiner Eindrücke zusammen: »Der Schah ist krank. Er hat nicht mehr die Kraft zu kämpfen. Er sagte mir vertraulich, daß er manchmal nächtelang keinen Schlaf mehr finde. Offensichtlich hat sich seine Krankheit verschlimmert. Es handelt sich um einen Krebs, der zwar bis jetzt noch unter Kontrolle gehalten werden konnte. Doch statt der nötigen Ruhe lebt er in ständiger nervöser Anspannung.

Wörtlich sagte er zu mir: ›Hier in Teheran bin ich fast allein zurückgeblieben; die meisten haben mich verlassen. Viele meiner Freunde sind nach Europa gegangen und‹, fügte er mit traurigem Lächeln hinzu, ›vor allem nach Nizza.

Was soll man auch tun, wenn man kein Erdöl mehr hat, ohne das nichts mehr gesichert ist, wenn es kein Gas und keine Elektrizität mehr gibt. Die Erdölproduktion ist auf 350 000 Tonnen pro Tag gesunken, das heißt, die Hälfte von dem, was nötig wäre, um das Land einigermaßen zu versorgen.‹

In diesem Augenblick ging auch gerade das Licht aus, und der Schah fuhr fort: ›Sehen Sie, alles erlischt, das ist wie ein Symbol . . .‹ Er sagte mir auch, daß er auf keinen Fall der Armee den Befehl geben würde, auf die Menge zu schießen. Täte er das, würde ihm die Armee zwar gehorchen, und er könnte vielleicht zumindest für einige Zeit die Situation wieder in den Griff bekommen. Aber die Gewaltlösung würde eine Massenhinrichtung bedeuten, etwa 30 000 Verhaftungen, ein Blutbad, das Risiko eines Bürgerkriegs und der Intervention des Auslands. ›Ich habe die Macht ohne Blutvergießen übernommen‹, fuhr er fort. ›Fast zwanzig Jahre lang habe ich mein Land ohne gewalttätige Auseinandersetzung regiert. Deshalb werde ich nicht jetzt auf das iranische Volk schießen lassen.

Die Gewaltlösung ist das absolute Abenteuer. Habe ich das Recht, mein Land, für das ich so viel getan habe, einem derartigen Risiko auszusetzen und es in solches Leid zu stürzen?‹«

Es war klar, das Schicksal würde seinen Lauf nehmen – im Guten oder im Bösen.

Die Situation im Iran war auch als einer der Tagesordnungspunkte beim Gipfeltreffen von Guadeloupe vorgesehen, zu dem ich unsere drei großen westlichen Partner Jimmy Carter, Helmut Schmidt und Jim Callaghan eingeladen hatte.

Die amerikanische Haltung war schwer verständlich. Aufgrund ihrer engen Beziehungen zum Iran, vor allem auf militärischem Gebiet, hielten sich die Amerikaner für direkt betroffen und kümmerten sich wenig um die europäischen Gesichtspunkte.

Jimmy Carter hatte sich nach seinem Staatsbesuch in China noch kurz in Teheran aufgehalten. Der Schah hatte ihm zu Ehren ein Abendessen gegeben, in dessen Verlauf zwischen beiden die üblichen Grußworte gewechselt worden waren.

Dennoch entnahm ich meinen Berichten über die Tätigkeit der Botschaft und der amerikanischen Dienststellen, daß die Amerikaner sich ganz offensichtlich vom Schah distanzierten und eine »politische Lösung« anstrebten. Man wußte, daß sie, bisher erfolglos, nach dem entsprechenden Mann suchten. Am späten Nachmittag saßen wir gemeinsam in einer kleinen Strohhütte: Ein runder Tisch und vier Stühle, das war das ganze Mobiliar. Dort, an diesem einsamen und verlassenen Ort, konnten wir wenigstens sicher sein, weder gestört noch belauscht zu werden.

Ich bitte Jim Callaghan, ob er ein paar einleitende Worte zu dem Thema sagen kann. Er gibt eine realistische Analyse der Situation, aufgrund der Informationen, die er der minuziösen Arbeit der britischen Diplomaten verdankt. Seine Folgerung ist pessimistisch: Der Schah ist verloren, er ist nicht mehr Herr der Situation. Eine akzeptable Lösung für seine Nachfolge gibt es nicht. Die Politiker in Teheran besitzen nur eine begrenzte Autorität; im übrigen sind die meisten von ihnen mit dem Regime verbunden. Ob die Armee für eine Übergangszeit die Regierung übernehmen kann? Ihre Führungsspitze, reine Militärs, verfügen über keine politische Erfahrung und sind dem Schah treu ergeben. Helmut Schmidt folgt diesen Ausführungen, ohne etwas dazu zu sagen.

Ich lege den Standpunkt Frankreichs dar, ausgehend von den Informationen unseres Botschafters und Michel Poniatowskis Gespräch mit ihm. Ich weise auf die beiden schweren Gefahren hin, die in engem Zusammenhang miteinander stehen und vor denen wir nicht die Augen verschließen dürfen: der politische Verfall des Irans und die sowjetische Intervention. Ich unterrichte meine Partner von der Bitte des Schahs, gemeinsam auf die UdSSR einzuwirken, um den sowjetischen Druck zu verringern. »Jedenfalls«, so fahre ich fort, »halte ich diese Warnung für nützlich, denn wir geben damit zu verstehen, daß wir uns direkt betroffen fühlen. Im Augenblick müssen wir sicherlich den Schah unterstützen, selbst wenn er isoliert und geschwächt ist, denn er sieht die Dinge realistisch. Die einzige Macht, abgesehen von der religiösen, das heißt, die Armee, ist ihm treu ergeben. Vielleicht führen auch die wachsenden wirtschaftlichen Schwierigkeiten binnen kurzem zu einer veränderten Haltung der – zahlenmäßig bedeutenden und einflußreichen – Mittelklasse Teherans und ermöglichen eine politische Initiative.«

Jimmy Carter ergreift das Wort: »Die Situation spitzt sich allmählich zu. Der Schah kann nicht bleiben. Das iranische Volk akzeptiert ihn nicht mehr. Und es gibt keine Regierung, die in Zukunft noch mit ihm zusammenarbeiten würde. Aber wir brauchen uns keine Sorgen zu machen: Es gibt ja die Militärs. Sie werden die Situation in die Hand nehmen. Fast alle Männer an der Spitze der Armee haben in unseren Militärakademien studiert. Sie sind eng befreundet mit unseren Armeechefs. Ja, sie reden sich sogar untereinander mit dem Vornamen an.«

Mir bleiben einige Zweifel. Ob sich wohl die Krise im Iran durch solche Vertraulichkeiten lösen lassen wird? Und ob das Duzen von Militärs wohl eine verläßliche Garantie für die Zukunft bietet? Jimmy Carter bemerkt meine Überraschung; doch er legt sie falsch aus: »Sie können mir glauben, sie kennen sich wirklich sehr gut. Ich habe mich bei unseren Generalen genau erkundigt. Sie nennen sich untereinander beim Vornamen.«

Die Ankunft des Ayatollah Khomeini in Frankreich ging sozusagen unbemerkt vor sich. Er passierte am 6. Oktober 1978 die Paßkontrolle des Flughafens von Roissy; er besaß einen gültigen Paß und war mit der Maschine aus Bagdad gelandet. Er kam aus dem Irak, wohin er geflohen war. Die Regierung unter Saddam Hussein hatte ihn jedoch im Zuge ihrer Bemühungen um die Entspannung der politischen Beziehungen zum Iran ausgewiesen. Später erfuhr ich von ihm, er habe zwischen einer Maschine nach Algier und einer Maschine nach Paris gezögert. Da die Maschine nach Paris früher abflog, hatte er diese genommen.

Der Innenminister, Christian Bonnet, sandte mir fast täglich einen von ihm diktierten Bericht über wichtige Ereignisse und übermittelte mir die Informationen, die er für wissenswert hielt. Jede Woche fügte er noch eine Analyse der politischen Situation und der Stimmung in der Öffentlichkeit bei. Dieses Schreiben stammte aus der Feder des Polizeipräsidenten, Robert Pandraud. Ich gab dann beide Berichte weiter an die Staatsarchive. Dort wurden sie tagtäglich gesammelt und werden wohl bald interessierten Geschichtswissenschaftlern und Forschern zugänglich gemacht werden.

Am Freitag, dem 6. Oktober 1978, und auch am darauffolgenden Tag enthält die Note des Innenministers keinen Vermerk über die Ankunft des Ayatollah in Frankreich.

Am Montag setzt der Präfekt von Yvelines Ayatollah Khomeini davon in Kenntnis, daß ihm ein Aufenthalt nicht länger gestattet ist und bedeutet ihm, »er habe daher das französische Territorium bis zum nächsten Tag, dem 10. Oktober, zu verlassen«. Damit handelt er entsprechend unserem Grundsatz, der darin besteht, all denen großzügig politisches Asyl zu gewähren, die ihr Land aus Furcht vor unmittelbarer oder ihnen drohender Verfolgung verlassen müssen. Frankreich hat dies bei den politischen Verfolgten aus Chile bewiesen, die es als erstes Land aufgenommen hat, sowie bei den Flüchtlingen aus Vietnam und Kambodscha. Andererseits können wir nicht den Aufenthalt derer dulden, die entschlossen sind, in unserem Land einen militanten Kampf weiterzuführen.

Am nächsten Morgen wird die iranische Botschaft beim Außenministerium vorstellig, um es »offiziell davon in Kenntnis zu setzen, daß die iranische Regierung keinerlei Begrenzung der Aufenthaltsdauer des Ayatollah Khomeini in Frankreich fordert«.

Die Ausweisungsverfügung des Präfekten von Yvelines wird also rückgängig gemacht.

Am 15. Oktober berichtet mir unser Botschafter in Teheran, er habe sich mit dem Ministerpräsidenten unterhalten, und dieser habe ihm bestätigt, »daß er keinerlei Einwendung gegen den Aufenthalt Khomeinis in Frankreich hat – unter den Bedingungen, die wir selbst daran knüpfen würden«. Er bittet lediglich, ihm alle Informationen weiterzugeben, die wir über die Aktivitäten des Ayatollah erhalten. Ich vermerke handschriftlich auf dem Telegramm: »Ja – ausführen.« Und ich gebe Anweisung, man möge mich weiter auf dem laufenden halten.

Damals sagte mir der Name des Ayatollah nicht viel. In den Telegrammen unseres Botschafters war zwar häufig von der Rolle der Mullahs die Rede; man maß ihnen jedoch keine entscheidende Bedeutung bei und erwähnte auch nicht die besondere Rolle des Ayatollah Khomeini.

Ich erfahre nach und nach, daß er dem Schah gegenüber einen abgrundtiefen Haß hegt; er beschuldigt dessen Geheimpolizei, seinen Sohn getötet zu haben. Offensichtlich spielt er eine aktive Rolle in der Opposition. Außerdem läßt er von ihm besprochene Kassetten in den Iran senden, die zur Revolution aufrufen.

Der Innenminister bestätigt mir diese Tatsachen. Er erklärt mir, er stehe mit einem der engsten Mitarbeiter des Ayatollah in Verbindung. Ich bitte ihn, diesen an die Grundsätze des politischen Asyls in Frankreich zu erinnern. Frankreich nimmt politische Flüchtlinge auf und gewährt ihnen volle Meinungsfreiheit. Aber es ist ihnen untersagt, sich von unserem Land aus, in dem sie Zuflucht gefunden haben, militant zu betätigen.

Am nächsten Tag ruft mich der Innenminister an, um mir zu sagen, daß er meine Warnung weitergegeben und daß sein Gesprächspartner ihm sein tiefes Bedauern ausgedrückt habe. Er kenne die Vorschriften in unserem Land noch nicht so genau, und selbstverständlich werde der Ayatollah sich in Zukunft daran halten.

In der zweiten Novemberhälfte halte ich im Festsaal des Elysée-Palasts die übliche Pressekonferenz ab. Die Journalisten stellen mir Fragen über den Aufenthalt des Ayatollah in Frankreich und über seine politischen Aktivitäten.

Ich hebe in meiner Antwort hervor, daß man bereits zweimal, im Oktober und November, bei ihm vorstellig geworden sei, um ihn daran zu erinnern, daß Frankreich kein Land sei, von dem aus man zur Gewalttätigkeit aufrufen könne.

In der Woche darauf informiert uns die iranische Botschaft, daß wieder Kassetten in den Iran geschickt worden seien. Ich ersuche Herrn Chayet, den zuständigen Ressortleiter des Quais, nach Neauphle-le-Château zu fahren, um eine offizielle Warnung auszusprechen und zu betonen, daß wir uns alle weiteren Maßnahmen vorbehalten: Wir würden eine solche Situation nicht dulden. Dieses Gespräch fand am 4. Dezember statt: Es folgten die gleichen Entschuldigungen.

Am nächsten Montag kommen erneut vom Ayatollah persönlich besprochene Kassetten in Teheran in Umlauf; sie rufen zum Mord am Schah auf. Jetzt reicht es mir! Das betrifft nicht mehr nur den

Iran, sondern uns selbst; es geht um die Einhaltung unserer Asylvorschriften und der wiederholt abgegebenen Versprechen.

Ich lasse den Innenminister in den Elysée-Palast kommen. Ich bitte ihn, sich diese Berichte bestätigen zu lassen. Sollten sie sich als zutreffend erweisen, müsse die Ausweisung des Ayatollah in die Wege geleitet werden, und ich ersuche ihn, diese Ausweisung bis zum Ende der Woche vorzubereiten. Er hält mir die Risiken eines solchen Verhaltens entgegen: Das Bekanntwerden unseres Entschlusses könne in Teheran einen Aufruhr entfesseln; es gelte auch die möglichen Folgen für unsere Landsleute und unsere Interessen zu bedenken. Ich sehe wohl, daß er nicht der Mann extremer Entschlüsse ist, aber ich wiederhole, daß mein Entschluß feststeht. Wir können Frankreich nicht zu einem offiziellen Schlupfwinkel für subversive Elemente werden lassen. Man muß eben versuchen, sich in dieser Angelegenheit so zu verhalten, daß unnötige Risiken vermieden werden: durch den Überraschungseffekt und dadurch, daß man dem Ayatollah freistellt, in welches Land er sich begeben will.

Am Mittwoch unterrichtet der Minister mich von dem Stand der Vorbereitungen. Die Ausweisung ist für den frühen Freitagmorgen vorgesehen. Der Ayatollah soll nach Algerien gebracht werden, denn in dieses Land wollte er sich ja bereits einmal aus freien Stükken begeben. Die materiellen Bedingungen für dieses Unternehmen scheinen mir korrekt zu sein. Ich stimme dem Plan zu. Eine letzte Vorsichtsmaßnahme scheint mir jedoch unerläßlich zu sein: den Schah zu informieren. Ich bitte, man möge unseren Botschafter ersuchen, persönlich beim Schah vorstellig zu werden, und zwar am Donnerstag – um jedes Risiko eines vorzeitigen Bekanntwerdens auszuschließen –, und ihm unseren Entschluß mitzuteilen.

Dieses Gespräch findet auch statt. Noch am gleichen Tag erhalte ich im Elysée-Palast einen – wegen der Dringlichkeit telefonischen – Bericht darüber. Der Schah dankt mir, ihn informiert zu haben. Er betrachte jedoch die Ausweisung des Ayatollah als eine Maßnahme Frankreichs. Der Iran sei nicht gewillt, irgendeine Verantwortung dafür zu übernehmen. Sollte man ihm diesbezüglich Fragen stellen, so werde er deutlich sagen, er habe sein Einverständnis zu dieser Maßnahme nicht gegeben.

Welche Gründe mag der Schah wohl für sein Verhalten haben? Fürchtet er einen Aufruhr in Teheran, und will er die Verantwortung dafür von sich abwälzen? Versucht er, mich von meinem Vorhaben abzubringen? Wie auch immer, Frankreich kann in diesem Fall nicht allein das Risiko übernehmen. Eine Initiative Frankreichs, die nicht auf ein Ersuchen der Regierung von Teheran erfolgt, ja, nicht einmal mit ihrer Billigung, ist gegenüber der Weltöffentlichkeit keinesfalls zu rechtfertigen.

Als er drei Wochen später Michel Poniatowski empfing, kam der Schah übrigens erneut auf das Thema zu sprechen: »Ich vertraue in dieser Angelegenheit auf den weisen Ratschluß Frankreichs. Ich denke, es ist letztlich besser, nichts zu tun. Jedenfalls müssen Sie sich im klaren darüber sein, daß alles, was man ihm gegenüber unternimmt, weitreichende Folgen hat. Ich bestätige also die Stellungnahme unseres Botschafters von Anfang Oktober; es ändert sich nichts daran. Eine Ausweisung würde mir angelastet werden und hätte schwerwiegende Konsequenzen... Sie könnte der auslösende Funke sein. Handeln Sie, wie Sie es für richtig und vertretbar halten. Aber vergessen Sie dabei nicht, daß die Auswirkungen für Sie wie für mich von größter Tragweite sein können.«

Gleich nach dem telefonischen Bericht unseres Botschafters rufe ich den Innenminister an: »Ich habe die Antwort des Schahs erhalten. Er will in dieser Sache keine Verantwortung übernehmen. Er wird versichern, er habe sein Einverständnis zu einer Ausweisung des Ayatollah nicht gegeben. Wir müssen alles wieder rückgängig machen.«

»Es ist alles für morgen früh vorbereitet.«

»Ich weiß. Blasen Sie die ganze Sache ab.«

Am Ton seiner Stimme merke ich, wie erleichtert er ist.

Das Exil des Schahs ist ein wenig glorreiches Zeugnis für die Demokratien. Er irrte von Land zu Land, von Insel zu Insel, seine Freunde von gestern, die sich nicht mit ihm kompromittieren wollten, wollten nichts mehr von ihm wissen. Die neuen Machthaber Teherans verfolgten die mit ihren Drohungen, die es wagten, ihn aufzunehmen. Als er sich in Ägypten aufhielt, habe ich ihm sagen lassen, er könne, wenn er dies wünsche, für eine Weile in Frankreich bleiben.

Henry Kissingers Verhalten beeindruckte mich durch seine Würde. Die Achtung und die Freundschaft, die ich ihm entgegenbringe, beruht mit auf seiner Haltung in dieser mißlichen Affäre. Er war der einzige, der einen annehmbaren Asylort suchte und zweimal kein Glück damit hatte. Schließlich nahm Präsident Sadat mit der eleganten Unbekümmertheit des alten Kämpen den sterbenden Nomaden auf.

Die Nachricht vom Tod des Schahs schmerzte mich tief. Die Beisetzung sollte in Kairo erfolgen, und ich fragte mich, wer Frankreich dabei vertreten sollte. Er war ein Freund unseres Landes gewesen und hatte sich uns gegenüber stets korrekt verhalten. In Problemfällen war er immer für unsere Interessen eingetreten. Ich wollte persönlich an der Beisetzung teilnehmen. Der Außenminister versuchte, mich davon abzubringen: Der Schah sei kein regierendes Staatsoberhaupt mehr. Auch von den anderen Ländern würden keine Regierungschefs in Kairo anwesend sein. Anläßlich unserer wöchentlichen Besprechung bat ich den Ministerpräsidenten um seine Meinung. Auch er riet mir davon ab.

Einen Moment lang überlegte ich mir, ob ich Anne-Aymone bitten sollte, mich zu vertreten. Ich wußte, sie würde es tun. Sie hatte sich mit der Kaiserin sehr gut verstanden. Aber das wäre nur eine Ausflucht gewesen. Wenn sich jemand diese Frage stellen und sie lösen mußte, so war ich es. Alles andere bedeutete ein Ausweichen.

Schließlich treffe ich meine Entscheidung: Der französische Botschafter in Ägypten, Jacques Andreani, wird mich bei der Beisetzung vertreten. Ich werde der Kaiserin durch ihn ein paar Grußworte senden lassen.

Im *Paris Match* habe ich die Bilder der Beisetzungsfeierlichkeiten gesehen: Präsident Sadat mit seiner hageren Silhouette des nubischen Bauern, der dem Trauerzug voranschritt. Ich sah auch die Abwesenheit der anderen. Und die meine.

Ich habe mir diese Entscheidung nie verziehen. Ich bezweifle nicht, daß sie in der Sache richtig war. Aber, selbst wenn sie notwendig gewesen sein sollte: In meinem Inneren, dort, wo wir vor uns selbst und unserem eigenen Urteil bestehen müssen, verzeihe ich sie mir noch heute nicht.

Jean Monnet

Es ist vielleicht kein Zufall, daß die beiden Männer, denen ich in der internationalen Politik begegnet bin und die mich am meisten beeindruckt haben, zwei Franzosen sind: General de Gaulle und Jean Monnet.

Sie ähnelten sich nicht und empfanden keinerlei Sympathie füreinander. Sie verkörperten zwei Seiten, gewissermaßen zwei Ausdrucksformen des französischen Temperaments. Und doch besaßen sie bestimmte gemeinsame Charakterzüge.

Zunächst einmal waren beide Professionelle, was die Ausübung ihrer Funktionen betraf: Was sie taten, taten sie gut, sorgfältig und überlegt. Man braucht nur an die auswendig gelernten Reden General de Gaulles zu denken, seine Reisen in die Provinz, wo er seinen Zuhörern in den Hauptstädten der Departements mit der gleichen Höflichkeit entgegentrat wie einem Auditorium bei einer internationalen Konferenz. Und wenn Jean Monnet Initiativen ergriff, so tat er das nie, ohne das Problem vorher eingehend zu studieren, den geeigneten Zeitpunkt auszuwählen und endlose Verhandlungen zu führen, um sich die nötige Unterstützung zu sichern, falls er auf Widerstand stoßen sollte.

Der zweite gemeinsame Charakterzug war die strategische Art, in der sie etwas angingen: Sie setzten sich ein Ziel, das meist in einer mehr oder minder weiten Zukunft lag. Dann setzten sie ihre Mittel, alle Mittel ein, um es zu erreichen. Nie verwechselten beide das Ziel ihres Handelns und den Weg, auf dem sie es zu erreichen suchten. Sicherlich konnten widrige Umstände ihr Vorhaben komplizieren, verzögern, ja, sie manchmal auch zu einem Umweg zwingen, aber nie verloren sie darüber das endgültige Ziel aus den Augen.

Jean Monnet hat mich mehrere Male im Elysée-Palast besucht. Es waren gute Gespräche, die wir miteinander führten, und mir gefiel die Art, wie er ein Problem anpackte: ohne Umschweife und klar die

Zusammenhänge erkennend. Er verlor sich nie in Details; er war nie kleinkariert in seinem Denken. Er erkannte sozusagen instinktiv die genaue Dimension der Dinge, ihre beschränkte oder weltweite Bedeutung.

Ich bat ihn um seinen Rat über die Möglichkeiten, die Einheit Europas voranzutreiben. Er war damals schon alt und leicht kränklich. Und er ermutigte mich mehr als daß er mir konkrete Anregungen gab. Er befürwortete meine Initiative, den »Europäischen Rat« ins Leben zu rufen. Mein Vorgehen dabei ähnelte dem seinen: empirisch nach außen hin, aber entschlossen, was das Grundsätzliche anging. Mein Ziel war, die europäischen Regierungschefs zu turnusmäßigen Treffen zu bewegen. Wenn erst einmal diese Regelmäßigkeit gesichert war, würden die Macht und der Einfluß der Staatsmänner ein übriges tun und diese Treffen institutionalisieren: Damit wäre der Weg für die Vollziehung einer europäischen Politik gebahnt. Eine politische Zusammenarbeit würde gewissermaßen die natürliche Fortsetzung der Ergebnisse unserer Gespräche sein. Später, wenn der »Europäische Rat« erst einmal zu einer festen Einrichtung geworden war, mußte man daran denken, ihn zu organisieren.

Die Grundsatzdiskussion fand im Salon im Erdgeschoß des Elysée-Palastes statt, den wir der Einfachheit halber meist den *Großen Salon* nannten.

Ich hatte unsere EG-Partner – damals waren es neun – zu einem informellen Gespräch vom 9. bis 10. Dezember 1974 eingeladen, vor meinen Verhandlungen mit Gerald Ford und Henry Kissinger, die auf Martinique stattfinden sollten. Unter den Teilnehmern waren Aldo Moro, der Italien, Harold Wilson, der Großbritannien und Leo Tindemans, der Belgien vertrat.

Ich hatte Helmut Schmidt vorher davon überzeugt, wie nützlich es sei, in Zukunft diese Treffen regelmäßig abzuhalten, zum Beispiel, so schlug ich ihm vor, alle drei Monate. Er war damit einverstanden gewesen.

Jetzt mußte ich nur noch unsere anderen Partner überreden. Ich hatte, um diese Frage anzuschneiden, absichtlich den Nachmittag des zweiten Tages abgewartet. Wir saßen in den Sesseln, die locker im Salon verstreut waren. Damit vermied ich, daß wir uns rings um einen Tisch versammelten, was automatisch bei meinen Gästen den Gedanken an eine Konferenz mit ihren Delegationen, ihren Zwängen und ihrer Tagesordnung nahegelegt hätte. Außerdem hatte ich veranlaßt, daß man ihnen Kaffee oder Tee brachte, um auch von daher die Atmosphäre ungezwungen zu gestalten.

Der erste, der mich voll unterstützte, war Aldo Moro, der italienische Ministerpräsident. Er sah darin sicherlich eine Gelegenheit, Italien einen ständigen Platz bei den Europagesprächen zu sichern und der Tendenz zu einem Direktorium der *Großen*, also der Deutschen, Engländer und Franzosen, einen Riegel vorzuschieben. Harold Wilson blieb zurückhaltend und wartete mit einer Entscheidung ab. Ganz offensichtlich fühlte er sich nicht so recht als Europäer, aber er wollte um jeden Preis vermeiden, daß wichtige Dinge in Abwesenheit Großbritanniens verhandelt wurden.

Die Vertreter der Beneluxstaaten zögerten. Ihnen lag vor allem der Vorrang der EG-Kommission am Herzen, in der sie gewissermaßen den Keim eines europäischen Exekutivorgans sahen. Und sie fürchteten, regelmäßige Gipfeltreffen könnten möglicherweise diese Entwicklung hindern und die verantwortliche Festlegung der großen Richtlinien auf den *Europäischen Rat* verlagern. Wahrscheinlich um Zeit zu gewinnen, sprach der belgische Premierminister Leo Tindemans das Problem der Tagungsorte an. Er wollte, daß eine genügende Anzahl von Konferenzen in Brüssel stattfänden, um, wie er sagte, »die Verbindung zu den europäischen Institutionen« aufrechtzuerhalten.

Innerlich begrüßte ich diese unerwartete Wendung der Diskussion. Wenn man erst einmal über den Ort dieser Treffen debattierte, war das Spiel schon halb gewonnen! Jetzt ging es nur noch darum, Ballast abzuwerfen. Und so wurde nach langen Diskussionen - denen ich geradezu mit Entzücken folgte, denn das endgültige Ergebnis schien mir bereits festzustehen - beschlossen, sich dreimal im Jahr zu treffen. Eine der beide Konferenzen des ersten Halbjahres sollte obligatorisch in Brüssel oder Luxemburg stattfinden. Der *Europäische Rat* war geboren.

Diese Vereinbarung - einschließlich der Tagungsorte Brüssel und

Luxemburg – wurde seither peinlich genau eingehalten. Als Jean Monnet mich im Jahr darauf, am 9. Januar 1975, im Elysée-Palast aufsuchte, sagte er zu mir: »Die Schaffung des *Europäischen Rates*, die Ihr Werk ist, ist die wichtigste Entscheidung auf dem Weg zur Einheit Europas seit der Unterzeichnung des Vertrages von Rom!«

Mir wurde bei seinen lobenden Worten ganz warm ums Herz.

Am 22. März 1977 lud ich ihn zu einem Essen ein. Er hatte mir seine Memoiren geschickt, die im Herbst 1976 erschienen waren, und ich wollte mich gern mit ihm über seine Erinnerungen unterhalten. Ich hatte gehört, daß er krank sei. Und ich bemerkte auch, daß das Leben ihn langsam zu verlassen schien. Er kommentierte sein Buch mit so schwacher, dünner Stimme, daß ich Mühe hatte, ihn zu verstehen. Ich stellte ihm einige Fragen über seine Tätigkeit in den Vereinigten Staaten während des Krieges, über seine Beziehungen mit Harry Hopkins, dem Vertrauten Roosevelts, dessen Memoiren ich gerade gelesen hatte, und schließlich über General de Gaulle, über den er jedoch nur ungern sprach.

»De Gaulle hatte 1962 anläßlich seines Deutschlandbesuchs eine Gelegenheit versäumt, die größte Gelegenheit für ihn. Die Deutschen waren bereit, ihm die Vormachtstellung in Europa einzuräumen, so daß wir ein Europa unter französischer Führung gehabt hätten. Alles wäre anders gekommen. Aber er hat die Situation nicht erkannt. Er war noch zu sehr von den Ereignissen und den Situationen gefangen, die er vor dem Krieg erlebt hatte. Und er hat die Gelegenheit verpaßt.«

Während ich ihm zuhörte, erinnerte ich mich an eine Bemerkung, die Helmut Schmidt einmal – ohne jeden Hintergedanken – mir gegenüber gemacht hatte; es ging dabei um eben jenen Deutschlandbesuch General de Gaulles – in ihr liegt die ganze Ironie der Geschichte: »Als er nach Hamburg kam, hatte er einen unglaublichen Erfolg. Um seine Rede zu hören, hatten sich auf dem Rathausplatz mehr Leute versammelt als je zuvor. Nicht einmal bei Hitler hat es das gegeben!«

Jean Monnet verabschiedet sich von mir. Ich rufe den Amtsdiener, um ihn hinauszubegleiten und gehe mit ihm bis zur Tür.

Ein paar Augenblicke später klopft jemand an die Tür. Ich öffne. Es ist Jean Monnet, der zurückgekehrt ist.

»Ich bin noch einmal wiedergekommen, weil ich vergessen hatte, Ihnen etwas zu sagen, das mir sehr am Herzen liegt: Ich habe an Ihrer Art zu handeln bemerkt, daß Sie das Wesentliche begriffen haben.«

Er schweigt einen Augenblick, wie um sich zu konzentrieren. Ich bin überrascht und warte: »Ja, Sie haben begriffen, daß Frankreich in Zukunft zu klein sein wird, um seine Probleme allein lösen zu können.«

Damit dreht er sich um, öffnet selbst die Tür und geht.

Ich hatte seinen Gesundheitszustand richtig eingeschätzt. Seine Krankheit verschlimmerte sich. Im März 1979 teilte mir Frau Monnet seinen Tod mit. Die Beerdigung sollte in Monfort-l'Amaury stattfinden.

Helmut Schmidt ruft mich an: »Ich habe gerade erfahren, daß Jean Monnet gestorben ist. Er hat viel für Europa getan. Wäre es ein großes Problem für Sie, wenn ich zur Beerdigung käme?«

»Aber nein! Das ist eine gute Idee. Ich werde auch dort sein.« Es ist sonderbar, aber für mich tritt bei dieser Beerdigung zum ersten Mal das neue Europa in Erscheinung. Fast alle regierenden Staatsmänner, aber auch die früheren Kollegen der Montanunion, die Mitglieder seines Aktionskomitees für die Vereinten Staaten von Europa, waren aus allen vier Himmelsrichtungen der EG gekommen. Ein schwarzer Mercedes nach dem anderen fuhr vor der Kirche vor. Die *Europäer* taten so, als ginge es darum, einen der Ihren zu Grabe zu tragen. Sie füllten den ganzen Raum. Ich war fast etwas verärgert: Die Franzosen mußten sich ja überflüssig vorkommen. Am besten, sie gingen gleich auf Zehenspitzen! Ich dachte an Jean Monnets Heimat, die Charente, daran, daß er nie seine großbäuerliche Herkunft verleugnet hatte, und an das kleine Städtchen Cognac inmitten seiner friedlichen Landschaft, den von Hecken begrenzten Feldern.

Während der Messe wurde das *Lied an die Freude* gespielt. Ich kannte die schöne Kirche von Montfort-l'Amaury, weil ich schon als junger Mann hierhergekommen war. Außerdem hatte ich sie auch in Georges Clouzots inzwischen zu einem Klassiker gewordenen Film *Der Rabe* wiedererkannt. Es geht darin um die Machenschaften eines anonymen Briefeschreibers. Der Film wurde in Montfort-l'Amaury gedreht. Man sieht darin, wie während der Messe von der Kuppel der Kirche herab ein Briefumschlag durch die Luft flattert. Alle Köpfe wenden sich diesem weißen Papier zu, das ganz allmählich zu Boden gleitet und dessen bedrohliche Botschaft jeder ahnt.

Die Wagenkolonne der Europäer ist bereits wieder auf dem Rückweg nach Paris, und die schwarzen Wagen fahren in Richtung Flughafen. Die engen Freunde stehen noch in kleinen Gruppen rings um die Kirche und auf dem angrenzenden Friedhof beisammen. Sie tauschen Erinnerungen aus. Von weitem sehe ich die Blumen vor der Steinmauer.

Mich hat Jean Monnets Werk, sein historischer Scharfblick, die zielstrebige Umsetzung seiner Gedanken und sein intuitives Erfassen der großen Bewegungen unserer Zeit so beeindruckt, daß ich mich nur schwer damit abfinden kann, daß sein Leben zu Ende gegangen ist, daß sein scharfer, durchdringender Geist als einzige Gesprächspartner nur noch Steine und Wurzeln haben sollte.

Helmut Schmidt

Das ungezwungene, enge Vertrauensverhältnis, wie es zwischen Helmut Schmidt und mir bestand, ist sicherlich einzigartig unter den Verantwortlichen der großen Staaten von heute. Es hat die Einheit Europas um ein gutes Stück vorangebracht. Und ich glaube, es hat in die französisch-deutschen Beziehungen, die der herausragenden Stellung unseres Kontinents eine feste Grundlage gegeben hatten, ein gewichtiges Element der Zuverlässigkeit und Festigkeit gebracht.

Dieses Vertrauensverhältnis beruhte darauf, daß wir bereits von unseren früheren Funktionen her an konstruktive gemeinsame Arbeit gewöhnt waren.

Helmut Schmidt hatte 1972 den brillanten Karl Schiller als Finanzminister in Willy Brandts Kabinett abgelöst. Ich bekleidete das gleiche Amt in Frankreich. Wir hatten gemeinsam am 18. Dezember 1971 an der Währungskonferenz des Smithsonian Institute in Washington teilgenommen, bei der sehr heftig über den neuen Schlüssel der Wechselkurse diskutiert wurde. Der Dollar war zum ersten Mal abgewertet, der Yen dagegen unter dem deutlichen Druck der amerikanischen Regierung aufgewertet worden. Den Amerikanern lag damals wenig daran, die empfindlichen Gefühle der Japaner, deren einzige Verteidigung in einem hartnäckigen, beschämten Schweigen bestand, zu schonen.

Auf Initiative von George Shultz, dem Finanzminister der Vereinigten Staaten, hatten wir uns nachher noch in der Bibliothek des Weißen Hauses mit den britischen und japanischen Ministern zusammengesetzt. Wir beschlossen, uns ohne großes Aufheben in der Öffentlichkeit regelmäßig zu treffen, um die Entwicklung des internationalen Währungssystems zu beobachten. So wurde die Gruppe der *Bibliothekare* aus der Taufe gehoben, die später unter dem Namen der *Gruppe der Fünf* bekannt wurde.

Ich erinnere mich an eins dieser Treffen, das in Paris stattfand. Um seine Geheimhaltung zu gewährleisten, hatte ich meine Kollegen zu einem Abendessen bei mir zu Haus in der Rue Bénouville eingeladen, weil ich dachte, meine Wohnung sei weniger der journalistischen Beobachtung ausgesetzt als mein Büro im Ministerium. Alle Teilnehmer waren einzeln und unerkannt zu mir gefahren. Meine Kinder bedienten bei Tisch: Valérie-Anne und Jacinte legten die Teller auf, Henri und Louis schenkten die Weine ein. Kaum war die Tür hinter ihnen zu, hörte man sie vor Vergnügen kichern. Ich hatte für meine Kollegen die besten Flaschen aus meinem Keller geholt. Aber sie waren so in ihre Gespräche vertieft, daß sie dem Wein nicht die gebührende Aufmerksamkeit geschenkt haben. Am nächsten Tag gestanden mir die Kinder, sie hätten es nicht übers Herz gebracht, die halbleeren Flaschen wegzuwerfen, sondern sie selbst ausgetrunken. Die Presse hat von diesem Treffen nichts erfahren.

Später kamen wir beide, Helmut und ich, etwa zur gleichen Zeit in die Regierungsverantworung. Die Spionageaffäre Guillaume hatte Willy Brandts Sturz herbeigeführt. Um jede Krisensituation zu vermeiden, ordnete die SPD unverzüglich Neuwahlen an. Am 16. Mai

1974 wurde Helmut Schmidt zum Bundeskanzler gewählt und blieb während meiner siebenjährigen Präsidentschaft in diesem Amt. Helmut Schmidt besaß zwei Kompetenzbereiche, seine Spezialgebiete: die Verteidigung und die Finanzpolitik. Das zweite Fachgebiet war uns gemeinsam vertraut. Aber ich spürte, daß er sich mir im ersten überlegen fühlte. Er war Verteidigungsminister gewesen und kannte sich in strategischen Problemen sehr gut aus. Seine Beziehungen zu den amerikanischen Staatsmännern, die damals sehr eng waren, hatten sich aufgrund von Diskussionen militärischer Fragen ergeben. Ich erarbeitete mir nach und nach ein detailliertes Wissen in Fragen der Verteidigungspolitik. Aber erst vom Frühjahr 1977 an fühlte ich mich fähig, wirklich Entscheidendes zu diesen Gesprächen beizutragen: Drei Jahre hatte ich dazu gebraucht.

Unsere persönlichen oder telefonischen Gespräche führten wir in englischer Sprache. Der große Vorteil bestand darin, daß wir keine Dolmetscher brauchten und so einen unmittelbaren Dialog führen konnten. Seine Französischkenntnisse beschränkten sich auf ein paar wenige Worte. Und meine Sprachpraxis, die durch das Studium der »Lorelei« und der »Jungfrau von Orléans« geprägt war, ermöglichte es mir zwar, einer Diskussion zu folgen, ohne daß ich allerdings selbst hätte etwas dazu beitragen können. Wir telefonierten oft miteinander. Ich erkannte ihn immer sofort an seiner tiefen Stimme und seinem Akzent, der dem amerikanischen näher ist als dem englischen.

Gleich nach meiner Amtsübernahme rief ich ihn an, um ihn einzuladen. Ich sagte ihm, wie wichtig es mir wäre, daß er mein erster offizieller Besucher in Paris sei.

Nach unserem ersten Gespräch im Elysée-Palast setzte er, wie immer, wenn er mir etwas Unangenehmes zu sagen hatte, eine etwas verlegene Miene auf: »Valéry, es fällt mir nicht ganz leicht, Sie darauf anzusprechen, aber ich denke, ich muß es tun. Es geht um die in Deutschland stationierten französischen Truppen. Ich bin Verteidigungsminister gewesen und kenne daher ihre wirkliche Situation. Sie dürfen das nicht länger zulassen: Ihre Soldaten sind gute Soldaten, sie sind tapfer und diszipliniert. Aber ihre materielle Lage ist ihrer unwürdig. Ja, sie ist sogar für die deutsche Bevölkerung in ihrer unmittelbaren Umgebung schockierend. Die Kasernen sind in einem beklagenswerten Zustand. Es ist ganz offensichtlich, daß die Armee kein Geld hat. Sie benutzt altes und völlig unbrauchbares Material.«

Er wirft mir einen forschenden Blick zu, um meine Reaktion festzustellen. Dann insistiert er, wie so oft: »Ich hoffe, Sie nehmen mir nicht übel, was ich eben gesagt habe. Aber ich dachte, diese Information ist vielleicht nützlich für Sie. Sie können eine solche Situation nicht länger dulden.«

Ich bin nicht schockiert. Im Gegenteil. Ich spüre, daß er mir die Wahrheit sagt. In seinen Worten, in denen ein leichter Vorwurf mitschwingt, liegt unausgesprochen auch sein Urteil über Frankreich und die Franzosen: Sie tun nicht, was nötig wäre.

»Von allen europäischen Ländern haben sie die beste geographische Lage. Und sie leiden nicht unter einem politischen Handikap wie wir, da sie auf seiten der Sieger standen.« Er sagte nicht: Weil sie den Krieg gewonnen haben ... »Sie haben immer noch einen internationalen Einfluß, der größer ist als ihre tatsächliche Machtstellung, und wissen das auch geschickt auszuspielen. Kurz und gut, sie haben alle Chancen, um das führende Land Europas zu sein.« Normalerweise hören seine Vertraulichkeiten dabei auf, und er läßt mich den Rest erraten. Aber manchmal, besonders wenn er müde und seine Haut etwas fahl ist und die Erschöpfung ihn zu größerer Aufrichtigkeit treibt, geht er noch weiter: »Sie sollten das mächtigste Land Europas sein, aber sie sind es nicht. Sie tun nicht genügend dafür.« Und dann zählt er unsere verwaltungsmäßigen Schwierigkeiten auf, die die Entwicklung unserer Unternehmen hemmen, unsere sektiererischen politischen Debatten und unsere Scheuklappen, wenn es darum geht, sich den internationalen politischen Realitäten zu stellen; unsere überspannten sozialistischen Ideen. »Bezeichnen Sie mich nicht als einen Sozialisten, Valéry. Ich bin kein Sozialist. Ich bin Sozialdemokrat.«

Ich werde mir seine Bemerkung zu Herzen nehmen. Man muß sicherlich etwas tun, um die Lage unserer Streitkräfte in Deutschland zu verbessern, und sie mit modernerem Material ausstatten. Während der letzten Jahre ist das Militärbudget allzusehr beschnitten worden. Die Atomindustrie stand immer an erster Stelle; die Sparmaßnahmen betrafen vor allem die konventionellen Streitkräfte und ganz besonders das Heer. Frankreich beraubt oft die der nötigen Mittel, die ihm am treuesten dienen, weil sie nicht so oft nach öffentlichen Geldern schreien. Ich nehme mir vor, als Generalstabschef einen General des Landheers zu wählen. – Und ich werde mir den besten suchen.

Zu seinem ersten Besuch am 31. Mai 1974 war Helmut Schmidt im Hotel Bristol, das die Deutschen bevorzugen, abgestiegen. Dieses Hotel liegt an der Rue du Faubourg Saint-Honoré, nur ein paar hundert Meter vom Elysée-Palast entfernt, auf der anderen Seite der Place Beauveau.

Ich hatte beschlossen, ihn zu Fuß zurück in sein Hotel zu begleiten, wollte das aber nicht schon im voraus ankündigen, um keinen Menschenauflauf auf der Straße hervorzurufen. Nach dem Abendessen haben wir uns noch kurz in das Vorzimmer zurückgezogen. Die Journalisten standen schon wartend vor den großen Flügeltüren, und sein schwarzer Mercedes wartete unten an der Treppe. Ich sagte zu ihm: »Wenn Sie wollen, begleite ich Sie zu Ihrem Hotel. Es ist nicht weit; wir können zu Fuß gehen.«

»Eine gute Idee. Ich schöpfe gern noch ein bißchen frische Luft.«

Wir haben uns auf den Weg gemacht. Die kleine Gruppe der Journalisten war zunächst überrascht. Sie hasteten über den Hof hinter uns her. Aber als wir auf die Straße kamen, hatten uns die Journalisten mit ihren Kameras und Blitzlichtern bereits überholt. Sie liefen rückwärts, und wir hatten vor uns ein weißes, gleißendes Lichtermeer, das jäh das Dunkel zerriß. Wir konnten dadurch rechts und links die mit Sandstrahlgebläse gereinigten Fassaden der Häuser mit ihren erleuchteten Fenstern erkennen, die Polizeibeamten, die uns überrascht grüßten, als wie die Avenue Gabriel überquerten, und ein paar Spaziergänger, die sich auf die Zehenspitzen stellten, um über die dichtgedrängten Reihen der Journalisten hinweg zu entdecken, was da wohl vor sich ging.

Ich habe mich von Helmut vor der Drehtür seines Hotels verabschiedet. Er drückte mir ganz ungezwungen die Hand, als seien wir allein auf der Straße und als hätte unser neues Amt nichts geändert. Nein, sagte ich mir, es hat sich auch nichts geändert. Ich bin dann zu Fuß wieder zurückgegangen. Als ich mich, direkt gegenüber dem Elysée-Palast, zwischen der Apotheke und dem früheren Ledergeschäft noch einmal umdrehte, fiel mein Blick auf den Torbogen des Hauses, in dem wir unsere Kindheit verbracht haben. In Gedanken sah ich hinter der gutgewachsten Eichenholztür mit den Kupfergriffen den gewölbten Gang vor mir, die Loge der Concierge und links das Treppenhaus. Ich hörte das Rasseln des Aufzugs, das Trappeln von Kinderschritten, wenn wir, meine Geschwister und ich, immer zwei Stufen auf einmal nehmend, hinunterrannten, um auf die Straße zu kommen und in den Gärten der Champs-Elysées unsere Spielkameraden zu treffen. Keiner von denen, die mich begleiteten, konnte meine Gedanken erraten. Sie waren so verstrickt in ihre Neugier und gefangen vom gegenwärtigen Augenblick. Sollte ich ihnen etwas über den Inhalt meiner Gespräche mit dem Kanzler sagen? Sie sahen in mir einen Mann, der völlig mit seinem Amt verschmolzen war - wie jemand, der seine Uniform so verinnerlicht hatte, daß sie gewissermaßen seine zweite Haut, ja, sein Fleisch und Blut geworden war.

In Augenblicken wie diesen, die sich im Lauf der Jahre wiederholten, spürte ich besonders, was man gemeinhin die Einsamkeit der Macht nennt - sehr viel mehr als dann, wenn es darum ging, Entscheidungen zu treffen.

Helmut und ich hatten miteinander vereinbart, uns vor allen wichtigen Konferenzen einmal zu treffen, insbesondere vor den jährlichen Wirtschaftsgipfeln. Wir hielten es für notwendig, einen gemeinsamen französisch-deutschen Standpunkt zu vertreten. War das Problem, um das es ging, weniger wichtig, einigten wir uns dahin, uns einen gewissen Spielraum zu lassen. Aber wenn es um wesentliche Dinge ging, waren wir entschlossen, eine gemeinsame Haltung einzunehmen. Wir wollten dadurch verhindern, jemals in eine Lage zu geraten, in der eine mögliche französisch-deutsche Divergenz von außen, sei es von den Vereinigten Staaten, sei es von unseren europäischen Partnern, geschlichtet werden müßte. Ich glaube, das ist auch während jener sieben Jahre nicht ein einziges Mal vorgekommen.

Als Treffpunkt für die erste dieser regelmäßigen Begegnungen schlug ich Helmut Schmidt das Elsaß vor. Ich dachte dabei weniger an die Präfektur oder sonst eine offizielle Dienststelle, sondern an ein Dorfrestaurant, in dem wir ungestört wären. Wenn ich im Herbst im Elsaß auf die Jagd ging, flog ich immer nach Straßburg und fuhr von dort aus auf kleinen Landstraßen in Richtung Diebolsheim. Wir machten dann lange Wanderungen über die vor Frost klirrenden Ebenen, wo die Hasen mit gesträubtem Fell ihre Haken schlugen, oder warteten vor einem abgeblühten Sonnenblumenfeld auf das Auffliegen einer Gruppe Fasanen, die sich schwerfällig und mit den Flügeln schlagend in die Luft erhoben. Bei einer dieser Gelegenheiten hatte ich im *Guide Michelin* das mit einem Stern versehene Restaurant *Le Bœuf* in Blaesheim entdeckt. Ich hatte schon öfter daran gedacht, einmal dort einzukehren, und bedauerte, es nie getan zu haben. Ich erzählte Helmut davon; er erklärte sich sofort einverstanden.

Um ihn empfangen zu können, war ich schon ein bißchen früher gekommen. Das ganze Dorf war auf den Beinen. Viele Elsässer trugen ihre alte Tracht. Die Musikkapelle hatte sich bereits aufgestellt und wartete nur darauf anzufangen. Das Fernsehen war aufgefahren, alle französischen und deutschen Anstalten. Ich ging inzwischen in das Gasthaus hinein, um mir den für uns reservierten Raum anzusehen: eine ruhige Wirtsstube mit bunten Butzenscheiben. Plötzlich verdichtete sich der Lärm von draußen. Helmut war aus seinem Wagen gestiegen, seine Hamburger Seemannsmütze auf dem Kopf. Wir lauschten der Musik, drückten die Hände, die sich uns entgegenstreckten.

Ich konnte bei alldem nicht den Krieg vergessen, die Kämpfe, die Grausamkeiten. Es kam mir fast so vor, als befänden wir uns in einem Bühnenbild, das man rasch aufgestellt hatte, um alles übrige, die Ruinen, die Trümmer, die Leichen zu verdecken. Aber nein! Das hier war das Leben, das Leben hatte sich durchgesetzt, wie das Gras, das allmählich die Gräber überwuchert. Alles, was uns in unserer

Vergangenheit erfüllt, was unsere Anstrengungen gerechtfertigt, unseren leidenschaftlichen Widerstand geweckt hatte, all das war der Zukunft gewichen. Jetzt mußten wir lernen, uns besser zu verstehen, gemeinsam zu leben, in aller Ruhe miteinander zu reden, wie nach einem allzu heftigen Streit.

In den Gesichtern der Dorfbevölkerung konnte ich eine sichtliche Erleichterung lesen: die Erleichterung, nicht mehr zwischen Frankreich und Deutschland wählen zu müssen, sich zu sich selbst bekennen zu können, ohne gezwungen zu sein, mit seinen Nachbarn in Fehde zu liegen. Die Straße war voller blau-weiß-roter Fähnchen, aber man hieß damit den deutschen Kanzler willkommen!

Wir gingen dann in den Gasthof hinüber, wechselten ein paar höfliche Worte mit unseren freundlichen, diskreten Gastgebern und machten uns nach dem Essen an die Arbeit.

Viele unserer Gespräche drehten sich um die amerikanische Politik, um die hohen Regierungsbeamten und unser persönliches Verhältnis zu ihnen sowie um die Beziehungen zu Europa und den Vereinigten Staaten. Fast die Hälfte unserer Zeit verbrachten wir mit diesen Fragen.

Helmut Schmidt kannte sich in der politischen Szene Amerikas sehr gut aus. Wir erzählten uns jedesmal eingehend von unseren Gesprächen mit den Präsidenten Ford und später Carter sowie mit den Staatssekretären Henry Kissinger, Cyrus Vance und Edward Muskie, der nur für sehr kurze Zeit im Amt war.

Im Verlauf meiner siebenjährigen Amtszeit konnte ich genau beobachten, wie sich nach und nach das Vertrauensverhältnis zwischen Helmut und den amerikanischen Staatschefs verschlechterte. Sowohl Helmut Schmidt als auch ich hofften auf Gerald Fords Wiederwahl - oder vielmehr seine Wahl, denn er hatte sein Amt nach Richard Nixons Rücktritt im August 1974 angetreten. Nach dem Sieg von Jimmy Carter begann Helmut, eine eher abwartende Position einzunehmen. Ich spürte, wie gereizt er bei dem ersten Gipfeltreffen der Industrieländer im Mai 1977 in London war, bei dem Carter anwesend war. Dieser nahm dabei für sich in Anspruch, ein Fachmann in Kernenergiefragen zu sein und führte sich ganz als Medienstar und Liebling der öffentlichen Meinung auf.

»Nur weil er mal als Offizier an Bord eines Atom-U-Boots gedient hat, glaubt er, er kennt sich in der Atomtechnik aus«, sagte Helmut ganz im Vertrauen zu mir. »Aber er hat keine Ahnung von Strategie, und das ist das Entscheidende.«

Und um eben solche Fragen ging es bei einem Ereignis, das Helmut Schmidts Vertrauen in die amerikanischen Regierungschefs nachhaltig erschütterte.

Er hat es mir mehrmals und in allen Einzelheiten geschildert. Nicht etwa, weil er dachte, ich hätte es vergessen, sondern weil diese Geschichte bei ihm schon fast zur Obsession geworden war.

Präsident Carter hatte seinen Entschluß verkündet, die amerikanischen Streitkräfte in Europa mit der Neutronenbombe auszurüsten. Dazu brauchte er das Einverständnis der deutschen Regierung.

Helmut Schmidt befürwortete keineswegs die Stationierung der Neutronenbombe in Europa. Er war der Ansicht, dieser Vorschlag würde die Friedensbewegung, auf dem linken Flügel seiner Partei angesiedelt, auf den Plan rufen, und meinte, dieses Risiko sei unverhältnismäßig größer als der strategische Vorteil der Bombe. Die Schäden für die Umwelt seien zwar geringer, aber der Abschreckungseffekt gegenüber einem möglichen Angreifer sei dem der taktischen Atomwaffen klassischer Art nicht etwa überlegen. Er hatte versucht, die Amerikaner zu überreden, auf ihren Plan zu verzichten. Als er feststellte, daß ihm das nicht gelang, wollte er es nicht auf sich nehmen, zwischen den Vereinigten Staaten und der Bundesrepublik einen ernsten Konflikt heraufzubeschwören. Deshalb entschloß er sich höchst widerwillig, den Plan zu verteidigen: »Ich weiß nicht, Valéry, ob Sie sich vorstellen können, welche Mühe das für mich bedeutet hat. Ich mußte meine Partei davon überzeugen. Und anfangs standen alle diesem Plan ablehnend gegenüber, auch mein Freund Wehner, der so etwas wie das Gewissen der SPD in Sachen Verteidigung ist. Willy Brandt setzte wie immer alle Hebel gegen mich in Bewegung. Ich habe zunächst versucht, Wehner zu überzeugen. Und dann mußte ich endlose Sitzungen abhalten.«

Da ich Helmut und seine Hartnäckigkeit kannte, konnte ich mir diese Sitzungen sehr gut vorstellen. Wahrscheinlich dauerten sie Stunden um Stunden, während derer er teils geduldig, teils unwirsch auf alle einredete und zum Abschluß einen jener endlosen Monologe hielt, in dem er das Problem wieder ganz von vorne aufrollte. Schließlich gaben seine Parteigenossen nach, aber weniger aus Überzeugung als vor Erschöpfung und vor allem aus Respekt vor seinen unumstrittenen Fähigkeiten als Kanzler.

»Im vergangenen Herbst bin ich durch die Länder gereist und habe mich der öffentlichen Diskussion gestellt. Dann kam der Parteikongreß. Schön, ich habe schließlich gesiegt, aber bis zum letzten Augenblick bin ich auf Widerstand gestoßen. Und eigentlich habe ich das nur aufgrund meiner persönlichen Autorität geschafft. Nach der Abstimmung habe ich Carter mitgeteilt, er könne jetzt einen entsprechenden Beschluß durch die NATO fassen lassen; die Bundesrepublik würde sich positiv dazu stellen. Es wurde ein Kommuniqué vorbereitet. Es sollte am Sonnabend, dem 7. Mai, veröffentlicht werden. Ich hatte schon die Stellungnahme, die ich dazu abgeben wollte, verfaßt. Und am Abend davor, am Freitag, erfahre ich, daß Carter mir einen Sonderbeauftragten schickt. Und wissen Sie, was der mir sagen sollte? ›Ich habe meine Meinung geändert. Ich will in Europa nicht wie ein Ungeheuer dastehen. Wir werden die Neutronenbombe nicht in Europa stationieren. Das Kommuniqué soll nicht veröffentlicht werden. Ich werde Sie nächste Woche wieder anrufen.‹ Er hat sich nicht entschuldigt. Und er hat mir auch keine andere Erklärung gegeben. Ihm ist wohl gar nicht klargeworden, in welche Lage er mich als Kanzler damit brachte, nach diesem regelrechten Feldzug, den ich geführt hatte. Und er hat mich auch nicht wieder angerufen.«

Während er das erzählte, schwangen in seiner Stimme Bitterkeit und dumpfer Zorn mit. Ich spürte, sein Vertrauen war nachhaltig zerstört. Wenn jemand eine Begebenheit immer wieder schildert, ist das ein untrügliches Zeichen. Es war das gleiche wie bei Georges Pompidou, der mir 1969 dreimal wortwörtlich berichtete, unter welchen Umständen General de Gaulle ihn im Juni 1968 nach dem Wahlsieg inständig gebeten hatte, sein Ministerpräsident zu bleiben. Obwohl Pompidou anfänglich sehr zögerte, insistierte er erneut und bat ihn, ihm am nächsten Tag, einem Donnerstag, seine Entscheidung mitzuteilen. Und als Georges Pompidou sich schließlich dazu durchgerungen hatte und Bernard Tricot, den Generalsekretär des Elysée-Palasts, anrief und eine Zeit vereinbaren wollte, um de Gaulle sein Einverständnis zu erklären, vernahm er zu seiner großen Überraschung, daß das Amt des Ministerpräsidenten bereits tags zuvor Maurice Couve de Murville angeboten worden war und dieser zugesagt hatte. Und Georges Pompidou fügte hinzu: »Was mich besonders getroffen hat, war, daß dieser Vorschlag Couve bereits vor meinem letzten Gespräch mit dem General gemacht worden war. Und während er mich noch nachdrücklich darum bat zuzustimmen, wußte er bereits, daß man einem anderen in seinem Namen dieses Amt angetragen hatte. Wenn er dies aus rein taktischen Gründen für nötig hielt, hätte er mir das sagen müssen! Mehr als zwanzig Jahre lang habe ich ihm nie Grund gegeben, an meiner absoluten Loyalität zu zweifeln.« Und er schloß: »Seitdem ist unser Verhältnis nie mehr so wie früher gewesen.«

Helmut Schmidts Vertrauen in die Regierung Carter war ein für allemal erschüttert. Andere Zwischenfälle haben ihn später noch in seinem Mißtrauen bestärkt. Sicherlich war es nicht immer und in allen Punkten gerechtfertigt. Ich habe vermieden, die Situation auszunutzen – indem ich ihn etwa darin noch unterstützte –, denn ich war überzeugt davon, daß seine ablehnende Haltung gegenüber den verantwortlichen amerikanischen Politikern von der Mehrheit der deutschen Bevölkerung nicht geteilt wurde. Und ich hielt es nicht für gut, eine Stärkung Europas zu erstreben, die sich auf ein verstärktes Mißtrauen gegenüber den Vereinigten Staaten gründete. Wir riskierten dabei, daß uns die Mitreisenden verließen, indem sie unterwegs aus dem fahrenden Zug absprangen.

Aber es war ganz offensichtlich, daß die deutsch-amerikanischen Beziehungen längst nicht mehr so waren, wie sie 1948 einmal begonnen hatten. Ich merkte das ganz deutlich, aber ich fand keine Erklärung dafür. Eines Tages, als ich Helmut Schmidt danach fragte, erhielt ich die Antwort: »All die letzten Jahre hindurch waren die Amerikaner daran gewöhnt, daß sie nur zu pfeifen brauchten, und schon kamen die Deutschen gerannt. Sie wußten, wir waren auf sie angewiesen. Aber jetzt hat sich das Bild geändert. Die Zeit des Wiederaufbaus ist abgeschlossen. Unser Land hat seine wirtschaftliche Machtstellung und damit seine Würde wiedergewonnen. Die Amerikaner müssen endlich aufhören zu glauben, daß wir jedes Mal strammstehen, wenn sie nur pfeifen.«

Selbst wenn darin auch viel von seiner persönlichen Enttäuschung mitschwang, so bewirkte diese psychologische Haltung doch eine neue Bereitschaft für die beiden nächsten Etappen der Einheit Europas, die wir gemeinsam in Angriff nehmen mußten: die Währung und die Verteidigung.

Das Geld war vor allem meine Idee. Die Verteidigung war ein Plan von Bundeskanzler Schmidt.

Die Schaffung eines europäischen Währungssystems, die am 7. Juli 1978 bei dem Gipfeltreffen von Bremen beschlossen wurde, ist das Resultat einer langen Geschichte, die vor meiner Amtszeit begann und noch heute andauert.

Im März 1973 wurde der flexible Wechselkurs der Deutschen Mark und kurz darauf der des Dollars festgelegt. Damit waren die Vereinbarungen von Bretton Woods außer Kraft gesetzt, die feste Wechselkurse und die unbegrenzte Konvertibilität des Golddollars für die Zentralbanken bestimmten. Seither gab es für das Weltwährungssystem keine verläßlichen Regeln mehr. Das allgemeine Floating der Währungen war ursprünglich als eine vorübergehende Maßnahme angesehen worden, die eine gewisse Flexibilität bei der Angleichung der Wechselkurse ermöglichen sollte. Von Anfang an war man bemüht, das System wieder in Ordnung zu bringen. Die *Gruppe der Zwanzig*, die sich unter der Schirmherrschaft des Internationalen Währungsfonds versammelte und an der Frankreich sich aktiv beteiligte, suchte ein neues System zu definieren, das sich auf »feste, aber angleichbare Paritäten« gründen sollte. Die Ölkrise von 1973 erstickte diese zaghaften Versuche im Keim. Und obgleich ich damals ein vehementer Verfechter dieser »festen, aber angleichbaren Paritäten« gewesen bin, muß ich heute zugeben, daß die Weltwirtschaft die allgemeine Wirtschaftskrise von 1974 bis 1981 mit festen Wechselkursen kaum überstanden hätte und dieses System unweigerlich in die Brüche gegangen wäre. Das *Floaten* stellte in dieser Ausnahmesituation das geringere Übel dar.

Angesichts dieses allgemeinen Floatens der Währungen suchten die Europäer die Schwankungen ihrer eigenen Wechselkurse untereinander zu reduzieren. Ihr Interesse war ganz offenkundig: Man konnte nicht damit rechnen, innerhalb des gemeinsamen Marktes den freien Warenaustausch stabil zu halten, wenn die Preise bald ebenso sehr schwankten wie die Währungen. Man mußte also innerhalb Europas auf größtmöglichen Ausgleich bedacht sein und dafür gemeinsam nach außen hin floaten. Das war nicht einfach. Durch die Spekulationswelle wurden die starken Währungen – die Deutsche Mark und der Gulden – nach oben getrieben und die schwachen Währungen – der belgische Franc, die italienischen Lire und manchmal auch der französische Franc – gedrückt. Das Pfund Sterling war davon nicht betroffen, denn damals gehörte Großbritannien noch nicht zur europäischen Gemeinschaft.

Wir, das heißt die Finanzminister, die sich damals alle drei Monate zu halboffiziellen Gesprächen trafen, haben in Brüssel lange darüber diskutiert. Schließlich beauftragten wir einen von uns, Pierre Werner, der seinerzeit sowohl das Amt des Ministerpräsidenten als auch das des Finanzministers von Luxemburg innehatte, einen Bericht auszuarbeiten. Seine Vorschläge – der sogenannte Werner-Plan – bildeten die Grundlage späterer Überlegungen, die in die gleiche Richtung zielten.

Es kam zu drei Schlußfolgerungen: Erstens, um die Ursachen ihrer Währungsabweichungen zu eliminieren, sei es erforderlich, daß die europäischen Länder eine konvergierende Wirtschafts- und Währungspolitik betrieben; zweitens, um zu verhindern, daß der Druck des Kapitalmarkts zu einer gestörten Entwicklung führt, sollten die Zentralbanken durch gemeinsame Interventionen regulierend eingreifen. Drittens: Dies setze voraus, daß sie untereinander zu Krediterleichterungen bereit seien. Diese drei Forderungen – Gemeinsamkeit der Politik, Intervention auf dem Markt und Krediterleichterung – haben viele Jahre Pate bei allen Versuchen der Stabilisierung des europäischen Währungssystems gestanden.

Im Mai 1971 beschloß die Bundesbank, die Deutsche Mark floaten zu lassen. Unsere Reaktion auf diese neue Situation war im Frühjahr 1972 die sogenannte *Schlange*. Da die europäischen Wechselkurse untereinander einen konstanten Abstand einhalten sollten, glichen ihre Bewegungen einer Schlangenhaut, die, bei einer festen Breite, auf dem internationalen Währungsmarkt beliebig dehnbar war. Um zu verhindern, daß eine europäische Währung aus der Schlangenhaut »aussteigt«, sollte die Zentralbank der bedrohten Währung intervenieren, um diese wieder in die feste Bandbreite zurückzuführen. Leider ließ sich diese Maßnahme nur auf die schwachen Währungen anwenden, nämlich die, die aus der unteren Schlange zu gleiten drohten. Die starken Währungen dagegen, die die Schlange nach oben zogen, traf keinerlei Verpflichtung.

Das ganze klang sehr technisch und war für die breite Öffentlichkeit kaum verständlich. Etwa vom 21. März 1972 an begann die *Schlange* zufriedenstellend zu funktionieren. Ein Jahr später, im März 1973, änderte das Floaten des Dollars das internationale Umfeld der Schlange. Sie mußte sich nicht mehr innerhalb der – im Vergleich zum Dollar festgesetzten – Bandbreiten halten: Sie floatete gewissermaßen frei im Raum.

Der Jom-Kippur-Krieg löste im Herbst 1973 ein arabisches Embargo der Erdöllieferungen aus. Die Preiserhöhung von Erdöl und darauf folgend die von chemischen Erzeugnissen und Rohstoffen führte zu einer weltweiten Spekulationswelle. Der Franc hielt sich einigermaßen und blieb von der allgemeinen Entwicklung zunächst verschont. Doch die Deutsche Mark war, aufgrund des starken Handelsüberschusses der Bundesrepublik, von den Spekulanten stark gefragt. Sie zog die Schlange nach oben. Um nachzuziehen, mußte man den Kurs des Franc erhöhen, also Dollars gegen Francs verkaufen, um den Überschuß vom Markt zu ziehen. Die Banque de France mußte tief in ihre Devisenreserven greifen. Wir hatten weder die Mittel noch im Grunde genommen einen trifftigen Grund dafür, dem Anstieg der Mark zu folgen. Dieser Ausblutung mußte ein Ende gesetzt werden.

Eine baldige Entscheidung war daher dringend erforderlich geworden. Da sie auch Auswirkungen in diplomatischer Hinsicht haben konnte, mußte das Einverständnis des Präsidenten der Republik eingeholt werden. Dieser schlug mir vor, ihn in seinem Landhaus auf der Île de France, in Orvilliers, zu besuchen. Ich war noch nie dort gewesen. Obgleich das Dorf winzig ist, irrten wir erst lange durch die schmalen Gassen, bevor wir das weiße Tor fanden. Präsident Pompidou empfing mich in seinem kleinen Arbeitszimmer. Er saß in seinem Sessel, mit offenem Hemdkragen und einem dunkelblauen Pullover. Das Haus war sehr gemütlich, ohne übertriebene Ansprüche und vollgestopft mit den letzten Neuerscheinungen vom Büchermarkt. Auf den Tischen häuften sich Zeitungen und Zeitschriften. Durch die kleinen Fensterscheiben konnte man die winterlichen Obstbäume und gestrichenen Holzzäune sehen.

Ich beschrieb ihm die Situation und legte ihm die verschiedenen Möglichkeiten dar: Entweder wir fuhren fort, auf dem Geldmarkt zu intervenieren und nahmen unsere Zuflucht zu internationalen Krediten, um unsere Reserven wieder aufzufüllen, oder wir scherten aus der Schlange aus und ließen den Franc floaten. »Und was passiert«, fragte mich Präsident Pompidou, »wenn wir den Franc floaten lassen?«

»Sicherlich nicht viel. Wir würden gegenüber allen anderen Währungen unsere Parität halten. Aber der Abstand zur Deutschen Mark wird sich vergrößern und das wird, wegen des Preisanstiegs deutscher Produkte auf unserem Markt, die Inflationstendenzen verstärken.«

»Können wir das verhindern?« erkundigte sich der Präsident.

»Eine gewisse Zeit lang schon, aber das wird für uns sehr teuer werden. Und im Endeffekt werden wir ein Auseinanderdriften zwischen Franc und Deutscher Mark nicht aufhalten können.«

»Dann haben wir keine andere Wahl«, entgegnete Präsident Pompidou.

»Wir werden nicht unsere letzten Reserven verschwenden, um ein offensichtlich unvermeidbares Ereignis nur hinauszuschieben. Wir müssen aus der Währungsschlange aussteigen. Aber so einfach ist das nicht, denn wir sollten unsere Währungspolitik mit den Deutschen koordinieren. Beim letzten Gipfel habe ich bemerkt, daß sie nicht viel Verständnis für unsere Situation haben. Sobald man ihnen mit Währungsfragen kommt, reagieren sie völlig egoistisch. Sie spielen ihre Überlegenheit gern aus. Warum übrigens nicht. Wie werden Sie ihnen den Entschluß erklären?«

»Ich werde sagen, daß Frankreich aufgrund der massiven Spekulationstendenzen seine Beteiligung an der ›Währungsschlange‹ vorübergehend aufgibt. Sobald die Lage sich wieder günstiger gestaltetet, wären wir jedoch gerne bereit, wieder einzusteigen.«

»Ja, sagen Sie das«, schärfte mir Präsident Pompidou ein. »Heben Sie das besonders hervor. Stellen Sie unsere Entscheidung als eine vorübergehende Maßnahme dar, die durch den Druck der Umstände unumgänglich geworden ist. Aber betonen Sie unseren Willen, sobald wie möglich zu den europäischen Übereinkünften zurückzukehren.«

Ich fuhr zurück nach Paris und gab unsere Entscheidung bekannt. Die Währungsschlange lag von nun an mit durchlöcherter Haut auf dem Boden.

Nach meiner Wahl bat ich den Finanzminister Jean-Pierre Fourcade, Maßnahmen zu treffen, damit der Franc nach und nach wieder in die Währungsschlange zurückkehren könnte. De facto wurde der Franc auch im Mai 1975 wieder in die Schlange eingegliedert, und am 10. Juli 1975 konnten wir seine offizielle Rückführung in das Währungssystem öffentlich bekanntgeben – zum gleichen Kurs gegenüber der Deutschen Mark wie im Frühjahr 1973.

Leider hatte sich die wirtschaftliche Lage noch längst nicht stabilisiert. Während der Außenhandel im ersten Halbjahr 1975 wieder Überschüsse aufwies, begann er sich im zweiten Halbjahr zu verschlechtern. Das waren die Folgen eines Konjunkturbelebungsplans, der sich günstig auf den Arbeitsmarkt auswirkte, jedoch einen übermäßigen Einfuhrbedarf auslöste. Der Import von Industriegütern stieg sprunghaft an, und das Defizit wurde wieder größer, vor allem gegenüber Deutschland. Der schwache Preisanstieg in Deutschland, dessen Wirtschaft besser als die unsere auf die Ölkrise reagierte, trieb die Deutsche Mark in die Höhe. Die Banque de France mußte intervenieren, um innerhalb der Bandbreite zu bleiben. In Spekulantenkreisen rechnete man mit einer Aufwertung der Mark. Unsere Devisenausgaben waren viel zu hoch, und die

Aussichten auf eine positive Außenhandelsbilanz innerhalb absehbarer Zeit waren auch 1976 nach wie vor schlecht.

Diesmal waren nicht die Auswirkungen unserer Wirtschaftsbelebungsmaßnahmen daran schuld, sondern der internationale Konjunkturumschlag. Unsere Importpreise, insbesondere für Rohstoffe, stiegen schneller an als die unserer Exporte. Ich fand mich in derselben Zwickmühle wie damals, als ich Präsident Pompidou Bericht erstattete, und kam zum gleichen Ergebnis. Wir durften nicht unsere Reserven erschöpfen, um uns innerhalb der Bandbreiten zu halten: Am 15. März 1976 verließ der Franc endgültig die Währungsschlange.

Eine Schlange hat keine zwei Leben! Der Beweis war schlagend: Solange die schwachen Währungen allein die Last der Währungsangleichung zu tragen hatten, während die starken Währungen sich an der Spitze tummelten, ohne Rücksicht auf die »Zurückgebliebenen«, konnte ein europäisches Währungssystem einfach nicht funktionieren.

Wir diskutieren darüber mit Bundeskanzler Schmidt. Ich spüre seine Skepsis. Er glaubt nicht an den Erfolg eines sogenannten Zwangsprogramms. Er schlägt uns vor, Experten in dieser Frage zu Rate zu ziehen. Ich schlage ihm Bernard Clappier, den Präsidenten der Banque de France vor. Er stimmt zu und lobt dessen Kompetenz. Der deutsche Experte, fügt er hinzu, werde sein Staatssekretär, Dr. Schulmann, sein. Und wir beschließen, James Callaghan zu bitten, uns einen Finanzfachmann seines Vertrauens zu nennen. Die Gespräche und die Arbeiten der Experten sollen vertraulich behandelt werden.

Im Ergebnis halten sie ein mit größeren Zwangsmitteln arbeitendes System für erforderlich: Wenn der Abstand zwischen den beiden Währungen an der Spitze und am Schluß der Gruppe, zwischen Hausse und Baisse sozusagen, allzu groß wird, müssen die beiden Zentralbanken gemeinsam intervenieren, um den vorgesehenen Abstand zu halten und zu verhindern, daß das System in die Brüche geht.

Der Bundesbank-Präsident, Otto Emminger, steht dem Plan ablehnend gegenüber. Er will nicht gezwungen sein, Deutsche Mark zu verkaufen, um die schwachen Währungen zu stützen, denn das könnte in Deutschland inflationäre Tendenzen verstärken. Seine Ansicht wird von fast allen deutschen Bankiers geteilt. Helmut Schmidt und ich beschließen, die Arbeit zwischen uns aufzuteilen. Obgleich ich von der Nützlichkeit des Plans mehr überzeugt bin als er, bitte ich ihn, ihn nach außen hin zu befürworten, insbesondere bei den beiden nächsten Tagungen des *Europäischen Rates*, die in Kopenhagen und Bremen stattfinden sollen.

»Das Wichtigste ist, die deutsche Finanzwelt zu überzeugen, und dazu sind Sie der geeignetere Mann«, sage ich zu ihm. »Ich dagegen werde mit Bernard Clappier und Ihren Experten zusammenarbeiten, um den Plan weiter auszuarbeiten.«

Er zögert einen Augenblick: »Ich habe gehört«, entgegnet er schließlich, »die verantwortlichen Männer der Banque de France stehen dem Plan auch nicht so positiv gegenüber. Offensichtlich haben Sie Ihre ganze Überredungskunst aufwenden müssen, um sie zu überzeugen. Ich habe fast den Eindruck, in Wirklichkeit sind wir beide die einzigen, die sich für dieses Projekt engagieren.«

Ich erwidere: »Schon möglich, daß wir die beiden einzigen sind. Aber die französischen Finanzexperten sind leichter umzustimmen. Es liegt ja auch in unserem Interesse. Ich sehe die Schwierigkeiten vor allem bei den Deutschen.«

Er ist einverstanden, hat aber noch eine Frage, die ihn beschäftigt: »Wie bringen wir es fertig, daß die Engländer dabei mitmachen?« Der neue Präsident der EG-Kommission, Roy Jenkins, ist ein überzeugter Anhänger des europäischen Währungsverbunds. Er ist gerade unterwegs in Europa, um die führenden Staatsmänner zu treffen, und die Währungsfrage ist eins seiner wichtigsten Gesprächsthemen. Ich habe ihn im Elysée-Palast empfangen, und er hat sich lange mit mir darüber unterhalten.

James Callaghan ist zwar ein, wenn auch gemäßigter, Europäer, aber auch ein vorsichtiger Politiker. Er weiß, daß der linke Flügel seiner Partei den Europagedanken ablehnt und heute noch lauthals den Rückzug aus der EWG verlangt. Er fürchtet, eine zu kühne Initiative könnte dieser europafeindlichen Bewegung neue Nahrung geben. Außerdem steht die Finanzwelt der City dem Plan skeptisch und ablehnend gegenüber. Sie betrachtet das Pfund Sterling als eine *Erdöl-Devise*, die ein anderes und offensichtlich glänzenderes Schicksal als die kontinentalen Währungen zu erwarten hat, denen durch das Erdöldefizit die Luft ausgeht.

Vor und während des Gipfels von Bremen muß Helmut Schmidt an zwei Fronten kämpfen. Die deutschen Finanzkreise haben bereits zweimal das Mißlingen der Währungsschlange erlebt. Sie glauben, ein neuer Versuch sei zwar vom politischen Standpunkt her unvermeidlich, aber sicherlich ebenso kurzlebig wie die früheren Maßnahmen, und er verpflichtet die deutsche Währungspolitik nicht mehr und nicht weniger als früher. Von dieser Seite aus hat Helmut also freie Hand.

Seine Stellung den Engländern gegenüber ist für mich etwas undurchsichtiger.

Als Norddeutscher kann er sich dem Einfluß Großbritanniens und seinem Finanzprestige schwer entziehen. Er hat Englands Eintritt in die EG sehr befürwortet und Frankreichs Obstruktionspolitik kritisiert. Aber der Dogmatismus der Labour Party und vor allem ihres linken Flügels paßt ihm ganz und gar nicht. Harold Wilsons wetterwendische Haltung - es war wirklich unmöglich, sich auf irgendein Versprechen seinerseits zu verlassen - war ihm geradezu ein Greuel. Und der seinerzeit ganz deutliche wirtschaftliche und finanzielle Niedergang Großbritanniens erregte sein Mitleid. Seit James Callaghan, Harold Wilsons Nachfolger seit März 1976, an die Macht kam, verbesserte sich die Situation. Er schätzt Callaghan und hat Vertrauen zu ihm. Am Telefon erwähnt er ihn mir gegenüber mit lobenden Worten. Sie treffen sich gelegentlich auch *inoffiziell*. Eines dieser Treffen hat zu einer wirklich köstlichen Situation geführt, die ich damals nicht weiterverarbeitet habe, obgleich sie für die Medien ein gefundenes Fressen gewesen wäre. Aber damals verboten mir das unsere Solidarität und unsere selbstverständliche Pflicht zur Diskretion.

Am Abend des 19. März 1978 wartete ich auf das Ergebnis des zweiten Gangs der Wahlen zur Nationalversammlung. Alle Meinungsumfragen der sechs letzten Monate deuteten auf einen Erfolg des Gemeinsamen Programms, also auf eine Koalition von

Sozialisten und Kommunisten, hin. Nachdem ich in Chanonat gewählt hatte, war ich mit Anne-Aymone nach Villacoublay zurückgeflogen. Da wir ein befreundetes Ehepaar aus Dampierre zum Abendessen eingeladen hatten, waren wir von dort aus direkt nach Rambouillet gefahren. Henri, der im Département Loir-et-Cher wählte, kam später dazu. Wir saßen zu fünft um einen Tisch in dem Salon mit der schönen dunklen Eichentäfelung und sahen uns die Wahlergebnisse im Fernsehen an. Nach den ersten Hochrechnungen und den Resultaten, die aus den einzelnen Wahlbezirken vorlagen, wurde sehr rasch deutlich, daß die Wähler gut gewählt und diesmal das Gemeinsame Programm verworfen hatten. Ich atmete erleichtert auf: Frankreich hatte begriffen, daß man trotz aller falschen Versprechungen der Demagogen weiter auf dem Weg eines modernen Liberalismus vorwärtsschreiten mußte.

Ich war glücklich und stolz auf mein Land.

Niemand wußte, daß wir in Rambouillet waren, außer Jean-François Poncet, dem Generalsekretär im Elysée, der mich jede halbe Stunde anrief, um mir die letzten Ergebnisse durchzusagen. Plötzlich um zehn Uhr klingelte das Telefon. Es ist die Fernsprechvermittlung des Elysée-Palasts: Bundeskanzler Schmidt sei am Apparat und bestünde darauf, mich zu sprechen. Ich lasse zu mir durchstellen.

Gleich darauf höre ich Helmuts Stimme; er spricht wir üblich englisch mit mir: »Ich höre gerade die Wahlergebnisse im Fernsehen. Es sieht sehr gut für Sie aus; Sie haben praktisch gesiegt. Ich wollte Ihnen gleich gratulieren, weil ich glaube, dieses Ergebnis ist wichtig für Frankreich und Europa. Meinen Glückwunsch! Übrigens steht neben mir ein Freund, der Ihnen auch gratulieren möchte.« Er hält den Hörer jemandem anders hin. Leises Murmeln. Und dann: »Mister President, hier spricht Jim Callaghan. Helmut Schmidt hat mich in Chequers besucht, und wir sitzen gerade zusammen beim Abendessen. Als die ersten endgültigen Resultate durchkamen, wollte er Sie gleich anrufen. Ich schließe mich seinen Glückwünschen an. Natürlich will ich mich nicht über Frankreichs Innenpolitik äußern . . .«

Ich spüre die verständliche Verlegenheit des Labour-Premierministers, die Wahlniederlage des sozialistisch-kommunistischen Wahlbündnisses zu kommentieren. Er fährt fort: »Aber ich glaube, daß unter den augenblicklichen Umständen die Entscheidung des französischen Volkes für uns alle die beste ist. Und ich freue mich für Sie.«

Wieder höre ich ein leises Murmeln am anderen Ende der Leitung. Und James Callaghan greift noch einmal zum Hörer: »Unser Anruf ist rein persönlicher Natur. Ich bin sicher, daß Sie das verstehen.«

Ich hatte schon verstanden. Aber es blieb dabei: Die ersten Glückwünsche, die ich anläßlich der Niederlage des Gemeinsamen Programms und unseres Wahlsiegs im März 1978 bekam, waren die des deutschen SPD-Bundeskanzlers und des englischen Labour-Premierministers!

Helmut Schmidt möchte gern, daß Großbritannien an dem neuen europäischen Währungssystem beteiligt wird. Hält er das wirklich für möglich? Er wendet seine ganze Überredungskunst auf; auch mit mir diskutiert er ausgiebig. Oder geht es für ihn nur darum zu beweisen, daß er sein Möglichstes getan hat, um von vornherein möglichen Vorwürfen seiner eigenen politischen Freunde und aus bestimmten deutschen Wirtschaftskreisen entgegenzutreten?

Ich jedenfalls halte eine englische Beteiligung für unrealistisch. Nach meinen Gesprächen mit James Callaghan habe ich den Eindruck, daß er vorhat, in den Verhandlungen soweit wie möglich zu gehen, damit das neue System nicht etwa – kurzfristig gesehen – den britischen Interessen zuwiderläuft. Auf lange Sicht könnte man durchaus einen möglichen Beitritt ins Auge fassen. Aber eine sofortige Teilnahme ist sicherlich ausgeschlossen. Übrigens bin auch ich von James Callaghans persönlichen Qualitäten beeindruckt. Mein erster Eindruck beruht auf seinem Auftreten im Konferenzsaal der OECD als Finanzminister der Labour-Regierung, Harold Wilsons erster Regierung nach einem knappen Wahlsieg über die Konservativen. Das war 1964. Der Mehrheitswechsel und die neue Politik der Vergesellschaftung und Verstaatlichung waren in Finanzkreisen nicht unbedingt begrüßt worden. Jim Callaghan mußte sich in einer ihm feindlichen Umgebung behaupten und machte das großartig. Sein rednerisches Talent, seine Fähigkeit, schwer zu vertretende Standpunkte zu verteidigen, hatten seine Zuhörer sehr beeindruckt. Und ich vergaß das nicht.

Als Premierminister distanzierte er sich von Wilsons unbeständiger Haltung. Ich hielt ihn eher für einen Europäer, aber auf die englische Art, das heißt nur soweit, wie die Beteiligung an europäischen Angelegenheiten den englischen Interessen diente oder ihnen zumindest nicht zuwiderlief. Obgleich er sich vom sozialistischen Dogmatismus entfernt hatte, blieb er doch seiner Partei sehr verbunden und war auf ihre Einigkeit bedacht. Und er wußte, daß diese Großbritanniens Mitgliedschaft in der EG immer noch skeptisch, wenn nicht gar ablehnend gegenüberstand.

Ich beobachtete Helmuts Anstrengungen und wollte ihn nicht entmutigen, obwohl ich nicht sehr überzeugt davon war. Aber ich befürchtete auch, Frankreich würde sonst wieder in den Ruf kommen, sich aus Prinzip jeder englischen Beteiligung zu widersetzen. Das hätte bei unseren anderen Partnern zu einem allgemeinen Rückzug führen können.

Der Entschluß wurde anläßlich der Tagung des *Europäischen Rates* in Bremen getroffen, wohin Helmut Schmidt uns für den 6. und 7. Juli 1978 eingeladen hatte. Unsere Sitzungen hielten wir im Rathaus ab, einem prachtvollen, spätmittelalterlichen Bau, der wie durch ein Wunder bei den schweren Luftangriffen von 1944 verschont geblieben war. Aber die Schlußsitzung fand in dem Salon einer Villa statt, die uns die Stadtverwaltung zur Verfügung gestellt hatte und in der wir auch zu Mittag gegessen hatten. Zum Kaffee setzten wir uns in bequeme Polsterstühle vor einem niedrigen Tisch. Ein strahlendes, wenn auch durch die nahe Nordsee kühles sonniges Wetter verlieh diesem typisch deutschen, großbürgerlichen Ambiente etwas Freundliches und Anheimelndes. Die Konferenz sollte am Nachmittag, nach der Veröffentlichung unserer Schlußerklärungen über die Währungsvereinbarung, zu Ende gehen. Und jetzt begann die entscheidende Auseinandersetzung.

Helmut eröffnete die Partie direkt gegen Jim Callaghan. Er wollte sein Einverständnis erzwingen. Helmut ist eine Kämpfernatur; er glaubt an die Überzeugungskraft seiner Argumente. Zwei unserer Benelux-Partner, der belgische Ministerpräsident Leo Tindemans und sein Luxemburger Kollege Gaston Thorn, unterstützten seine Bemühungen. Für mich bestand das Problem darin, sie nicht soweit gehen zu lassen, daß sie schließlich der Meinung waren, ohne die Beteiligung Großbritanniens könne das System nicht funktionieren und deshalb verzichte man besser darauf.

Der italienische Minister wies auf die besondere Situation seines Landes hin und bat, Italien eine höhere Bandbreite zuzugestehen, nämlich 6 Prozent der Abweichung vom Mittelkurs entgegen den 2,25 Prozent, die der Plan vorsah.

Bundeskanzler Schmidt sieht den Ball kommen und fängt ihn im Flug: Er schlägt vor, man solle den Engländern ebenfalls eine höhere Bandbreite zubilligen, zumindest während der Anfangszeit.

Dieser Vorschlag verstimmt Jim Callaghan, statt ihn geneigter zu machen. Er weist darauf hin, daß Großbritannien, wenn es sich an dem neuen Währungssystem beteilige, dies voll und ganz tun werde. Er jedenfalls könne es nicht akzeptieren, daß man ihm Sonderkonditionen einräume.

Der irische Finanzminister trägt zu einer Auflockerung bei, indem er klarstellt, sein Land sei bereit, der Vereinbarung beizutreten, selbst wenn Großbritannien sich nicht anschließe. Bisher war das irländische Pfund stets mit dem Pfund Sterling eng verbunden gewesen. Jim Callaghan erscheint es ganz und gar unglaublich, es könne sich jetzt gewissermaßen selbständig machen, und das bringt er auch deutlich zum Ausdruck.

Das Schiff bekommt langsam ein Leck und beginnt zu sinken. Von seinen eigenen Argumenten geschlagen, glaubt Helmut Schmidt, die Briten doch noch zu einem Einverständnis bewegen zu können. Jim Callaghan fühlt sich durch den Verlauf des Gesprächs gekränkt und nach Irlands Abtrünnigkeit gewissermaßen isoliert. Jedenfalls verschanzt er sich hinter seiner schottischen Dickköpfigkeit. Mir ist klar, daß er nicht nachgeben wird. Da komme ich auf die Idee, einen Kompromiß vorzuschlagen: einerseits schließen wir eine allgemeine Vereinbarung, der sich Großbritannien anschließt, andererseits wird das Europäische Währungssystem beschlossen, an dessen Kursschwankungsbegrenzung und Interventionsmechanismus Großbritannien nicht teilnimmt.

Mir scheint diese Lösung der einzige Ausweg aus der Sackgasse zu sein, in die wir geraten sind. Ich unterbreite meinen Vorschlag. Die Premierminister der Benelux-Länder unterstützen ihn. Der italienische Ministerpräsident billigt ihn, behält sich aber das Recht vor, diesen Kompromiß auch für Italien in Anspruch zu nehmen. Aber darüber könne man noch später mit ihm diskutieren.

Helmut Schmidt empfindet diese Lösung als eine Niederlage. Ich merke, wie gereizt er ist. Er hat sich völlig verrannt und fängt noch einmal mit seiner Argumentation an, um Callaghan zu überzeugen. Aber da springt kein Funke mehr über. Wie so oft bei diesen internationalen Sitzungen zeigt sich plötzlich nach langen Diskussionen, in denen die Standpunkte unvereinbar schienen, ein Lichtstreif am Horizont. Und die Atmosphäre entspannt sich. Mit einem Mal geht man dazu über, Einzelheiten des Vertrages auszuhandeln, dessen Realisierung noch vor ein paar Stunden ganz ausgeschlossen erschien. Eben das geschieht jetzt in Bremen, dank der Unterstützung unserer anderen Partner, die die Folgen eines Fehlschlagens des Plans fürchten: sowohl was die Meinung der Öffentlichkeit als auch, was ihre Währungen angeht. Wir beglückwünschen uns gegenseitig. Helmut trotzt. Jim Callaghan ist erleichtert: Er hat ein britisches Engagement vermieden, aber sich für die Zukunft die Möglichkeit einer Beteiligung offengehalten. Später sollte er übrigens ein eifriger Anhänger des EWS werden. Irland hält tapfer sein Einverständnis aufrecht. Und der italienische Finanzminister akzeptiert schließlich den Plan, unter dem Vorbehalt einer etwas gelockerten Anwendung.

Am Nachmittag sitzen wir alle am Konferenztisch und besprechen die Abfassung des Kommuniqués. Das europäische Währungssystem setzt die Existenz einer Währungseinheit voraus, die sozusagen der Keim einer künftigen europäischen Währung sein soll. Aber wie soll sie heißen?

Unter den Beteiligten herrscht eine gewisse Verlegenheit. Dieser Einheit einen Namen in englischer Sprache zu geben, erscheint angesichts der Nichtbeteiligung Großbritanniens untunlich. Abgesehen von der französischen kann man eine andere Sprache eigentlich nicht in Erwägung ziehen. Und an einigen Bemerkungen erkenne ich deutlich die Abneigung unserer Partner einem französischen Namen gegenüber. Sie würden das als eine erneute Manifestation des intellektuellen Imperialismus unseres Landes empfinden! Ich bitte Helmut Schmidt, der den Vorsitz führt, mir das Wort zu erteilen. Das Unbehagen der anderen wächst.

»Ich schlage vor, der neuen Währungseinheit keinen speziellen Namen zu geben, sondern sie ganz einfach nach ihrer Funktion zu bezeichnen: European Currency Unit.«

Und ich benutze dabei die englische Version.

Allgemeine Überraschung und Erleichterung. Jim Callaghan strahlt geradezu und flüstert seinem Außenminister, David Owen, zu, wie erfreut er darüber ist. Man braucht kein Hellseher zu sein, um die einstimmige Annahme festzustellen. Helmut Schmidt, der das Wortspiel sofort begriffen hat, scheint sich zu amüsieren. Er denkt wahrscheinlich, auf diese Weise ließe sich das neue System in der französischen Bevölkerung besser »verkaufen«, was genau seinem Wunsch entspricht. Er nimmt das allgemeine Einverständnis mit meinem Vorschlag zur Kenntnis.

»In der Praxis«, füge ich hinzu, immer noch auf englisch, »werden wir allerdings die Anfangsbuchstaben benutzen müssen, wie zum Beispiel auch für Droits de Tirages Speciaux (DTS)*. Es wird besser sein, in den Texten die Abkürzung in Klammern dahinter zu setzen: European Currency Unit (ECU).«

Keine Einwände. Nur etwas Erstaunen. Man fragt sich, ob da nicht irgendein Trick dabei ist. Der belgische Premierminister beginnt als erster zu lächeln. Dann die anderen.

Denn die europäische Währung wurde auf diese Weise »ecu« getauft, nach dem Namen, mit dem die Franzosen ihre Hauptsilbermünze zur Zeit der Herrschaft der Valois bezeichnet haben.

Am 13. März 1979 trat das neue Europäische Währungssystem in Kraft, auf der Basis einer Parität der Mark zum Franc von 2.30. Das blieb bestehen bis zum Mai 1981.

* Sonderziehungsrechte (A. d. Ü.)

Es gibt bei Helmut Schmidt einen - schwer zu beschreibenden - Charakterzug, der mich immer gerührt hat. Eine Art Streitbarkeit, die sich durch nichts entmutigen läßt, selbst wenn man damit ganz offensichtlich den Gesprächspartnern auf die Nerven geht, und die ihn dazu bringt, seine Argumente ohne Rücksicht auf die vorgerückte Stunde und die Müdigkeit der anderen darzulegen.

Während des Essens blieb er meist stumm, hob nur von Zeit zu Zeit mit schräggeneigtem Kopf die Augen gen Himmel, um zu betonen, wie gleichgültig ihn dieses nichtssagende Gespräch ließ. Aber kaum war das Essen vorbei, kaum waren wir hinüber in ein angrenzendes Zimmer gegangen, um bei schlechtem lauwarmem Kaffee und dem üblichen Cognac der internationalen Konferenzen unsere Gespräche weiterzuführen, trat er in Aktion.

Er lehnte sich dann bequem in seinem Sessel zurück.

Seine Weste spannte sich über dem nicht mehr eingezwängten Bauch und schlug Falten, die die Knopflöcher auseinanderzogen. Je nach der Erlaubnis seines Arztes rauchte er entweder Zigaretten - und zwar eine nach der anderen -, was seinen Zeigefinger vor allem an der Innenseite völlig braungefärbt hatte, und später Zigarren, bevor er sich auf das Schnupfen beschränken mußte. Außer Kaffee und gelegentlich einem Schluck Cognac trank er nichts. Und dann begann der Kampf.

Er führte ihn oft bis spät in die Nacht hinein, wenn schon längst alle anderen Gesprächspartner den Kampf aufgegeben hatten. Die letzte Runde mußte unbedingt an ihn gehen. Sein Bart begann langsam zu wachsen und überzog sein Gesicht mit schwärzlich-grauen Stacheln... Bei Aristoteles Onassis habe ich spät in der Nacht dieses gleiche Zeichen von Männlichkeit beobachtet; die Kleidung ist dann meist ein wenig zerdrückt, und man hat sich nicht mehr so in der Gewalt. Dies alles bewirkt, welchen Rang man auch immer bekleiden mag, ein ungezwungeneres, menschlicheres und freundschaftlicheres Verhalten.

Mich rührte dieser Kampfgeist, selbst wenn er mich schließlich nach ein Uhr morgens ungeheuer zu ermüden begann, denn ich habe immer zu jener Kategorie von Menschen gehört, die der Ansicht ist, daß die Nacht zum Schlafen da ist. Ich fürchtete dann auch die Fortsetzung der Arbeiten am nächsten Morgen, die meist durch die Müdigkeit behindert wurden: Stockende Gespräche, allgemeine Unschlüssigkeit waren die Folge. Kurz und gut, das Korn, das man am Abend bereits in seinen Scheuern wähnte, gleitet einem am nächsten Morgen wieder durch die Finger.

Aber eins hat mich in unserer Beziehung am meisten beeindruckt: Um mir seine Freundschaft zu beweisen, hat er mir ein Geheimnis anvertraut.

Helmut Schmidt hatte darauf bestanden, daß ich zu einem Staatsbesuch nach Deutschland kam.

»Sie sind in Deutschland sehr bekannt«, meinte er. »Und man wird Sie freundlich empfangen, fast so wie de Gaulle.«

Ich war davon nicht überzeugt. Das hohle Gepränge dieser offiziellen Europareisen schien mir sinnlos geworden zu sein. Man kannte uns alle vom Fernsehen her. Was brachte es also, von Polizei eingerahmt durch die Lande zu fahren, die Leute in ihren Gewohnheiten zu stören und Banalitäten über die *historischen Bande* oder unsere *unverrückbare Freundschaft* von sich zu geben. Ich hatte den Besuch immer wieder hinausgeschoben. Aber schließlich ließ er sich nicht vermeiden. Helmut wollte, daß ich noch vor den nächsten Wahlen, die am 5. Oktober 1980 stattfanden, Deutschland besuchte.

Das Ergebnis dieser Reise vom 7. bis zum 11. Juli 1980 war in etwa so, wie ich mir das gedacht hatte: ein sympathischer Empfang, aber ohne sonderliche Begeisterung, ohne wesentliche Bedeutung. Aber ich lernte dadurch, von Norden bis Süden, ein mir aufgrund seiner neueren Entwicklung weithin unbekanntes Deutschland kennen. Anne-Aymone, die sich bis dahin stets geweigert hatte, nach Deutschland zu fahren, wo ihr Vater gestorben oder vielmehr in der Deportation verschollen war, hatte, wegen der offiziellen Natur dieser Reise, eingewilligt, mich zu begleiten. Ich verstand, welche Überwindung sie das kostete.

Man hatte meinen Aufenthalt in den einzelnen Ländern je nach ihrer politischen Couleur geschickt dosiert.

Am Dienstag kamen wir nach Baden-Baden; das letzte Mal war ich dort während des Kriegs im Jeep durchgefahren; seitdem bin ich nicht wieder dortgewesen. Die Saison hatte gerade begonnen, und es herrschte die typische Kurort-Atmosphäre.

Man spürt den Einfluß der nahen französischen Grenze. Zwischen einem Empfang und einem Bankett ruhten wir uns kurz in einer Suite in Brenners Parkhotel aus, einem der angenehmsten Hotels in Europa. Ich nahm mir vor, wenn ich im nächsten Jahr wiedergewählt würde, meinen Eltern einen Aufenthalt in diesem Hotel zu schenken, damit sie das Deutschland wiederfinden, das sie in der Zeit nach dem ersten Weltkrieg unter der französischen Besatzung kennengelernt haben.

Am Abend besuchten wir Kassel in Hessen, einem traditionell sozialdemokratischen Land, das fest in der Hand von Helmuts Parteifreunden war. Das Essen fand in dem wie durch ein Wunder verschonten und wieder restaurierten Kurfürstlichen Schloß statt.

Helmut Schmidt hatte mich gebeten, nicht nach München zu fahren. Er fürchtete, sein Rivale und Feind Franz Josef Strauß würde dort einen triumphalen Empfang für mich organisieren und daraus einen politischen Vorteil schlagen. Ich konnte mich seinem Wunsch nicht widersetzen, obwohl ich das sehr bedauerte. Ich fand nämlich, München sei eine wichtige Etappe, und ich hätte mir dort eine größere öffentliche Kundgebung gewünscht. Schließlich einigten wir uns auf einen Kompromiß: ein Mittagessen in Würzburg, wo Strauß mich in der Residenz, dem fürstbischöflichen Schloß, empfangen sollte. Am Mittwoch landeten unsere Hubschrauber auf dem großen kopfsteingepflasterten Platz vor dem Schloß. Aus Sicherheitsgründen - sicherlich in Erinnerung an die Olympischen Spiele in München - hatte man ihn ganz geräumt, und ein Polizeikordon am äußersten Ende hielt die Neugierigen auf Distanz.

Strauß hatte die hervorragende Idee gehabt, zu dem Empfang alle Bürgermeister Bayerns einzuladen, deren Städte Partnerschaften in Frankreich eingegangen waren, und ihre französischen Kollegen. Strauß spricht ein tadelloses Französisch. Er besitzt eine Villa in der Nähe von La Lavandou, in der er seine Sommerferien verbringt. Er beginnt, eine Begrüßungsrede vom Blatt zu lesen, legt jedoch bald das Papier beiseite und fängt an zu improvisieren. Der Anfang der Rede ist freundschaftlich und sehr vernünftig, aber ich merke, wie der Motor langsam heißläuft. Er gerät allmählich in jenes Fahrwasser, das seinen Erfolg und manchmal auch sein Unglück bewirkt hat. Von seinem Temperament und seiner Beredsamkeit fortgerissen, hämmert er die Phrasen. Schweißtropfen rinnen ihm in sein Hemd. Ich habe Mühe, seinen Ausführungen zu folgen, in denen er – in bayerischem Dialekt – das »R« rollt, aber ich errate das meiste: Er klagt die allgemeine ideologische Schwäche und Willfährigkeit an, die Weigerung, die Drohung aus dem Osten ernstzunehmen. Die versammelten Stadtväter pflichten ihm bei. In Wirklichkeit denken sie wie er, nur seine Heftigkeit setzt sie in Verlegenheit, der wahlrednerische Ton, und das vor einem Gast, der offensichtlich seine Zuflucht in der Unkenntnis der Sprache sucht. Und mir fiel wieder das antike Sprichwort ein: *Des Menschen Schicksal ist sein Charakter*, an das ich mich auch bei Jimmy Carter, Indira Gandhi und Jacques Chirac erinnert fühlte ...

Das Mittagessen nehmen wir an kleinen Tischen ein; alles, was in Bayern Rang und Namen hat, ist geladen. Darunter der elegante und zurückhaltende Prinz von Bayern. Frau Strauß ist meine Tischnachbarin, eine intelligente, kluge Frau. Es ist angenehm, sich mit ihr zu unterhalten; sie spricht fließend französisch. Sie wäre, denke ich unwillkürlich, die ideale Frau für einen Bundeskanzler.

Mit Hubschraubern fliegen wir weiter nach Lübeck. Während des Fluges nicke ich ein wenig ein und nehme kaum die typisch rheinländische Landschaft war, in der Wälder mit Hochsitzen für die Jagd und grüne Wiesen einander schachbrettartig abwechseln. In Lübeck an der Ostsee werden wir von Gerhard Stoltenberg, dem Ministerpräsidenten von Schleswig-Holstein, empfangen. Ich habe dort erfahren, daß sich in Europa das nahe Meer und das kühlere Klima in den Zügen der Norddeutschen ausdrücken. Vom Fenster unseres Hotels aus sahen wir den Maschendraht des Eisernen Vorhangs und, etwas weiter entfernt, die Grenzposten auf ihren Wachtürmen. Ich hatte mir die Grenze nicht so nah vorgestellt. Ich fragte, zu welcher Einheit diese Männer gehörten und dachte dabei an Regimenter oder an Verbände der Militärpolizei.

Stoltenberg erwiderte: »Das sind Deutsche von drüben, die die Grenze bewachen.« Eine sonderbare Situation. Es sind Deutsche, die entlang des Eisernen Vorhangs auf Deutsche schießen! Am nächsten Morgen kehren wir zurück nach Bonn. Nach einem kurzen Aufenthalt am Kölner Flughafen bringt mich ein Hubschrauber zu einem kurzen Besuch in das Deutsch-Französische Jugendwerk. Von dort aus fliegen wir weiter in die Hauptstadt.

Helmut Schmidt erwartet uns zusammen mit seinem Protokollchef, Botschafter Franz-Joachim Schöller. Wir landen in der Stadt am Rande eines Parks. Ich klettere die Böschung hinunter zu Helmut. Wir steigen in seinen Wagen ein. Die Trennwand zum Chauffeur ist geschlossen. Wie immer sind keine Dolmetscher dabei.

Vielleicht ist es die Wiedersehensfreude, vielleicht die Müdigkeit, sicherlich auch die Freundschaft - jedenfalls klingt seine Stimme plötzlich anders als sonst, vertrauter: »Ich hab gesehen, daß alles sehr gut gelaufen ist«, sagte er zu mir. »Es war ein glänzender Empfang für Sie. Ich hoffe, Sie sind mir nicht böse, daß ich Sie nicht begleitet habe. Ich weiß, ich hätte das tun sollen. Aber ich hatte dringende Verpflichungen; der Wahlkampf beginnt. Übrigens bin ich gestern zu einer Parteiversammlung gegangen. Es hat stundenlang gedauert. Alle Fragen drehten sich um Kernkraftwerke und die Stationierung amerikanischer Mittelstreckenraketen. Es war ein harter Kampf für mich, und ich bin ziemlich müde. Ich hoffe, daß die Reise für Sie nicht allzu anstrengend war?«

Ich erwidere: »Nicht sehr. Alles war perfekt organisiert. Und ich habe nicht allzuviel zu tun. Nur ein paar Ansprachen, die ich vom Blatt ablese.«

»Um so besser«, entgegnet er. »Im Augenblick bin ich ziemlich gerädert. Ich fühle mich jetzt oft sehr erschöpft. Früher passierte mir das nie. Ich glaube, das ist das Alter. Wie alt sind Sie? Fünfzig, glaube ich.« - Er irrt sich - »Sie sind jünger als ich. Sie Glücklicher!«

Schweigen. Er scheint in Gedanken versunken, lehnt sich in seine Wagenecke zurück. Dann fährt er fort: »Ich möchte Ihnen gern etwas sagen. Ich habe schon vor einiger Zeit beschlossen, das zu tun. Aber ich wollte Ihren Besuch abwarten. Sie sind der einzige, dem ich das je erzählt habe, außer X, meinem ältesten Mitarbeiter. Sie haben ihn, glaube ich, schon einmal bei mir getroffen.«

Er stockt einen Augenblick: »Mein Vater ist Jude.«

Ich bin ziemlich betroffen. Offengestanden, ich war auf alles Mögliche gefaßt, aber auf nichts Weltbewegendes: etwas Vertrauliches über seinen Gesundheitszustand, eine Kriegserinnerung, eine Auseinandersetzung mit seinen politischen Gegnern. Aber das: der Bundeskanzler Deutschlands, das noch heute die Kriegsverbrechen und den Holocaust büßt, der wohl bekannteste Deutsche in der ganzen Welt, hatte einen jüdischen Vater! Das allerdings hätte ich nie auch nur geahnt.

»Während der Nazizeit lebte mein Vater in der ständigen Furcht, man könnte das herausfinden. Sein Vater, also mein Großvater, war ein jüdischer Bankier, ein ziemlich reicher Mann, glaube ich, aus Norddeutschland. Er gehörte zum jüdischen Großbürgertum. Und er hatte mit einer jungen Frau, von der ich nichts weiter weiß, ein uneheliches Kind. Er wollte nicht, daß das publik wurde, deshalb hat er nach der Geburt das Kind von einem Ehepaar Schmidt adoptieren lassen. Lange Zeit dachte ich, sie seien meine Großeltern. Mein Vater wußte Bescheid und er kannte auch den Namen seines eigenen Vaters, der die finanzielle Zukunft seines Kindes großzügig gesichert hatte. Als die Nazis an die Macht kamen, packte meinen Vater die Angst. Wenn man Nachforschungen anstellte, mußte man unweigerlich auf diese Geschichte stoßen. Einen jüdischen Vater zu haben, bedeutete damals das Konzentrationslager.«

Ich werfe ein: »Aber das Judentum wird doch durch die Mutter weitergegeben. Was hatte er da zu befürchten?«

Er erwidert: »Die Nazigesetze waren anders. Auch mit einem jüdischen Vater hätte man ihn zum Juden erklärt. Als der Krieg begann und die Judenverfolgung immer stärker wurde, war er Lehrer. Mich hatte man eingezogen. Jeden Augenblick mußten wir darauf gefaßt sein, daß man von uns einen Ariernachweis verlangte. Wir beschlossen beide, unsere Papiere zu fälschen. Das war nicht allzu schwierig, weil mein Vater im Hamburger Standesamt mit dem Vermerk »Vater unbekannt« registriert war. Obgleich er eigentlich nichts mehr zu befürchten hatte, lebte er doch in ständiger Angst. Mit nur einem jüdischen Großvater wäre ich wahrscheinlich nicht unter das Gesetz gefallen. Aber die Frage stellte sich nie. Nach dem Krieg brachten wir unsere Papiere wieder in Ordnung, und niemand hat je etwas erfahren. Ich habe später versucht, meinen wirklichen Großvater ausfindig zu machen, aber er war offensichtlich noch vor dem Krieg in ein östliches Land emigriert, und ich konnte seine Spur nicht weiterverfolgen. Auch über meine Großmutter habe ich nie etwas in Erfahrung bringen können. Das alles wissen außer Ihnen nur noch zwei Menschen: mein Sekretär und meine Frau Loki.«

Wir nähern uns jetzt rasch dem Bundeskanzleramt, in dem gleich darauf ein gemeinsames Gespräch stattfinden soll. Wie in allen westlichen Hauptstädten kümmert sich die Bevölkerung kaum noch um eine offizielle Wagenkolonne. Nur die Polizisten in grüner Uniform salutieren, wenn wir an ihnen vorbeifahren. Die Bäume, die rasch an uns vorübergleiten, markieren gewissermaßen einen visuellen Rhythmus, wie im Zug die Lötstellen der Gleise. Helmut Schmidt hat sich in das Wagenpolster zurückgelehnt. Weder er noch ich haben etwas hinzuzufügen. Was hätte ich auch zu sagen, das nicht von einer erschreckenden Banalität gewesen wäre? Was er mir soeben erzählt hat, ist für uns beide unwichtig. Denn ob er nun einen jüdischen Großvater gehabt hat oder nicht, ändert nichts an unserer Beziehung, spielt dabei keine Rolle. Von daher betrachtet, ist das alles völlig belanglos. Die Bedeutung dieser Enthüllung liegt ganz woanders, sie ist sehr viel ungewöhnlicher und sehr viel dramatischer. Sie liegt in der deutschen Geschichte, in den schrecklichen Verirrungen der Nazizeit und in der langsamen und anerkennenswerten Rehabilitation nach dem Krieg. So hat dreißig Jahre nach dem Holocaust der Zufall oder die Vorhersehung an die Spitze der beiden germanischen Staaten, Deutschland und Österreich, zwei Staatsoberhäupter jüdischer Abstammung gestellt. Ist es das plötzliche Wachwerden eines Teils des Unterbewußtseins oder die Bekundung einer Überlegenheit, gewissermaßen eine Art Revanche der Toten? Ich bin noch wie betäubt von dem Schock des soeben Gehörten. Wir sind am Bundeskanzleramt angekommen; der offizielle Teil meines Besuchs geht weiter.

Bei den folgenden europäischen Sitzungen und später bei der Weltgipfelkonferenz von Venedig mußten wir uns häufig mit der Situation im Nahen Osten beschäftigen. Wir suchten nach einem gemeinsamen Standpunkt der zwölf EG-Länder in der Frage des arabisch-israelischen Konflikts und nach einer Friedenslösung. Wir sprachen über die unsichere, bedrohte Lage des Staates Israel und seine Zukunft. Aber nie, in keinem Augenblick ließ Helmut Schmidt sich durch seine jüdische Abstammung zu einer Reaktion veranlassen, die auch nur im geringsten von der Haltung abwich, die er schon immer eingenommen hatte.

Und nie entdeckte ich, wenn unsere Blicke sich mitten in einem Satz kreuzten, der diesem diffizilen, empfindlichen Thema galt, das geringste Zeichen, ein noch so flüchtiges, kaum wahrnehmbares Einverständnis, das an jenes Gespräch erinnert hätte.

Wenn ich heute diese Geschichte veröffentliche, so tue ich das mit Helmuts Einverständnis und in den gleichen Worten, mit denen er sie mir erzählt hat. Mein erster instinktiver Gedanke war, sie gegen alle Gefahren des Mißbrauchs oder der Verzerrung zu schützen. Ich sah darin einen ganz seltenen, vielleicht einmaligen Vertrauensbeweis: Indem man dem anderen das schenkt, was einem von sich selbst das Teuerste ist oder der geheimste Teil seines Wesens.

Daß unsere Freundschaft alle Wechselfälle der Politik überlebt hat, beruht sicherlich darauf. Nach meinem Abschied vom Elysée-Palast hat er mich zusammen mit seiner Frau in Authon besucht – eine Geste der Verbundenheit. Diese Freundschaft wird so lange leben wie wir selbst und uns vielleicht sogar in einer anderen Form überdauern, denn uns wurde das Privileg zuteil, einer Sache zu dienen, die über uns hinauswies.

IV

Staatsgeheimnisse

Das Geständnis, das mir Helmut Schmidt bezüglich seiner Herkunft gemacht hatte, wurde wegen seines Amtes ein Staatsgeheimnis. Die Öffentlichkeit ist davon überzeugt, daß die Mächtigen der Welt eine Menge vertraulicher Informationen zurückhalten und daß sie durch ihre Nachrichtendienste ständig mit brisanten Geheimnissen versorgt werden, wodurch es ihnen möglich ist, die einen fest in der Hand zu halten und die Handlungen anderer zu konterkarieren.

Die Erfahrungen, die ich im Laufe der Zeit gemacht habe, haben mich zu sehr viel bescheideneren Ergebnissen kommen lassen.

Bei meinen wöchentlichen Unterredungen mit General de Gaulle konnte ich immer wieder feststellen, wie ungewöhnlich gut er unterrichtet war. Ob ich ihm eine Nachricht zu überbringen oder eine Neuigkeit zu erzählen hatte, fast immer konnte ich feststellen, daß er bereits bestens informiert war. Wenn es sich um eine vorzuschlagende Ernennung handelte, kannte er meistens schon jedes Detail der Aktivitäten und sogar die persönliche Einstellung des Kandidaten. Dieser Umstand, von dem ich in der Folgezeit selbst profitieren konnte, hat jedoch nichts Geheimnisvolles. Der Grund dafür ist, daß alle Besucher und Mitarbeiter, die einen aufsuchen, davon ausgehen, daß sie sich der Wertschätzung nicht besser versichern können, als wenn sie einem sofort die soeben gehörten Nachrichten oder Neuigkeiten mitteilen. So bildet sich ein unstrukturiertes Nachrichtennetz, das den Staatspräsidenten zur bestinformierten Person des Landes macht. Diese Informationen stammen nicht aus dunklen Nachrichtenquellen. Die Berichte, die die beiden Innenminister meiner siebenjährigen Amtszeit, Michel Poniatowski und Christian Bonnet, an mich geschickt haben und die, wie ich schon erwähnte, im Nationalarchiv hinterlegt sind, haben faktisch keinerlei neue Informationen enthalten, die mein Urteil über eine Person erschüttern oder mich hätten veranlassen können, ein Problem von einem ganz anderen Ansatz aus anzugehen.

Gegen Telefon-Abhöraktionen hatte ich eine ausgesprochene Aversion. Ich wußte, daß sie in der vorigen Amtszeit durchgeführt worden waren, denn ein ehemaliger Ministerpräsident hatte mir auf beinahe naive Weise den Beweis erbracht. Ich beschloß, sie zu verbieten.

Die Öffentlichkeit, und mit ihr ein Großteil der Presse, war außerordentlich skeptisch. Sie glaubte nicht an die Aufrichtigkeit und Ehrlichkeit unserer Absichten. Von Zeit zu Zeit wurden von politischen Persönlichkeiten oder ihren Anhängern Gerüchte in Umlauf gesetzt, daß sie abgehört würden, weil sie glaubten, unwiderlegbare Indizien dafür entdeckt zu haben.

Ich meinerseits war außerordentlich mißtrauisch – in zweierlei Hinsicht – gegenüber den Stellen, die Abhöraktionen durchführten, denn in ihrem eigenen Interesse waren sie natürlich gezwungen, ihre Aktivitäten fortzusetzen. Tatsächlich wurde in zwei ganz präzise umschriebenen und juristisch abgesicherten Fällen abgehört: vom Verfassungsschutz im Bereich der Spionage und der Spionage-Abwehr und auf ausdrückliches Verlangen eines ermittelnden Staatsanwaltes in bestimmten gerichtlichen Verfahren, wenn man der Ansicht war, daß eine Telefonüberwachung für die Durchführung des Verfahrens unbedingt nötig wäre.

Aber ich fürchtete auch die Haltung dieser Menschen, die vorgaben, das Beste zu wollen, ohne daß der andere davon weiß; die aber entschlossen waren, genau das zu tun, was man ihnen gerade verboten hatte, und sich hinter der Argumentation versteckten: »Es ist deine Pflicht, dies zu verbieten; und es ist meine Pflicht, mich über die Verbote hinwegzusetzen, um so deinen wirklichen Interessen zu dienen.«

Das einzig sinnvolle Gegenmittel war die Umorganisation des Geheimdienstes und seine strenge Überwachung.

Um die Risiken einzuschränken, wurden alle Abhöraktivitäten in einer Abteilung zusammengefaßt, und zwar in der Avenue de Latour-Maubourg. Um die peinlich genaue Befehlsausführung und Wahrung der Disziplin zu gewährleisten, unterstand diese Abteilung dem Militär.

Was die Überwachung betraf, so hatte ich angeordnet, daß an Ort und Stelle immer wieder unangekündigte Kontrollen durchgeführt werden sollten. Diese Besuche wurden von einem ranghohen Mitglied meines Sonderstabs und einem Mitarbeiter des Ministerpräsidenten durchgeführt, denn der war für das Generalsekretariat des Verteidigungsministeriums verantwortlich.

Ich hatte Mühe, den ersten Kontrollbesuch durchzusetzen. Man konnte die Verlegenheit um mich herum beinahe spüren. Woran lag das? Wollte man sich nicht an einem Tätigkeitsfeld die Finger schmutzig machen, das als dunkel und gefährlich eingeschätzt wurde? War es das Gefühl, daß es realistischer sei, sich nicht in Angelegenheiten zu mischen, für die in Frankreich wie in anderen Ländern gilt, daß der Zweck die Mittel heilige? Immerhin mußte ich dreimal insistieren, bevor die Kontrolle durchgeführt wurde. Der Besuch hat dann schließlich stattgefunden. Über die Ergebnisse wurde ich unterrichtet.

Ungewöhnliches wurde nicht entdeckt. Auffallend war die geradezu überwältigende Ausrüstung mit technischem Gerät in der Abteilung sowie die hohe Anzahl der für diese Sonderaufgaben beschäftigten Personen. Die Ausrüstung wurde also reduziert, und die Kontrollbesuche wurden in unregelmäßigen Abständen wiederholt, um den Überraschungseffekt zu gewährleisten.

Obwohl das Mißtrauen der Öffentlichkeit in solchen Dingen außerordentlich hartnäckig ist, verblaßte doch nach und nach der Glaube an die Existenz politisch motivierter Abhöraktionen. Hätte ein Meinungsforschungsinstitut seinerzeit die Frage gestellt: »Glauben Sie, daß es in Frankreich Telefonabhöraktionen aus politischen Gründen gibt?«, so bin ich überzeugt, daß die Mehrzahl noch mit ja geantwortet hätte. Aber die Realitäten hatten sich verändert. Es gab keine politisch begründeten Abhöraktionen mehr. Bis zum Ende meiner Amtszeit hat dieses Thema in Pressekommentaren oder in der öffentlichen Diskussion keine Rolle mehr gespielt.

Im Frühjahr 1977 hatten die Produzenten der Sendung *Radioscopie* auf *Antenne 2*, Jean-Pierre Elkabbach und Pierre Sabbagh, die Idee, eine Fernsehsendung mit dem Titel »25 Gymnasiasten zu Besuch beim Staatspräsidenten« zu machen. Ich stimmte zu. Die Sendung wurde am 8. Juni 1977 ausgestrahlt. Die Produzenten hatten eine repräsentative Auswahl verschiedener Gymnasiasten getroffen, Jungen und Mädchen, aus Paris und aus der Provinz und aus verschiedenen sozialen Verhältnissen. Sie stellten ganz offen ihre Fragen, und ich versuchte, sie zu beantworten.

Ein Schüler hatte mich gefragt: »Können Sie als Staatschef eigentlich regieren, ohne zu lügen? Sind Sie der Meinung, daß Moral und Politik etwas miteinander zu tun haben?«

Ich antwortete, daß man auf jeden Fall regieren könne, ohne zu lügen, und daß ich dies seit drei Jahren für mich in Anspruch nähme, daß es jedoch eine gewisse Zahl von Staatsgeheimnissen gäbe, Dinge, die man eben nicht sagen dürfe. Ich fügte hinzu: »Es gibt aber weniger Geheimnisse als man glaubt! Im Moment sind es vielleicht drei oder vier wichtige Geheimnisse, die ich für mich behalten muß. Mehr nicht.«

Jean-Pierre Elkabbach wollte Genaueres wissen. Ich antwortete: »Unter denen, die ich im Sinn habe, gibt es einige, die Vorgänge im Inland betreffen. Wenn der richtige Zeitpunkt gekommen ist, werden sie bekannt sein. Was das Ausland betrifft, so sind es Ereignisse, die eintreten werden und über die wir im voraus informiert worden sind.«

Worauf bezogen sich meine Anspielungen?

Ich erinnere mich, daß ich versuchte, mir ganz schnell jene Staatsgeheimnisse ins Gedächtnis zu rufen, die mir wichtig erschienen: den Namen des von Breschnew selbst vorgesehenen Nachfolgers, eine besondere Art der Zusammenarbeit, die wir mit den Vereinigten Staaten auf dem Gebiet der Verteidigung unterhalten, die Entwicklung eines möglicherweise revolutionären Verfahrens bei der Erdölsuche und die geheimen Pläne Sadats, die die Beseitigung des Gaddhafi-Regimes betrafen.

Eine Schülerin fragte mich mit klarer, angenehmer Stimme: »Können Sie sie uns nennen?«

»Nein, das kann ich nicht! Trotz Ihrer Diskretion wären es dann keine Staatsgeheimnisse mehr.«

Kurzes Gelächter. Wir gingen zur nächsten Frage über.

Am Vorabend meiner Amtsübergabe an den neuen Staatspräsidenten François Mitterrand, am Donnerstag, dem 21. Mai 1981, habe ich über einige wichtige und geheime Informationen nachgedacht, die ich an ihn weiterzuleiten hatte. Aufgrund der Tatsache, daß ich der einzige war, der sie kennen durfte, war es nicht möglich, sie ihm auf dem normalen Dienstweg zu übermitteln. Beim Überdenken der einzelnen Bereiche kam ich auf vier Punkte. Ich notierte sie auf einem Blatt Papier, das ich mir in die Tasche steckte, um es bei unserem Gespräch gleich bei der Hand zu haben. Mich einzig auf mein Gedächtnis zu verlassen, das einen Moment der Schwäche oder Unaufmerksamkeit erleben könnte, erschien mir leichtfertig. Vier wichtige Geheimnisse also im Jahre 1977, vier im Jahre 1981.

Das erste, an das ich gedacht hatte, als ich Jean-Pierre Elkabbach antwortete, betraf den Nachfolger Breschnews. Dessen Name war mir seinerzeit von Edward Gierek, dem ersten Sekretär der Kommunistischen Partei Polens, anvertraut worden.

Ich hatte mit Gierek einige recht offene Unterredungen, die ich auf seine besondere Herkunft und Erziehung zurückführe. Er war der Sohn eines polnischen Grubenarbeiters, der in den zwanziger Jahren mit seiner Familie nach Frankreich ausgewandert war. Sein Vater war Bergmann in Messeix im Département Puy-de-Dôme. Edward war in Bourg-Lastic zur Schule gegangen. Nach dem Tod des Vaters heiratete die Mutter einen polnischen Bergmann, der im Norden Frankreichs in einem Kohlebergwerk arbeitete. So erhielt er seine ganze Schulbildung bis zum Krieg in Frankreich; er beherrschte unsere Sprache perfekt. Er hatte sich bereits in Frankreich kommunistischen Jugendgruppen angeschlossen, setzte dann in Belgien unter der deutschen Besatzung seine militanten Aktionen innerhalb der örtlichen kommunistischen Partei fort.

Sein Aufenthalt in Frankreich und in der Auvergne, sein glühender polnischer Patriotismus, der sich in ständigen Erwähnungen

Polens und des polnischen Volkes ausdrückte und sich wie ein roter Faden durch das, was er sagte, zog, waren stets auch wichtige Themen unserer Unterhaltungen. Wir kannten uns gut genug, um unsere jeweiligen Auffassungen und Kulturen einzuordnen, ohne die Illusion zu hegen, uns gegenseitig beeinflussen zu können. Aber dabei war es uns möglich, sozusagen von System zu System zu sprechen, ohne irgendwelche Absichten zu unterstellen und ohne verbale Aggressionen. Dieser Tatsache verdanken wir beide eine bessere Kenntnis der gegenseitigen Standpunkte.

Ich stellte ihm ganz direkte Fragen: »Wie sind Sie zu der Entscheidung gekommen, Kommunist zu werden?«, »Glauben Sie wirklich, daß es dem kommunistischen Regime gelingt, die Wirtschaft Polens anzukurbeln?«, »Wie reagiert Ihre katholische Mutter darauf, Sie an der Spitze des kommunistischen Staates Polen zu sehen?«

Er antwortete mir ebenso offen und ohne Umschweife und erging sich oftmals in langen Erklärungen, in denen er, zuweilen nicht ohne Melancholie, auf seine harte Kindheit und Jugend zu sprechen kam.

Wenn die Interessen unserer beiden Länder übereinstimmten, was bei mehreren Vorhaben wirtschaftlicher und finanzieller Kooperation der Fall gewesen ist, war er stets ein korrekter und zuverlässiger Verhandlungspartner.

Helmut Schmidt kannte ihn zunächst nicht persönlich. Er wollte mit ihm das Problem der polnischen Bürger deutscher Abstammung besprechen, die noch in den 1946 von Polen annektierten Gebieten lebten und die sehnlichst eine Übersiedlung in die Bundesrepublik wünschten. Er hatte mich gebeten, ein Treffen mit Gierek zu arrangieren. Ich benutzte das Gipfeltreffen in Helsinki, das vom 30. Juli bis zum 1. August 1975 stattfand, um ihre Zusammenkunft am Abend in der Französischen Botschaft zu organisieren. Nachdem sie auf der Terrasse Platz genommen hatten, zog ich mich zurück, und sie führten ihr Gespräch unter vier Augen. Helmut erzählte mir später, daß sie schließlich zu einer Einigung kamen, die 120 000 Aussiedlern die Rückkehr nach Deutschland ermöglichte.

Edward Gierek war ein Freund Breschnews. Er hat mir erzählt, ich habe es nicht nachgeprüft, daß Breschnews Mutter eine Polin war.

Wegen der spöttischen Verachtung, die die Russen gegenüber den Polen hegen, verheimlichte er es. Dennoch sei Polnisch seine eigentliche Muttersprache, und wenn Gierek und er am Telefon miteinander sprachen, passierte es häufig, daß sie sich auf polnisch unterhielten.

Gierek verbrachte seine Sommerferien auf der Krim in einer Villa, die jener Breschnews benachbart war. Sie trafen sich häufig und tauschten wohl auch vertrauliche Informationen aus.

Ich habe Gierek im Oktober 1976 in seinem ihm zur Verfügung gestellten Wohnsitz im Süden Polens, in den Karpaten nahe der sowjetischen Grenze, besucht. Ich hatte Gelegenheit, dort auf dem Land den plötzlichen Ausbruch eines russischen Schneesturms zu erleben, und mir wurden schlagartig die übermenschlichen Strapazen der napoleonischen *Grande Armée* auf dem Rückzug bewußt.

Am Tag vor meiner Ankunft war das Wetter noch sommerlich gewesen. Alles war grün und sonnenbeschienen. Die Gewalt des losbrechenden Unwetters hatte auch eine etwas tragikomische Konsequenz. Der Hubschrauber, der uns von Jejzow herbrachte, wurde dermaßen durchgeschüttelt, daß unser Dolmetscher vor Schreck das Bewußtsein verlor. Wir mußten ihn auf den Boden legen und Wiederbelebungsversuche an ihm vornehmen, was natürlich eine Unterhaltung, die durch den ohrenbetäubenden Lärm ohnehin äußerst schwierig war, geradezu unmöglich machte.

In einem Gespräch unter vier Augen vertraute mir Edward Gierek am nächsten Abend an: »Breschnew hat mit mir über seinen Nachfolger gesprochen. Seine Gesundheit ist zwar noch stabil, aber es ist schließlich normal, wenn er schon beginnt, seine Nachfolge vorzubereiten. Ich glaube, es kann für Sie ganz nützlich sein zu wissen, wen er ausgewählt hat. Es handelt sich um Gregorij Romanow, der in der Region Leningrad schon Parteivorsitzender ist. Er ist noch jung, aber Breschnew glaubt, daß er sich mit der Zeit noch weiter entwickelt und daß er der Fähigste ist. Dies ist natürlich eine streng vertrauliche Information, die unter uns bleiben muß.«

Merkwürdigerweise löste diese Neuigkeit in mir ein Gefühl aus, das ich im Juli 1973 schon einmal hatte, als ich – das letztemal als Finanzminister – nach Moskau gefahren war, damals als Vorsitzender der französischen Delegation in der Großen Französisch-Sowjetischen Kommission. Der Präsident der sowjetischen Abteilung Kirillin hatte das übliche Mittagessen zu Ehren unserer Delegation organisiert und eine Anzahl hoher sowjetischer Führer eingeladen. Einer von ihnen war mir aufgefallen wegen seines andersartigen Auftretens, seiner Offenheit und Geradlinigkeit, seiner wachen Intelligenz. Er hob sich von der Uniformität der anderen ab. Ich hatte nach seinem Namen gefragt, und als ich zurück in der Botschaft war, hatte ich notiert: Gregorij Romanow. Dann hatte ich unseren Botschafter gebeten, Erkundigungen über ihn einzuholen. Man hatte mir einen kurzen Lebenslauf übermittelt und mir zu verstehen gegeben, daß er zu den kommenden Männern der Partei gehöre.

Nachdem mir Gierek diese Information gegeben hatte, hielt ich mich über Romanows Aktivitäten auf dem laufenden. Auch achtete ich darauf, daß er anläßlich meiner Besuche in Moskau stets eingeladen wurde.

Edward Gierek hat seine Worte nicht vergessen. Im Mai 1980 trafen wir uns in Warschau und versuchten, Leonid Breschnew vor den überaus gefährlichen Folgen des Afghanistan-Abenteuers zu warnen und eine Entspannung herbeizuführen. »Erinnern Sie sich noch, was ich Ihnen über Romanow gesagt habe? Das trifft nicht mehr zu. Breschnew hat seine Absichten geändert. Er rechnet nicht mehr mit ihm für die Sicherung seiner Nachfolge, sondern mit Tschernenko. Kennen Sie ihn?« Ich kannte ihn tatsächlich gerade gut genug, um ihn bei offiziellen Empfängen erkennen zu können. Er erschien mir immer alt, unscheinbar und zu unterwürfig gegenüber Breschnew. Damit hatte das Regime also entschieden, die Reihen wieder dicht zu schließen.

Als nach Breschnew dann Andropow kam, wurde mir klar, daß es im Innern des Parteiapparats zu einer Auseinandersetzung gekommen war und daß von der vorgesehenen Nachfolgelinie abgewichen worden war. Unter Tschernenko wurde der alte Kurs wieder aufgenommen. Und als vier Jahre später Michail Gorbatschow an die Macht kam und die bereits erheblich beschnittenen Befugnisse Romanows noch weiter einschränkte, dachte ich mir, daß er so handelte, um einen auszuschalten, der in dem schwer durchführbaren und in den Ergebnissen riskanten Unterfangen der Modernisierung der Sowjetunion sein Rivale hätte werden können.

Die Verbindungen, die wir mit den Vereinigten Staaten in einem wichtigen Bereich der Verteidigung unterhalten, sind der Natur nach streng vertraulich. Ich kann nicht sagen, ob sie in den letzten Jahren weiterverfolgt worden sind. Ich werde aber aus diesem Grund hier nicht darüber sprechen.

Ein weiteres Staatsgeheimnis, über das ich heute sprechen kann, betraf die Vorbereitungen, die Präsident Sadat getroffen hatte, um dem Regime Oberst Gaddhafis ein Ende zu setzen.

Er hat mir gegenüber mehrfach und bei verschiedenen Anlässen versteckte Andeutungen gemacht. Präsident Sadat war ein Mann, der offen über alles sprechen konnte, wenn er es wollte. Andererseits konnte er etwas vollkommen für sich behalten, wenn es geheim bleiben sollte. Diese Meisterschaft in der Geheimhaltung hatte er mit Sicherheit in jener Zeit gelernt, als er im Untergrund gegen die englische Militärpräsenz in Ägypten kämpfte. Er war groß und schlank und hatte die Statur und das Auftreten eines englischen Offiziers. Dabei war er ein einfacher, doch großzügiger Mensch, der Herzlichkeit und Wärme ausstrahlte. Er entstammte, soviel ich weiß, einer Bauernfamilie aus dem Nildelta, wo seine Schwester immer noch lebte und wo er sich hin und wieder aufhielt.

Sein Teint war dunkel, fast schwarz. Obwohl er Präsident eines großen und mächtigen arabischen Staates war, hatte er selbst nichts Arabisches. Er gehörte zu der Gruppe, die man jetzt als Arabo-Afrikaner bezeichnet. Das ist die schwarze Bevölkerung mit semitischen Zügen, die dem Nildelta entstammt und die sich größtenteils in der Sahelzone, im Süden der Sahara, niedergelassen hat, wo man sie als kriegerische Nomadenstämme antrifft.

Er war absolut integer. Er stand über den Zwängen, den Eitelkeiten, dem Streben nach persönlichen Vorteilen. Bei ihm gab es nichts Kleinliches. Er konnte entscheiden und befehlen. Wenn es sein mußte, ergriff er auch gefährliche Initiativen, wie zum Beispiel seinen Israel-Besuch und seinen Auftritt in der Knesset in Jerusalem. Er hat es mir erklärt: »Ich war entschlossen, den Sinai zurückzuerobern. Ich begann damit, das Spiel der internationalen Verhandlungen zu spielen. Aber ich sah, daß wir uns in den Fragen der Vorgehensweise verfangen hatten: die sowjetische Teilnahme, die Vorstellung von der Vertretung Palästinas. Jedesmal, wenn eine Schwierigkeit beseitigt war, tauchte am anderen Ende ein neues Problem auf. Das hätte endlos so weitergehen können. Ich wollte aber nicht mehr länger warten. Ich entschloß mich, mit einem entscheidenden Schlag den Weg freizubekommen. Aus diesem Grunde hatte ich mich entschieden, nach Jerusalem zu fahren.«

Trotz der besonderen Qualität unserer Beziehung habe ich immer gespürt, daß es Dinge gab, die er für sich behielt und mir nicht sagen würde. Seine Methode bestand darin, Zug um Zug voranzuschreiten, wobei er kurzfristige Ziele fixierte, ohne seine Absichten offenzulegen. Darin glich er sehr General de Gaulle. Ich mußte an die Taktik denken, die de Gaulle während der Algerien-Krise verfolgte, während er sein letztes Ziel allerdings nie preisgab.

Er war ein religiöser Mensch, ein tiefgläubiger Mohammedaner. Aber wie vielen strenggläubigen Menschen waren ihm Äußerlichkeiten und Rituale nicht wichtig.

Seine einträchtig zusammenlebende Familie umgab ihn auf moderne und herzliche Art. Seine Frau war intelligent, tüchtig, sehr unbefangen in persönlichen Beziehungen. Die wirtschaftlichen und sozialen Probleme des ägyptischen Volkes waren ihr bewußt. Sie studierte an der Universität in Kairo. In Begleitung ihrer vier Kinder, drei Mädchen, von denen eins die natürliche Vornehmheit ihres Vaters besaß, und einem Sohn, kam sie nach Paris. Wir empfingen sie im Elysée-Palast zum Mittagessen, zu dem unsere eigenen Kinder dann ebenfalls hinzukamen.

In unseren Gesprächen spielte Sadat oft auf seinen libyschen Nachbarn an, für den er eine tiefe Abneigung empfand. Er benutzte Begriffe, als wolle er mir Initiativen ankündigen, die ich diesem Mann der Tat durchaus zutraute. Aber er ging nicht weiter, und ich spürte, daß er nicht weiter von mir befragt werden wollte.

Die Situation im Tschad lieferte mir den Ausgangspunkt dafür, daß ich es trotzdem tat. Obwohl Ägypten mit dem Tschad keine gemeinsame Grenze hat, ließ Sadat Versorgungsgüter in den Osten des

Landes zu den Regierungstruppen fliegen, die gegen das Vordringen der Truppen von Goukhouni und der Libyer kämpften. Der Sudan, der damals von General Numeiri regiert wurde, erlaubte der ägyptischen Luftwaffe das Überfliegen seines Territoriums.

Am Sonntag, dem 12. Februar 1977, machte Sadat in Paris Zwischenlandung. Er suchte mich nachmittags im Elysée-Palast auf, und wir aßen zusammen zu Abend. Das seiner Einnahmequelle Suezkanal beraubte Ägypten hatte schwere wirtschaftliche Probleme. An seiner Seite brach Libyen fast unter den sich häufenden Öleinnahmen zusammen. Gaddhafi verstärkte die Angriffe und Drohungen gegen Präsident Sadat, den er beschuldigte, im Sold der Amerikaner zu stehen und Verräter an der arabischen Sache zu sein. Ich sprach die Situation in Afrika und die Krise im Tschad an: »Auf jeden Fall sollten Sie wissen«, sagte ich zu Sadat, »daß wir nicht zulassen werden, daß Gaddhafi sich den Tschad aneignet. Wir werden tun, was erforderlich ist. Ich danke Ihnen für die Hilfe, die Sie uns geben.«

»Ich kann, wenn Sie wollen, noch mehr tun«, antwortet Sadat. »Ich werde tun, um was Sie mich bitten.«

Mir erscheint der Moment gekommen, direkter zu werden. »Ich kann Ihre Haltung Libyen gegenüber nicht verstehen, Herr Präsident. Die Libyer haben alle Versorgungsquellen, die Ihnen fehlen und die sie in unangemessenen Käufen von Waffen an die Sowjetunion verschwenden. Das Regime hat keine Basis in der Bevölkerung, und von Zeit zu Zeit schlägt Gaddhafi vor, sich mit einem anderen arabischen Staat Afrikas zusammenzuschließen. Er führt eine verbissene Kampagne gegen Sie.«

Mit seinem afrikanischen Scharfsinn hat Präsident Sadat meine Frage kommen sehen. Seine Antwort ist gut vorbereitet. »Ich habe Ihnen schon gesagt, lieber Freund (er spricht englisch mit mir, mit einem gutturalen Akzent, und nennt mich ›my dear friend‹), daß ich etwas gegen ihn vorbereite, aber die Zeit ist noch nicht gekommen.«

Nein, er hat es mir nicht gesagt; wahr ist, daß er Andeutungen gemacht hat. Er fährt fort: »Die Gegebenheiten haben sich geändert, und jetzt will ich handeln. Ich kann Gaddhafis Aktivitäten nicht länger dulden. Sie kennen die Maßnahmen, die er gegen Numeiri ergriffen hat. Außerdem versucht er, sich in die Innenpolitik Ägyptens einzumischen. Ich bin zum Gegenschlag entschlossen, aber ich muß die Angelegenheit sorgfältig planen. Es muß geheim bleiben.«

»Das Problem scheint mir durchaus lösbar«, antworte ich ihm. »Die libyschen Streitkräfte sind mit den Ihrigen nicht zu vergleichen. Ich war auch überrascht von der Kompetenz Ihres Stabchefs, General Gamassis. Die französischen Militärangehörigen, die ihn kennengelernt haben, teilen meine Meinung.«

»Das stimmt«, antwortet Sadat, »aber man darf trotzdem die Libyer nicht unterschätzen. Sie werden von Technikern aus der Sowjetunion und der DDR unterstützt. Und außerdem müssen Sie uns erst einmal einen Anlaß geben.«

Mehr will er nicht sagen, und hinter der Härte der Person spüre ich die Zwiespältigkeit der Beziehungen, die die arabischen Herrscher untereinander pflegen und die eine Besiegelung des Irreparablen fast immer vermeiden. Und ich spüre Vorsicht. Oder ist es List?

Aber er geht noch einen Schritt weiter: »Es ist noch zu früh, um Ihnen einen genauen Zeitpunkt zu nennen. Wenn alles normal abläuft, werde ich Anfang des nächsten Frühjahres eines Entscheidung treffen.«

Er zögert kurz, bevor er nachdrücklich hinzufügt: »Ich denke an März. Aber wenn ich meine Entscheidung treffe, werde ich Sie vorher informieren. Ich werde Ihre Unterstützung brauchen. Können Sie mir bei meinen Verhandlungen mit dem König von Marokko helfen?«

»Sie können meiner Hilfe sicher sein!«

»Bis dahin lege ich Wert darauf, daß wir in Kontakt bleiben. Es wird sicher nötig, daß ich Sie direkt erreichen kann. Können Sie mir einen Gesandten schicken, der Ihr volles Vertrauen besitzt?«

Ich denke an meinen Berater für afrikanische Angelegenheiten, René Journiac, den Präsident Sadat gut kennt und offenbar auch schätzt. Er nennt ihn »Monsieur René«.

»Ich werde Ihnen Journiac schicken.«

»Sehr gut. Auf den Mann ist Verlaß. Ich lasse Sie es wissen, wenn es soweit ist.«

Drei Wochen später erhält René Journiac tatsächlich eine Nachricht aus Ägypten, in der ihm mitgeteilt wird, daß Präsident Sadat ihn zu sehen wünsche. Sein Besuch solle geheimgehalten werden.

Die nötigen Maßnahmen werden ergriffen, Anlaß für einen ebenso komischen wie unerwarteten Zwischenfall.

Um nach Kairo zu fliegen, fordert René Journiac eine Maschine des Typs Mystère 20 der Flugbereitschaft der Regierung an. Er muß auf einem Militärflugplatz landen, wo ein Fahrzeug ihn erwartet und ihn direkt zu Sadat bringt, der sich in seiner Villa in Ismailia aufhält.

Bei der Landung in Kairo wartet das Fahrzeug schon: ein alter schwarzer Cadillac aus den 50er Jahren mit einem Chauffeur und einem Polizisten. Sie benutzen die Wüstenstraße. Nach 10 Kilometern platzt ein überbeanspruchter Reifen. Der Chauffeur zieht das Reserverad auf. Eine halbe Stunde später platzt der zweite Reifen. Es gibt keinen Ersatzreifen mehr. Journiac weiß, daß Sadat ihn erwartet. Er zögert nicht und stellt sich an den Straßenrand. Ein Lastwagen kommt vorbei. Journiac gibt ihm ein Zeichen, daß er anhalten soll, und steigt auf. So also ist mein Sondergesandter in geheimer Mission per Anhalter zum Präsidenten Sadat gelangt!

Sadat spricht lange mit ihm. Er bestätigt ihm seine Pläne, bleibt über die Vorkehrungen aber eher vage und gibt an, daß er alles vorbereiten lassen würde. Der Zeitpunkt, den er im Auge hat, liegt immer noch Ende März.

»Das Datum hängt ganz von Gaddhafis Provokationen ab.« Dann sprechen sie noch über die zu erwartenden afrikanischen Reaktionen und überlegen die zu unternehmenden Schritte gegenüber dem marokkanischen König.

Journiac kehrt nach Paris zurück. Ein Telegramm aus Kairo unterrichtet mich, daß ein Hubschrauber in der Wüste nahe der libyischen Grenze verunglückt ist und mehrere ägyptische Militärmitglieder von hohem Rang bei dem Unfall ums Leben gekommen sind. Mir ist sofort klar, daß es sich dabei um den Stabschef handelt, dem Sadat die Vorbereitung der Operation anvertraut hat.

Der März vergeht. Es geschieht nichts. Sadat hat sich sehr zurückgezogen. Erst am 24. Juli treffen wir uns wieder in Paris, wo ich ihn und seine Familie zum Mittagessen einlade. Während wir beide in der Bibliothek Kaffee trinken, begnügt er sich damit, mir folgendes zu sagen: »Die Amerikaner haben mich dringend gebeten, auf mein für den März geplantes Vorhaben zu verzichten.«

Welche Amerikaner? Aus welchen Gründen? Aber Sadat schweigt; er hat nichts hinzuzufügen.

Der Plan wird erst sehr viel später, Anfang 1981, in anderer Form wieder aufgegriffen, und zwar nach dem Amtsantritt Präsident Reagans.

Ich habe den Verzicht auf diesen Schritt sehr bedauert. Ein Regierungswechsel in Libyen wäre für Ägypten und Afrika von Vorteil gewesen. Die blutige Krise im Tschad hätte vermieden werden können. Der ständige Unruheherd, der die Friedensverhandlungen im Vorderen Orient erschwert hat, indem er den gemäßigten arabischen Staaten gegenüber Versprechungen gemacht und die Staatsoberhäupter erpreßt hat, hätte beseitigt werden können.

Ein Erfolg wäre vor allem für Präsident Sadat wichtig gewesen. Er hätte ihm neues innenpolitisches Ansehen verschafft und vielleicht sogar das Attentat verhindert.

V

Wie Entscheidungen getroffen werden

Der Mechanismus der Entscheidungsfindung scheint mir seit langem ein Schwachpunkt unserer Art zu regieren zu sein.

Sehr selten beginnen wir mit einer objektiven Untersuchung der Gegebenheiten, fahren mit Vergleich und Diskussion verschiedener Lösungsmöglichkeiten fort, um zu einer Entscheidung zu kommen. Außerdem bemühen wir uns selten darum, die Kreise zu überzeugen, die mit der Anwendung einer Entscheidung und der Kontrolle ihrer Resultate betraut sind.

Daher dachte ich, daß man auf die Entscheidungsmechanismen einwirken müsse, deren erster der Ministerrat ist, um ein vernünftigeres Vorgehen zu erreichen.

Die Beratungen des Ministerrates unterliegen der Geheimhaltung, die ich selbstverständlich respektieren werde. Sie verbietet jedoch nicht, über die Arbeitsweise des Rates zu reden.

Das Ritual habe ich von meinen beiden Vorgängern übernommen. Zu Zeiten General de Gaulles fand die Ratssitzung Mittwoch nachmittags statt. Unter dem Präsidenten Pompidou wurde sie auf Mittwoch vormittags festgesetzt. Sie begann um zehn Uhr und zog sich oft bis nach ein Uhr hin, was den Zeitplan für den Nachmittag durcheinanderbrachte und so hungrig machte, daß ich Jacques Chirac, der neben mir saß, oft mit einem Sandwich in seiner Aktenmappe ertappte.

Da das Parlament - auf meine Anregung hin - die Diskussion aktueller Fragen für Mittwoch nachmittags angesetzt hatte, mußten sich seine Mitglieder darauf vorbereiten können. Deshalb habe ich die Eröffnung des Ministerrates auf 9.30 Uhr vorgezogen und achtete darauf, daß die Sitzung zwischen 12.30 und 12.45 Uhr zu Ende war.

Der Ministerpräsident – Jacques Chirac, später Raymond Barre – kam um 9.15 Uhr in mein Arbeitszimmer. Wir sprachen kurz über die verschiedenen Tagesordnungspunkte und fuhren dann mit dem Aufzug hinunter, durchquerten die dem Garten zugewandten Säle, um schließlich in den Murat-Saal zu gelangen, in dem der Ministerrat tagte.

Auf dem großen ovalen Tisch zeigten kleine weiße Schilder den Platz jedes Mitglieds des Ministerrats an. Ich umrundete den Tisch, gab allen die Hand, erreichte meinen Stuhl, und wir begannen mit der Arbeit. Die Anfangszeit war genau festgelegt, Verspätungen von mehr als fünf Minuten gab es nicht.

Zumindest bei wichtigen Themen wollte ich eine echte Diskussion anregen. Das war nicht leicht, denn es entsprach nicht der Tradition der 5. Republik. Unter General de Gaulle hätte man es sogar als Frevel angesehen. Jeder legte seinen Bericht vor. Der Ministerpräsident fügte seinen Kommentar an, und General de Gaulle entschied. Es hatte ein paar schüchterne Versuche gegeben, Einwände zu machen, vor allem durch Robert Buron. Sie wurden kühl aufgenommen und als »originell« bezeichnet.

Unter Georges Pompidou war die Stimmung entspannter. Gelegentlich kam es zu Diskussionen. Die Ministerpräsidenten intervenierten häufiger, vor allem Jacques Chaban-Delmas. Ging es jedoch um grundlegende Themen – eine Ausnahme bildetete das Referendum über den Beitritt Großbritanniens zur Europäischen Gemeinschaft –, zielten diese Debatten nicht darauf ab, über die Angemessenheit einer Maßnahme oder über eine politische Orientierung zu diskutieren. Die Entscheidung war von vornherein bekannt und wurde vom Präsidenten in seiner Schlußrede in Erinnerung gerufen.

Ich habe versucht, diese Praxis zu ändern, da ich der Ansicht war, daß eine vertiefte Diskussion die Minister stärker und allgemeiner an unsere Politik binden würde. Das Ergebnis war enttäuschend. Der Formalismus wurde zwar gemildert, aber echte Diskussionen blieben die Ausnahme. Jeder Minister sah in der Zuständigkeit seines Ministeriums seinen ureigenen Bereich und empfand die Kommentare und Anregungen der anderen als Einmischung. Es herrschte die stillschweigende Übereinkunft, daß sich jeder auf seinen Bereich beschränkte und sich nicht in den seiner Nachbarn einmischte. Wenige Minister meldeten sich häufiger zu Wort. Dafür war ich ihnen dankbar, aber die Diskussion blieb begrenzt.

Eine für das gute Funktionieren des Ministerrates unerläßliche Bedingung ist die kleine Zahl von Ministern. Von den Regierungen, an denen ich teilhatte, waren die kleinsten die besten. Es ist außerordentlich schwer, eine kompakte Regierung zu bilden, denn man sieht sich dem Druck der politischen Parteien und der Parlamentarier ausgesetzt, die eine Erhöhung der Zahl der Minister anstreben; aber auch dem von Interessenvertretungen, die glauben, daß ihre Belange und das Glück ihrer Mitglieder durch die Existenz eines Ministeriums sichergestellt werden. Stellt man den Geschäftsleuten, der Handelsmarine, den ehemaligen Kriegsteilnehmern oder der Post kein Ministerium, so empfinden das die Betroffenen als Beleidigung oder Demonstration von Gleichgültigkeit, die auf lokaler Ebene unablässig gegen einen Politiker ins Feld geführt werden kann.

Dieser Wunsch nach einem Ministerium schien mir für manche Gruppen, wie zum Beispiel die Geschäftsleute, um so erstaunlicher, als die Existenz eines Ministeriums unweigerlich den Aufbau einer Verwaltung mit sich bringt, die - schon aus Gründen der Existenzrechtfertigung - die Zahl der Anordnungen und Überprüfungen erhöht und so das Übel vergrößert anstatt es zu mindern.

Diese Erfahrung habe ich mit dem letzten Handelsminister meiner siebenjährigen Amtszeit gemacht, den ich im Juli 1979 ernannte.

Zusammen mit Raymond Barre hatte ich ihn ausgewählt, weil er Bürgermeister einer Handelsstadt war, weil er freiberuflich tätig war und weil er - so hatte man mir gesagt - in der Gesetzeskommission gute Arbeit geleistet hatte. Er war mir von dem besonnenen und loyalen Victor Chapot empfohlen worden. Bei unserem ersten Treffen bat ich ihn, die Auflagen, die auf dem Handel lasten - vor allem auf den Familienbetrieben, deren Freiraum es zu vergrößern gilt -, so weit wie möglich zu vermindern. Begeistert stimmte er mir zu. Ich war sehr überrascht, als er einige Monate später vorschlug, eine

Gesetzesvorlage auf die Tagesordnung des Ministerrates zu setzen, die darauf abzielte, die berufliche Kompetenz der Kaufleute und Handwerker durch die Einführung einer obligatorischen Abgabe zu erhöhen! Ich lehnte diesen Vorschlag ab. Aber er gab nicht auf und bat darum, sein Vorhaben in einem persönlichen Gespräch rechtfertigen zu dürfen: »Die Berufsverbände fordern diese Maßnahme nachdrücklich«, sagte er mir. »Sie wünschen die Einrichtung eines Weiterbildungsgangs für selbständige Kaufleute und Handwerker. Den Kenntnisstand mancher von ihnen können Sie sich kaum vorstellen!«

Ich frage ihn: »Wer soll diese Maßnahme finanzieren?«

»Die Berufsgruppe wird es tun.«

»Was meinen Sie mit ›die Berufsgruppe‹? Die Berufsverbände oder die Geschäftsleute selbst?«

Die Frage bringt ihn in Verlegenheit.

»Die Berufsverbände haben nicht genügend Geld. Daher werden die Geschäftsleute eine kleine Abgabe auf ihren Geschäftsumsatz leisten.«

Ich treibe ihn in die Enge: »Wird dieser kleine Beitrag freiwillig oder obligatorisch sein?«

Er läßt die Katze aus dem Sack: »Obligatorisch. Aber alle wollen die Abgabe akzeptieren. Diese Maßnahme wird dringend gewünscht.«

Gewünscht? Ich denke an die mir bekannten Geschäftsleute der Kreisstädte im Loir-et-Cher oder in der Auvergne. Ich sehe, wie sie beim Anblick einer neuen Zeile auf ihren Steuerkarten die Stirn runzeln: »Geht das schon wieder weiter? Hören die nie auf, sich Neues auszudenken? Wieder eine Belastung mehr!«

Ich komme zum Schluß: »Wenn die Maßnahme so dringend gewünscht wird, können die Berufsverbände sie doch beschließen und die Finanzierung selbst planen. Sollten sie dann irgendwann Schwierigkeiten bekommen, werden wir sehen, wir wir ihnen helfen können. Aber beim augenblicklichen Stand werde ich Ihren Gesetzentwurf nicht auf die Tagesordnung setzen.«

Verärgert verabschiedet er sich. Aber er unternimmt einen neuen Versuch, zunächst bei meinen Mitarbeitern, dann beim Ministerpräsidenten. Der unterstützt die Maßnahme, wenn auch nur halbherzig. Wie ich sieht er die Nachteile. Ich blieb standhaft, denn ich behielt die Reaktionen der mir bekannten Kaufleute im Kopf.

Bis 1978 hat die Zahl der Minister achtzehn nie überstiegen. Mit fünfzehn Mitgliedern war die erste Regierung die kleinste, mit deren Bildung ich Raymond Barre am 31. März 1977 beauftragte. Wir nannten sie »die Fünfzehn Frankreichs«. Die Erfahrung hat gezeigt, daß die Diskussionen einfacher waren und die Mannschaft fester zusammenschmolz als in Regierungen mit mehr Ministern.

Es war meine Absicht, die Bezeichnungen der Ministerien zu vereinfachen, indem ich sie internationalen Gepflogenheiten anglich. Häufig versuchen wir recht illusionär, Probleme dadurch zu lösen, daß wir in die ministerielle Nomenklatur großsprecherische Titel einführen. Andere Länder sind nüchterner und bleiben jahrzehntelang bei denselben Bezeichnungen.

Warum erweitert man Verteidigung durch »national«, wenn eine nichtnationale Verteidigung kaum vorstellbar ist? Warum verfährt man mit der Erziehung genauso, wenn doch die Bezeichnung Erziehungsminister eindeutig ist? Ist die Präzisierung, daß das Gesundheitswesen »staatlich« ist, tatsächlich nötig? Und was das Schwanken zwischen den Bezeichnungen »Ausländische Angelegenheiten«, »Auswärtige Angelegenheiten« und »Auswärtige Beziehungen« angeht, so dient es allein dem Wohl der Briefpapierhersteller. Während meiner Regierungszeit waren die Amtsbezeichnungen einfach und entsprachen internationalen Gepflogenheiten.

Von den Staatssekretären ist kaum einer mit seiner Situation zufrieden. Indem sie sich »Minister« nennen lassen, enthüllen sie ihre heimlichen Wünsche, und ihre Anwesenheit im Ministerrat wird ihnen regelrecht zur fixen Idee.

Wie soll man dieses Thema angehen, wenn die Existenz von Staatssekretären einem Bedürfnis entspricht? Einige von ihnen, beispielsweise diejenigen, die für die Universitäten oder die öffentliche Hand zuständig sind, sind für eigenständige Einrichtungen verantwortlich, die eine regelmäßige Anwesenheit im Ministerrat nicht unbedingt rechtfertigen.

Andere unterstützen Minister in ihrem Tätigkeitsbereich, sie sind gewissermaßen deren politische Assistenten – nach dem Modell der britischen »Junior Ministers«. Dies ist insofern ausgezeichnet, als es eine neue Generation von Regierenden heranbildet. Es erlaubt dem Minister, einen Teil seiner Verantwortlichkeit abzugeben und sich in der Öffentlichkeit vertreten zu lassen. Leider nimmt das Modell bei uns die Gestalt eines versteckten Kampfes an, bei dem der Staatssekretär eher ein kleines Gebiet, eine eigene Parzelle zu gewinnen trachtet, als daß er den Minister in der Gesamtheit seiner Aufgaben unterstützt. Allerdings fällt es vielen Ministern nicht gerade leicht, ihre Befugnisse zu übertragen und einem Staatssekretär den Zugang zu ihren Akten zu gewähren.

Positive Erfahrungen gab es mit unabhängigen, für ein bestimmtes Ressort zuständigen Staatssekretären. Die anderen bat ich, an den Sitzungen des Ministerrats teilzunehmen, wenn dieser ein Thema ihres Zuständigkeitsbereichs behandelte.

Um zu verhindern, daß sich einige von ihnen vom Regierungsleben ausgeschlossen fühlen, erhielt ich wöchentlich eine Anwesenheitsliste vom Generalsekretär der Regierung. So konnte ich jede Woche die Staatssekretäre einladen, die gegenüber ihren Kollegen im »Anwesenheits-Nachteil« waren. Ich achtete auch darauf, daß an jeder Sitzung mindestens eine Staatssekretärin teilnahm, um die weibliche Sicht der Dinge in den Ministerrat einbringen zu können.

Von den Reden im Ministerrat traten einige durch Qualität oder Originalität hervor.

Als Christian Beullac, der Arbeitsminister der Regierung Barre vom August 1976, seine erste Rede über die Arbeitsmarktlage halten sollte, ließ er bei mir anfragen, ob er graphische Darstellungen verwenden dürfe.

»Selbstverständlich«, antwortete ich.

Während seines Vortrags ging er von einer Tafel zur andern. Endlich waren Zahlen auch von weitem erkennbar. Beullac erläuterte die Zahl der Arbeitssuchenden nach ihren Besonderheiten – Arbeitslose aus Gründen von Betriebsauflösungen, Berufsanfänger, entlassene Arbeitnehmer –, Alter, Geschlecht und der Dauer ihrer

ssen am 7. September
965 mit Georges Pompi-
ou, in dessen Kabinett
h zu dieser Zeit Finanz-
inister war.

Georges Pompidous
schlechter Gesundheits-
zustand wurde uns
Ministern erst während
einer Sitzung des
Ministerrats im März
1974 bewußt.

Mit meiner Frau Anne-Aymone auf Wahlkampfreise.

Rechte Seite:
Ich habe versucht, Symbole dort zu nutzen, wo sich Überzeugungen und Haltungen durch Worte schwer vermitteln lassen. Diesem Zweck diente auch die Wiedereinführung des früher üblichen offiziellen Präsidentenfotos.

Ich warte in einem Appartement im Finanzministerium auf die Wahlergebnisse.

Im Oktober 1975 hielt ich mich zu einem offiziellen Besuch in Moskau auf, wo ich Gelegenheit zu zwei ausführlichen Gesprächen mit Breschnew in seinem Büro im Kreml hatte.

Rechte Seite:
Breschnew bringt, das Glas in der Hand, einige Toasts aus. Seine Herzlichkeit und seine gute Laune sind wiedergekehrt.

inke Seite:
obald Breschnew sich
rhebt und zu gehen
eginnt, existieren für
n keine anderen Per-
onen mehr, seine ganze
onzentration gilt der
ontrolle seiner Be-
egungen.

Mit General Méry in der Befehlszentrale im Keller des Elysée-Palasts.

Im Mai 1978 befinden sich die Regierungstruppen des Tschad auf dem Rückzug. Unser Eingreifen wird erforderlich.

Rechte Seite oben:
Im Winter 1944/45 dient ich in der 1. Armée de Lattres, wo ich zum erstenmal dem Schah von Persien begegnete.

Rechte Seite unten:
Nach Abschluß des offiziellen Besuchsprogramms privates Essen mit Anne-Aymone und der Schabanu. Wir vermieden politische Themen und unterhielten uns über anstehend Reisen, persönliche Plär und die Ausbildung der Kinder.

RÉFECTURE DES YVELINES

CABINET

SERVICE DES ETRANGERS

RÉPUBLIQUE FRANÇAISE

Versailles, le 09 OCTOBRE 1978

R E F U S DE S E J O U R

Mr QHOMAINI HAJ SERJED ROOHALLAH SAM SAYED MOSTAFA
NE EN 1900 A GOM (QHOMAIN) THEOLOGIEN DOMICILIE
A NAJAS (IRAN) TITULAIRE D UN PASSEPORT IRAKIEN
DELIVRE LE 07.09.74

N EST PAS AUTORISE A RESIDER EN FRANCE ET DEVRA ,
EN CONSEQUENCE , QUITTER LE TERRITOIRE FRANCAIS
LE 10 OCTOBRE 1978

LE PREFET

PRÉFECTURE DES YVELINES VERSAILLES

Erlaß des Präfekten von Yvelines, der die Ausweisung des Ayatollah Khomeini aus Frankreich verfügt. Am folgenden Tag setzte uns die iranische Regierung offiziell von ihrer Forderung in Kenntnis, dem Ayatollah Khomeini unbegrenzten Aufenthalt in Frankreich zu gewähren.

Von den führenden Persönlichkeiten unserer Zeit zeigte Präsident Sadat am meisten Stil. An ihm war nichts Engstirniges, er wußte zu entscheiden und sich durchzusetzen. Wenn es ihm nötig erschien, ergriff er auch risikoreiche Initiativen, wie etwa seinen Besuch in Israel.

Während des Gipfels von Guadeloupe sprachen Jimmy Carter, Helmut Schmidt, James Callaghan und ich auch über die Situation im Iran.

Vor und nach den Arbeitstreffen setzten wir die Gespräche in sehr entspannter Atmosphäre fort.

Rechte Seite oben: Staatsbesuch in der Bundesrepublik Deutschland. Helmut Schmidt hatte mich gebeten, nicht nach München zu fahren, weil er fürchtete, sein Rivale Franz Josef Strauß könnte daraus einen politischen Vorteil ziehen. Die Begegnung mit Strauß fand dann in Würzburg statt.

Rechte Seite unten: Helmut Schmidt und ich hatten miteinander vereinbart, uns vor allen wichtigen Konferenzen zu treffen. Wir wollten unbedingt vermeiden, daß deutsch-französische Meinungsverschiedenheiten von dritter Seite geschlichtet werden müßten.

BUNDESGRENZSCHUTZ

Linke Seite:
Staatsbegräbnis für Jean Monnet, einen »Europäer der ersten Stunde«.

Ich hatte im *Guide Michelin* das Restaurant »Le Bœuf« im elsässischen Blaesheim ausfindig gemacht. Wir trafen uns dort 1975 und noch einmal 1981.

Nächste Seite:
Besuch bei meinem Freund Helmut Schmidt in dessen Haus in Hamburg.

Arbeitslosigkeit. Ungünstig sitzende Minister hatten interessiert ihre Stühle umgedreht, andere stützten sich gespannt auf ihre Ellenbogen. Man spürte ihre Überraschung und ihr Vergnügen. So, dachten sie, müßte man das Problem des Personalbestands in einem modernen Unternehmen darstellen. Weniger rhetorisch und weitschweifig als in den Darstellungen der Verwaltung. Einfache und nüchterne Fakten. Beim Verlassen des Ratssaals tauschten die Minister anerkennende Bemerkungen aus.

Als er sechs Monate später das erste staatliche Programm gegen die Jugendarbeitslosigkeit vorbereitete, gebrauchte Christian Beullac die gleiche Art der Darstellung vor dem Ministerrat, allerdings ging er diesmal von der Lage der jugendlichen Arbeitssuchenden aus: diejenigen, die über eine berufsbezogene Ausbildung verfügten, diejenigen, die keine berufsbezogene Ausbildung hatten, und diejenigen, die überhaupt keine Ausbildung vorweisen konnten. Jede der Tafeln analysierte diese Kategorien sehr detailliert.

Damals habe ich - und viele Minister - erstmals von der außerordentlich hohen und bedrückenden Anzahl von Jugendlichen erfahren, die ohne jede Ausbildung auf den Arbeitsmarkt gelangen. Zweifellos hat die Klarheit der Darstellung dazu beigetragen, uns von der Notwendigkeit zu überzeugen, diese Situation zu ändern.

Als ich sah, wie Beullac mit der Leichtigkeit eines Ingenieurs die Zahlen mit einem Lineal in der Hand erläuterte, wurde mir die Überlegenheit des Bildes gegenüber dem Wort klar. Aber mir wurde auch bewußt, daß die Arbeitstechniken im politischen Leben den in modernen Unternehmen gebräuchlichen Methoden angeglichen werden müßten.

Beullacs Programm gegen die Jugendarbeitslosigkeit wurde vom Ministerrat angenommen. Dank einer geschickten Inanspruchnahme des Verwaltungsapparats und der Unternehmen gelang es zum ersten Mal seit 1933, die Tendenz in der Entwicklung der Jugendarbeitslosigkeit ins Positive zu kehren. Zu den Gründen seines Erfolges gehört - als erster Anstoß - zweifellos auch die hervorragende Präsentation des Programmes.

Die Berichte zur internationalen Lage lösten seit jeher unendliche Langeweile aus. Während der Amtszeit meiner Vorgänger hatte ich den Grad der Langeweile an der Häufigkeit messen können, mit der kleine Zettel zirkulierten, mit deren Hilfe die Minister aktuelle Angelegenheiten untereinander regelten. Diese Zettel wandern vom Verfasser zum Empfänger von Hand zu Hand. Bei dieser primitiven Form der Postbeförderung muß jedoch ein unüberwindliches Hindernis – der Platz des Staatspräsidenten – umgangen werden. Ist man gezwungen, den Sessel des Ministerpräsidenten zu überspringen, gebietet es die Höflichkeit, den Zettel hinter seinem Rücken weiterzureichen.

Je länger die Ausführungen des Ministerpräsidenten dauerten, desto mehr verstärkte sich die kreisende Strömung, und schließlich wurden Verweise, die unter General de Gaulle nie über ein Stirnrunzeln hinausgingen, unumgänglich.

Dieses Desinteresse lag zum Teil daran, daß es um Ereignisse ging, die meist eine Woche oder vierzehn Tage zurücklagen. Die Tatsachen waren bekannt und in der Presse ausführlich erörtert worden. Die Minister waren zu vorsichtig, mögliche vertrauliche Informationen weiterzugeben. Anstatt den Ministerrat für außerfranzösische Belange zu interessieren, führten diese Berichte zu individuellem Nachdenken oder Schläfrigkeit. Nie werde ich den Anblick des wegen seines Charismas und seiner Gewissenhaftigkeit bewundernswerten General de Gaulle vergessen, der einem nicht endenwollenden Vortrag lauschte, während seine Nachbarn André Malraux und Louis Jacquinot längst in den Schlaf gesunken waren, der eine von nervösen Zuckungen gequält, der andere offenbar höchster Glückseligkeit nahe.

Um diese Berichte interessanter zu machen, bat ich im Herbst 1978 Jean François-Poncet, der gerade den Elysée-Palast verlassen hatte, um dem Außenministerium vorzustehen, jedes Mal ein klar umrissenes, aktuelles Thema zu behandeln: die Lage im Libanon, die sowjetisch-amerikanischen Verhandlungen, die Agrarkrise in der Europäischen Gemeinschaft, den sowjetischen Einmarsch in Afghanistan, die Probleme im südlichen Afrika und anderes.

Er erfüllte seine Aufgabe ausgezeichnet. Seine gutvorbereiteten

Ausführungen - er verfaßte seine Stichworte und stellte seine Unterlagen Dienstagabend im Außenministerium zusammen - waren gelegentlich kleine Meisterwerke. Die Minister folgten ihnen aufmerksam und machten sich Notizen. Ich beschränkte mich anschließend auf einen kurzen Kommentar. Ich war der Ansicht, daß die Gesamtheit der Minister im Hinblick auf internationale Fragen so zunächst zu einer gemeinsamen Sprache, aber nach und nach auch zu einer gemeinsamen Analyse und Betrachtungsweise kommen könne.

Neben den Ministerratssitzungen bereitete ich Entscheidungen durch zwei weitere Mittel vor: durch den im Elysée tagenden engeren Rat, der den Ministerpräsidenten und die Mitglieder der Regierung vereinte, und durch Sachverständigenkommissionen nach der kritischen Praxis, Wissen und Erfahrungen von Persönlichkeiten außerhalb der Regierung zu nutzen.

Die Ratssitzungen im kleineren Kreis fanden stets im weißgoldenen Saal im Erdgeschoß des Elysée statt, der traditionell »Saal der Flügeladjutanten« heißt. Seine beiden Glastüren führen auf die Gartenterrasse hinaus.

Ich wollte erreichen, daß diese Ratssitzungen ihrem Namen gerecht wurden und so wenig Personen wie möglich daran teilnahmen: Zunächst galt es, die Experten, auch die des Elysée, auszuschließen. Darauf bestand ich wegen der Anzahl, aber auch um die Bevormundung der verantwortlichen Politiker durch die Leiter der Verwaltung zu verhindern. Ich erinnerte mich nur zu gut an Sitzungen, bei denen die anwesenden hohen Beamten den ihrer Meinung nach überflüssigen Diskussionen zwischen Ministern leicht spöttisch beiwohnten und lediglich darauf achteten, daß keine zu eindeutige Entscheidung getroffen wurde, die sie an der Umsetzung ihrer stillschweigend beschlossenen Lösung hindern konnte.

Außer dem Generalsekretär nahm aus dem Elysée nur der meiner Mitarbeiter an diesen Sitzungen teil, der mit dem betreffenden Thema befaßt war. Ich hatte sie angewiesen, nicht in die Diskussion einzugreifen und sich darauf zu beschränken, die getroffenen Entscheidungen zusammenzustellen. Wenn es das Thema rechtfertigte, wurde ein Bericht veröffentlicht.

Ministerpräsident und Minister kamen ohne Begleitung. Je nach Art der Debatte waren ein oder zwei hohe Beamte geladen. So zum Beispiel der Leiter des Staatshaushaltes, wenn es sich um Etatfragen handelte; der Präsident der französischen Staatsbank und der Leiter des Schatzamtes, wenn es um Währungsfragen ging; der Leiter der Anstalt für Arbeit oder der Sozialversicherung bei sozialen Angelegenheiten; der zuständige Leiter des Justizministeriums bei Vorhaben, die die Rechtsprechung betrafen.

Die Sitzungen dauerten eineinhalb bis zwei Stunden. Um weitschweifige Einführungsreferate zu vermeiden, setzte ich voraus, daß den Teilnehmern die Akten vertraut waren. Die Diskussionen waren sehr offen und häufig spannungsgeladen. Stets bat ich den Ministerpräsidenten um seine Meinung. Im allgemeinen hatten wir das Thema bereits auf einer unserer beiden wöchentlichen Zusammenkünfte durchgesprochen. Abschließend faßte ich die Anträge zusammen.

Diese Augenblicke zählen zu den glücklichsten meiner Amtszeit als Präsident. Oft hatte ich den Eindruck, daß wir so handelten, wie es für eine Regierung wünschenswert war: Ohne ideologische Auseinandersetzungen suchten wir Tatsachen zu ergründen, prüften und verglichen Lösungsmöglichkeiten, um schließlich die zu berücksichtigen, die das beste Ergebnis versprach und Nachteile oder Risiken verringerte. Erstaunlicherweise habe ich oft festgestellt, daß aus einem anfänglichen Gewirr von Hypothesen und Möglichkeiten schließlich eine einzige Lösung hervortritt.

Die Minister trugen ganz erheblich zum guten Verlauf dieser Ratssitzungen im kleineren Kreis bei. Ich suchte zu vermeiden, daß sie das Entscheidungszentrum der Regierung zu sehr in den Elysée verlagerten: Darum wählte ich nur solche Themen aus, die das Land in seiner Gesamtheit betrafen oder den Weg, den unsere Gesellschaft nehmen sollte. Ich achtete auch darauf, daß die Entscheidungen auf der Ebene allgemeiner Orientierung blieben, ohne in die Festsetzung von Maßnahmen einzugreifen, die allein dem Ministerpräsidenten oblag.

Die Grenze war nicht leicht zu ziehen. Die sachverständige und zuvorkommende Mitarbeit Raymond Barres trug dazu bei, daß das

Zusammenspiel gut funktionierte. Ich ließ Kaffee und Tee servieren, um eine lockere Atmosphäre zu fördern. Oft blieben wir nach Schluß der Sitzung noch einige Minuten zusammen, um Überlegungen zu einem aktuellen Thema auszutauschen. Ich hatte den Wunsch, daß sich zumindest für die Zeit meiner Präsidentschaft natürlichere und vertrauensvollere menschliche Beziehungen entwickelten, als sie sonst im politischen Dschungel üblich sind. Hatten wir den Eindruck, ein Thema erschöpfend behandelt zu haben, so empfanden wir beim Auseinandergehen ein gewisses Wohlbehagen. Sah ich jedoch, daß mich manche mit dem enttäuschenden Gefühl verließen, für ihre Argumente kein Verständnis gefunden zu haben, sagte ich mir, daß man auf das Thema irgendwann noch einmal zurückkommen müsse.

In diesen Ratssitzungen haben wir die Gesetzesvorlage zur Ehescheidung ausgearbeitet. Es ging darum, von der alten Gesetzgebung - in der die Scheidung nur als Sanktion eines Fehlers vollzogen werden konnte - zu einer Formel zu gelangen, die es gestattete, der von beiden Seiten festgestellten Unmöglichkeit eines weiteren Zusammenlebens stattzugeben.

Die konkreten Bestimmungen waren heikel. Es galt, die Stabilität der Familie zu schützen - daher die Vorsichtsmaßnahmen und Fristen - und natürlich die Interessen der Kinder zu wahren. Justizminister Jean Lecanuet brachte uns einen von seiner Behörde vorbereiteten Entwurf, an dem auch bedeutende Juristen mitgearbeitet hatten. Seine allgemeinen Bestimmungen schienen zufriedenstellend. Der Entwurf war jedoch in einer heute unverständlichen Sprache verfaßt, die an die Ausdrucksweise des Bürgerlichen Gesetzbuches von 1804 anzuknüpfen suchte.

Meine juristische Bildung ist mangelhaft. Sie geht über das hastig und nachlässig angeeignete Wissen eines zweijährigen Jurastudiums nicht hinaus, das ich absolvierte, während ich mich auf die Aufnahmeprüfung des Polytechnikums vorbereitete.

Wir beginnen mit der Lesung des Gesetzestextes. Jean Lecanuet erläutert die Bestimmungen. Ein leitender Beamter des Justizministeriums kommt als Verstärkung hinzu. Die Vorschläge scheinen ausgewogen. Ministerpräsident Jacques Chirac stimmt zu.

Warum aber diese unverständliche Darstellung? Anstatt eines neu formulierten Gesetzestextes beschränkt man sich darauf, die Artikel anderer Gesetze zu ändern, indem man lediglich ein paar Worte austauscht. Um den Gegenstand der Änderungen zu verstehen, muß man jedesmal die Erläuterungen hinzuziehen. Und die Wortwahl lehnt sich an die alte Rechtssprache an, wie sie vom Parlament der Auvergne im 17. Jahrhundert verwendet wurde!

Ich stelle die Frage: »Der Entwurf stimmt mit unseren Vorstellungen überein, aber er ist unverständlich. Kann man ihn nicht überarbeiten? Wozu diese ständigen Verweise auf andere Artikel? Wäre es nicht besser, sie zu streichen und unseren Gesetzestext direkt zu verfassen?«

Jean Lecanuet sieht den Beamten des Ministeriums fragend an.

»Herr Präsident, das ist unmöglich«, erwidert der.

Er ist angespannt, und seine Stimme verrät die Erregung. Ich spüre, daß er all seinen Mut in diese Entgegnung gelegt hat und fest überzeugt ist, seine Verwaltungskarriere mit der gleichen Würde aufs Spiel gesetzt zu haben wie die aufs Schafott steigenden Karmeliterinnen Montherlants ihr Leben.

»Herr Direktor«, sage ich zu ihm, »ich sehe wirklich nicht, warum das unmöglich sein sollte. Es geht nicht in erster Linie darum, den Gesetzestext zu verändern, sondern darum, die Artikel insgesamt umzuarbeiten, so daß sowohl die alten, nicht veränderten Teile als auch die neuen von uns eingeführten Bestimmungen miteinander verschmelzen.«

In seinem Blick steht die Entschlossenheit, diesen inkompetenten Bilderstürmer zu bekämpfen.

»Herr Präsident, es tut mir leid sagen zu müssen, daß es unmöglich ist.«

Die verwaltungsübliche Höflichkeit hält ihn davon ab, mich direkt anzugreifen. Er zieht es vor, von einer kosmischen Unmöglichkeit zu sprechen.

Er verdeutlicht: »Jeder dieser Artikel knüpft an eine lange Rechtsprechung an. Streicht man sie, verschwindet diese Rechtsprechung mit den Artikeln. Die Änderung ist die einzig mögliche Vorgehensweise.«

Ich möchte eine direkte Auseinandersetzung vermeiden und sage daher: »Wir werden sehen, ob es möglich ist. Ich schlage Ihnen vor«, sage ich zu Jean Lecanuet, »diese Arbeit gemeinsam aufzunehmen. Wir werden den Gesetzestext ausgehend von Ihren Vorschlägen überarbeiten, ihm jedoch eine einheitliche Form geben, auf Verweise verzichten und modernes Französisch verwenden. Ich fände es ideal, wenn die Betroffenen das Gesetz selbst lesen und die Bestimmungen verstehen können. Schließlich geht es hier um etwas, das sie direkt betrifft. Dann werden wir sehen, ob unser Entwurf zu gebrauchen ist.«

Wir machten uns an die Arbeit. Drei lange Sitzungen waren erforderlich. Trotz der anfänglichen Zurückhaltung war die Zusammenarbeit ausgezeichnet, vor allem mit den Beamten des Justizministeriums. Ich erinnere mich an Diskussionen über den Wortlaut des Gesetzestextes, die den Schwänken Courtelines an Lächerlichkeit nicht nachstanden; dennoch konnten wir stets eine der Umgangssprache nahestehende Formulierung finden.

Schließlich wurde die Gesetzesvorlage vom Ministerrat beschlossen und an das Parlament weitergeleitet, das sie - mit geringfügigen Änderungen - mit der großen Mehrheit von 381 gegen 34 Stimmen verabschiedet hat. Ich habe das Gesetz in gedruckter Form gelesen, als es am 11. Juli 1975 im Amtsblatt veröffentlicht wurde. Ich war zufrieden: Es war allgemein verständlich, so wie es alle Gesetze sein sollten.

Ich sagte mir, daß es eigentlich erforderlich war, viele unserer Gesetzestexte einer ähnlichen Bearbeitung zu unterziehen. Sie würden die Hälfte oder Dreiviertel ihres Umfangs verlieren, ohne daß ihr Sinn entstellt wäre. Und zweifelsohne würden sie wieder zu Kräften kommen, wie Bäume, deren schwächliche Äste man von Zeit zu Zeit auslichtet.

Das war jedoch eine Frage der Zeit. Zahlreiche Sitzungen hätten darauf verwendet werden müssen. Und das ging nicht - das Regierungsleben ist, wie das Leben überhaupt, ein Wettlauf mit der Zeit.

Die Geschichte Frankreichs kennt zwei große Stränge: die Geschichte der Eroberungen und die Geschichte der Reformen. In der

Geschichte der Eroberungen geht es um das Territorium, seine Vergrößerung und seinen Schutz. Sie hat ihre Helden und ihre berühmten Jahreszahlen. Es ist die extrovertierte Geschichte. Die Geschichte der Reformen zeigt die Art auf, in der sich die Gesellschaft entwickelt hat, also die auf die Bestimmung ihrer Struktur und auf die Organisation ihrer Entwicklung gerichteten Bestrebungen. Das ist die introvertierte Geschichte.

In der Geschichte der Eroberungen hat Frankreich besonders hervorragende Fähigkeiten gezeigt. Obwohl an einem geographischen Scheideweg gelegen, ist es ihm vor den meisten seiner Nachbarn gelungen, sein Territorium zu erweitern und zu schützen. Was aber die Reformen angeht, so ist die Liste der Erfolge weniger glorreich. Unter den großen Nationen ist Frankreich eine derjenigen gewesen, die ihre eigene Entwicklung am wenigsten gut zu bestimmen wußte. Als eine von revolutionären Stößen gehemmte Gesellschaft hat es einen chaotischen Weg, einen Weg voller Hindernisse zurückgelegt. Daher seine ständig wechselnden Regierungen und Verfassungen und seine fünf Republiken, in einem Zeitraum, in dem die Vereinigten Staaten nur eine einzige kannten.

Ich habe mich häufig gefragt, welches die Gründe für diese Unfähigkeit sind. Alain Peyrefitte hat der Untersuchung dieser Frage ein hervorragendes Werk gewidmet – *Le mal français* –, dem er ahnungslos den Namen zum Titel gab, unter dem ganz Europa die Syphilis kannte, nachdem sie von den Soldaten Karls VIII. aus den Freudenhäusern Neapels eingeschleppt worden war.

Meiner Meinung nach liegt das auffälligste Merkmal in der Kombination zweier widersprüchlicher Einstellungen: der Weigerung, jede Veränderung, die uns persönlich betrifft, in Betracht zu ziehen (es sei denn, es handelt sich um einen kostenlosen Vorteil), sowie das Anerkennen vollendeter Tatsachen.

Aus einem Reflex der Tarnung, dessen Mechanismus von Soziologen zu erklären wäre, verstecken die Franzosen diesen Widerspruch hinter einer Fassade glühenden Reformismus. In Reden erhält jede Anspielung auf Reformen Beifall. Aber dieser Applaus verwandelt sich in Ablehnung, sobald die Reformen in irgendeiner Weise Gewohnheiten oder persönliche Vorteile berühren. Die Gemeindestrukturen sollen reformiert werden, es ist aber unmöglich, die Verschmelzung von Gemeinden mit weniger als zweihundert Einwohnern auch nur in Betracht zu ziehen. Das Steuerwesen ist »von Grund auf« zu reformieren, aber die persönliche, direkte oder indirekte Besteuerung darf um keinen Sous zunehmen. Man muß unsere Sozialgesetzgebung reformieren, gegen den Mißbrauch angehen, ohne jedoch »erworbene Rechte« anzutasten.

Frankreich ist kein Land der Reformen, sondern ein Land der Neuheiten. Ein liebenswerter aber unbeständiger Himmel hat das französische Wesen mit einer Leichtigkeit des Urteils versehen, die dazu führt, daß die Franzosen die Neuheit lieben oder besser: bevorzugen. Sie glauben stets, daß das, was sie nicht kennen, besser sein wird, als das, was sie kennen. Sie stürzen sich blindlings in die Entdeckung wundersamer Lösungen oder neuer Talente. Und fast immer wenden sie sich ebenso leicht wieder davon ab. Niemand legt mehr Blumen auf das Grab von General Boulanger. Und als ich Pater Pierre einen Orden der Ehrenlegion verlieh, der dem Einsatz für die Menschenrechte gewidmet war - wer erinnerte sich da noch an den Ansturm der Menschen auf den Orsay-Bahnhof, wo sich einst die Spenden für die Emmaus-Dörfer türmten? Dieses Gefallen an allem Neuen, das zudem auch eine Begabung ist, erklärt ihre absolute Herrschaft auf dem Gebiet der Mode!

Wie ist das zu überwinden? Wie können Reformen zu natürlichen, überlegten, akzeptierten Handlungen werden? Meiner Meinung nach mußten die Reformen entdramatisiert werden. Sie durften nicht als umstritten vorgestellt werden, und sie waren auf eine Weise einzuführen, die sie allmählich selbstverständlich erscheinen ließ.

In der damaligen günstigen Stimmung bediente ich mich dieses Verfahrens, um die ersten Verfassungsreformen meiner Präsidentschaft zu verwirklichen. Eine dieser Reformen stärkte die Rolle des Verfassungsrates, indem sie sechzig Abgeordneten oder sechzig Senatoren die Möglichkeit gab, ihn direkt anzurufen - ein Verfahren, auf das seither in großem Umfang zurückgegriffen wurde. Die andere Reform verbesserte die Gesetztestexte, die die Präsidentschaftswahl betreffen. Sie regelten den Fall, der durch den Tod eines Kandidaten während des Wahlkampfs oder zwischen den beiden Wahlgängen entsteht, und schränkte nicht ernstgemeinte Kandidaturen ein. Diese Reformen wurden von den zwei in Versailles zusammengekommenen Parlamenten in entspannter Atmosphäre verabschiedet; die erste bereits im Oktober 1974. Um den Bogen nicht zu überspannen, habe ich das Problem der Nachfolgekandidaten zunächst ausgeklammert. Ein großer Teil der Abgeordneten war dagegen. Das damalige politische Klima und ein der UDR angehörender Ministerpräsident hätten es zweifellos erlaubt, darüber hinwegzugehen. Es war jedoch mein Wunsch, die auf Übereinstimmung basierende Dynamik der Reformbewegung zu bewahren.

Um die öffentliche Meinung auf die Notwendigkeit bestimmter Reformen vorzubereiten, setzte ich Kommissionen ein.

Die Öffentlichkeit glaubt nicht an die Wirksamkeit von Kommissionen. Ihrer Meinung nach kommt die Tatsache, daß ein Ausschuß zur Untersuchung eines Problems gebildet wird, dessen Aufgabe gleich.

Bisher war dieses Verfahren bei uns wenig gebräuchlich. Ausnahmen bildeten berühmte Vorgänger, wie die 1958 von General de Gaulle und Antoine Pinay ins Leben gerufene Kommission Rueff-Armand, die sich mit dem wirtschaftlichen Wiederaufschwung befaßte.

Wir kannten die mit der Ausarbeitung von Gesetzesvorlagen betrauten parlamentarischen Ausschüsse oder die Verwaltungsausschüsse, in denen Beamte zur Fertigstellung von Gesetzestexten zusammenkommen. Diese unterschieden sich jedoch von dem Verfahren, das ich praktizieren wollte. Es sah vor, Experten mit dem Abfassen eines Berichts zu beauftragen, der das Problem analysieren und Lösungsmöglichkeiten vorschlagen sollte. Die Kommissionen verfügten über relativ viel Zeit, im allgemeinen sechs Monate. Sie konnten die Anhörungen vornehmen, die sie für notwendig erachteten, und sich bei Referenten ihrer Wahl Unterstützung holen. Es war ihnen bekannt, daß ihr Bericht veröffentlicht würde.

Nachdem sie ihren Bericht eingereicht hatten, prüfte die Regierung ihre Vorschläge, zunächst im engeren Rat und dann im Ministerrat. Sie überdachte die politischen Konsequenzen und erwog mögliche Reaktionen der Öffentlichkeit. Im allgemeinen erarbeitete sie auf dieser Grundlage einen Gesetzesentwurf, den das Parlament zu diskutieren hatte.

So wurde die Bestie allmählich gezähmt, und die Reformen wurden auf breiterer Basis verstanden und akzeptiert.

Mit Autoren wie Raymond Barre, Pierre Sudreau, Alain Peyrefitte, Jacques Soustelle, dem Professor Jean Bernard, den Nobelpreisträgern für Medizin François Jacob, André Lwoff und Jacques Monod, Mitgliedern der Akademie der Wissenschaften und anderen stellten die Veröffentlichungen dieser Berichte eine beeindruckende Sammlung dar.

Sie behandelten so unterschiedliche Themen wie die Reform der Wohnungsbeihilfen, den Kampf gegen soziale Mißstände, den Schutz vor Gewalttätigkeiten, die Maßnahmen gegen die neue Armut, den Datenschutz und den Stand der archäologischen Forschung. Mehrere unserer heute bestehenden staatlichen Einrichtungen sind direkt aus der Arbeit dieser Kommissionen hervorgegangen.

Zwei dieser Ausschüsse wurden von Raymond Barre geleitet. Der erste beschäftigte sich mit einem zentralen Anliegen unseres Erziehungssystems: dem Übergang von den Gymnasien zu den Universitäten. Der zweite war mit der notwendigen Reform der öffentlichen Wohnungsbeihilfen befaßt. Wir wurden von der Flut der nach Wohnfläche bemessenen Beihilfen mitgerissen, was unsere Haushaltsausgaben unmäßig aufblähte, jedoch wirtschaftlich enttäuschende Ergebnisse brachte. Der Ausschuß Raymond Barres schlug vor, die nach Fläche bemessene Beihilfe durch einen am Einkommen der Personen orientierten gestaffelten Zuschuß zu ersetzen. Er kam, um mich über seine Anträge zu informieren. Die Qualität seiner Berichte war der Grund dafür, daß ich mich im Januar 1976 wieder an ihn erinnerte. Damals wechselte der erste Amtsinhaber des Außenhandelsministeriums der Regierung Jacques Chirac, Norbert Segard, ins Postministerium über, um der Entwicklung des Fernmeldewesens in unserem Land einen entscheidenden Anstoß zu geben. Zu seinem Nachfolger ernannte ich Raymond Barre.

Der Bericht, der die Gemüter am meisten erregte, war jedoch der

der Kommission zur Unternehmensreform, deren Vorsitz Pierre Sudreau führte.

Das Thema war aktuell. Die durch ein gemeinsames Programm verbundene sozialistische und kommunistische Opposition, die ich nur knapp geschlagen hatte, stellte die Rolle der Unternehmen und ihrer Leiter heftig in Frage und schlug umfangreiche Verstaatlichungen vor. Die von General de Gaulle acht Jahre zuvor eingebrachte Idee der Mitbestimmung bedurfte einer Überarbeitung. Und die Wirtschaftskrise machte ein Nachdenken über eine Verbesserung der Effizienz und Anpassungsfähigkeit unserer Unternehmen wünschenswert.

Das Thema war jedoch aus vielerlei Gründen auch tabu. Der Arbeitgeberverband - obgleich von dem sehr aufgeschlossenen François Ceyrac geleitet - mißtraute allen staatlichen Eingriffen in gewohnte Strukturen. Und der ideologische Druck der Linken, die in den Medien stark vertreten war, sorgte dafür, daß jede Verbesserung, die nicht gleichzeitig mit einer tiefgreifenden gesellschaftlichen Veränderung einherging, undurchführbar erschien.

Die zehn Mitglieder der Kommission und ihre beiden Hauptberichterstatter sollten sowohl fachkundig, vertrauenserweckend als auch für Reformen offen sein und waren daher sorgfältig auszuwählen. Im Hinblick auf den Vorsitz dachte ich an Pierre Sudreau. Ich wußte, daß er aufgeschlossen, aber auch umsichtig war und - aufgrund von Freundschaften und privaten Tätigkeiten - leitenden Unternehmerkreisen nahestand. Er war unter General de Gaulle Minister gewesen und unterhielt weiterhin Beziehungen zur Gewerkschaftsspitze. Kurzum, er befand sich am Knotenpunkt der Strömungen, zwischen denen es zu vermitteln galt.

Der Ausschuß wurde im Juli 1974 ins Leben gerufen. Seine Arbeit dauerte länger als vorgesehen. Pierre Sudreau bat zweimal um Aufschub. Die Schwierigkeit des Themas rechtfertigte es und war gleichzeitig ein Beweis für die ernsthafte Arbeit der Kommission. Schließlich war der Bericht fertig. Pierre Sudreau übergab ihn Jacques Chirac und brachte ihn mir am 7. Februar 1975 in den Elysée. Ich dankte ihm mit einem Brief, indem ich ihm - was sonst nicht üblich war- gestattete, seine Ergebnisse sofort zu veröffentlichen.

Ich empfing ihn sehr gern, denn sein Besuch erinnerte mich an die Zeit, in der wir beide unter dem damaligen Ratspräsidenten Edgar Faure im Matignon arbeiteten. Das war 1955 gewesen, in der angespannten Atmosphäre eines durch die Unabhängigkeit Marokkos und die Streiks auf den Werften in Nantes und Saint-Nazaire geprägten Sommers. Mit seiner ein wenig fettigen Haut, seiner hohen Stirn und seinem fliehenden Haaransatz sah er einem Mandarin nicht unähnlich. Seine Ausdrucksweise war angenehm und intelligent.

Sein Bericht war ausgezeichnet. Er zog eine klare Bilanz unserer damaligen Situation. Ein unterschwelliger Dirigismus der Verwaltung, der die Unternehmen verstimmte, und der gewerkschaftliche Dogmatismus, der auf der von der sozialistischen und kommunistischen Partei genährten Hoffnung nach politischer Veränderung basierte, hatten zu verkrusteten Unternehmensstrukturen geführt. Viele führende Kräfte waren bereits vor dem Krieg ausgebildet worden. Das weitverbreitete Wechseln hoher, vor allem aus dem Finanzministerium kommender Beamter an die Spitze großer Unternehmen ließ eine Gruppe von Verantwortlichen entstehen, die mehr daran dachten, ihre Privilegien zu sichern als unternehmerisch zu handeln.

Die Rolle des Marktes und der Geldinstitute beschränkte sich auf die Vergabe sorgfältig verbürgter und meist vom Staat getragener Kredite. Der Rückgang staatlicher Eingriffe, den ich mit einer starken Kürzung der Kredite des FDES (Fonds für wirtschaftliche und soziale Entwicklung) eingeleitet hatte - dieser Pandora-Büchse des Dirigismus -, ging nur langsam und widerwillig voran. Der auf die erste Ölkrise folgende Preisanstieg zwang uns, hinter die Politik der Preislockerung zurückzugehen, die ich als Verantwortlicher für die Wirtschaft unter Präsident Pompidou eingeleitet hatte.

Trotz dieser Beschränkungen schlug Sudreaus Bericht eine vernünftige Modernisierung der für die Unternehmen relevanten Rechtsvorschriften vor. Er behandelte vor allem fünf Themen: den Alltag in den Unternehmen, die Anpassung des Unternehmensrechts, die Aufwertung der Aktionäre, vorbeugende Maßnahmen zur Vermeidung von Konkursen und die Überarbeitung der Verfahren zur Lösung von Arbeitskonflikten.

Die ersten Reaktionen waren positiv. Pierre Sudreau war geschickt im Umgang mit der Presse und den Berufsverbänden.

Dennoch formierte sich der Widerstand sehr schnell. Die Zahl der Gegner in der Verwaltung, im Parlament und in den Berufsgruppen nahm zu. Der Irrtum bestand sicherlich darin, nicht versucht zu haben, die Schlußfolgerungen dieses Berichts gewaltsam durchzusetzen, aber es war ein gewollter Irrtum. Eine breite Diskussion hielt ich für ebenso wünschenswert wie ein vorhergehendes gründliches Nachdenken.

Was die Möglichkeit einer Diskussion anging, gab ich mich Illusionen hin. Es wurde sehr schnell offenkundig, daß der aus dem Hinterhalt geführte Krieg der Gegner wirksamer und mörderischer war als der Kreuzzug der Partisanen des Fortschritts.

Ein Beispiel hat mich in Erstaunen versetzt. Der Sudreau-Bericht befaßte sich ausführlich mit dem Fall der in Schwierigkeiten geratenen Unternehmen. Die Wirtschaftskrise vervielfachte die Zahl der Konkurse, die Anträge auf Konkurseröffnung und der Liquidationen. Die im 19. Jahrhundert entwickelten Gesetzestexte und Verfahren dienten allein dem Schutz der Interessen einiger Gläubiger und waren auf die neue Situation schlecht abgestimmt. Sie zwangen gelegentlich zur Liquidation eines Unternehmens, das eigentlich hätte weiterexistieren können, und standen einer möglichen Sanierung im Weg. Der Bericht schlug einige Maßnahmen vor, die Gesetzesentwürfe erforderlich machten.

Diese wurden vom Justizministerium vorbereitet und an das Parlament weitergeleitet. Ich sorgte mich um ihr Schicksal und erkundigte mich beim Ministerpräsidenten nach dem Fortgang der Angelegenheit. Manche Maßnahmen betrafen die Aufgaben der Konkursverwalter und der gerichtlich bestellten Liquidatoren. Die Widerstände der betroffenen Berufszweige, die in Parlamentarierkreisen sehr einflußreich sind, waren so wirksam, daß die Gesetzesentwürfe nicht die Hürde des Gutachtens der Gesetzeskommission nehmen konnten und somit nie in einer öffentlichen Sitzung zur Sprache kamen.

Hätte man die Anwendung dieser Maßnahmen erzwingen und das Spiel der vollendeten Tatsachen spielen sollen? Ich denke nicht.

Die Widerstände unter Parlamentariern und das Bremsen bestimmter Berufszweige brachten zweifellos zum Ausdruck, daß das Thema noch nicht ausgereift war. Das Handeln einer Regierung kann nicht in der Verordnung des Guten per Erlaß bestehen, sondern darin, die Bedingungen für seine Anerkennung und Verwirklichung durch die Gesamtheit des sozialen Gefüges zu schaffen.

Bevor sich hier die moderne Sicht von Funktion und Organisation eines Unternehmens durchsetzen konnte, war noch eine lange Strecke zurückzulegen. Sudreaus Bericht hat den Weg geebnet. Mehr noch, er hat die anstehenden Aufgaben in ihren wesentlichen Punkten klar aufgezeigt. In einer idealen Gesellschaft hätte man dies am nächsten Tag in die Tat umgesetzt. In einer menschlichen Gesellschaft galt es zu warten, bis der ausgesäte Samen in den Köpfen Zeit zum Keimen gehabt hatte.

In Verteidigungsfragen verlief die Entscheidungsfindung anders.

Da war zunächst die Dringlichkeit. Über Fristen konnte nicht frei bestimmt werden.

Weiterhin war die Kette der Anordnungen einfacher: Sie gelangten direkt von der Spitze zur Ausführung. Bei der Ausarbeitung von Verteidigungsprogrammen war nach dem Ministerpräsidenten und dem Verteidigungsminister der nächste in der Hierarchie der Oberbefehlshaber der Streitkräfte.

In Krisensituationen schritt ich auf der Ebene des Verteidigungsministeriums und der Streitkräfte ein. Selbstverständlich wurde der Ministerpräsident informiert, aber Raymond Barre, der dieses Amt innehatte, als es zu intervenieren galt, war wie ich der Meinung, daß in Angelegenheiten der äußeren Sicherheit in erster Linie der Staatspräsident die Veranwortung trägt.

Waren Entscheidungen zu treffen, so stand mir der dem Präsidenten direkt unterstellte Stabschef zur Seite. Er informiert den Präsidenten über militärische Dinge, bereitet seine Entscheidungen vor und leitet diese, falls erforderlich, zur Ausführung weiter. Ich hatte das Glück, daß dieses Amt von zwei Männern mit hervorragenden Eigenschaften wahrgenommen wurde: den Generälen Méry und Vanbremeersch. Obwohl sie völlig unterschiedlicher Herkunft waren – der eine entstammte einer im Berry ansässigen, republikanischen Familie (sein Bruder war sozialistischer Bürgermeister in Beaume-les-Dames), der andere war Flame mit aristokratischem Habitus –, hatten sie viele Gemeinsamkeiten: Sie gehörten beide dem Heer an und waren aufgrund ihrer Mitarbeit in der Résistance nach Deutschland deportiert worden. Sie liebten ihren Beruf und übten ihn von politischen Leidenschaften und persönlichen Intrigen unbelastet aus. Sie urteilten besonnen, fürchteten sich aber auch nicht vor Entscheidungen.

Sie verließen mich beide, um Oberbefehlshaber der Streitkräfte zu werden. General Méry hat diese Aufgabe hervorragend erfüllt. Er hat die militärische Planung umsichtig geleitet und persönliche Beziehungen zu den Oberkommandos der verbündeten Streitkräfte der NATO und der Bundesrepublik Deutschland geknüpft. Auf dieser Grundlage war es möglich, künftige Entwicklungen einer aktiveren Mitwirkung Europas an der Verantwortung für seine Verteidigung vorzubereiten.

Als er zu meinem großen Bedauern aus Altersgründen gehen mußte, nahm er mich nach der für ihn letzten Sitzung des Verteidigungsrates zur Seite, um mir eine Bitte vorzutragen. Fast schüchtern fragte er, ob er bei der Parade am Nationalfeiertag in meinem Wagen mitfahren dürfe. Ich gab ihm meine Zustimmung gern. Und so fuhren wir am 14. Juli 1980 gemeinsam die Champs-Elysée hinab. Ich mied seinen Blick, um darin nicht die Ergriffenheit zu sehen, die ich zwar ahnte, jedoch taktvoll zu übergehen hatte.

Als Nachfolger dachte ich an General Vanbremeersch, der bereits seine Stelle an meiner Seite angetreten hatte, als Méry Oberbefehlshaber der Streitkräfte geworden war. Der Grund für meine Wahl war einfach: Er war der Beste und der Qualifizierteste. Seiner Ernennung stand jedoch ein Hindernis im Wege. Ein Jahr zuvor hatten sich bei ihm Anzeichen einer krebsartigen Erkrankung gezeigt; er wurde behandelt und – so schien es – geheilt. Als ich ihm die Ernennung zum Oberbefehlshaber der Streitkräfte vorschlug, antwortete er: »Herr Präsident, ich fühle mich durch Ihre Wahl sehr geehrt, und es wäre für mich das schönste Amt meiner ganzen Laufbahn. Aber ich glaube es nicht antreten zu können. Ich war im vergangenen Jahr krank. Meine Ärzte sagen mir, daß die Krankheit überwunden und nichts zurückgeblieben ist. Aber ich fühle mich häufig erschöpft. Ich wurde in sehr jungen Jahren deportiert und habe sicherlich körperliche Spuren dieser Zeit zurückbehalten. Für dieses Amt ist jedoch völlige geistige und körperliche Verfügbarkeit erforderlich. Ich glaube nicht, daß ich die gewährleisten kann.«

Ich blieb beharrlich. Hatte ich unrecht? Er war doch mit Sicherheit der Beste für dieses Amt.

»Ich verstehe Ihre Gründe«, sagte ich. »Ich habe selbst darüber nachgedacht. Aber nun bitte ich Sie darum, Ihren Arzt zu Rate zu ziehen und ihm das Problem genauso darzulegen wie Sie es eben getan haben. Lassen Sie sich Zeit. Machen Sie Ihre endgültige Entscheidung von seiner Antwort abhängig.«

Zehn Tage vergingen. Dann brachte er mir seine Antwort. Sie war positiv. Sein Arzt war der Ansicht, daß er dieses Amt ohne Risiko für seine Gesundheit voll ausüben könne. Am 20. Juli 1980 wurde er zum Oberbefehlshaber der Streitkräfte ernannt.

Sechs Monate später brach die Krankheit erneut aus. In regelmäßigen Abständen ging er zu Behandlungen ins Val de Grâce-Hospital. Dann verschlechterte sich sein Gesundheitszustand, und er kam ins Krankenhaus. Ich besuchte ihn in einem kleinen Zimmer, das ihm als Arbeitsraum diente. Seine Frau ließ uns allein. Kaum wahrnehmbaren Anzeichen entnahm ich, daß sie mich für das Schicksal ihres Mannes mitverantwortlich machte. Ich hatte ihn bedrängt, ihn sowohl mit dem Reiz der Aufgabe als auch mit Appellen an seine berufliche Verantwortung auf einen Weg gelockt, der durch zu harte Anstrengungen seine Krankheit wieder zum Ausbruch gebracht hatte. Ich brachte ihm etwas zum Lesen. Durch das Fenster sah man Mansarts goldene Kuppel und das graue Gewoge der Dächer, das sich scharf gegen einen klaren, leuchtenden Himmel abzeichnete, wie er so häufig in Paris zu sehen ist. Wir sprachen über die aktuellen Arbeiten. Er hatte dunkle Ringe unter den Augen. Beim Abschied entschuldigte er sich, mich nicht hinausbegleiten zu können. Lächelnd und voller Würde war er noch immer derselbe. Fünfzehn Tage später, am 12. Februar 1981, brachte mir der Generalsekretär des Elysée die Nachricht von seinem Tode.

Häufig mußten wir in Afrika eingreifen: im Tschad, in Mauretanien, in Zaire und in Zentralafrika. Im Norden unterstützte General Gaddhafi, dessen Staatskasse dank der Erhöhung der Erdölpreise gut gefüllt war, den Vorstoß des Islam in Richtung Zentralafrika. Er nutzte die Zerwürfnisse im Tschad aus und konnte damals mit der Unterstützung der kriegerischen Stämme des Nordens rechnen. Die Sowjetunion hatte auf ihren afrikanischen Traum nicht verzichtet. Sie lieferte Kriegsmaterial, errichtete Stützpunkte wie in Mali oder Hubschrauberbasen wie in Zentralafrika, und sie schickte sich an, eine Luftbrücke nach Angola aufzubauen, mit Zwischenstationen in der Sahara und in Mali.

Darüber hinaus konnte sie auf die Gleichgültigkeit der Amerikaner bauen. Seit 1976 war die Wachsamkeit der Vereinigten Staaten in Afrika gleich null; die massive Präsenz von Sowjets und Kubanern in Angola und ihre Unterstützung der prosowjetischen äthiopischen Regierung stießen auf keinerlei Widerstand.

Die französischsprachigen Staaten Afrikas hielten sich an ihre gemäßigte Linie. Die Angst ihrer Regierungen war jedoch offenkundig: »Stellen wir uns auf die Seite des Westens«, sagten sie mir, »erhalten wir mäßige Kredite. Stellen wir uns auf die Seite der Sowjetunion, erhalten wir Waffen.«

Mit den meisten dieser Länder unterhielten wir Verteidigungsbündnisse. Einige gestatteten uns die Unterhaltung von Stützpunkten: Gabun, Togo, die Elfenbeinküste, der Tschad, Zentralafrika, Senegal und auch Kamerun. Die geringste Schwäche in der Einhaltung unserer Verteidigungsbündnisse konnte - durch afrikanische Gerüchte verstärkt - alles ins Wanken bringen.

Unsere Interventionen waren in der öffentlichen Meinung durchaus umstritten. Die sozialistische Opposition prangerte sie als abgegriffene Form des Kolonialismus an. Die Kommunisten stimmten in diesen Chor ein. Und auf Seiten der ehemaligen Gaullisten warnten Messmer und Couve de Murville vor militärischem Eingreifen im Tschad: Damit führten sie einen alten persönlichen Streit fort, der noch aus den Tagen der Regierung Georges Pompidous stammte.

In der Armee zeichnete sich eine Spaltung ab. Die ältere Generation, die von Erinnerungen an Indochina und Algerien verfolgt wurde und den Wunsch hegte, ihre zu geringen Kräfte nicht zu vergeuden, riet zur Vorsicht. Die jüngere Generation, die die militärische Laufbahn zu einem undankbaren Zeitpunkt - kurz nach den Ereignissen in Algerien - eingeschlagen hatte, drängte darauf, ihre persönlichen Fähigkeiten und die der Einheiten, in denen sie dienten, in der Praxis zu erproben. Die Erfahrung gab ihnen recht.

Zwei Entscheidungen sind mir in besonderer Erinnerung geblieben: Die eine betraf den Tschad, die andere Zaire.

Bei meinem Amtsantritt hatte im Tschad schon eine gespannte Lage geherrscht. Seit einigen Jahren verschlechterte sie sich weiter. Das Land war in drei Zonen geteilt. Im Tibesti-Gebirge im Norden, das von den Tubu, einem Stamm von Nomaden und Kriegern, bevölkert wird, die auch zur Zeit der Kolonisation von den meharistischen Offizieren nie ganz kontrolliert werden konnten, herrschte offener Widerstand. Die Revolte wurde von zwei Männern angeführt: von Goukhouni, einem Stammeshäuptling der Tubu, und von Hissen Habré, einem Angehörigen des arabischsprechenden Stammes der Goranen. Man sagte ihnen nach, daß sie sich Treue bis in den Tod geschworen hätten. Am 21. April 1974 hatten sie die französische Ethnologin Françoise Claustre in ihre Gewalt gebracht; diese hatte sich gegen den offiziellen Rat der örtlichen französischen Vertretung in das Tibesti-Gebirge gewagt und wurde nun als Geisel festgehalten. Die Medien hatten die Öffentlichkeit mit Berichten über ihr Schicksal in Bestürzung versetzt.

Im Süden übte Felix Tombalbaye die Macht aus. Der alte, charismatische und grausame schwarze Häuptling entstammte dem rätselhaftesten Teil Afrikas, dessen Riten und Zauberbräuche ihm vertraut waren. Er regierte als uneingeschränkter Herrscher, da er sich auch auf den christlichen Teil der schwarzen Bevölkerung des Südens stützen konnte.

Zwischen beiden lag die Wüste mit ihren verstreuten kleinen Oasen, die bis zur sudanesischen Grenze von arabischsprechenden Nomadenstämmen durchzogen wurde. Eines der ärmsten Länder der Welt und sicherlich auch eines der schönsten.

Am 13. August 1975 wird Felix Tombalbaye ermordet. Der ebenfalls aus dem Süden stammende schwarze General Malloum ergreift die Macht. Zur gleichen Zeit haben sich die als unzertrennlich gerühmten Verbündeten Goukhouni und Hissen Habré zerstritten. Durch schwierige Verhandlungen, die von unserem ehemaligen Botschafter in Tripolis geführt und durch die Würde und das Verständnis von Frau Steinen, der Mutter von Françoise Claustre, erleichtert werden, gelingt es im Januar 1977, deren Befreiung durchzusetzen. Ich schicke ein Militärflugzeug und den Piloten des mir direkt unterstellten Generals nach Tripolis, um sie abzuholen, und schlage Frau Steinen vor, sich dem Unternehmen anzuschließen. Nach ihrer Ankunft in Paris schickt sie mir einen Dankesbrief, der sich an all diejenigen wendet, die die Befreiung ihrer Tochter ermöglichten. Ihr Dankeszeichen blieb das einzige.

Hissen Habré hat das Tibesti-Gebirge verlassen. Er zieht die Truppen, die ihn begleitet haben, an der sudanesischen Grenze zusammen. Er läßt uns wissen, daß er bereit sei, neue Bündnisse zu schließen. Warum nicht mit Malloum?

René Journiac verfolgt für mich die Entwicklung dieser komplizierten Situation. Ich hatte ihn kennengelernt, als er – zunächst unter General de Gaulle, dann unter Georges Pompidou – Mitarbeiter von Jacques Foccart war. Er war von Beruf Richter. Und er hatte das würdevolle Aussehen dieses Standes, das eine leichte körperliche Fülle noch betonte. Aber der Schein täuschte, denn sein Äußeres verbarg einen scharfen aber fröhlichen Humor und eine Flexibilität, die es ihm gestattete, innerhalb von Stunden ein Flugzeug in Richtung Afrika zu besteigen. Er war verschwiegen und hatte das persönliche Vertrauen der Staatsoberhäupter gewinnen können. Auf sein Urteil konnte ich mich unbedingt verlassen.

Im Januar 1980, vier Monate nach der Absetzung von Kaiser Bokassa, bei der Journiac eine entscheidende Rolle gespielt hatte, kam er in einem Grumann-Flugzeug, das ihm Präsident Bongo zur Verfügung gestellt hatte, aus Gabun zurück. Er sollte in der Nähe von Garoua im Norden Kameruns zwischenlanden. Die örtliche Flugsicherheit sah das Flugzeug über den Landeplatz fliegen und nach der letzten Schleife verschwinden. Es schlug auf eine Düne auf und explodierte einige Kilometer vor der Landebahn. Die Zeitungen vermuteten ein Attentat. Aber alles wies darauf hin, daß es sich um einen Steuerungsfehler handelte, der durch einen Sandsturm verschlimmert wurde. Ich sah seinen toten Körper vor mir, in diesem afrikanischen Sand, den wir gemeinsam durchschritten hatten. Sein Verlust war für mich nicht wiedergutzumachen.

Im Juni 1977 und im Februar 1978 bringen die Tubu den gesamten Norden des Landes in ihre Gewalt. Auch Faya-Largeau fällt, ohne daß die entsetzten Verteidiger ihre Waffen eingesetzt hätten. Einige Männer aus dem Süden zeigen eigenartigen Mut. Der Kommandant von Faya-Largeau, ein ehemaliger Pilot, fliegt täglich mit einem Propellerflugzeug einsame Bombenangriffe. Die Garnison kapituliert.

Im April 1978 unternehmen die von den libyschen Streitkräften unterstützten Tubu Goukhounis eine Offensive in Richtung Süden. Die Truppen von General Malloum, die sich aus Schwarzen des Südens zusammensetzen – der einstigen »Beute« der Sklavenrazzien der Tubu –, sind verloren und verwirrt in dieser Steinwüste. Die Oasen werden ohne Widerstand genommen.

General Malloum, der im Oktober 1975 den Rückzug aller französischen Truppen gefordert hatte, ruft um Hilfe. Die Staatschefs Westafrikas, die Präsidenten Houphouet Boigny und Senghor sowie der togolesische General Eyadema bitten mich telefonisch um französische Intervention. Für sie ist es eine Frage des Überlebens. Zur gleichen Zeit macht die UdSSR ihren ganzen Einfluß in Afrika geltend. Ihre Militärflugzeuge legen in Mali Zwischenstation ein. Präsident Carter macht keinen Versuch, die Ankunft sowjetischer Techniker und kubanischer Söldner in Angola zu verhindern. Lassen wir die Libyer zum Tschad vordringen, so wird das für die Staatschefs der französischsprachigen Länder ein Zeichen dafür sein, daß es Sicherheit nur in einem Lager gibt. Und sie geben mir zu verstehen, daß einige von ihnen bereit sind, daraus Konsequenzen zu ziehen.

Im April entscheiden wir uns für Luftangriffe. Flugzeuge des Typs Jaguar, die für Bodenangriffe sehr geeignet sind, werden nach N'Djamena geschickt. Eine mutige und schnelle Entscheidung des Präsidenten Senghor erleichtert ihre Überführung via Dakar. Die militärische Unterstützung wird organisiert. Der Staatspräsident von Kamerun, Ahidjo, dessen Land an den Tschad grenzt, gestattet uns, mit Transporten durch den Norden seines Landes die Versorgung unserer Armee sicherzustellen.

Das Oberkommando unserer Streitkräfte zögert, als es darum geht, Einheiten des Heeres in den Tschad zu senden. Es hat die Abschiebung unserer Truppen im Jahre 1975 nicht vergessen und möchte – zu einem Zeitpunkt, da unsere konventionellen Streitkräfte neu strukturiert werden – vermeiden, daß ihre noch zu geringen Mittel in einem afrikanischen Abenteuer aufgerieben werden.

Man beschließt, Offiziere und Unteroffiziere zu entsenden, die eine schnelle Ausbildung der armseligen, völlig demoralisierten Streitkräfte des Tschad gewährleisten und diesen im Falle einer Intervention als Kader dienen. Im Nordosten von N'Djamena wird ein Trainingslager eingerichtet. Es soll den Schutz der Hauptstadt gewährleisten.

Die Wochen vergehen, ohne daß ermutigende Neuigkeiten zu verzeichnen wären. Auf der Michelin-Karte von Zentralafrika verfolge ich die Fortschritte des »Aufstandes«, der die kleinen Oasen im Süden und im Westen des Tibesti-Gebirges ergreift. Dann bewegt sich die Kolonne auf N'Djamena zu. Durch einen Überraschungsangriff bringt sie Koro Toro in ihre Gewalt und bedroht die Oase von Salal. Man zeigt mir Fotos: Ein paar Lehmhütten mit Flachdächern brüten in der Sonne. Auf den Bildern sind ausgemergelte Tiere zu erkennen.

Durch verletzte Eitelkeit, die der eigentliche Motor seines Verhaltens zu sein scheint, kompliziert General Malloum die Situation. Es fehlt ihm nicht an Würde, wenn die auch einen leicht selbstmörderischen Beigeschmack hat. Da er im Rang eines Generals steht, weigert er sich, im Tschad einen französischen Offizier aufzunehmen, dessen Dienstgrad über dem eines Obersten liegt. Darüber hinaus verlangt er, daß die Befehlsgewalt über die tschadischen Einheiten bei den einheimischen Offizieren und nicht bei den französischen Ausbildern liegt. Angesichts der Unentschlossenheit und Zersplitterung der militärischen Leitung verlange ich, daß man sich über die Einwände Malloums hinwegsetzt und ein mit dem Gelände vertrauter General die Verantwortung für die Koordination der Aktionen unserer Truppen erhält. Ich weise den Oberbefehlshaber an, unverzüglich allen an ihn gerichteten Bitten um Verstärkung nachzukommen. Einige Hubschrauber und leichte Panzer werden entsandt.

Mitte April bittet man mich dringend, den Vorsitz einer Konferenz über die militärische Lage im Tschad zu übernehmen. Ich schlage vor, sie auf den übernächsten Tag festzusetzen. General Vanbremeersch beharrt: »Das ist zu spät; es müssen dringend Entscheidungen getroffen werden. Es ist eine Frage von Stunden.« Das überrascht mich. Ich hatte bereits angewiesen, alle nötigen Verstärkungen zu schicken. Was gibt es noch zu entscheiden? Ich terminiere die Versammlung auf 9.30 Uhr am nächsten Morgen; sie soll im Kartensaal im Kellergeschoß stattfinden.

Diesen Raum ließ ich 1977 einrichten. Es handelte sich um einen 1939 für Staatspräsident Lebrun ausgebauten Schutzraum der passiven Verteidigung. Er war mit alten Möbeln und mit Livreen der Elysée-Bediensteten gefüllt, die ich einem Museum übergab. Diese Art von Betonbunker konnte als Schutz vor Luftangriffen dienen, war aber mit dem Eintritt ins Nuklearzeitalter nutzlos geworden. General de Gaulle hatte verfügt, daß sich der Staatspräsident, der in letzter Instanz über den Einsatz der Atomwaffen zu entscheiden hat, in ernsten internationalen Krisen in eine unterirdische Anlage unter dem Höhenzug von Taverny im Département Val d'Oise zurückziehen soll. Dort würde er über all die erforderlichen Mittel verfügen, einem nuklearen Angriff zu widerstehen und den U-Boot-Einheiten sowie den Einheiten der Luftwaffe und des Heeres die Befehle zum Gegenschlag übermitteln zu können.

Im Elysée gab es also keinen Raum, in dem die Mittel zur Information und Nachrichtenübermittlung zusammengestellt werden konnten. Diese waren sowohl zur Vorbereitung und Verbreitung von militärischen Entscheidungen unabdingbar, als auch um rund um die Uhr die »nukleare Wacht«, das heißt den Kontakt mit unseren strategischen Atomstreitkräften, zu gewährleisten. Der im Grunde aufgegebene unterirdische Schutzraum schien mir dafür wie geschaffen. Das Ergebnis der erforderlichen Umbauten - mit Sorgfalt, aber ohne Luxus ausgeführt - waren vier kleine, durch Zwischenwände unterteilte Räume und ein Korridor. Ein Raum war für Versammlungen vorgesehen. An seinen Wänden gab es Vorrichtungen zum Anbringen von Karten. Zwei Telefone verbanden ihn mit der Außenwelt.

Der komplizierte Grundriß des Elysée ermöglichte es mir, durch einen direkten Zugang dorthin zu gelangen. Ein ehemaliger Dienstbotenaufgang führte aus dem Stockwerk der Privatwohnung zum Eingang des Schutzraums. Er hatte eine einfache und elegante, im Stil Napoleons III. gehaltene Treppe, die man mit dem neuen blaugelben Teppichboden des Elysée ausgelegt hatte. An den Wänden des unteren Stockwerks, von wo aus man in das Kellergeschoß gelangte, hingen Radierungen mit Kampfszenen. Beim Betreten des Schutzraums mußte man den Kopf einziehen, da die Tür sehr niedrig ist. Ein Mitglied der Republikanischen Garde im Kampfanzug überwachte den Eingang.

Ich bin in der halb krankenhaus-, halb bunkerähnlichen, stahlgrauen Welt der Verteidigung. Bevor noch ein Wort gefallen ist, empfinde ich Beklemmung, ähnlich dem bedrückenden Schweigen, das in den Räumen lastet, in denen man Familien sein Beileid ausspricht. Der gleiche Ausdruck in den Gesichtern, die sich an das Unabänderliche zu gewöhnen suchen. Eine Ähnlichkeit auch mit der Anatomiestunde Rembrandts. Die Teilnehmer empfangen mich stehend, die Militärs in Hab-acht-Stellung. Was können sie wohl von mir wollen? Schließlich habe ich mich seit mehreren Wochen mit dem Gedanken angefreundet, zusätzliche Mittel in den Tschad schicken zu müssen. Wir haben in der Geschichte unserer militärischen Auseinandersetzungen – selbst in neuerer Zeit – schwierigere Prüfungen zu bestehen gehabt. Wir nehmen um den Tisch herum Platz, zu meiner Rechten der Verteidigungsminister, zu meiner Linken der Wirtschaftsminister.

Mir gegenüber sitzen der Oberbefehlshaber der Armee, der Generalinspektor der überseeischen Streitkräfte, zwei weitere Generäle, die ich nicht kenne, und René Journiac. Der mir direkt unterstellte General ist mit dem Protokoll der Versammlung und der amtlichen Bekanntmachung der Entscheidungen beauftragt.

Der Verteidigungsminister Yvon Bourges ergreift das Wort: »Herr Präsident, wir haben Sie dringend um diese Versammlung ersucht, weil die Lage im Tschad besorgniserregend ist. Eine schnelle Entscheidung ist notwendig.«

Darauf wäre ich nicht gekommen. Er fährt fort: »Um Sie umfassend zu informieren, ist es wohl das Beste, daß der Befehlshaber unserer Truppen vor Ort Ihnen die Lage beschreibt.«

Es ist einer der beiden Generäle, die ich nicht kannte. Er ist nicht sehr groß und geht wohl auf die fünfzig zu. Er trägt seine Auszeichnungen. Seine Analyse ist klar. Der Vorstoß der Tubu und der Libyer ist zu stark, um ihnen Einhalt gebieten zu können. Die Stellung von Salal ist genommen. Die von den Libyern gelieferten Waffen sind schlagkräftig: sowjetische SAM-7-Raketen zum Beschuß von Flugzeugen - was deren Einsatzfähigkeit in niedriger Höhe einschränkt - und Panzerfäuste, die unsere Fahrzeuge - zu leicht, als daß sie sich hinreichend nähern könnten - aufhalten. Die leichten Waffen, mit denen diese ausgestattet sind, sind wiederum für Beschuß aus großer Entfernung ungeeignet. Die Stellung wird nicht zurückzuerobern sein. Was die Hubschrauber angeht, so sind die Temperaturen so hoch, daß die Grenzen der Verwendung von Turbinen erreicht werden. Zudem sind sie über diesem unendlich flachen Land ideale Zielscheiben.

Das überrascht mich nicht. Als man mich über die Entsendung dieser Flugzeuge in den Tschad informierte, wurden sie mir als die absolute Waffe im Kampf gegen eine Invasion am Boden beschrieben. Als weiteres Argument hatte man auf die Testmöglichkeiten unter Einsatzbedingungen hingewiesen. Ich schwieg damals, um nicht den Anschein zu erwecken, ich maßte mir einen nicht vorhandenen Sachverstand an. Aber ich konnte mir nicht vorstellen, daß ein Fluggerät, das entwickelt wurde, um entlang der grünen Berge der Pfalz und Bayerns aufzutauchen und zu verschwinden, das im Hinblick auf unsere Temperaturen und unsere Feuchtigkeitsverhältnisse konzipiert wurde, die »absolute Waffe« in einer von der Sonne durchglühten steinernen Unendlichkeit sein konnte.

»Die Libyer können jeden Augenblick ihren Vormarsch auf N'Djamena wieder aufnehmen. Nichts hindert sie mehr.«

»Und das Lager, in dem unsere Offiziere die Tschader ausbilden?« frage ich.

»Es umfaßt nur einige hundert Männer«, antwortet er mir. »Die Hälfte davon beginnt gerade mit der Ausbildung und ist ohne militärische Bedeutung. Die andere Hälfte ist etwas besser, allerdings hält der tschadische Kader den Tubu nicht stand, und ihre Ausrüstung wiegt diese Schwäche nicht auf.«

»Können die Jaguare den Vormarsch stoppen?« fahre ich fort.

Der Antwort geht ein kurzes Schweigen voraus.

»Die Jaguare sind unzulänglich. Sie sind gegenüber den niedrig fliegenden SAM 7 zu verwundbar. Außerdem können wir sie nicht in N'Djamena halten. Sie brauchen ausreichenden Schutz.«

Langsam ahne ich etwas. Das Unbehagen verdichtet sich.

»Welche Mittel brauchen Sie?« frage ich.

Meine Gesprächspartner beschließen, ins kalte Wasser zu springen. General Vanbremeersch spricht in ihrem Namen: »Herr Präsident, wir sind zu der Schlußfolgerung gelangt, daß es unmöglich ist, N'Djamena zu verteidigen. Wir bitten Sie, den Rückzug unserer Streitkräfte aus dem Tschad zu gestatten.«

Der Ausdruck »aus allen Wolken fallen« paßt nicht ganz auf meine Lage. Dennoch kommt er mir in den Sinn. Das, was ich gerade gehört habe, übersteigt mein Fassungsvermögen. Die Franzosen von Libyern und Tubu geschlagen! Das werde ich nie zulassen. Was ist geschehen? Diese militärischen Führer sind mutig. Zwei von ihnen wurden deportiert. Sind dies Auswirkungen der Enttäuschungen in Indochina und Algerien oder der Weigerung der politischen Kräfte, ihnen die zum Erfolg erforderlichen Mittel zu Verfügung zu stellen? Aber ich hatte doch die Weisung gegeben, allen sich vor Ort zeigenden Bedürfnissen zu entsprechen. Oder glauben sie, daß diese afrikanischen Abenteuer die Armee von ihrer großen Aufgabe abhalten, der sie sich mit ganzer Leidenschaft widmen: unsere Schlagkraft in Europa wiederherzustellen?

Ich vermeide jede vorschnelle Reaktion. Ich darf sie nicht verletzen. Sie haben stärker als ich unter unseren kolonialen Mißgeschicken gelitten.

Ich frage General Méry, den Oberbefehlshaber der Streitkräfte: »Welche Mittel wären nötig, um N'Djamena wirksam zu verteidigen?«

»In der jetzigen Situation umfangreiche Mittel«, antwortet er. »Mehrere tausend Männer wären erforderlich. Und bis zu ihrem Eintreffen vergeht ziemlich viel Zeit. Ich bin mir nicht sicher, ob sie den Vormarsch tatsächlich aufhalten können.«

»Sie haben verfügbare Einheiten in der Bretagne, die 9. Division der Marineinfantrie sowie die Division der Fallschirmjäger. Können Sie die in den Tschad entsenden?« erkundige ich mich.

»Ohne Probleme, wenn ich den entsprechenden Befehl erteile. Es sind Regimenter mit Berufssoldaten, denen nur wenige Einberufene angehören. Fragt man die Einberufenen, so werden sich die meisten unter ihnen freiwillig melden. Die eigentliche Schwierigkeit liegt im Transport. Wir haben nur die Transall-Flugzeuge, und ihnen fehlt es an Reichweite. Dazu kommen die Erfordernisse der Versorgung vor Ort.«

Während er spricht, gehe ich mit mir zu Rate. Es ist nicht möglich, N'Djamena aufzugeben. Dies wäre ein Triumph für Gaddhafi und ein Signal des Zusammenbruchs für die Bedrohtesten unserer afrikanischen Verbündeten. Außerdem ist es für Frankreich unvorstellbar! Der Gedanke, die Einheiten unserer Nachhut über Treppen in Flugzeuge klettern zu sehen, zerlegtes Gerät und Baracken zurücklassend, an deren Wänden die letzten Dienstbefehle hängen, kommt mir schändlich vor. Zudem glaube ich nicht daran: Unsere Einheiten, wenn sie straff organisiert und vor Ort befehligt werden, sind nicht von den Tubu zu schlagen!

Ihre Blicke ruhen auf mir. Sie erwarten eine vernünftige, realistische, aber schwer zu fällende Entscheidung. Sie betrachten mich prüfend, wollen wissen, ob ich dazu in der Lage sein werde.

»Ich denke, daß wir N'Djamena verteidigen müssen. Entsprechende Mittel sind bereitzustellen. Sorgen Sie dafür, daß die ersten Einheiten sofort aufbrechen, um die Sicherheit unseres Luftwaffenstützpunktes und der Jaguare zu garantieren, und beginnen Sie so schnell wie möglich mit der Entsendung schwerer Einheiten. Wahrscheinlich werden mehrere Regimenter erforderlich sein.«

»Mindestens zwei oder drei Regimenter«, präzisiert General Méry. »Dazu die Versorgungseinheiten.«

Ich komme zum Schluß: »Leiten Sie sofort alles Nötige in die

Wege. Aufgrund des Geländes scheint es mir zudem nützlich, Artillerie zu entsenden.«

Ich habe meine Zuständigkeit überschritten, glaube aber, daß weitreichender und massiver Beschuß Unordnung in die Reihen der Libyer und Tubu bringen und ihren Kampfgeist brechen könnte.

Meine Gesprächspartner reagieren nicht sofort. Um ihre Gefühle zu verbergen, sehen sie einander nicht an. Eine andere Entscheidung, die ihrem Gewissen nach die richtige zu sein schien, hatte sie hergeführt. Aber gleich einem Schwarm von Vögeln, in dem das Auffliegen des ersten den Flug der anderen auslöst, schlägt die Atmosphäre mit einem Mal um, als Yvon Bourges das Wort ergreift:

»Herr Präsident, wir werden Ihre Entscheidung in die Tat umsetzen. Gemeinsam mit dem Oberbefehlshaber werde ich überlegen, wie man die ersten Einheiten auf den Weg schicken kann. Wir werden sofort zusammenkommen. Ich halte Sie auf dem laufenden.«

Ich stehe auf und spüre, daß sie voller Ernst sind, aber in ihrem tiefsten Innern - täusche ich mich? - zufrieden und erleichtert. Ich sehe, wie sie aufeinander zugehen und bereits über die Vorbereitungen zu reden beginnen.

Die Maschinerie ist in Gang gekommen. Rückblickend kann ich sagen, daß sie gut, schnell und wirksam funktioniert hat. Die Jaguare hielten den Vormarsch der Libyer auf. Ich bekam Fotos, die ihre Kameras während der Kampfhandlungen aufgenommen hatten. Riesige Schwarzweiß-Vergrößerungen, auf denen man libysche Lastwagen sah, die von ihren Fahrern verlassen wurden, daneben die auf den Sand projizierten Flügel der Jaguare. Es waren keine Staatsgeheimnisse: Ich nahm diese Bilder in meine Privatwohnung mit, wo ich sie in meinem Schreibtisch aufbewahrte, um sie von Zeit zu Zeit zu betrachten, während das Pariser Licht schräg durch die Fenster fiel, nachdem es die Glasfenster des Grand Palais durchdrungen und die Staus auf den Champs-Elysées überflogen hatte, und sie über meine Schulter hinweg beleuchtete, um sie in einzelne Aspekte aufzufächern: Afrika, der grausame Krieg und der Erfolg.

Die militärische Intervention in Kolwezi war von anderer Art. Ein Jahr zuvor, im Frühjahr 1977, war Zaire in einen ersten Krieg im Shaba verwickelt gewesen. Als »Gendarmen« bezeichnete kantangesische Soldaten hatten die Grenze Sambias überschritten, um in Zaire einzudringen. Ihr Name rief merkwürdige Assoziationen hervor. Was verband sie mit den ersten, von François I. rekrutierten und »gens d'armes« genannten Soldaten? Es war eine Auswirkung der einstigen belgischen Oberherrschaft.

In der Kolonialzeit hatte die Minenverwaltung von Ober-Katanga eine Gendarmenmiliz ins Leben gerufen. Nach der Unabhängigkeit hatte sie das Land verlassen und sich auf der anderen Seite der Grenze niedergelassen. Sie wartete auf einen günstigen Augenblick zur Rückkehr. Waren es noch dieselben Männer? Sie mußten doch inzwischen alt geworden sein. Auf jeden Fall handelte es sich um eine mit modernen Waffen ausgestattete, über militärische Führer verfügende Bande mit kriegerischer Vergangenheit.

Um Präsident Mobutu zu helfen, hatten wir im Jahr 1977 die Transportflugzeuge geliefert, mit denen vom marokkanischen König entsandte Einheiten befördert wurden. Wir waren bemüht, die Afrikaner zu einer gemeinsamen Reaktion zu veranlassen. Mehrere französischsprachige Länder Afrikas hatten Truppenkontingente geschickt, es war jedoch Marokko, das, aufgrund eines Beschlusses von Hassan II., den größten Anteil der Streitkräfte bereitgestellt hatte. Sie hatten die Gendarmen an die Grenze zurückgedrängt und waren nach einigen Monaten der Überwachung nach Marokko zurückgekehrt. Während dieser Ereignisse hatte der Oberbefehlshaber der französischen Streitkräfte, General Méry, eine Mannschaft von ungefähr zehn Fallschirmjägern entsandt, um unsere Gegenwart zu bekunden und Erkundigungen einzuziehen. Sie brachten Stadtpläne mit.

Im Mai 1978 war die Situation dramatischer. Die etwa 3000 Katanger waren diesmal von Angola her gekommen und über den Süden nach Zaire vorgestoßen. Am 13. Mai, dem Pfingstsonnabend, hatten sie die Stadt Kolwezi eingenommen. Sie belagerten die Kupferminen von Gécamines im Herzen des Shaba. Es schien, als hätten die katangesischen Gendarmen die Absicht, anschließend in Richtung Lumumbashi vorzustoßen, um die Abtrennung der Provinz Shaba zu erzwingen.

In Kolwezi lebt eine große Zahl von Europäern: die leitenden Angestellten der Minen mit ihren Familien. Insgesamt zwischen 2500 und 2700 Personen. Die Katanger hatten gleich nach ihrer Ankunft vor Ort eine Volksmiliz rekrutiert und sie mit Waffen versorgt. Deren Mitglieder durchstreiften die Stadt und terrorisierten ihre Bewohner. Massaker waren nicht auszuschließen.

Gleich zu Beginn der Ereignisse setzte sich Mobutu telefonisch mit mir in Verbindung. Er bat mich um direkte und sofortige militärische Hilfe. Ich erkundigte mich nach der Möglichkeit, wie im vergangenen Jahr an die afrikanische Solidarität zu appellieren. Er erklärte, daß es dazu zu spät sei und er für die nächsten Tage das Schlimmste befürchte.

Am späten Vormittag des 17. Mai traf ich General Méry, um ihn anzuweisen, eine Intervention vorzubereiten, die innerhalb kürzester Frist stattfinden könne, wenn möglich bereits am Freitag. Am Mittwochabend, nach dem Besuch einer Theatervorstellung, die in der Comédie Française zu Ehren von Präsident Senghor gegeben worden war, rief ich General Méry in der Einsatzzentrale der Streitkräfte an, um mich nach dem Stand der Vorbereitungen zu erkundigen. Er teilte mir mit, daß er und die Offiziere seiner Mannschaft dabei seien, die Planung des Einsatzes fertigzustellen, daß er bei der Organisation des Transportes auf Schwierigkeiten stoße, jedoch denke, diese überwinden zu können, und mir zum Einschreiten rate, da die Katanger über keine wirksame Luftverteidigung verfügten. Ich verabredete mich mit ihm für den nächsten Vormittag.

Donnerstagfrüh versammelten wir uns in demselben unterirdischen Raum wie während der Tschad-Krise. Der Generalstab verfügte über keine militärischen Karten von Kolwezi. Die einzigen Dokumente, die wir besaßen, waren die im vergangenen Jahr von den Fallschirmjägern mitgebrachten Materialien. An der Wand hatte man die Vergrößerung eines Plans angebracht, der einer Touristenbroschüre entnommen war: eine weitläufige, verstreute Agglomeration, in deren Mitte sich der einstige Flugplatz befand, der, so schien es, zu einer Art Park umgestaltet worden war.

Die Generäle Méry und Vanbremeersch sowie René Journiac und der Außenminister Louis de Guiringaud waren anwesend; letzterer wegen der Auswirkungen, die dieser Einsatz auf unsere Beziehungen zu Belgien haben konnte. Der Verteidigungsminister Yvon Bourges war aufgrund seiner Teilnahme an einer seit langem geplanten öffentlichen Veranstaltung verhindert. Ich hatte ihn gebeten, nicht abzusagen, um kein Aufsehen zu erregen.

General Méry stellte sein Vorhaben vor: Wegen der Entfernung konnte die Intervention einzig aus der Luft erfolgen, und zwar in Form eines Fallschirmjägereinsatzes. Dieser war technisch sehr schwer durchzuführen, da die Flugzeuge nicht in der Umgebung landen konnten, sondern zu einem 250 Kilometer entfernten Flughafen umkehren mußten. Waren sie abgesprungen, befanden sich die Fallschirmjäger allein im Gelände, ohne jede Möglichkeit, Verstärkung zu erhalten oder wieder aufgenommen zu werden.

General Méry schlug vor, Fallschirmjäger der Fremdenlegion, und zwar das 2. Regiment, nach Kinshasa zu entsenden und es dort für einen Absprung über Kolwezi bereitzuhalten. Dieses Regiment war in Bastia auf Korsika stationiert und bestand aus 700 Männern. Ich hielt es für unerläßlich, das Regiment auf der Strecke zwischen Kinshasa und Kolwezi mit französischen Militärflugzeugen zu befördern. Daher mußte man unverzüglich Transall-Flugzeuge nach Zaire schicken.

Aber die Entfernung von 7 000 Kilometern zwischen dem Stützpunkt von Solenzara und Zaire verhinderte den Einsatz von Transall-Flugzeugen, die zu langsam sind und zahlreiche Zwischenlandungen erfordern. Man benötigte Langstreckenflugzeuge, und die hatten wir nicht.

Es war möglich, zivile Flugzeuge zu beschlagnahmen. Seit Beginn der Krise war General Méry so umsichtig gewesen, Air France und UTA aufzufordern, einige Langstreckenflugzeuge in Reserve zu halten. Mit diesen Maschinen konnte man den Transport der Mannschaften durchführen, aber ihr Fassungsvermögen reichte nicht aus, um das Gerät zu befördern. General Méry hatte sich mit General Haig, dem Oberkommandierenden der NATO in Verbindung gesetzt. Er war sofort zur Kooperation bereit. Ohne in Verhandlungen einzutreten, die sich – im Falle Washingtons – in die Länge hätten ziehen können, stellte er uns sofort DC8-Flugzeuge zur Verfügung.

General Méry kam zu dem Schluß, daß das 2. Regiment der Fallschirmjäger noch am selben Tage nach Kinshasa befördert werden könne und daß die Fallschirmjäger – ohne sich vorher ausgeruht zu haben – vom Nachmittag des 19. Mai an zum Absprung bereit sein konnten.

Wir hatten das Glück, vor Ort von einem aktiven und kompetenten Botschafter, André Rosse, vertreten zu werden, dessen Fähigkeiten ich während meines offiziellen Besuchs zwei Jahre zuvor in Zaire hatte würdigen können. Mit Oberst Gras stand ihm zudem ein Militärattaché zur Seite, der aus dem Korps der Fallschirmjäger hervorgegangen war und der die Ereignisse im Shaba ein Jahr zuvor aus der Nähe verfolgt hatte. Auf diese Weise wurde ich schnell und zuverlässig informiert.

Zu Beginn dieser Woche empfing ich den Präsidenten von Senegal, Leopold Sedar Senghor zu einem offiziellen Besuch in Frankreich. Dieser Staatsbesuch verlief nach dem unveränderlichen Ritus, der zu Zeiten General de Gaulles festgesetzt worden war. Nach der Theatervorstellung vom Mittwoch war für Donnerstagabend das große Galadiner mit offiziellen Reden in dem mit Kerzen geschmückten Festsaal des Elysée vorgesehen. Nach dem Bankett traf sich die Tischgesellschaft in den Salons im Erdgeschoß wieder; nun kamen auch die anderen Gäste dazu. Smoking und Abendkleid waren die übliche Kleidung.

Ich hatte Präsident Senghor in den Pompadour-Salon geleitet. Dieser Raum verdankt seinen Namen der Tatsache, daß er Madame de Pompadour während der kurzen Zeit, in der sie Besitzerin des Elysée war, als Schlafzimmer diente. Damals war seine Ausstattung berühmt. Madame de Pompadour hatte ihn mit Kunstgegenständen dekoriert, die sie in Sèvres anfertigen ließ. Präsident Vincent Auriol ließ den Alkoven abreißen, um einem Aufzug Platz zu machen. Von der einstigen Pracht dieses Zimmers war nichts übrig außer einem von Boucher gemalten hübschen Porträt der Pompadour, auf dem diese eine Halskrause aus Spitze trägt – ein Porträt, das Präsident Pompidou für die Ausstattung der modernen Räume aus den Beständen des Louvre kommen ließ und das ich hier aufhängte, um ihm seinen ursprünglichen Platz wiederzugeben.

Anne-Aymone und Frau Senghor saßen auf dem Kanapee und tranken Zitronentee. Präsident Senghor, Außenminister Louis de Guiringaud und ich standen in der Nähe des Kamins, in dem ein Feuer leicht knisterte. An der Tür unterhielt sich Raymond Barre mit mehreren Ministern. Dahinter nahm man - wie im Film - nur noch undeutliche Silhouetten wahr und hörte das gedämpfte Murmeln der Gespräche.

General Vanbremeersch, der an diesem Abend Bereitschaftsdienst hat, ist durch die Tür der Gemäldegalerie eingetreten. Er kommt näher und fragt, ob er mich kurz sprechen könne. Ich lasse Senghor in Gesellschaft Guiringauds zurück.

»Wir haben schlechte Neuigkeiten aus Kolwezi«, sagt er. »Rosse hat gerade angerufen. Allem Anschein nach hat ein Massaker an den Europäern begonnen. Die Katanger, die über das Radio von der Möglichkeit einer belgischen Intervention erfahren haben, bereiten sich darauf vor, wieder über die Grenze zurückzugehen und ihre europäischen Geiseln mitzunehmen. Rosse drängt darauf, die Operation unbedingt morgen durchzuführen.«

»Wo befindet sich das 2. Regiment der Fallschirmjäger zur Zeit? Ist es schon in Kinshasa?« frage ich ihn.

»Es ist auf dem Weg. Das erste Flugzeug soll um elf Uhr abends landen.«

»Wenn der Einsatz morgen stattfinden soll, müssen sie im Morgengrauen wieder aufbrechen und haben dann einen vier- bis fünfstündigen Flug vor sich. Werden sie nicht zu erschöpft sein, um die Operation erfolgreich durchführen zu können?«

»Bevor ich hierher kam, habe ich General Méry telefonisch diese Frage gestellt. Er meint, daß es sehr knapp wird, aber durchführbar ist. Allerdings besteht er auf einer schnellen Entscheidung, denn man müßte auf der Stelle mit den Vorbereitungen beginnen.«

»Warten Sie einen Augenblick«, sage ich. »Ich werde Ihnen gleich meine Antwort geben.«

Mein Kopf hämmert wie eine aus dem Rhythmus geratene Schreibmaschine. Ich will nicht, daß Senghor etwas bemerkt. Er ist unser Gast, und nichts darf ihm zu erkennen geben, daß wir andere Sorgen haben, als die, ihn angemessen zu empfangen. Ich kehre zu ihm und Guiringaud zurück, entschuldige mich für die Unterbrechung und nehme die Unterhaltung wieder auf. Es geht um die westliche Sahara und die Chancen eines Volksentscheids über die Selbstbestimmung. Ich folge dem Gespräch, werfe ein, zwei Worte ein, um mein Interesse zu bekunden; inzwischen gehen meine Gedanken in eine andere Richtung.

Wenn ein Massaker begonnen hat, muß sofort eingegriffen werden. Die Standuhr am Kamin zeigt zehn Uhr zwanzig. Das erste Flugzeug ist noch nicht einmal gelandet. Ist es vernünftig, die erschöpften Männer gleich morgen früh wieder aufbrechen zu lassen? Zumal ich aus meiner Kenntnis der Armee weiß, was es bedeutet, um vier oder fünf Uhr morgens anzutreten. Und wenn sie bei der Landung von den Katangern abgefangen werden? An den Seilen ihrer Fallschirme wären sie leichte Ziele. Fünfzig Tote? Hundert Tote?

Das Personal erscheint. Der Augenblick für Champagner und Fruchtsäfte ist gekommen. Ich nehme Kirschsaft. Ich mag seinen leicht säuerlichen Geschmack, der mich an die weit zurückliegenden nachmittäglichen Mahlzeiten meiner Kinderzeit erinnert.

In der Nähe der Tür wartet Vanbremeersch noch immer. Wenn Massaker stattfinden, haben wir keine Wahl. Das Risiko mag noch so groß sein. Ein Volk, das über militärische Mittel verfügt, kann nicht untätig bleiben, wenn Banditen Fenster einschlagen und mit Maschinenpistolen in das Innere der Häuser schießen . . . Ich gehe auf General Vanbremeersch zu.

»Rosse hat Ihnen tatsächlich gesagt, daß die Massaker in Kinshasa begonnen haben?« frage ich.

»Ja«, antwortet er. »Sie haben über Funk Hilferufe erhalten. Die Bevölkerung ist in höchster Unruhe. Man bittet uns inständig um ein Eingreifen.«

»Rufen Sie Méry sofort zurück«, sagte ich zu ihm, »und geben Sie ihm meine Zustimmung zu einer unverzüglichen Intervention. Benachrichtigen Sie auch Rosse. Sagen Sie ihm, daß wir so schnell wie möglich handeln werden.«

Präsident Senghor ist zu Anne-Aymone und seiner Gattin hinübergegangen. Er sitzt ihnen gegenüber in einem der goldenen Sessel aus blauer Seide mit Rankenmustern. Guiringaud steht in der Nähe des Kamins. Ich nähere mich ihm und sehe unsere beiden Gesichter im Spiegel. Aufgrund des Spiegelbelags und der allzu weißen Kragen unserer Hemden wirken sie merkwürdig gebräunt.

»Ich habe gerade meine Zustimmung zur morgigen Intervention des 2. Fallschirmjägerregiments der Legion in Kolwezi gegeben«, sage ich zu ihm. »Es scheint, als hätte ein Massaker an europäischen Einwohnern begonnen. Die Militärs und Rosse sind benachrichtigt. Es wäre gut, wenn Sie die Belgier informierten. Sie bereiten von Kamina aus etwas vor. Es wäre ideal, wenn unsere beiden Aktionen gemeinsam erfolgten. Wir können die unsrige jedoch nicht aufschieben. Sie müssen sich schnell entscheiden!«

Präsident Senghor hat sich erhoben. Der Augenblick des Aufbruchs ist gekommen. Ich denke, daß er trotz seiner großen Feinfühligkeit keinen Verdacht geschöpft hat. Wir gehen langsam durch die Räume und schütteln viele Hände. Senghor kennt sehr viele Menschen. Seine Augen strahlen hinter seiner Brille. Seine Stimme klingt hoch wie die eines Studenten. Ich fühle mich durch meine Entscheidung erleichtert. Zumindest werden sich diese unglücklichen Europäer nicht aufgegeben fühlen! Aber niemand darf etwas von unserer Intervention erfahren. Wenn der Rundfunk darüber berichtete, würde auf unsere Fallschirmjäger praktisch ein Scheibenschießen veranstaltet. Wir trennen uns in der Eingangshalle. Präsident Senghor hat die ungezwungene Höflichkeit eines Intellektuellen. Seine aus einer alten normannischen Familie stammende Gattin zeigt eine gemessene Haltung, weder aufgesetzt oder herablassend noch in irgendeiner Weise auf persönliche Verdienste anspielend. Senghor hat seinen Mantel angezogen. Gemeinsam geht das Ehepaar die Freitreppe zum Hof hinunter. Ihr Wagen erwartet sie. Er hat uns die Rückseite zugewandt. Ich sehe die roten Rücklichter und die aus dem Auspuff kommenden Abgase. Das Auto fährt auf dem Kies an. Sie sind fort.

Ich gehe in unsere Wohnung hinauf. Ich werde im Elysée übernachten, um leichter erreichbar zu sein, obwohl auch unsere Wohnung in der Rue Bénouville über eine direkte Leitung verfügt. Ich ziehe es jedoch vor, mich vor Ort zu fühlen, meinem Amt fester verbunden und den Entscheidungszentralen nahe. Anne-Aymone fährt nach Hause, um sich umzuziehen. Sie trägt ein Kleid aus schwarzweißem Taft, das wie immer von unserem Freund Jean-Louis Scherrer entworfen wurde.

23.25 Uhr: Der erste Telefonanruf.

»Hier Vanbremeersch. Ich habe soeben eine Nachricht des Oberkommandos der Streitkräfte erhalten. Das erste Flugzeug ist in Kinshasa gelandet. Die anderen folgen.«

»Gut. Halten Sie mich auf dem laufenden.«

23.40 Uhr: Diesmal ist es Guiringaud.

»Ich hoffe, ich störe Sie nicht, Herr Präsident?«

Seine gascognische Höflichkeit übersteht alle Krisen!

»Überhaupt nicht! Konnten Sie sich mit den Belgiern in Verbindung setzen?«

»Ja, es ist mir gelungen, meinem Kollegen Simonnet Ihre Nachricht zu übermitteln. Er hat mir bestätigt, daß sie ihrerseits einen Einsatz vorbereiten. Es lag ihm sehr daran, daß wir nicht ohne sie handeln. Er war auf dem Weg zum Premierminister. Gleich nach seiner Rückkehr wird er mich wieder anrufen. Soll ich Sie dann von seiner Antwort informieren?«

»Selbstverständlich. Rufen Sie mich sofort zurück.«

Ich lege auf. Der Apparat steht auf dem Nachttisch, einem mit Intarsien verzierten Spieltisch, der aus dem Finanzministerium hierher gebracht wurde. Es gibt zwei Telefonapparate, der eine hat eine direkte Leitung, der andere ist der Zentrale angeschlossen. An der anderen Seite des Bettes steht ein weißes Telefon, das direkt mit der nuklearen Befehlsstelle verbunden ist. Es wird während der ganzen Zeit meiner Präsidentschaft still bleiben.

Ich zögere einzuschlafen. Es ist besser, den Anruf Guiringauds abzuwarten. Je nach Antwort der belgischen Regierung wird eine schnelle Entscheidung zu treffen sein, und es gilt einen klaren Kopf zu behalten. Ich lasse die Nachttischlampe brennen.

Freitag, 1.15 Uhr: Guiringaud ruft an. »Simonnet hat mit dem Premierminister gesprochen. Sie haben beschlossen, sich unserer

Intervention anzuschließen. Sie werden im Laufe der Nacht erneut konferieren. Er wird sich um sechs Uhr morgens noch einmal melden und drängt darauf, daß unsere Operation nicht beginnt, bevor sie uns ihre Antwort gegeben haben.«

Ich frage Guiringaud nach seiner Meinung.

»Ich glaube, daß sie nicht einsatzbereit sind«, antwortet er mir. »Aber sie wollen unbedingt vermeiden, daß wir ohne sie handeln. Im Augenblick versuchen sie Zeit zu gewinnen. Offensichtlich wollen sie jedoch auch nicht die Verantwortung für eine Verzögerung des Einsatzes tragen. Die Nachrichten, die sie erhalten haben, sind genauso besorgniserregend wie die unsrigen.«

»Es bleibt uns nichts anderes übrig, als ihre Antwort abzuwarten«, sage ich zu ihm. »Auf jeden Fall bestätige ich jedoch dem Oberkommando, daß es die Aktion am frühen Morgen auslösen soll. Hoffentlich zusammen mit den Belgiern, aber notfalls auch ohne sie.«

Ich bitte den Telefonisten des Elysées, mich mit dem Bereitschaftsdienst des Oberkommandos zu verbinden. Ich kenne die Stimmen der einzelnen, stets männlichen Telefonisten, die die Post in den Elysée abordnet. Ihre Arbeit ist von bemerkenswerter Qualität. Ich verbinde mit diesen Stimmen keine Gesichter. Sicherlich werde ich erstaunt sein, wenn ich ihnen aus Anlaß des jährlichen Empfangs für die Angestellten des Elysée begegne und sie vielleicht ganz anders finde, als ich sie mir nach dem Klang ihrer Stimme vorgestellt hatte. Ich bestätige meine Anweisungen für General Méry und frage den Offizier des Bereitschaftsdienstes, ob er neue Nachrichten erhalten hat.

»Ja, Herr Präsident. Drei Flugzeuge sind gelandet. Die Vorbereitungen für den Einsatz werden getroffen. Die Lagebesprechung der Offiziere beginnt in einer Stunde.«

»Für wann ist der Start der Flugzeuge vorgesehen?«

»Sieben Uhr morgens, Ortszeit. Die Zeitverschiebung zu Paris beträgt eine Stunde.«

Wir werden gerade genug Zeit haben, die Antwort der Belgier abzuwarten. Es bleibt nichts anderes übrig, als zu warten. Eigentlich sollte ich versuchen zu schlafen. Ich werde die Lampe brennen lassen, um das Telefon nicht in der Dunkelheit suchen zu müssen, falls man mich anruft. Ihr Schein erhellt ein Foto meiner Tochter Jacinte, das sie im Alter von acht Jahren vor einer von rosa Geranien überquellenden Schale zeigt, er erhellt auch einen die Zeichen unvorstellbaren Alters tragenden schwarzweißen Kieselstein, den ich am Strand von Pylos aufgehoben habe – kurz, mein ganzes Geborgenheit vermittelndes Sammelsurium.

Ich muß tief geschlafen haben, denn das Telefon hat zunächst in meinem Traum geläutet, bevor das Geräusch die Bewegung der Hand zum Apparat auslöste. Guiringaud meldet sich. Ich sehe auf meine Uhr. Es ist sechs Uhr.

»Mein belgischer Kollege hat mich gerade zurückgerufen«, sagt er mir. »Sie werden nicht rechtzeitig fertig sein können. Der Premierminister hat ihn gebeten, Sie wissen zu lassen, daß seine Regierung es vorzöge, wenn Sie warten könnten. Voraussichtlich werden sie morgen gemeinsam mit uns intervenieren können. Er versteht jedoch, wie schwer Ihre Entscheidung ist. Ich habe ihm versichert, daß ich ihn über Ihre Beschlüsse informiere.«

Ich danke ihm und füge hinzu: »Rufen Sie ihn wieder an und sagen Sie ihm, daß wir unsere Operation unter diesen Umständen durchführen werden, aber unsere Verhandlungen und ihre Bereitschaft zur Zusammenarbeit berücksichtigen werden.«

Die Morgendämmerung bricht an und schimmert grau durch die Ritzen der Fensterläden. Im Zimmer sind nun Schatten. Ich rufe wieder das Oberkommando an.

»Würden Sie General Méry bestätigen, daß es keine Änderungen gibt und der Einsatz wie vorgesehen beginnen kann.«

»Herr Präsident, wir haben leider erfahren, daß es Verzögerungen geben wird. In Kinshasa herrscht Nebel. Die beiden letzten Flugzeuge sind noch nicht gelandet. Oberst Gras und Oberst Erulin befinden sich in der Befehlsstelle von N'Djili in der Nähe des Flughafens. Sie werden uns benachrichten, sobald der Start der Flugzeuge möglich ist, voraussichtlich zwischen halb neun und neun Uhr Ortszeit.«

Das heißt halb acht oder acht Uhr Pariser Zeit. Also in eineinhalb Stunden. Die Zeitungen sind noch nicht eingetroffen. Ich höre die Nachrichten auf *Europe 1.* Kein Wort über unser Unternehmen. Ich lasse mir ein Bad einlaufen.

7.20 Uhr: Das Telefon klingelt. Ich habe mich gerade eingeseift. Während ich das Zimmer durchquere, sage ich zu mir, daß die Flugzeuge wohl doch starten konnten, offenbar sogar etwas früher als vorhergesehen. Als ich den Hörer abnehme, dringt nicht die Stimme eines Militärs, sondern überraschenderweise die Louis de Guiringauds an mein Ohr.

»Die Belgier haben erneut ihre Haltung geändert«, sagt er mir. »Sie sind sehr besorgt darüber, daß unsere Operation ohne sie beginnt. Sie bestehen darauf, daß ihre Kommandos zur gleichen Zeit wie wir agieren. In wenigen Stunden werden sie dazu bereit sein. Sie bitten uns dringend um einen erneuten Aufschub. In einer Stunde können sie uns ihr Startzeichen geben.«

»Ich denke, daß es dazu zu spät ist«, erwidere ich, »unsere Flugzeuge sind bereits gestartet. Ich werde die Lage mit Méry besprechen.«

Ich lasse mich mit dem Oberkommando verbinden. General Méry ist am anderen Ende der Leitung. Ich teile ihm die Anfrage der Belgier mit und spüre, wie Verärgerung die ruhige Oberfläche dieses Mannes zu durchdringen beginnt. Offensichtlich fängt er an sich zu fragen, ob die Entschlossenheit der verantwortlichen Politiker nicht langsam nachläßt.

»Es ist zu spät«, antwortet er. »Aber ich werde sehen, wie weit sie in Kinshasa sind. Ich rufe Sie zurück.«

Drei Minuten später klingelt es erneut.

»Hier Méry. Wir können nichts mehr tun. Ich habe gerade erfahren, daß die Legionäre auf der Startbahn sind. Das erste Flugzeug hat bereits abgehoben.«

In der Zwischenzeit habe ich nachgedacht. Diese Angelegenheit ist sehr ärgerlich. Aber die Belgier unterhalten besonders enge Beziehungen zu Zaire. Was würden wir sagen, wenn sich ein ähnlicher Fall mit den Amerikanern in Gabun oder der Elfenbeinküste ereignete?

Ich frage Méry: »Welches ist der späteste Zeitpunkt für den Aufbruch unserer Truppen?«

»Sie müssen unbedingt um drei Uhr nachmittags abspringen, spätestens eine Viertelstunde später, um sich vor Einbruch der Dunkelheit über die Stadt verteilen zu können. Für den Anflug ist mit dreieinhalb Stunden zu rechnen, eine weitere halbe Stunde dauert das Überfliegen und der Absprung. Nach elf Uhr ist es zu spät. Ich werde die Verantwortung dann nicht mehr übernehmen. Ich erinnere Sie daran, daß die Lage am Boden kritisch ist.«

Ich lege den Hörer auf. Vor meinem geistigen Auge sehe ich die Fallschirmjäger in ihrer Ausrüstung, mit ihren Riemen und Sprunghelmen, dicht aneinander gedrängt, mit gebeugtem Rücken auf über graue Rohröffnungen gespannten Sitzen aus khakifarbenem Segeltuch hocken, in einem Metallrumpf ohne Luke, der unter den Drehungen der Propeller vibriert. Sie bemerken, daß das Flugzeug eine Schleife dreht und zu sinken beginnt. Sie fragen sich, was wohl geschehen ist.

Ich rufe General Vanbremeersch an: »Erteilen Sie Méry in meinem Namen den Befehl, die Flugzeuge wieder landen zu lassen. Mir sind die Nachteile dieser Entscheidung für unsere Männer bewußt. Aber wir müssen der Bitte der Belgier nachkommen: Sie haben eine weitere Stunde Aufschub verlangt. Sagen Sie ihm, daß ich ihn anrufe, sobald ich von ihnen höre, spätestens um halb neun. Dann ist es halb zehn in Kinshasa, und es bleibt genügend Zeit für unseren Einsatz.«

Einige Minuten später übermittelt der Oberbefehlshaber der Streitkräfte in Paris seinen Befehl nach Kinshasa: »Brechen Sie die Operation Leopard ab.«

Durch einen Brief des Oberst Gras erfahre ich später, daß unsere Informationen nicht stimmten. Aufgrund technischer Schwierigkeiten hatte noch kein Flugzeug abgehoben. Der Reifen einer Transall war geplatzt. Die Männer saßen aber bereits in den Maschinen.

8.10 Uhr: Guiringaud ruft wieder an.

»Ich hatte gerade Simonnet am Apparat. Die belgische Regierung ist letztendlich zu der Überzeugung gelangt, daß sie für eine sofortige Aktion noch nicht bereit ist. Sie überlassen es uns zu handeln und bitten uns, von einer gemeinsamen Aktion zu sprechen.«

»Gut, danke!« Mir steht der Sinn nicht nach Kommentaren. Ich lasse mich mit dem Oberbefehlshaber verbinden.

»Legen Sie los, Méry«, sage ich zu ihm.

»Gut, Herr Präsident«, antwortet er mir.

Ich bin erleichtert. Es ist Viertel nach acht. In Anbetracht der Zeitverschiebung bleiben ihnen eineinhalb Stunden bis zum Start.

Das Frühstück steht auf dem Spieltisch in der Bibliothek bereit. Neben der großen Tasse Milchkaffee liegen die Morgenzeitungen: *Aurore, Figaro, France-Soir, Libération, New York Herald Tribune.* Ich überfliege die Schlagzeilen. Kein Wort über unser Unternehmen. Das Geheimnis ist nicht durchgesickert.

Um zehn nach zehn öffnet meine Sekretärin die Tür des Büros und reicht mir eine Nachricht.

»Der Oberbefehlshaber teilt Ihnen mit, daß alle unsere Flugzeuge gestartet sind.«

Das Warten beginnt.

Man hat mich wissen lassen, daß die Maschinen während ihres Fluges keine Nachrichten senden werden, um keinen Alarm auszulösen. Den ersten Funkspruch wird Erulin gleich nach seiner Landung losschicken.

Ich fürchtete das Warten nicht. Ich hatte mir von vornherein gesagt, daß während des Fluges nichts passieren könne und mich darauf eingestellt, erst am frühen Nachmittag Neuigkeiten zu erhalten.

Es gibt Beschäftigungen, die mir fast zur Routine geworden sind. Um zehn Uhr empfange ich den togolesischen Außenminister Kodjo, einen Bewerber für das Amt des Generalsekretärs der Organisation für die Einheit Afrikas; und um halb elf treffe ich Louis de Guiringaud zu einem wöchentlichen Resümee der internationalen Lage. Er wiederholt mit wenigen Worten den Inhalt seiner nächtlichen Gespräche mit Simonnet. Um zwölf Uhr befragt mich der spanische Journalist Roldan zu den Chancen seines Landes, Mitglied der Europäischen Gemeinschaft zu werden.

Um halb eins verlasse ich den Elysée durch das Parktor, um zum Friseur in der Avenue Percier zu geben. Die Sekretärinnen der Charbonnages de France, deren Sitz sich gegenüber befindet, sehen mich kommen und winken mir durch die Fenster freundschaftlich zu. Ich gehe über die Rue Miromesnil zurück. Wenig Verkehr. Der Aufbruch in das lange Frühlingswochenende wird erst am Nachmittag beginnen.

Ich habe die Abgeordneten des RPR, die durch die Wahlen im März neu ins Parlament gekommen sind, zum Essen eingeladen. Zuvor sehe ich mir die von Yves Mourousi moderierten Fernsehnachrichten im ersten Programm an. Er beschreibt die Situation in Kolwezi, die Anarchie, die Gewalttätigkeiten, die Furcht der in Frankreich und Belgien befragten Angehörigen. Keine Anspielung auf eine geplante militärische Operation. Zur gleichen Zeit brummen die Motoren unserer sechs Transall-Maschinen und der sie begleitenden zairischen C130 unter dem blauen Himmel Afrikas dahin.

Während des Essens habe ich Mühe, mich zu konzentrieren. Den Gästen scheint das nicht zu entgehen, aber sie lasten es wohl meiner Besorgnis über die in der Nationalversammlung herrschende Spannung zwischen zwei Gruppen des Regierungsbündnisses an. Ich antworte auf die Fragen der Abgeordneten und versuche sie zu einer einheitlichen Haltung zu bewegen. Die meisten sind mir unbekannt. Die pechschwarzen Augenbrauen und die starke Persönlichkeit Philippe Seguins fallen mir auf.

Ich kehre in mein Büro zurück und rufe den mir direkt unterstellten General an. Der Vereinbarung entsprechend ist noch keine Meldung eingetroffen. Auf jeden Fall wird man mich sofort benachrichtigen.

Ein unbehagliches Gefühl verdichtet sich in mir. Die Angst des Wartens, die irgendwo zwischen Lunge und Magen sitzt; ich habe sie schon mehrfach durchlebt.

Links auf meinem Schreibtisch liegt der Terminkalender, in dem mein Zeitplan in halbstündigen Intervallen vermerkt ist. Der erste Besucher ist für 15.30 Uhr vorgesehen.

Der stellvertretende Generalsekretär des Präsidialamtes, Yves Cannac, betritt den Raum.

»Die Sitzung in der Nationalversammlung hat gerade wieder begonnen. Auf den Fluren herrscht eine gewisse Aufregung. Es geht das Gerücht um, daß eine militärische Operation in Zaire geplant ist. Die Sozialisten fordern eine Erklärung der Regierung. Sie verlangen, daß nichts entschieden wird, bevor die Nationalversammlung darüber beraten konnte.«

Darüber in Gegenwart der auf der Lauer liegenden Reporter und

Journalisten beraten, deren Meldungen die Katanger in Alarm versetzen und ihren Aufbruch mit hunderten von Geiseln beschleunigen werden? Oder deren Nachrichten es ermöglichen, den Augenblick unserer Intervention zu bestimmen, um unsere Fallschirmjäger bei deren Ankunft um so besser abzufangen?

Natürlich hat das Parlament einen berechtigten Anspruch auf Information. Aber es handelt sich nicht um einen Kriegsfall, nicht einmal um ein indirektes Kriegsrisiko. Wir intervenieren auf Ersuchen der Regierung des Landes, um einer von Mißhandlungen bedrohten Bevölkerung Hilfe zu leisten. Wir haben nicht die Absicht zu bleiben. Auf jeden Fall weiß ich jetzt über die politischen Konsequenzen eines Fehlschlags Bescheid! Ich kann mir vorstellen, welchen Aufruhr das am nächsten Dienstag auslösen würde. Die Anschuldigungen, die zwiespältige Verteidigung der Mehrheit, falls eines unserer Flugzeuge mit seinen hundertfünfzig Mann Besatzung am Boden zerschellt oder falls wir den Aufbruch der Geiseln nicht verhindern können.

»Sagen Sie dem Minister in der Sitzung, er soll antworten, die Lage vor Ort sei sehr beunruhigend, die Regierung verfolge die Entwicklung stündlich, aber aus offenkundigen, die Sicherheit betreffenden Gründen könnten keine genaueren Angaben gemacht werden.«

»Ist das alles?«

»Ja, das ist alles.«

Er geht wieder. Was ist mit unseren Flugzeugen? Noch immer keine Nachricht. Es ist 15.20 Uhr. In Kolwezi also 16.20 Uhr. In Afrika setzt um diese Zeit die Dämmerung ein. Man hat mir doch gesagt, daß unsere Soldaten unbedingt vor 16 Uhr Ortszeit abspringen müssen, um sich vor Einbruch der Nacht über die Stadt verteilen zu können!

Mein Sekretär tritt ein. Er legt ein weißes Blatt Papier auf meinen Tisch, das den für 15.30 Uhr vorgesehenen Besucher ankündigt: Jean-Philippe Lecat, der neue Kulturminister. Er ist zehn Minuten zu früh.

Und der Nachmittag vergeht ohne Neuigkeiten.

Um 17.30 Uhr nehme ich an der erweiterten Gesprächsrunde teil, die den Besuch von Präsident Senghor abschließt. Die Minister berichten nacheinander über ihre Gespräche. Dann verabschieden wir ein gemeinsames Kommuniqué.

Am Abend, um 20 Uhr, lädt Präsident Senghor zu einem Essen im Hôtel Marigny ein. Abendgarderobe ist vorgeschrieben. Ich ziehe mich im Schlafzimmer um; Anzug, gestärktes Hemd und schwarze Socken liegen vorbereitet auf dem Bett. Um meine Unruhe nicht zu verraten, hatte ich während des Nachmittags nicht angerufen. Jetzt aber mache ich einen Versuch bei dem mir direkt unterstellten General. Nein! Wir haben noch immer keine Nachricht erhalten. Wahrscheinlich um mich zu beruhigen, erinnert mich der diensthabende Offizier daran, daß die Geräte der Fallschirmjäger über große Entfernungen keine Verbindungen herstellen können. Das ist mir bekannt. Aber es war vorgesehen, daß sie gleich nach der Landung Bescheid geben. Was war geschehen?

Das Essen zieht sich in die Länge. Der Gesprächsstoff scheint mir erschöpft, und die Unterhaltung wird für mich zu einem ermüdenden Geplauder. Glücklicherweise sind die Trinksprüche am Ende des Essens sehr kurz. Dankesbezeugungen, von beiden Seiten aufrichtig gemeint. Um mein zerstreutes Verhalten auszugleichen, bin ich bemüht, etwas Feuer in meine kurze Ansprache zu legen. Anne-Aymone und ich steigen ins Auto, das die Avenue de Marigny überquert und uns in den Elysée zurückbringt. Bei unserer Abfahrt grüßen die Republikanischen Garden mit erhobenen Säbeln.

Ich gehe in mein Zimmer und ziehe die Jacke aus. Als ich gerade dabei bin, den Kragen meines Hemdes aufzuknöpfen, schreckt mich ein Klingeln auf.

Ich hatte vergessen, daß ein Telefon so laut läuten kann. Ein Telefonist ist am anderen Ende der Leitung.

»Herr Präsident, General Vanbremeersch hat mich gebeten, ihn gleich bei Ihrer Rückkehr zu verständigen. Er möchte Sie dringend sprechen.«

»Danke. Stellen Sie durch.«

Ein Augenblick des Schwindels zwischen der schlechten Nachricht, auf die ich gefaßt sein muß, und der Erlösung, die eine gute Neuigkeit bringen würde.

»Herr Präsident, hier ist General Vanbremeersch. Ich habe gerade mit Méry gesprochen. Der Oberbefehlshaber der Streitkräfte hat um 20.30 Uhr eine Funkmeldung von Oberst Gras mit folgendem Wortlaut erhalten: ›Erster Absprung durchgeführt, Operation gelungen.‹ Die erste Gruppe ist zwischen 15.40 Uhr und 16 Uhr Ortszeit abgesprungen. Erulin hat seine Befehlsstelle am Boden eingerichtet. Die Auseinandersetzungen sind ziemlich heftig, aber er glaubt, die Lage im Griff zu haben.«

Also ist alles wie erhofft abgelaufen. Da ich die Qualität der Männer kenne, zweifle ich nun nicht mehr an ihrem Erfolg.

Ich lege die Hände an den Kopf und schließe die Augen, um besser durchatmen zu können. Die Anspannung läßt nach. Weine ich? Ich weiß es nicht genau. Aber es muß wohl so sein.

Die letzten Legionäre des 2. Regiments der Fallschirmjäger verließen Zaire am 15. Juni, weniger als einen Monat nach ihrem Absprung.

Sie hatten fünf Tote und zwanzig Verletzte, darunter auch einige Schwerverletzte, zu beklagen. Man hatte ihnen die Anerkennung Frankreichs zu bekunden.

Ich bat darum, die Dinge großzügig zu handhaben. Für Oberst Erulin die Schärpe eines Kommandeurs der Ehrenlegion, die ich ihm im Invalidendom überreichte. Für die Offiziere, Unteroffiziere und Soldaten Auszeichnungen, die durch Anzahl und Rang deutlich machten, daß man über die üblichen Gepflogenheiten hinausging, so daß sie ihre glorreichen Taten in würdiger Erinnerung behalten konnten.

Einen Monat später stattete ich Korsika einen offiziellen Besuch ab. Das 2. Regiment hatte seinen Standort in der Nähe von Calvi. Ich dachte an eine demonstrative Veranstaltung, die dem Regiment die Ehre erweisen würde. Ich erinnerte mich an eine britische Tradition, nach der man eine aus dem Kampf zurückgekehrte Einheit abschreitet, während in ihren Reihen die Plätze der Toten und der durch Verwundung Abwesenden freibleiben.

Genau das fand auf dem großen Platz von Bastia statt.

Die Reihen waren ausreichend weit auseinandergezogen, daß ich in Begleitung von Oberst Erulin hindurchgehen konnte. Die Größe der Legionäre überraschte mich: sportliche, muskulöse Hünen. Erstaunt haben mich auch ihre gebräunten Gesichter, gebräunt von der Sonne Afrikas. Dieses Detail versetzte mich um sechs Wochen zurück und erweckte in mir die Vorstellung von verschrecktem Kindergeschrei, das aus den Häusern klang, die sie gerade befreit hatten, indem sie ihre Türen mit Fußtritten aufbrachen, von Staubwolken, die ihre Jeeps vor abblätternden Fassaden aufwirbelten, von Verfolgungsjagden in den Straßen, während derer das trockene, rhythmische Knallen der automatischen Gewehre zu hören war. Hier und da waren Lücken in den Reihen. Ich hielt einen Augenblick inne und sah auf die beiden nächststehenden Legionäre. War der Abwesende ihr Freund, oder empfanden sie ihm gegenüber Antipathie? Waren die Toten überführt worden, oder hatte man sie in der unendlichen ockerfarbenen Erde Afrikas begraben, wo sie sich in einer ewigen Namenlosigkeit verlieren würden?

Die Menge schwieg. Die Musik begleitete uns mit ihrem langsamen Rhythmus. Übertrug das Fernsehen die Bilder dieser Zeremonie? Ich hätte mir gewünscht, daß ganz Frankreich mit mir Zeuge dieser Schlichtheit und dieser Größe gewesen wäre.

Man fragte mich, ob das 2. Regiment der Fallschirmjäger drei Wochen später an der Militärparade zum 14. Juli teilnehmen solle. Um Wiederholungen zu vermeiden, wählen wir für diese Parade jedes Jahr ein besonderes militärisches Thema. Für 1978 hatte der Verteidigungsminister die Präsentation der 27. Gebirgsjägerdivision und der zwei neu gegründeten Militärschulen vorgeschlagen.

Die Militärs waren geteilter Meinung. Die einen wünschten, daß ein vorbereitetes Programm nicht wieder umgestoßen wurde. Die anderen hätten es gern gesehen, wenn das Pariser Publikum einen Erfolg unserer Truppen hätte bejubeln und unterstützen können.

Die »Politiker« unter ihnen waren unbedingt dafür. Sie sahen darin die Möglichkeit, den Erfolg der Operation von Kolwezi in der Öffentlichkeit und vor allem in den Medien auszuschöpfen. Sie waren überzeugt, daß der Vorbeimarsch des Fallschirmjägerregiments der Höhepunkt der Parade und ein großer Erfolg in der Öffentlichkeit sein würde.

Je näher sie ihre Argumente erläuterten, desto mehr widerstrebten mir diese. Auf politischer Ebene aus einer Operation Kapital schlagen zu wollen, die allein humanitäre Ziele verfolgt hatte, und darüber hinaus vom Mut anderer zu profitieren, kam mir abstoßend vor. Ich erinnerte mich an den Unmut General de Gaulles, wenn man die Leistungen unserer Einheiten in Algerien oder anderswo herausstellen wollte. Er kommentierte damals mit tonloser Stimme:

»Man sollte nicht soviel Aufhebens machen. Sie erfüllen nur ihre Aufgabe als Soldaten. Deswegen haben sie diesen Beruf ja gewählt.«

Seine Reaktion hat mich überzeugt. Es war die natürliche Haltung einer großen Nation. Die Rückkehr der britischen Einheiten von den Falkland-Inseln, einige Jahre später, wurde auch nicht durch eine Militärparade gefeiert.

Dennoch spürte ich, daß meine Entscheidung enttäuschen würde. Ich war keineswegs beeindruckt von den Drohungen der kommunistischen Partei, die gegen die Haltung von Oberst Erulin während seines Einsatzes in Algerien zu demonstrieren beabsichtigte. Diese Demonstration wäre ein Fehlschlag geworden. Ich spürte jedoch, daß die französische Empfindsamkeit, so wie sie ist - vielleicht zu gefühlsbetont, auf jeden Fall aber dazu neigend, das, was letztlich nur ein Beweis ruhiges Mutes ist, in eine glorreiche Tat umzumünzen -, enttäuscht würde.

Die Erfahrung hat mich gelehrt - und darauf werde ich später noch zurückkommen -, daß man die Empfindsamkeit des Volkes, das zu regieren man berufen ist, als eine Gegebenheit anerkennen muß. Daß man nicht so handeln darf, als könne sich diese Empfindsamkeit schnell ändern, selbst wenn man gute Gründe hat, das zu wünschen.

VI

Frauen in der Politik

Während meiner siebenjährigen Amtszeit gehörten der Regierung stets auch mehrere, mit wichtigen Aufgaben betraute Frauen an. Das war meine bewußte Entscheidung. Ich war der Ansicht, daß die Emanzipationsbewegung der Frauen als Reaktion auf die Abhängigkeit, in der unsere Gesellschaft sie lange Zeit gehalten hatte, eine Chance war, die Frankreich nutzen sollte. Sie konnten die Elemente in das öffentliche Leben einbringen, die dort oft fehlten: einen größeren Realitätssinn, mehr Vorsicht beim Formulieren von Urteilen, eine treffendere Einschätzung der Dinge des täglichen Lebens.

Mit Ausnahme von Simone Veil, für die mir Jacques Chirac sofort seine Zustimmung erteilt hatte, mußte ich um ihre Ernennungen kämpfen.

Dieser Widerstand hing weniger mit ihrem Geschlecht zusammen als mit der Tatsache, daß die Plätze knapp und die Versprechungen zahlreich waren und die politischen Kreise daher nicht einsahen, warum man das Problem zusätzlich komplizieren sollte, indem man Plätze für weibliche Minister »freihielt«.

Ich war glücklich über ihre Anwesenheit im Ministerrat und ihre Beiträge zu seiner Arbeit. Drei dieser Ministerinnen brachten eine individuelle Note ein.

Es sind nicht immer die in der breiten Öffentlichkeit bekanntesten Regierungsmitglieder, die die beste Arbeit leisten. So war Christiane Scrivener eine herausragende Staatssekretärin, die sich den Problemen im Bereich von Produktion und Verbrauch widmete.

Ich hatte sie im Wirtschafts- und Finanzministerium kennengelernt, als sie die Abteilung für technische Zusammenarbeit leitete, die wiederum der Direktion für internationale wirtschaftliche Beziehungen unterstand. Es war ihr gelungen, der bürokratischen

Schwerfälligkeit zu entkommen und die Abteilung modern und effizient zu gestalten. Ich glaube, sie hat in den Vereinigten Staaten studiert. Mit einer kleinen Mannschaft von sehr hohem Niveau legte sie in wenigen Monaten eine kluge und liberale Politik fest, die Provokationen vermied, ohne den Interessengruppen nachzugeben. Die erforderlichen Gesetzestexte wurden vom Parlament schnell und ohne Aufsehen verabschiedet. Seitdem hat es niemand besser gemacht.

Legte sie im Ministerrat ihre Berichte vor, so ging sie sparsam mit der Zeit der anderen um; ihre Stimme war sanft und klar. Sie hatte den ruhigen Charme und die charakterliche Entschlossenheit der Elsässerinnen.

Es war mein Wunsch, daß sie sich für die Wahlen von 1978 entweder im Département Haut-Rhin oder aber in Versailles als Kandidatin aufstellen ließ und so in der Regierung blieb. Sie lehnte das aber aus persönlichen Gründen ab. Ein Jahr später stand sie auf der Liste für die Wahlen zum europäischen Parlament an aussichtsreicher Stelle.

Simone Veil trat im Zusammenhang mit den Parlamentsdebatten über den gesetzlichen Schwangerschaftsabbruch ins Licht der Öffentlichkeit.

Man kannte ihre Vergangenheit: Sie war in Nizza als schönes und gesundes junges Mädchen zusammen mit Mutter und Schwester wegen ihrer jüdischen Abstammung festgenommen worden, ohne daß ihr in seinem traditionellen Patriotismus unbesorgter Vater die Festnahme vorhergesehen hätte. In die Hölle von Auschwitz verschleppt, überstand sie Demütigungen, Zerstörungswillen und Verkommenheit und kehrte wie durch ein Wunder unverwundet, aber tief gezeichnet zurück.

Die Auseinandersetzung mit dem Problem der Abtreibung war für mich schwer. Von katholischer Erziehung und Überzeugung, in medizinischen und soziologischen Dingen jedoch sehr unbewandert, entging mir die Verschärfung der Situation doch keineswegs.

Das Auftreten von Frauen vor Gericht unter der Anklage der Abtreibung war Anlaß zu unangenehmen und grotesken Szenen, die im Fernsehen von Befürwortern oder Gegnern der bestehenden Verhältnisse häufig auf unwürdige Weise ausgeschlachtet wurden. Das 1917 in Rambouillet unterzeichnete Gesetz sah Gefängnisstrafen von sechs Monaten vor. Sie wurden selten verhängt und nie vollstreckt. Die in den Nachbarländern - Großbritannien, Belgien und der Schweiz - bestehenden liberalen Gesetzgebungen gestatteten es gutgestellten Frauen, ihre Probleme durch eine schnelle, unentdeckt bleibende Hin- und Rückreise zu lösen. Den anderen Frauen blieben nur der Weg in die Illegalität und der Rückgriff auf entwürdigende Mittel, die oft ihre Gesundheit gefährdeten und dauerhafte psychische Schäden hinterließen.

Dabei konnte man es nicht bewenden lassen. Das Gesetz mußte mit den tatsächlichen sozialen Gegebenheiten in Übereinstimmung gebracht werden. Es ging keineswegs darum - wie bisweilen zu hören war -, die Abtreibung zu »befürworten«, sondern darum, der Verantwortung des einzelnen zu übertragen, was bislang Gegenstand des kollektiven Gesetzes war. Jeder sollte den Geboten seines Gewissens oder seines Glaubens folgen, ohne für andere zu entscheiden.

Allerdings mußten Bestimmungen ausgearbeitet werden, die eine ernsthafte medizinische Information gewährleisteten und die Frauen zum gründlichen Überdenken der Folgen ihrer Entscheidung zwangen. Daher wurden obligatorische Beratungen und Fristen eingeführt. Außerdem hatte man, da es sich um eine individuelle und freiwillige Entscheidung handelte, die Kostenerstattung durch die Krankenkasse, mit Ausnahme der medizinischen Indikation, ausgeschlossen.

Zur Ausarbeitung der Gesetzesvorlage waren mehrere Zusammenkünfte erforderlich. Sie fanden im Saal der Flügeladjutanten im Erdgeschoß des Elysée-Palastes statt. An ihnen nahmen Ministerpräsident Jacques Chirac - mir gegenüber sitzend -, Justizminister Jean Lecanuet, Gesundheitsministerin Simone Veil, Innenminister Michel Poniatowski, der Vertreter der Krankenkassen Michel Durafour sowie der für mögliche finanzielle Konsequenzen des Vorhabens zuständige Jean-Pierre Fourcade teil. Es galt, Extreme zu vermeiden. Sowohl eine zu starke Kontrolle als auch eine zu starke Lockerung waren inakzeptabel. Nachdem das Gleichgewicht gefunden war, wurde der von Simone Veil vorgelegte Gesetzestext durch den Ministerrat fast ohne Diskussion bestätigt und dann an das Parlament weitergeleitet.

Ich habe die Parlamentsdebatten nicht bis ins Detail verfolgt. Das gehörte nicht zu meinen Aufgaben. Aber ich las die Zusammenfassungen in der Presse und sah Aufnahmen in den Fernsehnachrichten. Das Bild, das mich am meisten bewegt hat und an das ich mich erinnere, als hätte ich es persönlich gesehen, ist das von Simone Veil: Die Kamera hatte sie gegen Ende einer nächtlichen Sitzung in ihrem Chanel-Kostüm auf der Regierungsbank aufgenommen, wie sie vor Hilflosigkeit weinte. Im Verlauf einer Auseinandersetzung, der es bis dahin nicht an Würde gefehlt hatte, war sie in taktloser Weise angegriffen worden. Die Erschöpfung, die Beleidigung und vielleicht auch die Erinnerungen hatten sie die Fassung verlieren lassen.

Dieses Bild löste in der Öffentlichkeit Bestürzung aus. In der Nationalversammlung wie auch im Senat hatte die Mehrheit das Gesetz ohne Rückgriff auf ein Zwangsverfahren verabschiedet. Wenn es mir die Verfassung erlaubt hätte, hätte ich die Wähler gebeten, das Gesetz mittels eines Volksentscheids zu bestätigen, und die Akte wäre endgültig geschlossen worden. Aber der Artikel 11, der mögliche Themen eines Volksentscheids umreißt, gestattete mir das nicht.

Während der folgenden Jahre wurde die Debatte fortgeführt, und Teile der Öffentlichkeit trugen mir diese Maßnahme nach. Sie vergaßen die Umstände, unter denen sie entstanden war, und verzerrten ihre Absicht, indem sie unterstellten, daß ich einer Abtreibung den »Vorzug« einräumte.

Ich habe mich mit den beiden Päpsten Paul VI. und Johannes Paul II. unter vier Augen über dieses Thema unterhalten. Sie brachten mir gegenüber ihre »Besorgnis« zum Ausdruck, aber ich spürte wohl, daß – deutlicher noch bei Johannes Paul II. – das Wort »Mißbilligung« richtiger gewesen wäre.

Ich habe sie beide in der »Bibliothek« getroffen, in der sie arbeiten und ihre Besucher empfangen. Ich hatte den prachtvollen Petersplatz überquert und mich dann zunächst im Arbeitszimmer des damaligen Staatssekretärs, Kardinal Villot, aufgehalten. In sehr jungen Jahren war dieser große, magere Mann zum Bischof von Saint-Amand-Tallende ernannt worden und begründete den geistlichen Ruhm dieser Gemeinde; inzwischen erschien er mir sehr verändert. Seine Familie, deren letzter Nachkomme er war, stammte aus Saint-Amand-Tallende. Man munkelte, daß der Geistliche Villot Chancen hätte, Papst zu werden. Einmal im Jahr hielt er eine Predigt in der Dorfkirche seines Geburtsortes. Seine Ausdrucksweise war sehr flüssig, aber er sprach durch die Nase, so daß es schien, als hätte seine Stimme sich seit seiner Kindheit, sozusagen als Zeugnis seiner frühen geistlichen Berufung, dort festgesetzt.

Er war beleibter geworden; Alter und Krankheit hatten seiner einst jugendlichen Gestalt Körperfülle verliehen. Er erkundigte sich nach dem Schicksal seines Elternhauses, das er der Unterbringung in den Ruhestand getretener Geistlicher zugedacht und einer Ordensgemeinschaft übereignet hatte. Nun beabsichtigte diese, das Haus an die Stadt zu verkaufen. Konnte er unter diesen Bedingungen seine Schenkung rückgängig machen? Ich versprach ihm, mich zu erkundigen und ihn zu unterrichten.

Dann durchquerte ich ein Gewirr von Fluren und Sälen, in denen Bilder sehr hoch an den Wänden hingen, um schließlich einige Minuten in Gesellschaft eines dem römischen Adel angehörenden päpstlichen Kämmerers im Vorzimmer zu warten, mit dem ich mit gedämpfter Stimme einige höfliche aber belanglose Worte wechselte.

Nachdem man mich in die Bibliothek geführt hatte, beeindruckte und ergriff mich die Begegnung mit der weißen Gestalt des Papstes, in dem Augenblick, als er mir entgegenkam. Ich fühlte mich plötzlich um Jahrzehnte zurückversetzt in die Zeit der Unschuld, der Achtung des Geheimnisvollen und der unbestimmten Furcht vor mit Ewigkeit und Tod zusammenhängenden geistlichen Dingen.

Paul VI. hat mich weniger berührt als Johannes Paul II. Ich empfand in seiner Gegenwart ein leichtes Unbehagen; es schien mir, als hätte er Mühe, der Vorstellung von ihm zu entsprechen. Daher kam wohl eine gewisse Beflissenheit, ein aufgesetztes Verhalten, fast eine Rolle.

Was mich an Johannes Paul II. bewegte, war die unmittelbare Erkenntnis der Unmöglichkeit seiner Aufgabe. Ich spürte, daß er voller Eifer war, von der Notwendigkeit des zu bewältigenden Werks durchdrungen, kraftvoll und in sich selbst die Zeichen spürend, die ihn zum Träger einer göttlichen Botschaft machten. Ich sagte mir aber, daß er in unserer Zeit dazu verurteilt war, gegen einen zu mächtigen Strom anzuschwimmen – den der Ungläubigkeit, des kurzsichtigen Realismus, des beißenden Spotts, der ihm vielleicht nicht zu Ohren kommen, aber seine Botschaft dennoch zersetzen würde. Der Kontrast zwischen seiner Bereitschaft, alles nur Mögliche zu unternehmen, und der offensichtlichen Unerreichbarkeit des Zieles war ergreifend.

»Ich bin Katholik«, sagte ich beiden Päpsten, »aber ich bin Staatspräsident eines laizistischen Staates. Es ist nicht meine Aufgabe, meinen Mitbürgern meine persönlichen Überzeugungen aufzuerlegen, sondern darüber zu wachen, daß das Gesetz dem tatsächlichen Stand der französischen Gesellschaft entspricht, damit es beachtet und angewendet werden kann. Ich verstehe den Standpunkt der katholischen Kirche völlig und teile ihn als Christ. Ich halte es für rechtmäßig, daß die Kirche von denjenigen, die ihren Glauben teilen, die Einhaltung bestimmter Verbote fordert. Aber das Gesetz kann das nicht durch Strafmaßnahmen, die die Gesamtheit des sozialen Gefüges treffen, erzwingen.«

Aus verständlichen Gründen habe ich sie nicht um Antwort gebeten. Ich wollte ihnen nur das Dilemma nachvollziehbar machen, in dem ich mich befand und das ich zu lösen hatte.

Schon ein Autor der italienischen Renaissance hat sich über das Gefallen der Franzosen an vollendeten Tatsachen gewundert. Ist man einmal zu einer Entscheidung gelangt, wird diese voll akzeptiert. Der heftige Kampf, der ihr vorausging, ist schnell vergessen. Nur selten wird eine Entscheidung in Frage gestellt.

So war es auch mit dem Gesetz zum Schwangerschaftsabbruch. Es wurde am 20. Dezember 1974 verabschiedet.

Am 15. Januar 1975 erklärte der von einigen Abgeordneten angerufene Verfassungsrat das Gesetz als mit der Verfassung übereinstimmend. Es sei daran erinnert, daß es keinen endgültigen Charakter hatte: Es setzte lediglich die Bestimmungen des Strafgesetzbuches für die Dauer von fünf Jahren außer Kraft. Im Jahre 1979 schlug die damalige Regierung seine Verlängerung mit nur geringfügigen Abänderungen vor. Das Parlament verabschiedete den Gesetzestext ohne Rückgriff auf Zwangsmaßnahmen.

Seitdem gab es in Frankreich unterschiedliche Mehrheiten: eine fünf Jahre währende sozialistische Mehrheit; eine konservativ-liberale Mehrheit seit März 1986. Würden sie die Arbeit an dem Gesetz wieder aufnehmen, seine Fehler korrigieren, seine Grundsätze in Frage zu stellen? Ich habe die Vorstöße der Regierungen auf diesem Gebiet schweigend aber aufmerksam verfolgt.

Dreizehn Jahre nach seiner Verabschiedung hat noch keine Regierung eine Novellierung des Gesetzes von 1974 vorgeschlagen. In seinen wesentlichen Bestimmungen wurde kein Wort verändert, kein Komma verschoben.

Alice Saunier-Seité hat unter den Ministern eine herzliche Atmosphäre geschaffen. Wenn sie im Ministerrat erschien, löste sie Freundschaftsbekundungen aus: Man rief ihr zu, duzte sie, umarmte sie.

Ich teilte diese Zuneigung. Sie hatte mir von ihrer Jugend erzählt; aufgewachsen war sie in der Ardèche, wo ihre Eltern, die traditionelle Werte peinlich genau bewahrten und unnachsichtig gegenüber jenen waren, die davon abwichen, eine Bäckerei besaßen. Ich kannte die harten Prüfungen ihrer Jungmädchenjahre, als die leidenschaftliche Liebe zwischen ihr und einem jungen Mann durch dessen Deportation getrennt aber bestärkt wurde. Ihre Liebe endete in tragischer Ausweglosigkeit, als der Mann schließlich erschöpft und reizbar zurückkehrte. Im universitären Leben, das die Nuancen und häufig den bloßen Schein kultiviert, war sie eine entschlossene und mutige Frau. Um mir »einen Dienst zu erweisen«, hat man mich oft vor ihrer Unnachgiebigkeit und ihrem Tatendrang gewarnt.

Ich hatte ihr die Verbesserung unseres Universitätswesens zum

Ziel gesetzt. Wenn es einen Bereich gibt, in dem Frankreich Herausragendes anstreben kann, dann mit Sicherheit den der Wissenschaft und der Kultur. Alice hat sich der Aufgabe mit großem Einsatz angenommen, ohne jedoch die grundsätzliche Richtung aus den Augen zu verlieren.

Einige ihrer Pläne zur Universitätsreform stießen in der Umgebung des Ministerpräsidenten Raymond Barre auf Zurückhaltung. Sie kam, um mit mir darüber zu sprechen. Ich hatte es mir zur Regel gemacht, alle Minister zu empfangen, wenn sie einen dringenden Grund dazu hatten. Aber ich hielt mich auch an eine zweite Regel, derzufolge ich nie den Schiedsrichter zwischen dem Ministerpräsidenten und Regierungsmitgliedern spielte.

Ich riet Alice Saunier-Seité, ihre Vorhaben anders zu präsentieren. Anschließend sprach ich mit Raymond Barre darüber. Er verheimlichte mir seine Verärgerung angesichts von Gesetzesinitiativen, die seiner Meinung nach unruhestiftend und unergiebig waren, keineswegs.

Ihre persönlichen Vorzüge waren auch der Öffentlichkeit bekannt. Begleitete sie mich mit anderen Ministern auf einer Reise in die Provinz, so war es ihr Name, der Beifall auslöste. Ihr fast immer angespanntes Gesicht leuchtete dann in einem fröhlichen Lächeln auf. Sie machte kein Geheimnis aus ihrer Freude darüber, verstanden und von ihren Kollegen, die sie für zu zaghaft hielt, unterschieden zu werden.

Ihr einige Jahre zuvor gestorbener Ehemann, Jérôme Seité, war eine bedeutende Persönlichkeit im Bereich des Erziehungswesens. Er war korsischer Abstammung, und Alice war in der Gemeinde Manso, wo die beiden ein Haus besaßen, zur Gemeindevertreterin gewählt worden. Da sie häufig davon sprach, nahmen viele an, sie sei Korsin. Daher war im Wahlkampfprogramm für die Präsidentschaftswahlen von 1981 vorgesehen, daß sie mich nach Ajaccio begleitet.

Drei Jahre zuvor, im Frühjahr 1978, hatte ich Korsika einen offiziellen Besuch abgestattet. Ich hatte ein Land vorgefunden, das nach dem Trauma von Aléria und der Verhaftung der separatistischen

Führer noch immer unter dem Schock der Gewalttätigkeiten stand. Das, was ich unter der Kruste offizieller Kundgebungen wahrnehmen konnte, hat mir sehr gut gefallen: ein warmherziges und schwermütiges Volk. Seine griechischen Ursprünge ließen es die übergroße Heiterkeit des benachbarten Italien überspringen. Ich liebte seine Treue, seine Blutsverbundenheit. Auf den Stufen des Rathauses von Ajaccio bewarfen mich schwarzgekleidete Frauen mit glückbringenden Reiskörnern. Der Empfang war so, wie ich ihn nur wünschen konnte: aufrichtig und echt. Die Journalisten in meiner Begleitung unterschieden zwischen Begeisterung hier und Gleichgültigkeit dort. Aber das war nicht mein Barometer.

Während des volkstümlichen und begeisterten Festessens, das am Donnerstagabend im Hafen von Ajaccio stattfand, hatte ich mit dem Bischof gesprochen, der seine christliche Bestürzung über die Gewalttätigkeiten zum Ausdruck brachte. Er ließ auch seine Furcht darüber durchscheinen, daß die Regierung die korsische Empfindsamkeit nicht respektieren, sie vielleicht sogar mißachten könnte. Ich fühlte, daß er nicht von der Insel stammte. In seinen Analysen fand ich die Vorstellungen all jener wieder, die von außen her Überlegungen zum korsischen Problem anstellen; nicht die wesentlich kontrastreicheren und kraftvolleren Eindrücke, die korsischem Boden entstammen.

In Corte herrschte offener Wettstreit zwischen allen, die Berufung oder Neigung verspürten, das örtliche Leben zu leiten. Ein rauher aber natürlicher Kampf zwischen Familien, Cliquen und Clans. Die Reden waren freundlich und wohlklingend. Die Namen erinnerten an Titel der Novellen von Mérimée.

In Bastia hatte ich vor der Teilnahme an der Parade des 2. Fallschirmjäger-Regiments den Platz Saint-Nicolas überquert, um in die engen Straßen der Altstadt zu gelangen und mich schließlich im Rathaus – einem Sitz der Opposition – einzufinden. Die Organisatoren meiner Reise fürchteten diese Begegnung. Ich nicht. Ich wußte, daß es eine örtliche politische Tradition gab und daß die Macht den Pietristen und Gavinisten entglitten war. Irgendwann würde sie das Lager wieder wechseln. In der Zwischenzeit war Korsika eine Republik, ohne es immer wahrhaben zu wollen. Ich war Präsident dieser Republik, ihr Präsident. Ich war überzeugt, daß jenseits aller Gereiztheiten und Vereinnahmungen eine Rechtmäßigkeit bestand, die jeder in sich spürte – die einen oberflächlich, die anderen tiefer. Es war wichtig, ihnen zu zeigen, daß ich dies wußte und nichts Böses von ihnen erwartete.

In dem inmitten eines Kastanienwaldes gelegenen Dorf La Porta d'Ampugnani haben wir auf dem Kirchplatz im Schatten großer Bäume zu Mittag gegessen. Es war eine von »Giscardisten« verwaltete Gemeinde. Man hatte das Gerücht meiner Verwandtschaft mit dem Marschall Sebastiani in Umlauf gesetzt. Diese Beziehung ist reine Legende, aber ich hatte nicht den Mut, zu widersprechen und Enttäuschung hervorzurufen. In meiner Rede lobte ich ihn mit ehrerbietigen Wendungen. Als Abschiedsgeschenk überreichte man mir ein Gewehr. Eine Bürgermeisterin aus der Umgebung, Frau Campena, die ich als Botschafterin kennengelernt hatte, begleitete mich in meinem Auto. Unterwegs hielten wir an einer Kirche mit einem berühmten Glockenturm an. Dabei fühlte ich mich wohler als in den Versammlungssälen, in denen ich an die langen Schlangen angemieteter Autobusse vor der Tür dachte, die den Eindruck großer Besucherzahlen erwecken sollten.

Ich liebte dieses lebendige, seinen Weg suchende Korsika und spürte die unbestimmten, widersprüchlichen, heftigen und empfindsamen Sehnsüchte seiner Männer und Frauen. Es wurde mir klar, daß die Diskussion um die Unabhängigkeit eine Scheindiskussion war – in einer Zeit, in der die Grenzen verschwanden und sich Europa vereinigte. Aber diese Diskussion verschleierte eine andere, tiefergehende Diskussion mit wesentlich beunruhigenderen Zügen: Wie ist es möglich, in einer Welt der Gleichförmigkeit seine Identität zu bewahren? Wie kann man – unter Beibehaltung seiner Lebensgewohnheiten – zu wirtschaftlichem Wohlstand gelangen, und wie ist eine gewisse Nachlässigkeit zu bewahren, in der Lebensart liegt? Kann ein der Vetternwirtschaft und lokalen Begünstigungen zu sehr verschriebenes politisches Spiel zur Lösung heutiger Probleme noch beitragen? Sicher gibt es Antworten auf diese Fragen. Zeit und Geduld werden sie bringen, allerdings unter der Bedingung, daß unsere grundlegenden Einstellungen eindeutig bleiben.

Im April 1981 sollte meine Reise nach Korsika zwei Etappen umfassen: einen Aufenthalt in dem im Norden Korsikas gelegenen Bastia und eine politische Veranstaltung im südkorsischen Ajaccio.

Fünf Tage vor dem ersten Wahlgang zog man es vor, die Innenstadt von Bastia zu meiden. Der kurze Aufenthalt fand in einem Park in der Nähe des Flughafens statt. Man hat das mit dem Zeitpunkt erklärt. Es wäre unmöglich, zur Essenszeit eine große Zuhörerschaft zu versammeln. Ich habe diese Erklärung nicht geglaubt und die Entscheidung bedauert. Es war offensichtlich, daß sie aus Sicherheitsgründen getroffen worden war – aus Furcht vor einem Attentat oder einer Erpressung, die zum Abbruch der Versammlung gezwungen hätte.

Das Ergebnis war eine freundschaftliche, fast ländliche Begegnung mit Stadtverordneten und Anhängern. Die Stimmung war entspannt und im Hinblick auf das Wahlergebnis zuversichtlich. Fast bedauernd brach ich in Richtung Flughafen auf.

Schon im Augenblick meiner Ankunft in Bastia hatte man darauf gedrängt, den für Ajaccio vorgesehenen Zeitplan peinlich genau einzuhalten. Das hatte mich erstaunt, denn das Programm für den Nachmittag war nicht sehr umfangreich: ein kurzer Aufenthalt in den Räumen meines Wahlhelferbüros im Stadtzentrum, dann ein Empfang im Rathaus durch den Bürgermeister Charles Ornano, bei dem auch die Abgeordneten und Stadtvertreter zugegen waren, und schließlich die öffentliche Versammlung.

Während des kurzen Flugs in einer Mystère 20 teilte mir der Polizeiinspektor mit, daß er aus Ajaccio erneut darauf gedrängt worden sei, genau wie vorgesehen um 17.30 Uhr zu landen. Ein Blick auf die Uhr sagte uns, daß wir die Verabredung gewissenhaft einhalten würden.

Die Maschine zieht eine Schleife in Richtung Flughafen. Über der Bucht von Ajaccio ballen sich schwarze Wolken. Während des Landeanflugs bricht das Unwetter los und wir setzen in einem sintflutartigen Regen auf. Das Flugzeug kommt am Ende der Rollbahn zum Stehen, und wir warten darauf, daß die Wagen uns abholen. In dem Augenblick, in dem der Pilot den Motor abstellt, hört Philippe Sauzay eine dumpfe Explosion. Er schreibt sie einem Geräusch in der Maschine zu. Es ist 17.30 Uhr. Unser Flugzeug ist vor einer Minute gelandet.

Der Kontrollturm bittet uns zu warten. Zehn lange, unerklärliche Minuten verstreichen, denn auf dem Flugfeld ist kein Verkehr zu sehen. Schließlich treffen Wagen mit Polizeioffizieren ein. Ich spüre eine unerklärliche Unruhe. José Rossi, der Vorsitzende meines südkorsischen Wahlhelferbüros, empfängt mich. Ich gehe auf das Flughafengebäude zu, aber er hält mich zurück.

»Wir gehen nicht zum Flughafengebäude. Es regnet zu stark«, sagt er. »Es ist besser, gleich weiterzufahren.«

Das Wahlhelferbüro in der Rue Ottavy ist von Polizei gesichert. Es liegt am Ende einer kleinen Sackgasse. Als ich eintrete, läßt mein Begleiter Philippe Sauzay unauffällig einen gefalteten Zettel in meine Hand gleiten. Ich stecke ihn in meine Tasche. Ich betrachte die an den Wänden hängenden Plakate, die Flugblätter, die man mir zeigt, und danke den aktiven Helfern. Kluge und warmherzige Begrüßungsworte José Rossis. Begeisterter Beifall. Wir sind unter Freunden. Ich fahre weiter zum Rathaus.

Im Auto entfalte ich den Zettel und lese: »Ich erfahre gerade, daß bei unserer Ankunft in der Flughafenhalle eine Bombe explodiert ist. Es gab mehrere Verletzte, darunter auch Frauen. Einige befinden sich in Lebensgefahr.«

Ich wende mich an José Rossi: »Man teilt mir mit, daß es zum Zeitpunkt meiner Ankunft einen Anschlag im Flughafen gab.«

»Ja, ich weiß«, entgegnet er. »Wir waren dort und warteten draußen auf Sie. Die Erschütterung war sehr stark. Ich hoffe, daß der Schaden nicht zu groß ist. Um Sie nicht zu beunruhigen, hielten wir es für besser, Ihnen nichts davon zu sagen.«

»Man sagt mir, daß es Verletzte gegeben hat. Ich werde Sauzay um Nachforschungen bitten. Ich möchte sie vor meinem Rückflug besuchen.«

Ich gehe die Treppe des Rathauses hinauf, um in den großen Saal zu gelangen, in dem mich eine dichte Menge von Gemeindevertretern mit Beifall begrüßt. Charles Ornano hält eine Ansprache. Während er redet, winke ich Philippe Sauzay unauffällig heran. Ich flüstere ihm zu, sich nach dem Befinden der Opfer zu erkundigen.

Ich danke dem Bürgermeister und appelliere an die Gemeindevertreter, mich bei meinen Modernisierungsbestrebungen auf Korsika zu unterstützen. Charles Ornano lädt uns zusammen mit den Abgeordneten und den wichtigsten Gemeindevertretern in sein Arbeitszimmer. Auf einem runden Marmortisch stehen Sektschalen und ein Sektkübel bereit.

Im Kreise dieser Fachleute gleitet die Unterhaltung unweigerlich ins Jonglieren mit Wahlprognosen ab. Der Abgeordnete des Wahlkreises, Jean Bozzi, der in der Präfektur beschäftigt ist und der Mannschaft von Roger Frey angehörte, als dieser Innenminister war, spielt die erste Karte aus: »Jacques Chirac wird im ersten Wahlgang auf Korsika und auch national vorn liegen.«

Meine Anhänger reagieren verlegen auf diese Taktlosigkeit. Dann zahlen sie mit gleicher Münze heim: »Hier, Herr Präsident, werden Sie mit Abstand vorn liegen!«

Charles Ornano nickt zustimmend, Bozzi erhebt Einwände. Um den unsrigen zur Hilfe zu kommen, wage ich eine Vorhersage: »Ich bin nicht so gut wie Sie in der Lage, ein Ergebnis für Korsika zu nennen. Aber meiner Meinung nach wird Chirac auf nationaler Ebene kaum mehr als achtzehn Prozent der Stimmen erhalten.«

Bozzi amüsiert sich: »Ich wette dagegen! Selbst bei neunzehn Prozent!«

»Seien wir nicht zu genau. Ich sage achtzehn Prozent und bleibe dabei. Und ich nehme Charles Ornano zum Zeugen.«

Wir sprechen über den Einsatz: zwölf Flaschen Champagner. Um diese lächerliche Szene zu unterbrechen, frage ich den Bürgermeister, ob er mir die grüne Uniform eines Kommandeurs der Jägergarde zeigen kann, die Kaiser Napoleon trug. Vor zwei Jahren hatte ich das Armeemuseum, das die Uniform gerade erstanden hatte, darum gebeten, sie der Stadt Ajaccio zurückzugeben.

Er führt mich vor den Schaukasten, in dem sie ausgestellt ist: grün mit üppigem rotem Besatz. Der Kaiser trug sie über einem weißen Wams. Sie entspricht ganz dem Bild, das die Legende von Napoleon gezeichnet hat, und das ein jeder von uns irgendwann einmal in einem Buch betrachtet hat. Es ist die Uniform, die er auf seinem Totenbett auf Sankt Helena trug.

Das Gerücht von dem Anschlag hat sich mittlerweile herumgesprochen. Vorwurfsvoll, mit gesenkter Stimme, redet man darüber. Bozzi entschuldigt sich, nicht an der Versammlung teilnehmen zu können. »Armes Bündnis und armes Frankreich«, sage ich mir. Wir gehen auf den Platz hinaus, auf dem das Zelt aufgebaut ist.

Das mittelgroße Zelt ist bis auf den letzten Platz besetzt. Der erste Redner ist der Senator Paul d'Ornano, mein Beauftragter in Südkorsika. Dann ist Alice an der Reihe.

Zum ersten Mal seit Beginn des Wahlkampfes spricht jemand von mir. Nicht von dem Staatspräsidenten oder dem Kandidaten, sondern von einer Person, einem Menschen - von mir. Ich hatte nicht gewußt, daß Alice Saunier-Seité mich beobachtet hatte, daß sie hier und dort meine Eindrücke, meine Enttäuschungen und auch Kränkungen erfaßt hatte. Besser als ich es selbst ausdrücken könnte, erzählt sie nun von dem, was ich zu tun versucht habe. Ich sehe sie im Halbprofil vor mir. Ihr Körper ist kräftig, ihre Bewegungen sind von katzenhafter Geschmeidigkeit. Ein merkwürdiger Gedanke durchzuckt mich während ihrer temperamentvollen Rede: Ob sie wohl beim Liebesspiel von gleicher ungestümer Leidenschaft ist? Ihre Zuhörer sind gefesselt. Sie wechselt plötzlich das Thema, entlarvt jetzt die Demagogie der Sozialisten.

Von allen Lobreden, die ich gehört habe, ist dies eine der seltenen, bei der in mir kein Gefühl von Peinlichkeit aufkommt. So viele andere klangen falsch und gaben sich nicht einmal den Anschein von Glaubwürdigkeit. Ihre Verfasser beteten sie herunter wie abtrünnige Priester den Ritus einer Liturgie.

Alice hat wieder Platz genommen. Sie erhält langanhaltenden Beifall. Im hinteren Teil des Zeltes erheben sich ganze Reihen begeisterter Zuhörer. Die Korsen lieben die Wortgewandtheit und das Feuer der Aufrichtigkeit. Danke Alice! Wenn doch mein ganzer Wahlkampf dieser Versammlung ähneln könnte. Nun bin ich mit meiner Rede an der Reihe.

Nach Ende der Versammlung verlassen wir das Zelt durch einen Seitenausgang. Philippe Sauzay teilt mir mit, daß die Bombe vier Schweizer Touristen verletzt hat, einen Neunzehnjährigen sogar schwer. Drei andere Personen wurden von Glassplittern getroffen.

»Man wartet im Krankenhaus auf Sie«, sagt er.

Wir treten in die weißgestrichene und mit Neonlicht erleuchtete Eingangshalle. Der Leiter erwartet mich in Begleitung zweier Personen, sicher Angehörige der Präfektur.

Wir gehen die Treppe hinauf. Er berichtet mir, daß der Neunzehnjährige Augenverletzungen erlitten hat. Er ist in Gefahr, sein Sehvermögen zu verlieren. Man behandelt ihn gerade. Sobald es möglich ist, wird man ihn ins Krankenhaus von Marseille überführen.

Angestellte des Flughafens gehören zu den Verletzten, darunter eine von mehreren Splittern getroffene junge Frau. Ich bitte darum, sie zu sehen. Sie liegt in einem kleinen Zimmer, dessen Fenster auf den Gang hinausgehen. Sie ist sehr bleich, ihre Gesichtszüge sind eingefallen. Ich bringe ihr mein Mitgefühl und mein Bedauern darüber zum Ausdruck, Ursache ihrer Leiden zu sein. Sie hört mir zu, ohne mich wirklich zu erkennen. In Gegenwart dieser Verletzten begreife ich, was die Opfer von Terroranschlägen empfinden müssen. Sie haben den gleichen panischen und verständnislosen Blick wie die von einem Eisenbahnunglück oder einer Naturkatastrophe betroffenen Menschen. Sie sind darüber bestürzt, von einem Ereignis getroffen worden zu sein, das sie eigentlich nichts angeht. Das ist ganz anders als bei den Verwundeten, denen ich während des Krieges begegnete. Dort – ganz gleich welchen Ranges – hat man das Gefühl, Beteiligter, Handelnder zu sein. Hier aber ist man im eigentlichen Sinne des Wortes Opfer.

Beim Hinausgehen erwarten mich Fernsehkameras. Immer der gleiche Gegensatz zwischen dem weißen Magnesiumlicht der Blitze und der samtschwarzen Tiefe der uns umgebenden Nacht. Ich sage ein paar Worte über die Opfer, die Ungerechtigkeit, spreche Genesungswünsche aus. Ich breche ab, denn ich fühle die Fragen kommen: »Welche Auswirkungen wird dieser Anschlag auf Ihren Wahlkampf haben? Wird die Entrüstung in der Öffentlichkeit Ihnen nicht einen Vorteil bringen?«

Wir fahren zum Flughafen zurück. Ich mache einen Umweg durch die Halle. Die Bombe muß große Zerstörungskraft gehabt haben: Der Boden ist von diesem Staub aus Glas und Zement übersät, den alle Katastrophen dieser Art hinterlassen.

Hat es polizeiliche Nachforschungen gegeben? Man kam nie zu mir, um Hinweise einzuholen. Ich befand mich zwar damals im Wahlkampf, doch galt der Anschlag dem Menschen, der noch für einige Wochen Staatspräsident war. Nach dem 10. Mai 1981 bat man weder mich noch den Polizisten, der mich begleitet hatte, um eine Zeugenaussage. Der Hinweis, den ich hätte geben können, betraf die Nachricht, die auf pünktliche Landung in Ajaccio drängte. Sie wurde über zwei Kanäle übermittelt, deren Ursprung vielleicht zu ergründen gewesen wäre.

Im Herbst 1980 erwähnte ich in einer Unterhaltung mit Journalisten ein »Geheimnis für die Frauen«. Der Ausdruck rief Neugier hervor. Während der Kampagne zur Präsidentschaftswahl hat man mich zu diesem Thema befragt. Ich erklärte, daß ich dieses Geheimnis erst nach der Wahl lüften würde, da ich es nicht während meines Wahlkampfs einsetzen wolle. Die Wahl fand statt, die Aufmerksamkeit wendete sich anderen Dingen zu, und es wurde nicht mehr darüber gesprochen.

Was war es nun für ein Geheimnis? Ich hatte nach dem treffendsten Ausdruck gesucht und war schließlich zu folgender Formulierung gelangt: »Während meiner siebenjährigen Amtszeit war ich in siebzehn Millionen Französinnen verliebt.« Natürlich kann man das für eine Banalität oder gar für Demagogie halten. Aber das Merkwürdigste dabei, das eigentliche Wesen meines Geheimnisses war, daß es genau zutraf. Und wenn ich daran dachte, lachte ich und sagte zu mir, daß sich auch Heinrich IV. kindliche Züge bewahrt hatte.

Ein Journalist hat geschrieben, daß sich meine Auffassung von der Haltung eines Präsidenten auf das Visuelle gründete. Es stimmt, daß ich bei allen öffentlichen Veranstaltungen, den Paraden und den Begegnungen, bemüht war, die Männer und Frauen, die sich vor mir befanden, individuell wahrzunehmen. Lag Methode in dieser Vorgehensweise, eine Art Trick, um Einfluß nehmen und verführen zu können? Vielleicht zum Teil, aber das allein war es nicht.

Indem ich mich so verhielt, nahm ich diese besondere Art von Ausstrahlung wahr, die Energie, die zwischen Menschen zirkuliert, und das war für mich angenehm und ermutigend. Durch meine lange Betrachtung der Französinnen fing ich an, sie wirklich zu sehen und verliebte mich in sie. Man muß das Wort hier in seinem eigentlichen Sinn verstehen. Ich bin mir natürlich bewußt, daß diese Erklärung Ironie hervorrufen wird und daß meine deutschen Leser, die mir die Freundlichkeit erweisen werden, diese Zeilen zu lesen, sie »typisch französisch« finden werden. Ich spürte die Anwesenheit der Französinnen in der Menge, ich erriet ihre Umrisse, ich verweilte ein wenig länger, um sie zu betrachten. Es war diese zusätzliche halbe Sekunde, während der plötzlich das Wesen des Menschen zum Vorschein kommt.

Ich liebe die Menge – die bewundernswerte Eleganz der Glieder und Gesten in einer asiatischen Menge, das getragene Wogen einer romanischen Menge, den an ein Auf-der-Stelle-treten erinnernden Tanz der afrikanischen Menge. Das sind jedoch Schauspiele, die ich betrachte und als Außenstehender genieße.

Was die Französinnen betraf, so fand ich hier eine heimische Vertrautheit vor. Ihre Art, sich aufrecht zu halten, um ihre Figur zu betonen, ihr natürlicher, bestimmter Gang, ohne Steifheit oder den allzu ersichtlichen Wunsch, die Aufmerksamkeit auf sich zu ziehen, und vor allem ihr Lächeln, ihr bewundernswertes Lächeln, in dem zu jeder Zeit die zwei Gesichter der Weiblichkeit – das der Mutter und das der Geliebten – zum Ausdruck kommen . . . all das ließ es für mich zur Freude werden, während meiner Reisen auf sie zu warten und sie danach wiederzufinden. Eine Freude und eine Ungeduld, die ich nicht besser beschreiben kann, als sie mit den Gefühlen zu vergleichen, die man als Verliebter empfindet.

Und das Erstaunlichste ist, daß – so denke ich – viele unter ihnen das bemerkt haben.

VII

Die Todesstrafe

Während meiner Präsidentschaft war in Frankreich die Todesstrafe in Kraft. Sie wurde dreimal verhängt.

Viele meiner Freunde, viele der Leute, mit denen ich zusammenkam und die sich mit mir über das Präsidentenamt unterhielten, meinten: »Das Schlimmste für Sie muß doch sein, über die Anwendung der Todesstrafe zu entscheiden. Das ist eine furchtbare Verantwortung.« Und wenn sie hinzufügten: »Ich bedaure Sie, solche Entscheidungen treffen zu müssen!«, so merkte ich, daß sie an sich selbst dachten und erleichtert waren, nicht vor eine so schwere Wahl gestellt zu werden.

Sie glaubten, daß die einzige Verbindung zwischen dem Präsidentenamt und dem Tod in der Anwendung der Todesstrafe liegt. Die Wirklichkeit sah für mich anders aus - komplexer, rätselhafter. Bis zu einem gewissen Punkt mit der Verantwortung für die Existenz einer Gemeinschaft von 55 Millionen Menschen betraut, spürte ich mehr oder weniger bewußt, daß der Tod ständig gegenwärtig war.

Er war natürlich gegenwärtig, wenn es um Entscheidungen über militärische Interventionen in Afrika ging. Er war es bei Unfällen oder Katastrophen in der Arbeitswelt, die wir aufgrund mangelnder Aufmerksamkeit nicht vermeiden konnten. Er war es auch in öffentlichen Gedenkfeiern, insbesondere der des 11. November. Der Tod war gegenwärtig in Form von Seuchen, neuen Krankheiten, Naturereignissen.

Mit besonderer Heftigkeit berührten mich die Unglücksfälle in den Gruben und die Schiffbrüche der Fischkutter auf hoher See. Wahrscheinlich lag das an dem, was ich über die Verzweiflung der Familien gelesen hatte, ihre bange Ungewißheit, während sie die Namenslisten entziffern, ihre Unfähigkeit, Gefühle zurückzuhalten oder auch zum Ausdruck zu bringen, und über ihre Kinder, die mit großen, erstaunten Augen ihre ersten Trauerkleider tragen. Es kam mir vor, als lebe die Grausamkeit des für die kleinen Leute so harten 19. Jahrhunderts in diesen Dramen bis heute weiter.

Und ich war schockiert über die auch in unserer Gesellschaft noch bestehende Ungleichheit vor dem Tod. Da ist einerseits der fast schamhafte und anonyme Tod jener, die die Gesellschaft nicht kennt und die sie – so könnte man meinen – so schnell wie möglich loswerden möchte, und andererseits der zur Schau gestellte, ehrenvoll und feierlich begangene Tod jener, denen die Gesellschaft eine Bedeutung verleiht, die wiederum ihre eigene bestätigt. Schockiert war ich auch von dem Gegensatz zwischen den an den Unglücksorten improvisierten Trauergottesdiensten mit ihren auf Holzbänken aufgereihten Särgen und den schwarz dekorierten Särgen der großen Pariser Gedenkfeiern.

Die öffentliche Meinung war davon überzeugt, daß der Staatspräsident über die Todesstrafe »entschied« und daß er das letztlich allein tat. Sie wünschte, daß er dies auf Ehre und Gewissen tat, aber sie war beeindruckt und von Furcht ergriffen, angesichts dieser unbeschränkten Macht, der unbeschränktesten Macht überhaupt, die darin besteht, Leben entziehen zu können.

Tatsächlich war es jedoch so, daß der Staatspräsident nicht über eine Verurteilung zum Tode, sondern über ein Gnadengesuch zu entscheiden hatte. Diese Klarstellung kommt keineswegs einer Wortspielerei gleich, was in diesem Zusammenhang ungeheuerlich wäre, noch ist es ein Versuch, der Verantwortung auszuweichen. Es geht darum, eine konkrete Situation in Erinnerung zu rufen – die, der ich zu begegnen hatte.

Der Verurteilung geht eine lange und eingehende Untersuchung durch die Justiz voraus. Das Urteil wird von einem Schwurgericht verkündet, dessen Schöffen durch Losverfahren ermittelt werden.

Der Anwalt des Verurteilten kann anschließend Rechtsmittel beim Obersten Berufungsgericht einlegen. Das tut er fast immer.

Wenn das Urteil aufgehoben wird, muß das ganze Verfahren von vorn beginnen.

Lehnt das Gericht das Gesuch ab, wird das Urteil rechtskräftig. Es kann jedoch erst vollstreckt werden, nachdem der Staatspräsident ein vom Anwalt des Verurteilten eingebrachtes Gnadengesuch abgelehnt hat.

Die Presse wird über die Schlußanträge und das Urteil informiert. Sie weiß, daß die Hinrichtung nur noch vom Gnadengesuch abhängt. Die Zeit der Ungewißheit beginnt. Und da das einzige Ereignis, auf das man wartet, die Entscheidung des Staatspräsidenten ist, scheint alles andere plötzlich vergessen: die Ermittlungen von Polizei und Justiz, die Verhandlungen des Schwurgerichts, die Plädoyers der Verteidiger, das Urteil. Das Schicksal hängt an einem einzigen Faden. Wie wird der Staatspräsident entscheiden?

Die Grundlage meines Urteils bildeten eine vom Justizministerium vorbereitete Akte, eine Sitzung des Obersten Französischen Richterrates und ein Gespräch mit dem Anwalt unter vier Augen.

Die Akte aus hellbrauner Pappe ist umfangreich. Sie trägt ein Etikett mit dem Namen des Verurteilten. Der Generalsekretär des Obersten Richterrates bringt mir die Akte und erläutert ihren Inhalt. Zu Beginn meiner siebenjährigen Amtszeit ist es ein junger Richter, ab 1979 hat eine Richterin - Nicole Pradain - dieses Amt inne.

In der Akte befindet sich ein Bericht, den die mit Begnadigungen befaßte Dienststelle des Justizministeriums erstellt hat und der die Sachlage sehr genau und möglichst objektiv darstellt: die Person des Angeklagten betreffende Punkte, seine Lebensumstände, seine Umgebung und gegebenenfalls seine Vorstrafen; der Verlauf der Ermittlungen; der Ablauf der Verhandlungen, schließlich das Urteil. Dieser Bericht schließt mit einer Stellungnahme zum Gnadengesuch, die von drei Juristen verfaßt wird: dem Staatsanwalt, der den Strafantrag gegen den Angeklagten vor dem Schwurgericht gestellt hat, dem Vorsitzenden des Schwurgerichts, der die Beratungen der Schöffen geleitet hat, und dem Oberstaatsanwalt beim Berufungsgericht.

Jeder dieser drei hat einen Bericht verfaßt, der ebenfalls zur Akte gehört. Im allgemeinen ist der des Staatsanwaltes am ausführlichsten.

Schließlich wird aufgrund eines sehr alten Brauchs, dessen Nützlichkeit mir zweifelhaft erscheint, die Akte der Gesamtheit der Ministerialdirektoren des Justizministeriums vorgelegt und die Meinung eines jeden schriftlich festgehalten.

Im Januar 1976, achtzehn Monate nach meiner Wahl, erhielt ich die erste dieser Akten. Sie betraf den Fall eines zum Tode verurteilten Neunzehnjährigen, der zum Zeitpunkt seines Verbrechens erst siebzehn Jahre alt gewesen war. Als ich die Akte in Empfang nahm, hatte ich das Gefühl, daß sie schwer wog, schwerer jedenfalls als ihr Äußeres vermuten ließ. Ich war entschlossen, davon bis ins kleinste Detail Kenntnis zu nehmen; so wie ich es später bei jeder dieser Akten tat.

Bis zu diesem Zeitpunkt hatte ich noch nie eine Gerichtsakte eingesehen. Die Einzelheiten des Verfahrens waren mit nur wenig bekannt. Da ich in meiner Lektüre nicht gestört werden wollte, zog ich mich am späten Nachmittag in die Bibliothek meiner Wohnung zurück. Ich begann mit dem zusammenfassenden Bericht, dann las ich jeden der zum Anhang gehörenden Berichte. Ich brauchte dazu drei Tage. Die Berichte waren klar und äußerst genau. Die Mühe, die ihre Verfasser auf sie verwendet hatten, kam klar zum Ausdruck. Ihre äußere Form litt unter dem Verhängnis, das zu jener Zeit auf den Schreibmaschinen der Justizbehörde zu lasten schien: veraltetes Schriftbild sowie unregelmäßige Seitenränder. Wiederholungen in den Unterlagen waren unvermeidlich, aber nach und nach fügte sich die menschliche Seite des Dramas zusammen und wurde während des Lesens deutlicher. Hier und dort begegnete ich bloßen Annäherungen, dunklen Stellen. Ich suchte dann nach ergänzenden Informationen in den anderen zur Akte gehörenden Unterlagen.

Ich las alle Unterlagen ein zweites Mal. In den Diskussionen, die ich anschließend im Obersten Richterrat und mit den Anwälten führte, gewann ich den Eindruck, in der Kenntnis der Tatsachen, zumindest so, wie sie aufgrund der bloßen Aktendurchsicht möglich war, genauso weit gelangt zu sein wie meine Gesprächspartner.

Während dieser Zeit untersagte ich mir jede Schlußfolgerung. Ich verdrängte jede Regung, die auf eine endgültige Haltung hinauslief. Ich durfte mich erst später entscheiden, nachdem ich alle Stellungnahmen zur Kenntnis genommen hatte. Im Moment konnte mein

Streben nur ein einziges Ziel haben: den Versuch, die tatsächlichen und psychologischen Fakten gut zu kennen und ohne den Versuch einer Beurteilung in ihren Ablauf einzudringen.

Der Oberste Richterrat versammelt sich im Saal der Flügeladjutanten um einen großen, mit dem üblichen grünen Filz bedeckten Tisch, der dort für diese Gelegenheit aufgestellt wird. Kleine weiße Schilder zeigen den Platz eines jeden an. Mir gegenüber sitzt der Justizminister, zunächst Jean Lecanuet, später Olivier Guichard und Alain Peyrefitte. Dann die neun Mitglieder des Richterrates: Drei sind Richter am Kassationshof, drei andere gehören den Appellationsgerichten an, der siebente kommt vom Obersten Verwaltungsgericht, und die beiden letzten gehören dem Richterrat nicht ständig an, sondern wurden aufgrund ihrer Fachkenntnis für diesen Fall berufen.

Ein Berichterstatter wird gewählt. Er stellt die Akte vor. Die Stimmung ist ernst, denn jeder wird zu einer Stellungnahme aufgefordert werden.

Nach der Lesung des Berichts gibt es eine kurze Diskussion. Einige eilige Fragen zu Daten oder Punkten des Verfahrens. Dann beginne ich mit der Rundfrage, indem ich jedes der Mitglieder bitte, mir seine Entscheidung mitzuteilen. Soll man, nach der sprichwörtlichen Wendung, »der Justiz ihren Lauf lassen«? Soll man vom Recht der Gnade Gebrauch machen?

Ich kenne jedes der Ratsmitglieder persönlich, denn sie werden für die Dauer von vier Jahren ernannt, mit der Möglichkeit einer einmaligen Verlängerung. Da sie ihrer Stellungnahme eine Erklärung vorausschicken, eine Art Urteilsbegründung, in der sie ihre Bedenken, die Elemente, die ihr Urteil geformt haben und schließlich ihre Schlußfolgerung mitteilen, kenne ich inzwischen ihr Temperament, ihren Charakter, ihre Neigungen. Daher kann ich schon vorher diejenigen ausmachen, die sich wahrscheinlich für den Lauf der Justiz entscheiden werden, diejenigen, die die Begnadigung empfehlen werden, und die zwei oder drei, von denen ich weiß, daß sie zögern werden, bevor sie ihr Urteil verkünden.

Diese Kenntnis verleiht der Richtung Bedeutung, die ich für die

Rundfrage wähle. Wenn ich an der Seite beginne, von der ich weiß, daß sich dort voraussichtlich eine Mehrheit befindet, die zur Begnadigung tendiert, oder an der anderen Seite, wo mir diejenigen am zahlreichsten scheinen, die die Meinung vertreten haben, der Justiz ihren Lauf zu lassen, so wird ihre Stellungnahme die noch Unentschlossenen beeinflussen. Um jede Einflußnahme zu vermeiden, beginne ich daher immer mit der Seite, an der der Berichterstatter sitzt.

Gleichzeitig erkenne ich jedoch die Grenzen menschlicher Gerichtsbarkeit. All diese Richter sind gewissenhaft. Ich habe sie mit Sorgfalt arbeiten sehen. Als sie ihre Akten vorstellten, bemühten sie sich eifrig, fast pedantisch, um Objektivität. Und dennoch kann ich, der ich sie selten - ungefähr einmal im Vierteljahr - treffe, fast mit Sicherheit voraussagen, in welche Richtung ihre Entscheidung gehen wird. Manchmal überrascht mich jedoch auch eine plötzliche Umkehr, eine unvorhersehbare Reaktion, als hätte eine in der Akte vermerkte Tatsache einen unter ihnen an einem empfindlichen Punkt getroffen und ließe ihn aufspringen.

Während sie zum Schluß kommen, notiere ich auf einem Blatt Papier die Richtung, in die die Stellungnahme eines jedes geht. Genauso verfährt der Generalsekretär des Obersten Richterrates, der an einem kleinen Tisch in der Ecke des Raumes neben einem Fenster sitzt.

Die Mitglieder des Richterrates unterliegen der beruflichen Schweigepflicht. Bis auf eine Ausnahme - in diesem Fall erschienen aufgrund einer Indiskretion genaue Informationen über die Schlußanträge in der Presse - wurde sie immer respektiert.

Ich werde diese Geheimhaltungspflicht achten und lediglich darauf hinweisen, daß die Meinungen der Richter fast immer auseinandergingen und nur gegen Ende meiner Amtszeit ein einziges Mal übereinstimmten.

Ist die Rundfrage beendet, schließe ich die Sitzung. Dann verabschiede ich mich von jedem Teilnehmer. Es wird kein Wort gesprochen. Wir sind zu bedrückt, um Lust zu einer Unterhaltung zu verspüren.

In der folgenden Woche empfing ich den Anwalt.

Ich war oft beeindruckt von der bemerkenswerten Qualität der Verteidiger aus der Provinz, insbesondere der kleineren Anwaltskammern. Die Anwälte, die ich empfing, waren so intelligent, keinen Überzeugungsversuch zu unternehmen. Sie zeigten mir, daß sie meine Zweifel teilten und machten mich auf bestimmte Punkte aufmerksam, von denen sie annahmen, sie könnten mir entgangen sein.

Wenn ich ihrer Argumentation folgte - und dabei denke ich besonders an einen unter ihnen -, hatte ich das Gefühl, den Faden einer Gerichtsbarkeit wiederzufinden, die sich von derjenigen unterscheidet, die unsere urbanisierte Industriegesellschaft kennzeichnet: eine in sich ruhende, dem Schicksal der Menschen zugewandte Justiz, fern fremden Einflüssen und Interessen. In den meisten Fällen wurden sie über das Armenrecht berufen und erhielten lediglich ein symbolisches Entgelt.

Einer von ihnen trat bei mir für die Begnadigung eines Verurteilten ein, dessen Straftat besonders verabscheuenswürdig und grausam gewesen und der bereits vorbestraft war. Ich spürte, daß er sicher war, keine Chance zu haben. Dennoch war er bestrebt, die besten Argumente zu finden, um meinen Entschluß ins Wanken zu bringen. Es war Juli, und er saß mit mir in meinem sonnendurchfluteten Arbeitszimmer. Es war für mich offenkundig, daß er mit seinen Gedanken ganz woanders war: in der Zelle einer Strafanstalt, bei seinem Mandanten, einem verstockten, gehetzten, grausamen Menschen, in dem er dennoch eine Spur von Menschlichkeit ausfindig gemacht hatte, die sich tief unter seinem Haß verbarg. Es lag ihm viel daran, daß sein Mandant so vollständig wie möglich verteidigt wurde und daß er, sollte er hingerichtet werden, zumindest nicht das Gefühl haben sollte, aufgegeben worden zu sein. Ich hörte ihm mit größter Aufmerksamkeit zu. Ich habe ihn nie wiedergesehen. Seine Haltung und seine Überzeugung bewegen mich noch nach vielen Jahren.

Manchmal überraschte man mich mit dem Argument der Nicht-Täterschaft, der Unschuld des Verurteilten. Dieses Argument hätte nicht mir, sondern dem Schwurgericht vorgebracht werden sollen, denn mein Amt gestattete es mir nicht, die Arbeitsweise der Justiz in

Frage zu stellen. Ich mußte ihr Urteil für rechtmäßig gewonnen halten. Nur die den Schöffen unbekannten Elemente konnten eventuell berücksichtigt werden. Aber die Fakten, die der Anwalt anführte, waren vor dem Schwurgericht diskutiert worden. Einmal hatte ich sogar das Gefühl, daß ein entscheidendes Element, das das Schwurgericht überzeugte und das ich ausführlich erörtert in der Akte wiederfand, dem Verteidiger nicht mehr gegenwärtig war, als er auf Justizirrtum und Unschuld plädierte.

Eines Tages, als ich einen Verteidiger zur Tür begleitete, brachte dieser ein letztes Argument ins Spiel: »Mein Mandant hat mich beauftragt, Ihnen zu sagen, daß er sich – für den Fall, daß Sie ihn begnadigen – mit 200 000 Francs begnügen wird. Er verpflichtet sich, nach Südamerika zu gehen, und Sie werden nie wieder von ihm hören.«

Was sollte diese absurde Botschaft? Vom Verurteilten war es ein letzter, von seiner Verzweiflung eingegebener Versuch, sich selbst glauben zu machen, daß er das Verhängnis abwenden könne, indem er einer Wahnvorstellung eine Grundlage gibt. Warum aber übermittelte mir sein Verteidiger dieses Ansinnen, nachdem er für die Unschuld seines Mandanten eingetreten war? Ich habe ihm nicht geantwortet. Ich war angesichts dieses letzten Mittels der Verteidigung wie erstarrt. Und ich sagte mir, daß ich im Augenblick meiner Entscheidung nicht so sehr die armselige Botschaft, wohl aber deren Übermittlung aus meiner Erinnerung streichen würde.

Bevor mich der Anwalt verließ, sah ich, daß er in meinen Augen zu ergründen suchte, wie meine Entscheidung aussehen würde. Zweifellos dachte er, daß sie bereits getroffen war. Sie war es nicht. Jetzt erst, ausgehend von dem, was ich erfahren und gehört hatte, mußte ich in mich gehen und zu einem Schluß kommen.

Dann kam der Augenblick der Entscheidung.

Der Verurteilte blieb bis zum letzten Moment in Ungewißheit. Im Falle einer Ablehnung seines Gesuchs erfuhr er die Antwort erst am Morgen seiner Hinrichtung.

Ich behielt mir zwei oder drei Tage zum Nachdenken vor, um sicher zu sein, alle Elemente berücksichtigt zu haben, aber nicht länger, denn ich war mir der Grausamkeit des Wartens bewußt.

Nach und nach fügten sich einzelne Elemente zu einem Gesamteindruck. Im Gegensatz zu dem, was die öffentliche Meinung annimmt, war ich der Ansicht, kein neues Urteil fällen zu müssen. Im Gesetz waren alle nur möglichen Vorkehrungen verankert. Meine Urteilskraft war nicht größer als die der Schöffen. In ihre Entscheidung waren alle ihnen bekannten Elemente, die Gesamtheit der ihnen unterbreiteten Fakten eingeflossen. Ich konnte nicht den Anspruch erheben, ihr Urteil zu berichtigen. Die einzige für mich relevante Frage war die, ob es gewichtige Gründe gab, dieses Urteil nicht zu vollstrecken.

Es ging jedoch nicht darum, meine persönliche Einstellung zur Todesstrafe einzubringen. Hätte ich die Mittel, so wäre es meine Absicht, in Etappen vorzugehen und ihren Anwendungsbereich allmählich einzuschränken. In einem ersten Zeitraum wäre sie nur im Falle grausamer, die Gesellschaft erschütternder Verbrechen zu verhängen, zum Beispiel bei Kindesentführung und -mord, bei Mißhandlung älterer Menschen mit Todesfolge, bei tödlich ausgehender Geiselnahme oder bei Ermordung von Gefängniswärtern. Bevor man sich zu weiteren Einschränkungen entschloß, hätte man eine Frist festlegen müssen, innerhalb derer es die abschreckende Wirkung der Todesstrafe zu überprüfen galt.

Aber es ging nicht um meine Meinung. Als Staatspräsident hatte ich das Funktionieren unseres institutionellen und legalen Systems sicherzustellen. Wenn ich meinte, daß Änderungen nötig seien, so bestand meine Aufgabe darin, auf die zur Durchsetzung dieser Änderung üblichen Verfahren zurückzugreifen und den entsprechenden Mechanismus in Gang zu setzen. Es stand mir nicht zu, dies durch eine Reihe persönlicher Entscheidungen zu bewirken, welche Gesetzesvorschriften im Prinzip außer Kraft setzten.

Auch konnte ich keine eigene Rechtsprechung entwickeln. Das hätte nämlich bedeutet, an das Ende des gerichtlichen Verfahrens ein weiteres Verfahren anzuschließen und auf diese Weise die Entscheidungen der Justiz zu korrigieren.

Es war mir also klar, daß meine Aufgabe – wie bereits gesagt – darin bestand, zu überprüfen, ob es Gründe gab, das von der Justiz gefällte, gesetzeskonforme Urteil nicht zu vollstrecken.

Wie konnten diese Gründe aussehen? Es war unmöglich, sich alle vorzustellen, denn sie gehören in den Bereich der Ausnahmen, des Unbeschreiblichen, Nichtvorhersehbaren. Daher mußte ich alle möglichen Richtungen stets von neuem ausloten.

Wie ich bereits sagte, stand es für mich außer Frage, das von den Gerichten verkündete Urteil korrigieren zu wollen. Aber ich war mir darüber im klaren, daß es allen von Menschen getroffenen Sicherheitsvorkehrungen zur Vermeidung von Irrtümern nie gelingen wird, die Gefahr eines letzten Irrtums, einer letzten Ausnahme zu bannen.

Auch die am gründlichsten durchdachten Bestimmungen der Eisenbahn, die doppelten und dreifachen Sicherheitsvorkehrungen schließen letztlich keine Zusammenstöße von Zügen aus, die irrtümlich auf ein Gleis gelenkt wurden. Ich hatte zu ergründen, ob sich diese Gefahr nicht in der Falte einer Akte, einem schlecht kopierten Dokument oder einer übergangenen Zeugenaussage verbarg. Es war dies eine Suche ohne System, die sich ganz von zufälligen Spuren leiten ließ. Sie setzte das aufmerksame und gründliche Lesen aller mir übermittelten Berichte voraus. Diese Suche führte in den mir bekannten Fällen nie zu einem positiven Ergebnis.

Die anderen Gründe, die dazu führen konnten, eine Entscheidung nicht umzusetzen, gehörten zum Bereich des Unwägbaren. Die Schöffen hatten sie daher nicht berücksichtigen können. Diese Gründe konnten in weiter zurückliegenden, äußeren Gegebenheiten zu finden sein, jedoch einen direkten Einfluß auf die nur schwer faßbare Beziehung zwischen dem Verurteilten und der Gesellschaft haben, die daran ging, ihn hinzurichten.

Einer dieser Faktoren war das Alter.

Wie ich bereits erwähnte, hatte der erste zum Tode Verurteilte, dessen Akte mir überreicht wurde, mit siebzehneinhalb Jahren einen Mord begangen. Umstände und Beweggrund duldeten keine Entschuldigung. Aber zum Zeitpunkt des Verbrechens lag die gesetzliche Volljährigkeit bei einundzwanzig Jahren. Das Jugendschwurgericht des Départements Oise hatte diese Tatsache nicht berücksichtigt. Es war mein Vorschlag gewesen, das aktive Wahlrecht auf achtzehn Jahre herabzusetzen. Das Parlament, das noch über meinen Antrag hinausging, legte das Alter der gesetzlichen Volljährigkeit auf künftig achtzehn Jahre fest. Dies hatte in der Öffentlichkeit eine lange Diskussion über den Grad der Verantwortlichkeit von Jugendlichen ausgelöst, über ihre Entscheidungsfähigkeit und die Unmöglichkeit, ihren unüberlegten Handlungen zu vertrauen. Konnte ein- und dieselbe Gesellschaft das Verantwortungsgefühl der Jugendlichen gleichzeitig in Zweifel ziehen und in seiner letzten Konsequenz bestätigen? Dieses Element gab bei meiner Entscheidung den Ausschlag. Ich habe dem Gnadengesuch stattgegeben.

Ein anderer Fall betraf einen Franzosen islamischen Glaubens, der auf grausame Weise - mit Messerstichen in die Brust - eine dreiundachtzigjährige Frau trotz ihrer Angstschreie und ihres Flehens umgebracht hatte, um sich ihrer kleinen Ersparnisse zu bemächtigen. Er hatte die Schöffen und den vorsitzenden Richter provoziert. Als dieser ihn daran erinnerte, daß er Revision einlegen könne, erwiderte er: »Das ist mir Wurst. Ihre Revision interessiert mich nicht. Für mich zählt der Tod nicht.« Das psychologische Gutachten charakterisierte ihn als »ein schädliches und bösartiges Individuum, das loszuwerden Pflicht der Gesellschaft ist«. Die Schöffen hatten ihn zum Tode verurteilt.

Die Akte gab Aufschluß über sein Leben: Er war in Algerien in einer Bauernfamilie zur Welt gekommen. Einer seiner Brüder wurde durch die algerische Unabhängigkeitsbewegung ermordet. 1961 hatte er sich freiwillig zur französischen Armee gemeldet. Seine Frau hatte ihn daraufhin verlassen und die Kinder mitgenommen. Als ehemaliges Mitglied der französischen Armee hatte diese ihm zum Zeitpunkt der Unabhängigkeit mit ins Mutterland genommen. Ein Jahr später wurde er aus der Armee entlassen. Die französische Eisenbahngesellschaft stellte ihn als Hilfsarbeiter ein und entließ ihn nach achtzehn Monaten wieder. Er war arbeitslos, lebte von Unterschlagung und kleinen Diebstählen. Er hatte keinen festen Wohnsitz, trieb sich herum. Eine versuchte Vergewaltigung brachte ihm sechs Jahre Gefängnis ein. Nach seiner Freilassung beging er sein entsetzliches Verbrechen.

Die Frage stellte sich nicht im Hinblick auf seine Schuld. Es gab keinen Grund, den Lauf der Justiz aufzuhalten. Aber sie stellte sich im Hinblick auf uns, auf unsere Gesellschaft, die ihn weit weggeführt hatte von seinem Zuhause, seinem Hof auf den Hochebenen um Constantine; auf unsere Gesellschaft, die ihm weisgemacht hatte, daß er in ihrer Mitte besser aufgenommen sei, sich dann aber nicht um ihn gekümmert und ihn wie ein einsames, haßerfüllt und grausam gewordenes Tier hatte herumirren lassen. Ich konnte mir nur schwer vorstellen, daß in diesem Wust von Schicksalsschlägen und Greueltaten ein Funken Menschlichkeit hatte überleben können. Aber wenn er sich doch ein wenig davon bewahrt hatte – welche Abscheu, welche Verachtung mußte er dann für diese mächtige und abweisende Gesellschaft empfinden, wenn er plötzlich ihre Vertreter vor sich sah, die ihm verkündeten, daß man ihn nicht vergessen hatte und sich für die Zeit der Vollstreckung des harten Urteils wieder mit ihm verband.

Ich habe seine Strafe in lebenslange Haft umgewandelt.

In diese langsame und schmerzliche Prüfung mußte ich auch das Schicksal der Opfer einbeziehen.

Je nach Wesensart, Charakter und Kultur neigt jeder von uns dazu, sich entweder mehr mit den Problemen der Schuldigen oder denen der Opfer zu befassen. Ich glaube nicht, daß wir uns das vorwerfen lassen müssen. Unsere Haltung hängt ab von gemachten Erfahrungen, dem Gefühl für Verantwortlichkeit und der Art, wie die Bilder übermittelt, die Informationen aufgenommen werden. Die beiden Einstellungen ergänzen sich eher, als daß sie gegensätzlich wären. Es ist das gleiche Übel, das die einen zur Wut bringt, die anderen aber mit Bestürzung erfüllt. Zufällig ist es so, daß ich rein gefühlsmäßig auf Seiten der Opfer stehe, denn ich sehe in meiner Umgebung zu viele Zeichen gepeinigter Unschuld.

Als ich zwischen der Versammlung des Obersten Richterrates und dem Treffen mit dem Anwalt die Akte eines Verurteilten durchsah, erhielt ich eines Tages einen Brief von der Mutter des Opfers. Wie hatte man ihn in der Flut Hunderter von Briefen, die allmorgendlich im Elysée eintreffen, ausmachen können? Wie war er auf meinen Schreibtisch gelangt? Der Umschlag war geöffnet. Auf der Rückseite standen Name und Adresse der Absenderin: der Name einer

Familie spanischer Einwanderer. Im Umschlag ein gefaltetes Blatt Papier. Es ist mit unregelmäßigen Schriftzügen bedeckt. Wahrscheinlich hatte sich die Schreiberin von einem Nachbarn helfen lassen.

Ich lese ihn. Die Verfasserin stellt sich zunächst vor; es handelt sich tatsächlich um die Mutter des Opfers. Dann bittet sie mich, mich der Hinrichtung des Mörders ihrer Tochter nicht entgegenzustellen. »Wenn nicht«, so schreibt sie, »werde ich nie wieder an die Gerechtigkeit glauben.«

Dies sind einfache, aber ergreifende Worte. Es ist kein Ruf nach Rache. Ich lege das Blatt auf meinen Schreibtisch zurück. Ich betrachte die Linien des einem Schulheft entnommenen Papiers und die große, bemühte Schrift. Ich versuche genau zu verstehen, was diese Frau mir sagen will, was dieser Protest, diese Form des inständigen Bittens und Drohens für sie bedeutet: »Ich werde nie wieder an die Gerechtigkeit glauben.«

Ich ließ der Justiz ihren Lauf.

Ich diskutierte mit Edgar Faure über die Verhängung der Todesstrafe. Sein Verstand, einer der schärfsten unserer Zeit, ist auch einer der wenigen wirklich liberalen. Er weiß über das Funktionieren unserer Gerichtsbarkeit bis ins kleinste Detail Bescheid.

Ich bemühte mich um seine Meinung zu einem umstrittenen Thema, zur abschreckenden Wirkung der Todesstrafe.

Er antwortete mir: »Es gibt sicher eine abschreckende Wirkung, aber sie ist nicht zu beweisen. Das Gefühl der Furcht, das die Todesstrafe auslöst, ist mit dem Risiko einer lebenslangen Haft überhaupt nicht zu vergleichen. In bestimmten Augenblicken, bei bestimmten potentiellen Verbrechern, wird dieser Unterschied ihr Verhalten wohl beeinflussen. Davon bin ich überzeugt. Aber ich wiederhole, daß das nicht beweisbar ist.«

Einige der Akten, die mir vorgelegt wurden, betrafen Morde an Kindern. Allen waren Gewalttätigkeiten vorausgegangen. Das bedeutete, daß das Kind nicht vom Tod überrascht worden war, sondern es hatte Todesangst ausgestanden, ihn kommen sehen. Es hatte sich gewehrt, hatte gerufen, geschrien. In den Schreien der Kinder, denen der Angst und denen der Freude, klingt ein durchdringender, sehr hoher schwingungsloser Ton mit, den man später nie wieder in der menschlichen Stimme findet. Er steigt aus einem noch unangetasteten Kristall auf.

Vielleicht ist der kurze Augenblick vor dem Begehen des Verbrechens einer derjenigen, in denen die Todesstrafe abschreckend wirken kann. Ich nahm nicht an, daß das immer so sein muß, denn in diesem Bereich der rätselhaftesten Regungen des menschlichen Wesens ist keine Verallgemeinerung möglich. Aber ich bezog es jedes Mal in meine Überlegungen ein. Presse und Medien ahnten dies voraus und sorgten für die Verbreitung des Gerüchts: »Giscard begnadigt keine Mörder von Kindern.« Hat es auch nur ein einziges Mal eine Atempause bewirkt? Ein Einhalten, das der perversen Erregung Gelegenheit gab, sich zu beruhigen oder ein äußeres Einschreiten möglich machte, das das Räderwerk der Gewalt anhielt? Ich weiß es nicht.

Während dieser Zeit mußte ich immer wieder an die Erzählung *Die kleine Roque* von Guy de Maupassant denken, in der er den Mord an einem kleinen Mädchen durch den Bürgermeister des Dorfes beschreibt. Dieser hat sie im Hochwald beim Baden in einem Fluß überrascht. Er hat sie vergewaltigt und – von Angst ergriffen – erwürgt. Zufällig entdeckt der Briefträger die Leiche auf seiner Tour. Niemand verdächtigt den Bürgermeister. Nachts quälen und zerstören ihn Scham und Gewissensbisse, tagsüber die Furcht vor Entdeckung. Als ihm klar wird, daß er das Aufdecken der Wahrheit nicht mehr verhindern kann, springt er von einem Turm und stürzt auf einen Felsen mitten im Fluß, und »auf dem an dieser Stelle breiter werdenden ruhigen und klaren Gewässer sah man eine lange hellrote Spur, ein Gemisch aus Hirn und Blut«.

Zum ersten Mal habe ich im Juli 1976 ein Gnadengesuch abgelehnt.

Man hatte mir mitgeteilt, daß der Verurteilte erst am Morgen seiner Hinrichtung über die Ablehnung unterrichtet würde. Die Leitung der Abteilung für Strafangelegenheiten beim Justizministerium würde die nötigen Vorkehrungen veranlassen und die Staatsanwaltschaft der Stadt, in der die Hinrichtung stattfinden sollte, über den festgesetzten Tag informieren.

Das Justizministerium setzte mich am Vortag davon in Kenntnis. Wie jedermann wußte auch ich, daß Hinrichtungen im Morgengrauen stattfinden. Ich bat darum, alles zu tun, um ihre Dauer zu verkürzen. Ich beschloß, die Nacht lieber im Elysée zu verbringen, als nach Hause in die Rue de Bénouville zu fahren.

Ich dachte daran, am Morgen die Messe in der Kirche Saint-Germain-l'Auxerrois in der Nähe des Louvre zu besuchen. Ich hätte mich gern an einem von den Gewohnheiten des täglichen Lebens losgelösten Ort aufgehalten, wo ich intensiver über den Ablauf des Ereignisses und meinen Anteil daran hätte nachdenken können. Aber meine Anwesenheit wäre kaum unentdeckt geblieben. Ein Teil der Presse hätte darin eine bequeme Entschuldigung gesehen, um mein Gewissen von einer Last zu befreien, die ich nicht auf andere abwälzen konnte. Ich bin im Elysée geblieben. Einem Kalender entnahm ich die Stunde des Sonnenaufgangs. Ich zog meinen Wecker auf und stellte ihn auf diese Zeit.

Um vier Uhr morgens war es noch dunkel. Kein Laut in den Straßen. Ich zog die Vorhänge zurück. In der Ferne sah ich städtische Straßenreinigungsfahrzeuge. In meinem schweren, noch schlaftrunkenen Kopf versuchte ich, die Abfolge der Ereignisse zu rekonstruieren: die Zelle, die Flure, den Hof.

Plötzlich bemerke ich, daß der Himmel hellgrau geworden ist, ein Lichtstreifen erscheint über den Bäumen. Ich schaue auf den Wecker. Sechs Uhr. Bin ich wieder eingeschlafen? Die Hinrichtung muß bereits erfolgt sein. Ich bekreuzige mich.

Ich stelle das Radio an und höre die Sechs-Uhr-Nachrichten. Der Sprecher verliest ein Kommuniqué, das an der Tür des Gefängnisses angeschlagen wurde: Der zum Tode Verurteilte wurde heute morgen kurz nach vier Uhr hingerichtet.

Ich bleibe liegen. Ich bin müde.

VIII

Symbole

Ich war stets bemüht, Symbole und Bilder zu gebrauchen, um Überzeugungen oder Haltungen zu vermitteln, die schlecht in Worte zu fassen sind. Diese Symbole müssen recht eindrucksvoll gewesen sein, denn sie lösten Polemiken aus.

Einige wurden in der Öffentlichkeit richtig verstanden. Andere wurden durch eine unzureichende Darstellung meinerseits entstellt. Wieder andere schließlich, die sich an traditionellen Einstellungen der öffentlichen Meinung stießen, wurden zum Gegenstand regelrechter Ablehnung.

Alle hatten jedoch eines gemein: die politische Meinung. Das heißt, die von spezialisierten Kommentatoren gebildete Meinung hat für diese Symbole eine sofortige und tiefe Abneigung empfunden. Sie verwirrten das Spiel. Sie führten die Diskussion auf Abwege, da zu viele Vorurteile in Frage gestellt werden mußten. Um sie zu charakterisieren, wurde das Wort »Gag« gefunden. Ein einfallsreiches, wirksames und zerstörerisches Wort. Es gab diesen Symbolen den Anschein von Ausflüchten, von Tricks, die dazu dienten, die Arglosen in einem Land zu täuschen, in dem man Arglosigkeit als Erniedrigung erfährt. Es gab meinem Handeln den Beigeschmack von List und Demagogie.

Und dennoch stellten sie für mich tatsächlich Symbole dar – also Versuche, durch Gesten die Bedeutung von Worten zu unterstreichen, die mir wesentlich erschienen, obwohl sie schwer zu vermitteln waren.

Das erste Symbol entstand rein zufällig während eines Besuchs in einem Gefängnis.

Vor meiner Wahl hatte es in den Gefängnissen mehrere Häftlingsrevolten gegeben. Im Mai 1973 hatten Strafgefangene die Dächer des Gefängnisses Saint-Paul in Lyon besetzt. Das Einschreiten der Sicherheitskräfte hatte den Tod eines Häftlings zur Folge. Ähnliche Ereignisse gab es im Januar 1974 im Gefängnis von Melun.

Offensichtlich war es an der Zeit, dieses Problem anzugehen. Die Verwaltung war nicht in der Lage, es zu lösen. Daher hatte ich die Idee, neben dem Justizministerium ein Staatssekretariat ins Leben zu rufen, das sich mit den Verhältnissen in den Strafanstalten befaßte. Um dieses Amt zu besetzen, dachte ich an eine Frau, die Arbeitsmedizinerin war: Hélène Dorlhac. Ich hatte sie während des Präsidentschaftswahlkampfes in Nîmes kennengelernt und hielt sie für fähig, die für die Spannungen in den Gefängnissen verantwortlichen humanitären und psychologischen Gegebenheiten zu untersuchen.

Ich empfing sie am 29. Mai 1974 im Elysée, um ihr meine Absicht mitzuteilen. Sie äußerte ihre Bedenken angesichts einer Aufgabe, auf die sie sich nur unzureichend vorbereitet fühlte. Ich habe sie davon überzeugt, das Amt anzunehmen. Am nächsten Tag - ein Einzelfall in der langen Geschichte der Regierungsbildung! - rief sie Philippe Sauzay aus Nîmes an und bat ihn, mir auszurichten, daß sie sich doch nicht in der Lage fühle, der Regierung beizutreten. Ich weigerte mich, ihren Verzicht anzunehmen und ernannte sie am 8. Juni 1974, dem Tag, an dem ich zwanzig weitere Staatssekretäre berief, zur für die Strafanstalten verantwortlichen Staatssekretärin. Ich habe ihre Ernennung nicht bereut. Sie bewies in ihrem Amt großen Scharfsinn und außerordentliche Großherzigkeit.

Doch die Unruhen setzten sich fort. Am 19. Juli brach in der Haftanstalt von Clairvaux eine Meuterei aus, bei der es zwei Tote gab. Das Feuer griff auf Nîmes, Lille, Riom, Toulouse und Lyon über. Am 27. Juli kletterten Häftlinge auf die Dächer des Gefängnisses von Rennes. Am nächsten Tag gab es einen Toten in Saint-Etienne. Am 31. Juli richteten sich Gefangene auf den Dächern der Haftanstalt von Avignon ein. Ähnliches geschah im Gefängnis von Arras. Die Zeitungen brachten Großaufnahmen. Die Einrichtungen waren von Polizeiketten umstellt.

Der neue Justizminister Jean Lecanuet warnt mich vor der Gefahr eines allgemeinen Aufstandes. Er weist besonders auf das Unbehagen hin, das unter den Mitgliedern des Strafpersonals herrscht, das sich unzureichend unterstützt fühlt und mit Streik droht. Ich möchte mir ein direktes Bild von der Situation verschaffen. Ich beschließe, am 10. August 1974 in Lyon ein Gefängnis zu besuchen, bevor ich Anne-Aymone und unsere Kinder in Saint-Jean-Cap-Ferrat wiedertreffe, wo uns irische Freunde für diese ersten improvisierten Präsidentenferien eine Villa zur Verfügung gestellt haben. Man hatte mir Herrn Ossola, den Leiter des Saint-Paul-Gefängnisses, in dem sich im Jahr zuvor die schweren Zwischenfälle ereignet hatten, als einen besonders sachkundigen und über die Probleme des Strafpersonals unterrichteten Menschen geschildert.

Ich verlasse den Elysée, um nach Villacoublay zu fahren, und von dort aus fliege ich nach Lyon. Am Flughafen von Bron erwarten mich Hélène Dorlhac und der Leiter der Strafanstalt. Während der Autofahrt zu dem am rechten Rhôneufer gelegenen Gefängnis beschreibt der Direktor mir die Lebensbedingungen der Häftlinge, die Schwierigkeiten der Überwachung sowie die Probleme seines Personals. Ich spüre, daß er die Lage gut überschaut und einen kühlen Kopf bewahrt. Unser Auto fährt an den Außenmauern der Haftanstalt entlang; hohe, verputzte Steinmauern, von halbmondförmigen Fenstern durchbrochen. Wir erreichen den Eingang.

Der Anstaltsleiter hat einen kleinen Generalstab versammelt. Gegenseitiges Vorstellen und Händeschütteln. Die Wärter werden uns begleiten. Ihre großen, flachen Mützen überraschen mich. Ich reiche ihnen herzlich die Hand, um ihnen die Wertschätzung des Staates zum Ausdruck zu bringen, den ich in ihren Augen verkörpere. Sie gehen voran und weisen uns den Weg. Mit Schlüsseln aus glänzendem Stahl öffnen sie Türen und Gitter. Uns folgen etwa dreißig Frauen von Gefangenen, die zu üblichen Besuchszeit gekommen sind, die heute mit meiner Ankunft zusammenfällt.

Wir gelangen zu einer Kantine. Gefangene sitzen längs der Wand auf Bänken und warten darauf, bei der Essensausgabe an der Reihe zu sein. Ich frage den Direktor nach ihnen.

»Es sind Untersuchungshäftlinge«, antwortet er mir. »Sie warten auf ihre Urteile.«

»Wie lange dauert die Untersuchungshaft?«

»Das hängt von der Dauer der Ermittlungen und dem Andrang bei Gericht ab. Zur Zeit sind die Gerichte sehr überlastet, und dann ist noch Ferienzeit. Mehrere Monate. Ich würde sagen, durchschnittlich zwischen fünf und sechs Monaten.«

»Gibt es welche, die länger als ein Jahr warten müssen?«

»Ja, das kann vorkommen, wenn die Ermittlungen schwierig sind und mehrere Sachverständigengutachten erfordern. Davon haben wir eine gewisse Anzahl.«

Die Häftlinge sind näher gekommen. Sie stehen im Halbkreis um uns herum. Ich stelle ihnen Fragen.

»Wie lange sind Sie hier?«

Die mit gedämpfter Stimme hervorgebrachten Antworten gehen durcheinander: »Drei Monate« - »Sechs Wochen« - »Acht Monate«.

»Sind Sie bereits verurteilt?«

»Nein. Wir sind in Untersuchungshaft.«

Ich wende mich an Herrn Ossala. »Stehen sie alle unter Anklage?«

»In diesem Trakt befinden sich nur Angeklagte. Die Verurteilten sind in anderen Gebäudeteilen untergebracht. Wir werden sie später sehen.«

Ein Satz geht mir durch den Kopf: »Von der Unschuld der Angeklagten ist auszugehen.« Mutmaßungen lasten auf ihnen, aber sie wurden noch nicht verurteilt.

Ich versuche zu erfahren, was ihnen zur Last gelegt wird. Gewirr protestierender Stimmen. Ich entnehme dem, daß es sich um Diebstähle und Gaunereien handelt. Der Anstaltsleiter weist mich auf zwei ältere Männer mit grauen Haaren hin, die sich abseits halten: »Diese beiden sind wegen Zuhälterei angeklagt. In ihrem Fall besteht das Problem darin, Zeugenaussagen zusammenzubringen.« Neben mir beginnt ein dicker, geschwätziger Mann, mir die Geschichte einer auf seiner Weide grasenden Kuh zu erzählen, die seinem Nachbarn gestohlen wurde. Es fällt mir schwer, ihm zu glauben.

Der Direktor gibt mir ein Zeichen. Wir müssen weiter. Meine Gesprächspartner betrachten mich mit schweren, listigen oder naiven Blicken. In ihren Augen verkörpere ich Macht und Staatsgewalt. Bin ein Feind. Aber auch eine Art Leiter der Gesellschaft und daher für Recht und Ordnung verantwortlich. Der Satz bewegt sich weiter in mir: »Es ist von der Unschuld der Angeklagten auszugehen.« Sie sind Angeklagte. Ich werde mich von ihnen verabschieden.

Ich reiche ihnen die Hand. Sie schütteln sie ohne Überzeugung, mit Erstaunen und einer Art ängstlichen Unbehagens. Der Pressefotograf, der mich begleitet, macht Aufnahmen. Nur die Unterschrift muß noch hinzugefügt werden: »Giscard schüttelt Verurteilten die Hand.«

Ich habe Angeklagten die Hand gegeben.

Wir setzten unseren Besuch im Trakt der Verurteilten fort. Die Stimmung war bedrückender. Ich spürte, daß die Wärter auf der Hut waren. Das Öffnen und Schließen der Gittertüren hatte hier einen bestimmten Sinn.

Wir gingen über eine Eisentreppe hinauf und am Geländer längs der Zellen entlang. Der Rundgang endete im Trakt der zu langen Strafen Verurteilten. Ich erkundigte mich nach der Sicherheit der Wärter, nach den Risiken, die sie auf sich nehmen, nach der Zahl der Ausbrüche, nach dem Tagesablauf der Gefangenen. Man öffnete für mich einige Türen: Manche Häftlinge blieben sitzen, andere erhoben sich. Ich sah auf ihren Betten Zeitungen liegen, Romane mit Einbänden in grellen Farben und, in der Ecke stehend, ein Radiogerät. Händeschütteln kam nicht in Frage.

Ich bat darum, den Gefängnishof zu sehen, eine trapezförmige, zementierte Fläche, von hohen Mauern überragt. Ich stellte die gleichen Überlegungen an wie alle, die diese Höfe sehen: Kann man Mauern dieser Höhe überwinden? Ein Stimmengewirr und ein metallisch klingender Lärm kündigten die Essenszeit an. Ich ging zurück in das Zimmer des Direktors.

Er hat mir die Situation ruhig und ohne Übertreibung beschrieben. Die Schwierigkeiten des Personals in Uniform; der ärgerliche Vergleich mit Polizei- und Zollangehörigen; die Auswahl des Personals; die Dienstzeiten während der Nacht und an Feiertagen.

Es wurde mir klar, daß man dem Problem wenig Aufmerksamkeit schenkte. Eigentlich war es ein Wunder, daß die Krise nicht weitreichender und gewalttätiger war. Einige kleine Verbesserungen würden ihr kein Ende setzen. Man mußte das Ganze erneut in die Hand nehmen, das heißt also neue Verantwortliche berufen, die die Angelegenheit von Grund auf angingen.

Es war ebenfalls unerläßlich, die Verwaltung neu zu organisieren, die Autorität wiederherzustellen und zwischen den Verantwortlichen und dem Personal eine Atmosphäre des Vertrauens zu schaffen. Drei Jahre später, als ein neuer Direktor der Strafvollzugsbehörde ernannt werden mußte - ein besonders schwieriges und undankbares Amt unter den gegebenen Zuständen, für das die Bewerber nicht gerade Schlange standen -, hatte man mir einen erst siebenundvierzig Jahre alten Präfekten, Christian Dablanc, vorgeschlagen, der bereits Präsident Pompidou aufgefallen war.

Vor seiner Ernennung empfing ich ihn. Er erklärte mir, daß er sich nicht um das Amt bewerbe, daß er wünsche, in einer Präfektur ernannt zu werden, daß er sich jedoch für den Fall seiner Berufung bemühen werde, sein Bestes zu geben. Ich wies ihn darauf hin, daß es sich - aufgrund der schwierigen Lage und der Tragweite der notwendigen Reorganisierungsmaßnahmen - um ein Amt handele, das über einen gewissen Zeitraum ausgeübt werden müsse. Zwei Jahre schienen mir das Minimum zu sein. Er willigte ein.

Die beachtliche Arbeit, die er mit Verstand, Fingerspitzengefühl und Entschlossenheit geleistet hat, gestattete es, die Lage zu entspannen und dann auf Dauer zu stabilisieren. Bis zum Ende meiner Amtszeit hörte man in der Öffentlichkeit nichts mehr von Problemen in den Haftanstalten.

Aber woran die Öffentlichkeit sich erinnert und was sie geprägt hat, das ist mein Händedruck mit den Häftlingen. »Wenn Giscard ihnen die Hand gegeben hat, so heißt das, daß er auf ihrer Seite steht. Er hatte mehr Achtung für sie als für uns, die Opfer!«

Gegen Ende des Jahres 1974 kam der Augenblick, in dem ich zum ersten Mal den Franzosen meine Segenswünsche zu überbringen hatte. Ich wußte, daß sich am nächsten Tag ein langes Ritual anschließen würde, das mit den Glück- und Erfolgswünschen der von Jacques Chirac angeführten Regierung begann.

Ich bat darum, das Programm für die Weihnachts- und Neujahrswünsche abzuändern, indem man es weniger förmlich gestaltete, die Kleidungsvorschriften lockerte und den Kreis der beteiligten Personen erweiterte. Selbst in verbesserter Form hatte das Programm in meinen Augen jedoch immer noch eine entscheidende Lücke: Es bezog nur einen kleinen Teil von Menschen ein, der sich aus Verantwortlichen und Stadtverordneten zusammensetzte, die sich gegenseitig beglückwünschten. Es war die interne Liturgie einer hierarchisch gegliederten Gesellschaft.

Wenn Glückwünsche aber einen Sinn haben sollen, so müssen sie sich auch an andere Personen richten, an die, die am weitesten entfernt sind, die am meisten vernachlässigt werden und den Ausdruck dieser Wünsche sicher am tiefsten empfinden würden.

In meinem Bemühen, die innerhalb Frankreichs herrschenden Spaltungen zwischen sozialen Gruppen zu mindern, wollte ich mich nicht auf ein Klassenverständnis festlegen lassen. Das war offensichtlich die Taktik meiner politischen Gegner. Sie gaben vor, unter dem Banner eines gemeinsamen Programms die »soziologische« Mehrheit des Landes zu vereinen, und stellten uns als Interessenvertreter einiger privilegierter Schichten hin. Dies ist jedoch kein Grund, mich zum Handeln zu veranlassen.

Wenn ich auch in der Hierarchie der Ämter eine Selbstverständlichkeit sehe und eine gewisse Ungleichheit des Einkommens als unvermeidliche Folge der wirtschaftlichen Dynamik akzeptiere, so weigere ich mich doch, für mich selbst eine Ungleichheit der Menschen anzuerkennen. Ich bin für Eigenschaften wie Mut, Würde, Intelligenz bei Menschen ohne Einfluß oder finanzielle Mittel ebenso empfänglich wie für die gleichen Tugenden bei hochrangigen Persönlichkeiten.

Konnte ich meine Segenswünsche durch ein Symbol ergänzen, das die Gleichheit aller Menschen unterstrich? Ich wählte den Weihnachtstag für diesen Versuch. Ich dachte an jene, die in der Nachbarschaft des Elysée auch nachts arbeiteten und für die Weihnachten ein Fest darstellte, von dem sie ausgeschlossen waren. Bis zum Vorabend hatte ich niemanden eingeweiht, aber bevor ich mich auf den Weg in die Rue Bénouville zum traditionellen Essen mit meinen

Kindern machte, bat ich Guy Hennequin um die Vorbereitung eines Frühstücks für etwa zehn Personen im Eßzimmer der im Erdgeschoß gelegenen Wohnung. Dann informierte ich Philippe Sauzay über mein Vorhaben. Ich bat, Fernsehen und Zeitungen nicht zu benachrichtigen, aber einen Fotografen der französischen Presseagentur kommen zu lassen.

Seine Mißbilligung war offenkundig. Er war der Ansicht, daß meine Geste, auch wenn sie gutem Willen entsprang, mißverstanden werden und sich gegen mich richten könnte. Aber ich hielt an meiner Idee fest: Es galt, einem Eisberg ein paar Risse beizubringen! Sauzay nannte mir den Zeitpunkt, an dem die Müllabfuhr vorbeikommt: morgens gegen halb sieben.

Gegen sechs Uhr ging Philippe Sauzay los, um die Mannschaft der Müllabfuhr an der Avenue de Marigny abzupassen. Er sah ihren Wagen schon von weitem kommen und hielt ihn an. Sie stellten ihn ab und betraten den Elysée durch die Marigny-Pforte. Philippe Sauzay sagte ihnen, worum es ging. Die Mannschaft bestand aus einem Fahrer französischer Nationalität, Herrn Vallade, zwei Maliern und einem Senegalesen. Sie legten ihre Überkleidung ab und kamen zu mir ins Eßzimmer. Der Fahrer trug eine Lederweste, und die drei Müllmänner hatten ihre Sicherheitswesten aus rotem phosphorisierendem Kunststoff anbehalten. Zwei der in der Morgenkälte verloren wirkenden Afrikaner trugen noch ihre Kopfschützer aus khakifarbener Wolle.

Wir setzten uns um den Tisch, tranken Kaffee und aßen Croissants. Ich fragte sie nach ihrer Herkunft, nach ihren Aufgaben. Sie erzählten mir von ihren Arbeitsbedingungen – zurückhaltend, aber frei von Verfälschungen oder Aggressivität. Der Fahrer erklärte mir, daß er als Aushilfe arbeite. So ein Zusammentreffen war für mich nicht neu. Als Bürgermeister der kleinen Stadt Chamalières, in der Kontakte noch einfach und natürlich sind, hatte ich ihre Kollegen kennengelernt. Nach dem Frühstück erhoben sie sich. Ich hatte darum gebeten, für jeden ein Geschenk vorzubereiten – Truthahn und eine Flasche Champagner. Bis auf einen Malier, der Moslem war und den Champagner zurückwies, haben sie ihre Päckchen genommen und sind gegangen. Ich begleitete sie bis zur Freitreppe.

Der Fotograf der Presseagentur verhielt sich meinen Gästen gegenüber unauffällig. Das Foto unseres Frühstücks erschien in den Abendzeitungen.

Diese Neuerung, die viele Leute brüskiert hat, war eigentlich keine. Selbst die hierarchiebewußtesten Gesellschaften haben symbolische Gesten benutzt, um die Würde ihrer Mitglieder zu betonen. Ich führe keine Beispiele an, denn Vergleiche würden – aufgrund der Unterschiede in den Sitten und Epochen – Anlaß zum Lächeln geben. Und jedes dieser Zeichen ging für die Regierenden mit einem Beweis der Demut einher.

Zu Anfang löste die Geste Erstaunen aus. Man lächelte und stellte es meinem – etwas ungeschickten – Willen zu Neuerungen in Rechnung. Dann wuchs die Verärgerung: Warum sollten gewohnte Spielregeln verwirrt werden? Warum Initiativen ergreifen, die bis dahin anderen politischen Strömungen vorbehalten waren? Warum den Eindruck erwecken, eine liberale Gesellschaft sei nicht unbedingt eine egoistische, ausschließlich materielle Hierarchien achtende Gesellschaft? Und warum, warum sollte die Vermittlung dieser Botschaften auch noch Erfolg haben?

Ich halte mich an das, was ich getan habe. Von allen Essen, die ich während meiner Präsidentschaft im Elysée gegeben habe, habe ich mich bei diesem sicherlich nicht am unwohlsten gefühlt. Übrigens erinnere ich mich daran besser als an viele andere. (Im Dezember 1987 hat der Präsident der Republik Korea am Tage nach seiner Wahl den Müllmännern von Seoul einen Besuch abgestattet. Die Presse hat diese Geste begrüßt.)

Einige Tage später, im Januar 1975, empfing ich die akkreditierten Journalisten des Elysée zum traditionellen Austausch der Neujahrswünsche. Diese Begegnung hat zweideutigen Charakter: An und für sich richtet der Leiter der Pressestelle des Präsidenten ein paar lockere und humorvolle Worte an mich, und ich antworte entsprechend. Dann plaudern wir am Buffet. Aber der für meine Pressestelle verantwortliche Xavier Gouyou-Beauchamp hat mich darauf hingewiesen, daß die Journalisten eigentlich Informationen erwarten, die ihnen die Arbeit erleichtern, indem sie Schlagzeilen liefern.

Daher kündige ich ihnen meine nächsten Reisen an, einige Reformvorhaben, und in bezug auf meine Pläne kommt mir ein Satz über die Lippen, der eine Anspielung aufgreift, die ich am 1. Januar über *Europe 1* gemacht hatte: »Ich habe vor, mich bei Menschen einzufinden, die mich zum Essen eingeladen haben.«

Das ist im Grunde ein banaler Gedanke. Jeder nimmt im Privatleben solche Einladungen an. Warum soll man das nicht fortsetzen, nachdem man in ein Amt gewählt ist? Die Vorzüge liegen auf der Hand: Es ist eine Gelegenheit, direkte Kontakte in vertrautem Umgangston aufrechtzuerhalten, um sich nicht einzuschließen, in die hochmütige Isolation der Macht zurückzuziehen.

Dem kann man natürlich den künstlichen Charakter dieser Begegnungen entgegenhalten, die Unmöglichkeit, angesichts der Scheu und der Zurückhaltung der einen und der übermäßigen und allgegenwärtigen Autorität des Präsidentenamtes andererseits, eine natürliche Unterhaltung zu führen.

Aber die Wirklichkeit erschien mir ganz anders. Diese Abendessen waren für Anne-Aymone und mich entspannte, zwanglos verlebte Augenblicke, über die wir uns voller Glück unterhielten, wenn wir spät in der Nacht von den Einladungen zurückkehrten. Nach den ersten, natürlich etwas steifen Minuten gewann das Vergnügen am gegenseitigen Kennenlernen die Oberhand. Für die Gastgeber war das erste, unerläßliche Thema ein Vergleich mit der vom Fernsehbildschirm bekannten Person. Dann sprach man – in dem großen Dorf, das Frankreich nun einmal ist – über die Beziehungen, die ein jeder zufällig aufgrund einer Verwandtschaft oder Freundschaft zu jemandem unterhielt, der im Amtssitz des Staatspräsidenten oder einer seiner Zweigstellen gearbeitet, gelebt oder als Soldat gedient hat.

Für mich war dies die Bestätigung der seit langem gewonnenen Überzeugung von der tiefgreifenden kulturellen Einheit unseres Volkes. Wahrscheinlich ist diese Überzeugung darauf zurückzuführen, daß ich während des Krieges einem aus Algerien gekommenen Regiment angehörte, in dem viele soziale Klassen vertreten waren. Sobald man sich von eigenen wirklich eingefleischten Vorurteilen befreit, werden die persönlichen Beziehungen leicht in einem Land, das die Anekdoten liebt, gern fröhlich ist und das Vergnügen, bei Tisch zu sitzen, ausgiebig genießt. Das dritte Glas Wein trägt mehr dazu bei, die Zunge zu lösen, als die Tatsache, gemeinsam dieselbe Hochschule besucht zu haben.

Diese sofort von den Zeitungen der Opposition verspottete Initiative stieß in der Welt auf ein großes Echo. Und ich freute mich bei dem Gedanken, daß sie das Bild eines einfallsreichen, zwanglosen Frankreich vermitteln könnte, das die alten, noch vorhandenen Klischees ersetzte.

Als Jimmy Carter im Januar 1977 nach Frankreich kam, kehrten wir im Zug aus der Normandie zurück, wo wir gemeinsam die Strände der amerikanischen Landung und die Stadt Bayeux besichtigt hatten. Beim Kaffee nach dem Mittagessen erkundigte er sich interessiert: »Ich habe durch die Presse erfahren, daß sie von Zeit zu Zeit eine Einladung in eine französische Familie annehmen. Das ist eine sehr gute Idee. Ich würde gern etwas ähnliches machen. Aber haben Sie keine Probleme mit der Organisation und den Sicherheitsvorkehrungen? Wie Sie wissen, sind Fragen der Sicherheit bei uns sehr wichtig. Hätten Sie etwas dagegen, daß einer meiner Mitarbeiter sich mit den Leuten in Verbindung setzt, die sich für Sie um diese Essen kümmern?«

»Natürlich habe ich nichts dagegen. Die Vorbereitung dieser Essen macht keine großen Schwierigkeiten. Ich reagiere auf die Einladungen, die ich erhalte. Und in Frankreich, vor allem in der Provinz, sind Fragen der Sicherheit leicht zu lösen. Ihr Mitarbeiter wird willkommen sein. Ich werde meinen Stab entsprechend informieren.«

Während meiner offiziellen Reise nach China im Oktober 1980 führte ich ein Gespräch mit Deng Xiaoping, der nach den Erniedrigungen, die er während der Kulturrevolution hatte ertragen müssen, zum unumstrittenen Führer der Partei und des Landes geworden war. Wir saßen in einem Saal des am Tian-an-Meng-Platz gelegenen Palast des Volkes, zwischen uns ein mit Sand gefüllter Spucknapf. Seine Sprechweise, die ein großes Register von Klangfarben umfaßt, kann sanft oder heftig sein. Jetzt war sie ruhig und fragend: »Unser Botschafter sagte mir, daß Sie Familien besuchen. Sie haben recht.

Ich würde gern das gleiche tun. Man muß den Menschen näherkommen. Man ist immer zu weit weg vom Volk. Seinetwegen regieren wir. Man muß es besser kennen. Sie haben recht. Das ist eine gute Idee.«

Er bleibt einen Augenblick unbeweglich und schaut ins Leere - mit diesen chinesischen Augen, schwarz und undurchsichtig, zum Beobachten, zum Wahrnehmen, zum Aufnehmen geschaffen. Sein Kopf pendelt langsam hin und her, als wolle er, bevor er dem Gedanken zustimmt, ihn aus allen Blickwinkeln betrachten. Er hält seine Zigarette senkrecht zwischen den Fingern. Der Rauch steigt auf.

Der Dolmetscher wiederholt: »Das ist eine gute Idee.«

Mit Fragen der Organisation befaßte sich die stellvertretende Leiterin meines Kabinetts, Eliane Signorini. Sie war Beamtin in der Finanzverwaltung und stammte aus Toulouse. Sie war mir durch ihre Mitarbeit im Zirkel »Perspectives et Réalités« aufgefallen, denn die Anwesenheit eines Mitglieds der Finanzverwaltung in einem liberalen Zirkel war zu dieser Zeit eine Ausnahme.

Sobald die Information an die Journalisten gegeben worden war, begannen Einladungen einzutreffen, die die Poststelle an Frau Signorini weiterreichte. Sie kamen zunächst zu Dutzenden, dann zu Hunderten, verteilt auf die Pariser Gegend und die Provinz.

Eliane Signorini traf eine Auswahl und schlug mir dann mehrere Möglichkeiten vor. Mein Gedanke war der, einmal im Monat, meist am Dienstag, einer dieser Einladungen zu folgen und das auch auf meinen Auslandsreisen beizubehalten, indem wir - Anne-Aymone und ich - vor Ort lebende Franzosen besuchten. Wir haben es in Teheran, Moskau, Dakar und Casablanca getan. Bei ihren Vorschlägen versuchte sie ein gewisses Gleichgewicht zwischen aus Paris und aus der Provinz kommenden Einladungen einzuhalten und eine gewisse Balance zwischen den Berufsgruppen zu berücksichtigen. Letztendlich fiel ihre Wahl auf vier oder fünf Namen. Ich sprach mit Anne-Aymone darüber, und wir entschieden gemeinsam, welche Einladung wir annehmen wollten.

Eliane Signorini nahm Verbindung mit den betreffenden Gastgebern auf. Da sie sehr genau ist, bat ich sie, nicht allzusehr ins

Detail zu gehen. Es wurden jedoch häufig Fragen wie diese an sie gerichtet: »Welches sind Ihre Leibgerichte? Welche unserer Freunde würden Sie wohl kennenlernen wollen?« Ein Wagen der Polizei erkundete die Strecke und die Örtlichkeiten. Am verabredeten Tag gab mir Eliane Signorini eine kleine Akte, die Informationen über unsere Gastgeber, ihre berufliche Laufbahn und ihre Kinder enthielt und auch Aufschluß über andere Gäste gab. Wir brachen im Auto auf, dem ein Wagen der Polizei folgte, kamen vor dem Haus an, stiegen die Treppe hinauf und klingelten an der Tür, hinter der wir das Stimmengewirr der letzten Vorbereitungen vernahmen.

Unseren ersten Besuch statteten wir Claude Cucchiarini in Paris ab – einem Tischler, der Bilderrahmen fertigte. Wir wurden von Herrn Cucchiarini, seiner Frau und seinem Sohn empfangen. Sie hatten ungefähr zehn Freunde eingeladen, die unterschiedliche Berufe ausübten: Drucker, Vermesser und Krankengymnast. Am nächsten Tag suchte ein Team des ersten Fernsehprogramms unsere Gastgeber auf, um sie zu interviewen. Der Tisch war noch nicht abgeräumt. Man sah dort Mineralwasserflaschen und auch eine Flasche Saint-Emilion. Frau Cucchiarini antwortete ganz ungezwungen: »Daß der Staatschef von Zeit zu Zeit zu den Franzosen zum Essen kommt, finde ich prima. Die Stimmung war sehr entspannt.«

Im folgenden Monat waren wir vom Ehepaar Jacques Demagny nach Voisins-le-Bretonneux im Département Yvelines eingeladen. Herr Demagny ist Lastwagenfahrer und Gemeinderatsmitglied. Seine Gattin arbeitet als Angestellte in einem Supermarkt. Sie haben acht Kinder. Vier von ihnen waren da. Der Jüngste hatte nachmittags die Osterglocken gepflückt, die abends den Tisch schmückten. Seine Schwestern servierten das Essen, das von der Mutter zubereitet worden war. Wir fuhren mit einem Peugeot 504 und kamen mit einer Viertelstunde Verspätung an, da ich Schwierigkeiten hatte, das Haus zu finden. Am nächsten Tag kamen Journalisten und fragten Frau Demagny nach ihrer Unterhaltung mit Anne-Aymone. Sie bestätigte ihnen: »Auch wenn unsere Familien aus sehr unterschiedlichem Milieu stammen, konnte man doch feststellen, daß die Probleme, die Erziehung, Gesundheit und Ausbildung der Kinder betreffen, weitgehend die gleichen sind.« Und sie fügte hinzu: »Wir vergaßen, daß wir es mit dem Staatspräsidenten und seiner Gattin zu tun hatten, und sahen Freunde in ihnen.«

Weitere Essenseinladungen folgten, die uns jedesmal ein anderes Bild von Frankreich zeigten: in Tours bei einem Paar junger Angestellter, Herrn und Frau Bourgeois; in Paris bei einem Feuerwehrhauptmann, Herrn Furet; im Département Eure bei einem Förster; in Orléans bei einem Erzieher; in Malansac im Département Morbihan bei einem Landwirt - zum Zeitpunkt der großen Trockenheit, die die Weiden, die bis auf die Wurzel von den Tieren abgegrast waren, rissig werden ließ; in Herblay bei Herrn Macaud, der - wie ich vor kurzem erfahren habe - gestorben ist; erneut in Paris, Rue du Petit-Musc, bei einem Bürovorsteher der Eisenbahngesellschaft, Herrn Magail, mit dem wir noch immer in Verbindung stehen und regelmäßig Neujahrswünsche austauschen. Und viele andere ...

Die Abstände zwischen diesen Essen wurden größer. Anne-Aymone beharrte darauf, daß ich am alten Rhythmus festhielt. Aber ich gab - zu oft, denke ich - der Überlastung meines Zeitplans nach. Und ich spürte auch, daß der politische Dämon erneut Besitz von Frankreich ergriffen hatte. Nach jedem dieser Essen versuchten die der Opposition nahestehenden Medien, unsere Gastgeber zum Sprechen zu bringen. Ich wurde mir ihrer Verlegenheit und der Schwierigkeiten bewußt, die dies an ihrem Arbeitsplatz hervorrufen konnte.

Ein Fall hat mich persönlich betroffen gemacht. Eigenartige Witzbolde suchten ein Arbeiterehepaar in Aurence, einem Vorort von Limoges, auf und kündigten ihm unseren bevorstehenden Besuch an. Sie hatten eine Familie mit elf Kindern ausgewählt, deren Vater Fahrer in einer Fabrik ist. Die zunächst skeptische Familie ließ sich schließlich überzeugen. Sie bereiteten ein Essen vor und erwarteten uns. Wir sind natürlich nicht gekommen, und das Gerücht von diesem schlechten Scherz sprach sich in der Nachbarschaft herum. Die Lokalpresse erfuhr davon und informierte uns.

Um ihnen unser Bedauern zum Ausdruck zu bringen und unsere Dankbarkeit für die Vorbereitungen, die wir ihnen unwissentlich aufgebürdet hatten, ließen wir ihnen Spezialitäten aus der nahegelegenen Auvergne schicken. Unser unglücklicher verhinderter Gastgeber, Jean Girac, fand ein treffendes Schlußwort, das mit denjenigen, die ihn getäuscht hatten, streng ins Gericht ging: »Es ist widerlich, was man uns da angetan hat. Aber unsere Freude ist groß. Wir werden auf den Brief des Präsidenten antworten. Aber wir bedauern sehr, ihn nicht gesehen zu haben.«

In den Jahren 1979 und 1980 haben wir noch Einladungen angenommen, aber der Wahlkampf zeichnete sich am Horizont ab.

Rückblickend kann ich sagen, daß uns jede dieser Begegnungen etwas Wichtiges, manchmal sogar etwas Wertvolles, gegeben hat und daß ich noch einmal all jenen danke, die die Bereitschaft und den Mut hatten, gegen Vorurteile anzugehen, um – und sei es nur für die Zeit des Essens – den zu großen Graben zu überbrücken, der die Staatsmacht vom Leben trennt.

Es war mein Wunsch, der *Marseillaise* wieder den Charakter einer Nationalhymne zu geben.

Die Musik begleitet mein Leben. Ich habe mich mit ihr beschäftigt, sie geliebt und Instrumente gespielt, ohne mir jedoch einen wirklichen Sachverstand anzueignen. Auf einer öffentlichen Veranstaltung, einer Gedenkfeier, in einer Messe schenkte ich der Musik die größte Beachtung. Als ich Finanzminister war, hatte ich das Glück, mich abends in der Oper einfinden zu können, um im Dunkeln, während sich der Vorhang hob, meinen Stammplatz in einer Orchesterloge des ersten Ranges einzunehmen. Mit Ausnahme der Künstler muß ich mit der Zahl meiner Besuche der Aufführungen von Mozarts *Hochzeit des Figaro,* in der wundervollen Inszenierung Strehlers, den Rekord halten.

Während meines Wahlkampfes um die Präsidentschaft setzte ich zwei musikalische Themen ein: die 4. Symphonie von Mahler als stimmungsvolle Musik für die Versammlungen und den *Chant du Départ*, in den das Publikum im Chor einstimmte, für die großen begeisternden Kundgebungen. Ich hatte ihn 1944 in der ersten französischen Armee gelernt, in der man bestrebt war, uns während der Übungsmärsche das Singen beizubringen. Es ist eine mehr für Stimmen als für Instrumente komponierte Hymne.

Die Art, in der die *Marseillaise* von unseren Militärkapellen und

Fanfaren interpretiert wird, hat mich immer überrascht. Man spielt sie in einem mitreißenden, munteren Rhythmus, als handele es sich um einen fröhlichen Tanz. Die Musik der Epoche, in der sie geschrieben wurde, ist jedoch eine ernste und getragene Musik - so wie alle Militärmärsche des *Ancien Régime* und des ersten Kaiserreiches, die ihr Entstehen umrahmen. Warum also und seit wann spielt man sie so schnell?

André Malraux hatte sich die gleiche Frage gestellt und während einiger feierlicher Anlässe auf die Orchesterfassung von Berlioz zurückgegriffen.

Ich kehrte zu den Ursprüngen zurück.

Eine Freundin hatte mir ein der Geschichte der *Marseillaise* gewidmetes Buch geschenkt. Ich fand darin - originalgetreu wiedergegeben - die erste Seite des Manuskripts von Rouget de l'Isle und machte zwei Entdeckungen. Zunächst sind die drei ersten Noten, die unsere Musiker spielen - d, d, d - nicht die, die der Komponist geschrieben hat. Er schrieb: d, h, d, was der Stimme einen wesentlich feierlicheren Einsatz gibt als die bloße Wiederholung der Töne. Und rechts über den Notenlinien, an der Stelle, an der man gewöhnlich das Tempo vermerkt, in dem die Musik zu spielen ist - »andante cantabile«, »allegro capricioso« usw. -, trug Rouget de l'Isle die Bemerkung »revolutionäre Hymne« ein. Die *Marseillaise* sollte demnach im Tempo von Hymnen gesungen und gespielt werden!

Seit dem zweiten Kaiserreich, einer Zeit, in der die Musik unter dem Einfluß Offenbachs und seiner Operetten zu beschwingteren Rhythmen überging, begann man die *Marseillaise* schneller zu spielen.

Die großen britischen, deutschen, sowjetrussischen und US-amerikanischen Hymnen werden in einem feierlichen Tempo gespielt. Es schien mir, daß die *Marseillaise*, die zweifellos einmalig und die berühmteste Nationalhymne der Welt ist, nach der ursprünglichen Partitur gespielt werden müsse, um wieder eine kräftigere, die Größe Frankreichs evozierende Klangfarbe anzunehmen. Bei unseren Militärparaden erstaunte mich, daß die Menge der Musik der Fremdenlegion den Vorzug gab, die durch ihr langsames Tempo beeindruckt.

Das war natürlich ein eher zweitrangiges Problem, und ich hätte auf seine Lösung verzichten können. Aber mein Amt machte mich zum beständigen Hörer der *Marseillaise*, und dieses ständige Hören weckte in mir den Wunsch, ihre Ausführung zu verbessern. Ich bat den Musikdirektor der Republikanischen Garden, zu überprüfen, was unternommen werden könnte.

Er schickte mir eine Aufnahme, auf der sein Orchester die *Marseillaise* in drei verschiedenen Rhythmen spielte: dem gegenwärtigen, einem etwas getrageneren und schließlich einem sehr langsamen. Der Vergleich war sehr aufschlußreich: der augenblicklich gebräuchliche Rhythmus schien auf überflüssige Weise beschleunigt, die sehr langsame Form zog sich in die Länge und nahm dem Ruf zu den Waffen seine Stärke. Im Gegensatz dazu vermittelte der getragene Rhythmus sofort das Gefühl, daß die *Marseillaise* von allen Zusätzen befreit worden war und wieder eine kraftvolle, wohltönende, mitreißende Musik darstellte. Ich bat darum, sie künftig in diesem Tempo zu spielen.

Ich hätte mir nicht träumen lassen, welchen Sturm der Entrüstung ich damit auslöste. Mein Vorgehen wurde als Frevel aufgefaßt! Die Ausführung der *Marseillaise*, so wie man sie kannte, wurde als unantastbar erachtet. Es war schließlich der Rhythmus – und das stimmte –, in dem sie während der beiden Weltkriege gespielt worden war.

Die Musikkapellen der Regimenter, die in die militärische Disziplin eingebunden sind, übernahmen das neue Tempo sofort. Aber während der meisten öffentlichen Veranstaltungen, an denen ich teilnahm – vor allem in der Provinz –, beschleunigten die städtischen oder örtlichen Musikfanfaren den Rhythmus noch, um ihre Verbundenheit mit der herkömmlichen Spielweise zum Ausdruck zu bringen. Das erinnerte mich an die Art, in der der Pfarrer von Cucugnan in den *Lettres de mon Moulin* seine Messe beschleunigt.

Paradoxerweise verdanke ich die herrlichste Aufführung der *Marseillaise*, die ich je gehört habe, einem österreichischen Dirigenten – dem großen Karl Böhm. Während des offiziellen Frankreich-Besuchs von Walter Scheel, dem Präsidenten der Bundesrepublik Deutschland, war es mein Wunsch, daß Frankreich den außerordentlichen Beitrag würdigt, den die Musik deutschen Komponisten verdankt. Das war im April 1975. Die Oper hatte damals ein monumentales Werk von Richard Strauss auf dem Spielplan – *Elektra* –, dessen Aufführung eindreiviertel Stunden dauerte, ohne Pause und ohne daß die Hauptdarstellerin, die für diese Aufführung von der berühmten Birgit Nilsson verkörpert wurde, auch nur einen Augenblick die Bühne verließ! Ich lud den deutschen Bundespräsidenten zum Besuch dieser Aufführung ein.

Wir saßen in der großen, der Bühne gegenüberliegenden Loge in Gesellschaft des Ministerpräsidenten, der mir seine Abneigung gegen Musik nie verheimlicht hatte. Auf die Länge des Werkes und die Dunkelheit des Saales zählend, hatte jeder seine Vorkehrungen getroffen, um unter den bestmöglichen Bedingungen die Dauer der Vorführung zu überstehen. Die Köpfe waren angelehnt und die Arme lagen schlaff auf den Lehnen der Sessel. Das Unglück wollte es, daß der Zeitpunkt der Opernaufführung mit dem großen Stromausfall zusammenfiel, der an diesem Abend halb Paris in Dunkelheit tauchte. Im Falle einer Panne schalten die Sicherheitsvorrichtungen der Oper automatisch eine riesige Glühbirne an, die unter dem großen Lüster befestigt und mit einem Stromgenerator verbunden ist. So wurde das Licht plötzlich wieder angeschaltet und enthüllte vor und um uns herum das surrealistische Schauspiel eines völlig schläfrigen Saals, in dem in ihre Sitze versunkene Zuschauer grob den Wonnen ihrer Träume entrissen wurden und – hin- und hergerissen zwischen der Überraschung und der Furcht vor einem Attentat – eilig versuchten, den Ort zu erkennen, an dem sie sich wohl befanden, und die Haltung wiederzuerlangen.

Bevor sich der Vorhang hob, hatte das Orchester wie bei Staatsbesuchen üblich die deutsche und die französische Nationalhymne gespielt. Karl Böhm führte den Taktstock. Er ließ beide Werke im gleichen Rhythmus spielen, mit einem bewundernswerten Tempo und einer Klarheit, die sie von allen klanglichen Unreinheiten befreite. So interpretiert, übertraf die *Marseillaise* ihre Rivalin bei weitem.

Als der marokkanische König kurze Zeit darauf zu einem Besuch nach Frankreich kam, erwartete ihn die Musikkapelle der Republikanischen Garden in Orly. Der König, der sich über alle Details des politischen Lebens in Frankreich auf dem laufenden hielt, wußte bereits von dem Streit um das Tempo der *Marseillaise.*

Als er im Elysée eintraf, bezogen sich bereits seine ersten Worte auf dieses unbedeutende Thema.

»Ich habe mich gefragt, warum Sie sich darüber Gedanken gemacht haben, den Rhythmus der *Marseillaise* zu verändern, an den doch jeder gewöhnt war. Vorhin in Orly hörte ich sie zum ersten Mal in der neuen Weise gespielt. Sie hat so tatsächlich sehr viel mehr Größe. Sie ist Frankreichs würdiger. Ich fand sie sehr schön!«

Die *Marseillaise* war schöner, aber ich hatte unrecht. Ich war mir nicht darüber klargewesen, daß in unserem durch und durch individualistischen Land, in dem jeder über das entscheidet, was ihm gehört, die *Marseillaise* persönliches Eigentum jedes Franzosen ist. Vielleicht haben sie unrecht, jedes ihrer Häuser mit einem Zaun zu umgeben. Vielleicht irren sie sich, wenn sie die *Marseillaise* in einem Rhythmus spielen, der nicht der bestmögliche ist. Aber es ist ihr Recht, und es ist ihr Gut.

Im heutigen Frankreich ist die Nationalhymne nicht Eigentum der Regierenden des Landes. Sie können sie nicht verändern, ja nicht einmal Verbesserungen anbringen. Man darf die Finger, die eine Fahnenstange umklammern, nicht lockern. Die Wahrheit der Musik ist nicht die ganze Wahrheit. Die *Marseillaise* wäre sicher feierlicher, herrlicher und für die Franzosen schöner zu hören gewesen. Aber es wäre nicht mehr die ihre gewesen.

Am 8. Mai 1945 befand ich mich mit meinen Kameraden vom 2. Regiment der Dragoner auf einer Wiese in der Nähe eines kleinen Dorfes nördlich des Bodensees. Wir saßen auf dem Rand der Geschütztürme unserer Panzer und warteten auf den Befehl, unseren Vormarsch in Richtung Vorarlberg fortzusetzen.

Die Zeit wurde uns lang. Das Wetter war mild, und die Sonne ließ im Gras helles Moos leuchten, in dem die Köpfe winzigkleiner Blüten zum Vorschein kamen. Wir hatten die Ärmel unserer Uniformen hochgekrempelt und warteten ruhig und friedlich – wenn man so sagen kann – ab. Langsam begann der Krieg einem Spaziergang zu ähneln. Da wir im Süden Deutschlands vorrückten, kamen wir mit

Ausnahme des in Flammen stehenden Donaueschingens durch keine durch Bomben zerstörten Städte und befreiten auch keine Konzentrationslager.

Am Ende der Wiese kommt plötzlich einer unserer Kameraden angelaufen. Ich erkenne ihn. Es ist Atlan, der Fahrer des Jeeps unseres Leutnants, ein kleingewachsener, algerischer Jude. Er ruft uns zu: »Es ist zu Ende, Jungs! Der Krieg ist aus! Der Waffenstillstand ist unterzeichnet!«

Wir beugen uns von den Panzern hinunter. Wir rufen ihm zu. Er berichtet ausführlicher: »Der Leutnant hat es gerade im Radio gehört. Heute vormittag wurde unterzeichnet. De Lattre ist in Berlin. Es ist zu Ende.«

Er ist so aufgeregt, so außer sich, daß ich nicht unterscheiden kann, ob er lacht oder weint. Die Stimmen gehen durcheinander. Jeder will mehr wissen.

In mir ist eine große Stille. Nun ist es also zu Ende. Ich hatte mich so an diesen Krieg gewöhnt, daß ich mit einem Mal das Gefühl habe, überflüssig zu werden. Ich bin fassungslos angesichts der Zeit, die sich so merkwürdig leer vor uns öffnet und von der ich nicht weiß, was sie bringen wird, da der Krieg, der alles ausfüllte, nun nicht mehr existiert.

Das Stimmengewirr, das sich um mich herum verstärkt, scheint mir weit weg, wie Stimmen im Nebel. Man spricht davon, Schnapsflaschen zu öffnen.

Ich erinnere mich plötzlich an einen anderen Satz - an den, der dieses entsetzliche Zwischenspiel eröffnet hat: »Der Krieg ist erklärt.« Es war meine Mutter, die es mir in Chanonat mitteilte. Auch sie hatte es durch das Radio erfahren. Weder die Neuigkeit von der Kriegserklärung noch die des Waffenstillstandes habe ich also direkt vernommen! Im Jahr 1939 kam mir das Wort Krieg furchterregend vor, vor allem aber geheimnisvoll. Und da man, wenn man sehr jung ist, begierig auf alles Geheimnisvolle ist, spürte ich in mir eine Neugier, fast eine Ungeduld hervorbrechen, diese unbekannte Welt zu entdecken, die sich uns enthüllen und unseren friedlichen Alltag in den unerhörten Wirbel ihrer Kräfte hineinziehen sollte.

Die Mobilisierung hatte begonnen. Wir begaben uns in das benachbarte Dorf Saint-Amand-Tallende, wo man all die Pferde zusammenbrachte, die die Armee bei den Bauern beschlagnahmt hatte. Es waren mehrere tausend. Ich habe nie wieder eine so große Anzahl gesehen. Die Bauern in grauen Kitteln verhandelten über den Preis und nahmen das Geld entgegen. Einige tätschelten das Maul ihres Tieres, eine unbeholfene und schüchterne Geste, um im Augenblick der Trennung ihre Trauer auszudrücken.

Auch heute noch fahre ich nie an der an der Straße nach Tallende gelegenen Kreuzung vorbei, ohne daß das Bild dieser zahllosen, ihre Mähnen schüttelnden Pferde vor mir erscheint, die in ein unnützes Reiterspiel zogen, aus dem keines zurückkehrte.

Aber ich erwache aus den Erinnerungen. Ich schrecke durch den fröhlichen Zuruf auf: »Worauf wartest du noch, Valéry? Komm herunter. Wir stoßen an!« Ich springe vom Panzer. Der alkoholische Inhalt der Flaschen wird in Tassen geleert, die ihm einen Geschmack von Weißblech verleihen.

Der Krieg ist aus!

Seitdem habe ich mir jedesmal, wenn ich als Abgeordneter oder Minister an einer Gedenkfeier zum 8. Mai teilnahm, innerlich folgende Frage gestellt: Wer von den Teilnehmern an dieser Zeremonie war am 8. Mai 1945 älter als achtzehn Jahre und gehörte zu einer kämpfenden Einheit oder wurde in einem Lager gefangengehalten? Ich suche und zähle sie.

Wie General de Gaulle gedachte auch Präsident Pompidou des 8. Mai mit einem Besuch am Triumphbogen. Der Tag war nicht arbeitsfrei. Die Zeremonie war kurz. Ich erkannte, daß für General de Gaulle dieser Tag nicht wirklich der seine war.

Eines Mittwochabends, im Laufe eines unserer wöchentlichen Gespräche, als ich spürte, daß das Interesse General de Gaulles an den finanziellen Problemen, die ich ihm zuvor dargelegt hatte, nachzulassen begann und die Unterhaltung allmählich einen vertrauteren Ton annahm, erlaubte ich mir eine Frage.

»Wenn die Geschichte eine der Epochen, in denen Sie aktiv waren – zunächst während des Krieges und nun an der Spitze Frankreichs – im Gedächtnis behalten könnte, welche, *mon général,* würden Sie wählen?«

»Sie stellen mir doch nicht ernsthaft diese Frage!« entgegnete er. »Den Krieg von 1940 bis 1944 natürlich. Das war die Zeit, in der es große Dinge zu tun gab und wo man Einfluß auf wichtige Ereignisse ausüben konnte. Aber jetzt . . .«

Die Regierung war zur Teilnahme an den Zeremonien gebeten. Die Öffentlichkeit blieb allmählich fern. In den letzten Jahren der Amtszeit Präsident Pompidous war die Avenue des Champs Elysées fast leer. Lediglich am Palace de l'Etoile versammelten sich die Vereinigungen ehemaliger Kriegsteilnehmer; dort befanden sich auch die Tribünen, auf denen das diplomatische Korps und die Vertreter der Staatsbehörden Platz genommen hatten.

Im Jahre 1977 sollte das Gipfeltreffen der Industrienationen in London stattfinden. Es war die erste Begegnung, an der auch der neugewählte Präsident der Vereinigten Staaten, Jimmy Carter, teilnahm. James Callaghan, dem die Verantwortung für die Organisation oblag, schlug uns vor, vom 7. bis 9. Mai zusammenzukommen. Sein Vorschlag überraschte mich, denn ich dachte, daß der 8. Mai in Großbritannien ein Feiertag wäre.

Wir befragten unseren Botschafter in London und erfuhren: Der 8. Mai ist ein normaler Arbeitstag.

Wir kamen in den Räumen des Premierministers in der Downing Street 10 zusammen, die uns alle aufnahmen, denn zu dieser Zeit hatten Gipfeltreffen noch vernünftige Ausmaße. Auf dem Tisch, an dem ich heute schreibe, steht eine Kristallschale, in die ich meinen Füllfederhalter lege. James Callaghan überreichte sie uns zur Erinnerung. Sie trägt die gravierte Inschrift: Summit Meeting, Downing Street, 7–9 May 1977.

Am Nachmittag des 7. Mai erkundigte ich mich, ob wir am nächsten Morgen eine Sitzung abhalten würden. Niemand verstand den Sinn meiner Frage, die ich jedoch wegen der Anwesenheit unserer deutschen und japanischen Partner nicht deutlicher formulieren wollte. Es gab nicht einmal eine Diskussion: Die Sitzung würde zur üblichen Zeit stattfinden.

Am 8. Mai beobachtete ich die Haltung meiner britischen und amerikanischen Gesprächspartner: ein Arbeitstag wie jeder andere. Am späten Vormittag fand ich mich vor dem Haus in Carlston

Terrace Gardens ein, das den Generalstab des Freien Frankreich beherbergt hatte, und legte dort ein Blumengebinde nieder. Die Erinnerung an den 8. Mai war unter den Siegern lebendig und sicher auch unter den an unserer Begegnung teilnehmenden Besiegten. Es gab jedoch keine sichtbare Demonstration.

Zu Beginn meiner Amtszeit hielt ich an der von meinen Vorgängern eingeführten Praxis fest. Am 8. Mai 1975 lief die Zeremonie zur gleichen Zeit und nach dem gleichen Ritual ab. Ähnlich wie in den vorangegangenen Jahren waren die Avenue des Champs Elysées und die Umgebung des Place de l'Etoile fast menschenleer.

In Anbetracht der geringen Beteiligung der Öffentlichkeit an diesen Veranstaltungen dachte ich, daß es keinen Raum für zwei große nationale Gedenkfeiern, den 8. Mai und den 11. November, gäbe und daß man die Bedeutung einer jeden verdeutlichen müsse: Der 11. November sollte nach und nach zum nationalen Tag der Besinnung werden, an dem Frankreich der Toten aller Kriege gedenkt, und am 8. Mai sollte der Waffenstillstand des Zweiten Weltkrieges feierlich begangen werden.

Die Wahl des 11. November als nationaler Tag der Besinnung lag nahe. Dieser Tag erinnerte sowohl an den in der Geschichte Frankreichs mörderischsten Krieg mit eineinhalb Millionen im Kampf Gefallenen als auch an den letzten von Frankreich unter seiner Fahne errungenen Sieg in einem internationalen Konflikt. Zum Zeitpunkt der Schlußoffensive von 1918 stand die Gesamtheit der verbündeten Streitkräfte unter französischem Kommando.

Um zu veranschaulichen, daß sich diese von militärischer Feierlichkeit eingerahmte Veranstaltung nicht nur an die Teilnehmer des Krieges von 1914 bis 1918 richtete, machte ich es mir zu eigen, auf der Place de l'Etoile Männer und Frauen auszuzeichnen, die in einer der bewaffneten Auseinandersetzungen dieses Jahrhunderts gekämpft oder unter der Haft in einem Gefängnis oder Lager gelitten hatten. Viele unter ihnen waren betagt, andere kriegsversehrt. In den Gesichtern und dem Blick der Frauen waren die Zeichen des Mutes zu erkennen, der ihnen ermöglicht hatte, das Unmögliche zu erdulden. Während der Ordensverleihung versuche ich mir kurz vorzustellen, welche Erinnerungen jeder von ihnen an diese Kämpfe und dieses

Grauen bewahrte. Es freut mich, daß der Brauch seither beibehalten wurde.

Was den 8. Mai angeht, so wollte ich den Aspekt des militärischen Sieges über den Nationalsozialismus hervorheben - einen Sieg, an dem Frankreich, ohne ihn anzuführen, dennoch beteiligt war. Am 7. Mai 1975, dem ersten meiner Amtszeit, begab ich mich ins Truppenlager von Mourmelon in der Champagne, wo man eine ganze Panzerdivision zu einer Mahnwache zusammengeführt hatte, der eine Parade im Licht der Scheinwerfer folgte. Dank General Delaunay war die Organisation von vollkommener Perfektion, und das Fernsehen, das den Abend live übertrug, vermittelte der Öffentlichkeit Bilder, die unserer militärischen Vergangenheit würdig waren. In jedem folgenden Jahr fand eine Veranstaltung statt.

Das reichte jedoch nicht aus, um den Erwartungen und dem Druck jener zu begegnen, deren Ziel es war, den 8. Mai zum gesetzlichen Feiertag zu machen. Es fiel mir schwer, ihr Vorgehen zu verstehen. General de Gaulle, der besser als jeder andere dazu geeignet gewesen wäre, hatte dies nicht beschlossen. Die Nationalversammlungen der 4. Republik, die doch empfänglich für die Erwartungen der öffentlichen Meinung waren, hatten kein solches Gesetz verabschiedet. Ich erinnerte mich an Demonstrationen, die seinerzeit gegen Abend vor dem in der Nähe des Finanzministeriums gelegenen Mahnmal für die Toten stattfanden und an denen ich in meiner Eigenschaft als Minister teilnahm. Und ich stellte fest, daß die am unmittelbarsten betroffenen Vereinigungen - die der ehemaligen 2. Panzerdivision und der Rhein-Donau-Vereinigung, der auch ich angehörte - diese Forderung nicht unterstützten.

Dennoch wurden die Rufe lauter, gewannen an Umfang, erreichten das Parlament: Der 8. Mai mußte zum Feiertag werden! Nur so, behauptete man, könne den Kriegsopfern - Soldaten oder Deportierten - die Ehre erwiesen werden, die man ihnen schuldig sei.

Ich erkundigte mich, bei welchen unserer großen westlichen Verbündeten der 8. Mai ein gesetzlicher, arbeitsfreier Feiertag ist: Als einziges Land wurde mir Italien genannt. Wie ich bereits im Januar 1977 feststellen konnte, hatten die beiden großen siegreichen Länder dieses Konfliktes, die Vereinigten Staaten und Großbritannien, diesen Tag nicht zum Feiertag erklärt. Es war mir lieber, daß Frankreich sich auf ihre Seite stellte.

Und ich sorgte mich um das Schicksal dieses unglücklichen Monats Mai, der bereits mit kirchlichen und weltlichen Feiertagen übersät ist.

Daher beschloß ich, mich an die Regel zu halten, die mein berühmter Vorgänger festgesetzt hatte: eine feierliche Gedenkfeier ohne arbeitsfreien Tag, jedoch von allen erforderlichen Erleichterungen in den Unternehmen und Verwaltungen begleitet, um jenen, die an einer Zeremonie der Besinnung teilzunehmen wünschten, die Möglichkeit dazu zu geben. Der Ministerpräsident verteidigte vor dem Parlament mutig die Linie, die wir festgelegt hatten.

Aber der Druck der Befürworter nahm zu. Sie warteten, bis ihre Stunde gekommen war. Ich wußte, daß sie eines Tages die Stärkeren sein würden.

Ich glaube, daß ich wegen eines Satzes von zehn Worten zum Staatspräsidenten gewählt worden bin: »Aber Herr Mitterrand, Sie haben nicht das Monopol des Herzens!«

Dieser Satz war aus dem Stegreif entstanden.

François Mitterrand, der mir während einer Fernsehdiskussion gegenübersaß, zählte all die sozialen Gruppen auf, denen seine Sorge galt. Indirekt gab seine Haltung zu verstehen, daß er eine natürliche Berufung darin sah, diese Gruppen zu verteidigen und sich für eine Verbesserung ihres Schicksals einzusetzen, während ich – der Vertreter der Reichen – nicht in diese sorgsam gehüteten Jagdgründe einzudringen hatte. Meine Verärgerung wuchs. Ich konnte sie nicht zurückhalten. Mir platzte der Kragen, und es brach aus mir heraus: »Sie haben nicht das Monopol des Herzens!«

Die von Politologen angefertigten Studien zum Wahlkampf von 1974 sind zu dem Schluß gelangt, daß der Satz, den ich an jenem Abend aussprach, mir einen Gewinn von ungefähr 500 000 Stimmen gebracht hat. Ich habe diese Stimmen anschließend behalten, und sie sind es gewesen, die mir letztendlich zu meinem Schlußsieg verhalfen.

Zur gleichen Zeit und ohne es zu wissen, hatte ich mich in die Welt der modernen Kommunikation begeben, wo - den Spezialisten zufolge - eine Botschaft kurz und präzise zu sein hat und mehr über das Empfinden als über den Verstand aufgenommen werden soll; vor allem aber soll sie tief empfunden sein.

Sie war tief empfunden!

Ich wußte, daß in der langen Geschichte der Teilung unserer Industriegesellschaften in zwei Gruppen - die der Besitzenden und die der Besitzlosen - seit Karl Marx bekannt war, daß sich ein jeder unweigerlich in die eine oder die andere dieser Gruppen einordnete und daß die Scheidelinie zwischen beiden angeblich unüberwindlich war! Ich war durchaus entschlossen, sie zu überwinden.

Das, was ich um mich herum sah, zeigte mir eine merklich andere Landschaft: Man fand in jedem der beiden Lager Besitzende und Besitzlose. Meine Wählerschaft im Département Puy-de-Dôme war nicht wohlhabender als die, die in anderen Wahlkreisen zum Sieg unserer Gegner beitrug. Und meine wirtschaftswissenschaftliche Ausbildung hat mir nachhaltig bewiesen, daß die Gesellschaften, die eine freie Marktwirtschaft betreiben, über mehr Mittel verfügen, soziale Öffnungen zu verwirklichen, als die, die von der Schwerfälligkeit der staatlichen Wirtschaft nach unten gezogen werden.

Ich war entschlossen, den Beweis zu erbringen, daß eine liberale, von der Idee sozialer Gerechtigkeit durchdrungene Gesellschaft schneller und weiter vorwärtsgelangen kann als eine dirigistische - selbstverständlich nur unter der Bedingung, daß sie das Klopfen ihres Herzens aufmerksam verfolgt.

Um das symbolisch zum Ausdruck zu bringen, dachte ich, daß sich mein Tun zuallererst auf zwei Gruppen richten müsse, die nicht unmittelbar mit dem wirtschaftlichen Fortschritt verbunden sind und daher nicht direkt den ihnen zur Verfügung stehenden Anteil erhalten: die älteren Menschen und die Behinderten.

Die Bemühungen zugunsten der älteren Menschen waren beachtlich. Man kann sagen, daß sie ihre Situation veränderten. Jeder hat dazu beigetragen: die Regierung, das Parlament, das die finanziellen Mittel gebilligt hat, und die Gemeinden, die das außerordentliche Anwachsen von Seniorenklubs erleichtert haben. Diese Einrichtungen lockerten die auf ihnen lastenden materiellen Beschränkungen, halfen ihnen dabei, sich zu treffen, soziale Kontakte aufzubauen, zu reisen. Kurzum, ohne zu übertreiben: Sie ließen sie wieder aufleben.

Die Situation der Behinderten war sehr viel schwieriger zu verbessern. Die Verschiedenartigkeit der Verhältnisse – abhängig von Alter und Grad der Behinderung –, die Furcht, die ein Teil der Öffentlichkeit bei dem Gedanken verspürte, sich mit nur schwer erträglichen Situationen konfrontiert zu sehen, der Wunsch einiger Eltern nach Diskretion – das alles machte die Suche nach angemessenen Lösungen nicht einfacher.

Mein erster Besuch in der Provinz im Juli 1974 führte mich auf Einladung des Bürgermeisters, Dr. Jacques Blanc, nach La Canourgue im Département Lozère. Dieser besuchte mit mir eine auf die Betreuung schwerbehinderter Kinder spezialisierte Anstalt. Die Erzieher und Krankenschwestern informierten mich über die Art der Pflege, die sie den Kinder zukommen ließen und die Ergebnisse, die sie zu erreichen hofften. In der Folge haben uns Elternvereinigungen mit den Unterlagen, die sie zusammengestellt hatten und mit nützlichen und vernünftigen Anregungen unterstützt.

Die Gesundheitsministerin Simone Veil übernahm es, vor dem Parlament ein Gesetzesvorhaben vorzustellen, das bereits unter der von Pierre Messmer angeführten Regierung Gegenstand einer ersten Studie gewesen war. Ihr stand der neue Staatssekretär für soziale Angelegenheiten René Lenoir zur Seite, den ich ernannte, nachdem ich ein Buch gelesen hatte, in dem er mit einer bemerkenswerten Großherzigkeit die Lage notleidender Gruppen behandelt. Die finanziellen Verhandlungen waren schwierig, da die neuen Leistungen, die wir schaffen wollten, hohe Kosten verursachten. Sollten sie wirksam sein, so mußte man – nach einer ersten Schätzung, die schnell überholt war – 1,7 Milliarden Francs im Jahr aufwenden.

Am 13. Dezember 1974 wurde die Debatte in der Nationalversammlung eröffnet. Jacques Blanc war zum Berichterstatter der Gesetzesvorlage ernannt worden. René Lenoir stellte unser Vorhaben vor, da Simone Veil im Senat beschäftigt war. Er erinnerte daran, daß das Gesetz das Schicksal von 285 000 Schwer- und 35 000 Leichtbehinderten betraf. Die Überprüfung war ernsthaft und gründlich. Am 13. Juni 1975 wurde das Gesetz verabschiedet. Die neue hinter dem Präsidenten stehende Mehrheit sprach sich einstimmig dafür aus; die Parteien der Opposition enthielten sich aus rätselhaften Gründen der Stimme. Ich mußte das Gesetz nur noch unterzeichnen, was ich am 30. Juni 1975 mit Freude tat.

Frankreich besaß somit das modernste System zur Unterstützung von Behinderten ohne eigenes finanzielles Einkommen und zu ihrer Wiedereingliederung in die Arbeitswelt.

Es erfüllte mich mit Stolz, daß unser Land in einem so außergewöhnlich schwierigen, hart zu ertragenden und dennoch besonders gerechtfertigten Kampf zur Vorhut gehörte. So erbrachte unsere Gesellschaft, ohne großes Aufsehen zu erregen, den Beweis dafür, daß sie in ihre Solidarität auch jene einsamen und verzweifelten Menschen einbezieht, die der Hilfe unserer Gemeinschaft in besonders hohem Maße bedürfen.

IX

Bewegende Augenblicke

Es war mein Wunsch, bewegende Augenblicke, Zeiten intensiven Gemeinschaftsgefühls zu erleben, in denen zwischen der Menge und mir ein Austausch stattfindet, Momente, in denen man begehrenswerte Entwicklungen ein großes Stück vorantreiben kann.

Es ist Aufgabe des Wahlkampfes, solche Augenblicke zu schaffen, daher wollte ich meinen ausdehnen. Meine Kampagne war recht langsam angelaufen. Ich konnte aber bald feststellen, daß die Zuhörerschaft auf dem Weg von der Sarthe in die Bretagne ständig größer wurde, sich auch der hintere Teil der Säle füllte und die Begeisterung wuchs. Was zunächst nur ein dünnes, fröhliches, aber undefinierbares Rinnsal gewesen war, gewann allmählich die Kraft eines reißenden Gebirgsbaches.

In Nantes erhielt ich ein in dieser Hinsicht aufschlußreiches Zeichen. Ich kannte diese Stadt, in der ich zuvor nur einmal gewesen war, nicht besonders gut. Meine Versammlung war auf das ungünstige Datum des 1. Mai gelegt worden. Ich fürchtete, daß an diesem Feiertag nicht sehr viele Leute kommen würden. Aber bei meiner Ankunft war der Saal in den Messehallen bis auf den letzten Platz besetzt. In den ersten Reihen saßen viele Gemeindevertreter. Trotz der anfänglichen Schwächen meines Wahlkampfprogramms war von örtlichen Anhängern alles perfekt organisiert worden; angefangen bei der Begrüßung im bedruckten T-Shirt bis hin zum gutmütigen Ordnungsdienst. Als ich den Saal verließ, um nach Paris zurückzukehren, ging ich langsam durch die dichten Reihen der Zuhörer. Vor allem waren es Frauen. Einige hatten Maiglöckchen in den Händen. Eine der Zuhörerinnen murmelte mir zu: »Viel Glück!« Das Wort verbreitete sich wie ein Lauffeuer, begleitete mich während meines ganzen Weges. »Viel Glück! Viel Glück!« Hatte man sich abgesprochen, oder war es lediglich der spontane Ausdruck dessen, was wir während dieses improvisierten und doch intensiven Wahlkampfes empfanden? Ich war tief ergriffen und dankbar. Und ich hörte dieses gleiche Wort anschließend an anderen Versammlungsorten wieder, von anderen Mündern aufgenommen, die mir ihrerseits viel Glück wünschten.

Können Sie sich die Stärke, die Herzlichkeit des Gefühls vorstellen, die ich empfand, als ich die Hände unbekannter Menschen schüttelte, die sich um mich drängten und mir Glück wünschten?

Ich wollte nicht, daß dieser Austausch ein Ende fand.

Sechs Wochen nach Ende der Kampagne lud ich alle Männer und Frauen, die mir geholfen hatten, in den Bagatelle-Park ein – mehrere zehntausend Menschen. Das Gedränge war beachtlich. Ich scheute keine Mühen, denn das Gefühl füreinander war noch vorhanden. Und ich dachte, daß es Dinge gab, die wir nur dann in Frankreich erfolgreich vollbringen können, wenn wir Bewegung in unsere Haltung bringen, so wie die Läufer, die dem Startschuß zuvorkommen und losspurten. Damit es überhaupt eine Bewegung gibt, brauchen wir Frauen und Männer, die sie antreiben. Das war im Falle meines Wahlkampfes geschehen. Damit mußten wir fortfahren.

Ich bat darum, mir jährlich ein, zwei große Versammlungen in der Provinz zu organisieren, dafür ein Ereignis zum Anlaß zu nehmen oder sie auf ein Thema hin auszurichten. Eine Arbeitsgruppe wurde ins Leben gerufen. Sie richtete sich zunächst in einem kleinen Büro des Elysée ein, dann in dem Gebäude, das im vergangenen Jahrhundert die Pferdeställe des Präsidenten beherbergte und das Autofahrer, die dem Quai Branly folgen, kurz bevor sie zur Kreuzung des Pont de l' Alma kommen, rechts liegen sehen.

Ich wollte nicht, daß die Veranstaltungen von politischen Parteien vorbereitet werden, sondern daß sich in ihnen die Mehrheit wiederfand, die mich gewählt hatte. Und ich empfahl, einen zu parteilichen oder aggressiven Ton zu vermeiden, der nicht der meines Amtes sein konnte. Das war nicht einfach, da die Opposition, die an ihrer Hoffnung festhielt, die Macht zu erobern, sich heftig, mitunter ausfallend gebärdete. Sie suchte Gelegenheiten, auf die Straße zu gehen. Der Chef der kommunistischen Partei, Georges Marchais, damals in bester Form, tat so, als würde er die einfachsten Höflichkeitsregeln gegenüber dem Staatspräsidenten nicht kennen. Allerdings folgten ihm seine Anhänger dabei nicht immer. Wenn ich spätabends die Fernsehberichte über seine Kundgebungen sah, konnte ich feststellen, daß seine Zuhörer gelegentlich ruhig blieben anstatt zu applaudieren, wenn er mit seinen Angriffen auf mich zu weit ging.

Ich hatte mich für eine Haltung des entspannten Miteinanders entschieden. Sie schien mir einleuchtend: Jeder handelte nach seinen Überzeugungen, kämpfte leidenschaftlich, um die Wahl zu gewinnen, akzeptierte aber gleichzeitig die Anwesenheit anderer Akteure des öffentlichen Lebens und diskutierte mit ihnen in vernünftiger Weise über Themen allgemeinen Interesses. Man muß sich jedoch in Erinnerung rufen, daß diese ganz selbstverständliche, fast banale Idee in der Stimmung der damaligen Zeit als provozierend und revolutionär betrachtet wurde.

Die Spanier gaben mir ein gutes Beispiel in Sachen entspanntes Miteinander.

Während unseres offiziellen Spanienbesuchs, den ich gemeinsam mit Anne-Aymone 1978 unternahm, hatte uns König Juan Carlos in dem im Süden Madrids gelegenen Aranjuez-Palast untergebracht, der den Touristen wegen der Schönheit seiner Gärten wohlbekannt ist. Wir erwiderten seine Einladung mit einem Galadiner. Zu Ehren unserer spanischen Nachbarn hatten sich die Bediensteten des Elysée viel Mühe gegeben: Sie hatten Geschirr aus Sèvres-Porzellan mitgebracht, Weine, die Herr Kürtz, der Kellermeister des Elysée, mit Leidenschaft ausgewählt hatte, Gobelins und Blumen, um den Saal zu dekorieren. Einladungen waren an die gesamte politische und gesellschaftliche Palette Madrids ergangen. Nach dem Essen gingen wir durch die Salons, um die Gäste zu begrüßen. Bei dieser Gelegenheit sah ich den König von Spanien mit seinen Schwestern, den alten kommunistischen Führer Santiago Camillo, aus seinem langen Exil in der Sowjetunion zurückgekehrt, Premierminister Adolfo Suarez, die Witwe General Francos und den noch sehr jungen Generalsekretär der sozialistischen Partei, Felipe Gonzales, in Begleitung seiner Gattin, die sich alle in demselben Raum miteinander unterhielten. Wer könnte sich in Frankreich eine ähnliche Zusammenkunft vorstellen? Und warum, aufgrund welcher Vorurteile, welchen aufgewärmten Hasses bleibt sie unmöglich?

Meine erste große Veranstaltung fand im Februar 1977 in Ploermel in der Bretagne statt. Sie sollte einen Tag beschließen, der den Umweltproblemen und der Einrichtung eines Naturschutzgebietes im Küstenbereich um Vannes gewidmet war. Die zweite wurde am 16. Dezember 1977 in Bassy in der Normandie veranstaltet. Dort sollte ich über Probleme der Landwirtschaft reden.

Wir kennen den Sachkundeunterricht, aber es müßte auch einen Menschenkundeunterricht geben. Solche Begegnungen erfüllten für mich jedesmal diesen Zweck, indem sie mir Gelegenheit gaben, einige menschliche Daseinsformen zu entdecken, über die ich bis dahin nur wenig wußte.

In der Bretagne baten der Unabhängigkeitsbewegung nahestehende kulturelle Vereinigungen um ein Treffen mit mir. Ich empfing sie in einem kleinen, zum Rathaus gehörenden Raum, kurz bevor ich zur Versammlung aufbrach, deren ansteigende Menschenflut ich bereits draußen tosen hörte. Ihrer provozierenden Verwirrung, dem scheinbar lächerlichen, aber doch berechtigten Charakter einiger ihrer Anfragen konnte ich die erdrückende Wirkung unseres zentralistischen Systems entnehmen. Wie war es möglich, daß diese großartige, unverfälschte Kultur, die einst mit ihren Gebräuchen, ihren Heldengedichten und den großen Klöstern des hohen Mittelalters über Irland und den ganzen Südwesten Großbritanniens verbreitet war, heute ein Bettlerdasein führen muß?

Der Aufenthalt in der Normandie war für mich eine Begegnung mit der Literatur. Erlebter Flaubert, erlebter Maupassant! Der Veranstaltung ging ein Festmahl voraus. Riesige Zelte waren auf einer Wiese errichtet worden, wegen des großen Andrangs gleich mehrere. Man hatte mir empfohlen, die Zelte aufzusuchen, in denen meine Rede nur über Bildschirm verbreitet wurde. Ein Teil der Menge war bereits im Aufbruch. Auf den Tischen sah man Rotweinpfützen und umgekippte Pappbecher. Ich sah Bauernrücken, bis sie sich umdrehten, um mich zu grüßen. Auf ihren vom Essen geröteten Gesichtern lag Heiterkeit. Wir schüttelten uns die Hände, und sie ermutigten mich mit einer gutmütigen Vertrautheit, die dennoch Distanz wahrte. Die Frauen waren häufig hochgewachsen, mit strohblonden, von den Wikingern geerbten Haaren, die sie nun kurz trugen. Sie lächelten mir zu, und mir gefiel dieses sanfte, aber dennoch starke Leuchten, das in ihrem Lächeln lag.

Meine Reden hielt ich stets gegen Ende dieser Versammlungen. Das war ein schwieriges Unterfangen. Zunächst mußten sie eine Zuhörerschaft fesseln, die zu zahlreich war, um lange konzentriert bleiben zu können. Während meiner ersten Reden hörte ich meine Stimme nur so, wie sie mir von fern aus den Lautsprechern zurückgeworfen wurde. Sie schien mir zu schwach, und ich versuchte, lauter zu sprechen. Zum Schluß hatte ich meist keine Stimme mehr.

Die Veranstalter hatten später die Idee, in der Nähe der Tribüne Lautsprecher aufzustellen, die mir einen genaueren Eindruck des Klangs vermittelten. Aber ich sprach auch weiterhin zu laut, wahrscheinlich in der Hoffnung, mein Publikum mit der Wucht der Stimme überzeugen zu können, dem Beispiel von Richard Strauss folgend, der, als er das Orchester der Dresdener Oper dirigierte, seinen Musikern zurief: »Lauter! Lauter! Man hört die Sänger noch!«

Die meisten dieser Reden wurden von den Medien live übertragen. Um den Klang besser einzufangen, umgaben ganze Wälder von Mikrophonen mein Pult. Ich mochte diesen metallischen Schirm nicht, der mich vom Pulblikum trennte. Aber man hatte mir erklärt, daß daran nichts zu ändern sei, weil die allmächtige Technik es so verlangte. Mit der Zeit gelang es jedoch, mit weniger Mikrophonen auszukommen; in Carpentras waren nur noch drei vorhanden.

Das Fernsehen plazierte seine Scheinwerfer auf Gerüsten, die sich zu beiden Seiten des Podiums befanden. Oft erreichten sie eine unglaubliche Höhe, die ich erst wahrnahm, wenn ich den hinteren Teil der Bühne überquerte, um die Stufen zum Podium hinaufzusteigen. Der Vorteil dieser Höhe lag darin, vom Licht nicht geblendet zu werden. Dies erlaubte mir, mein Publikum zu erfassen, indem ich den Blick zunächst über die ersten Reihen gleiten ließ, in denen die Gesichter noch scharf gezeichnet und häufig erkennbar waren, bis hin zu den im Hintergrund zusammengedrängten schwarzen Menschentrauben.

Während ich sprach, vergaß ich nicht, daß ich mich auch an die bequem zu Hause sitzenden Fernsehzuschauer wendete sowie an die Journalisten, die um lange Tische herum saßen und Notizen machten. Der Text meiner Rede wurde an sie verteilt, meist jedoch erst, nachdem ich sie gehalten hatte. So wurde der entmutigende Eindruck vermieden, der entsteht, wenn man Zuhörer die Seiten umblättern sieht. Ich las diese Reden ab.

Mehrere Wochen vor der Versammlung bat ich Jean Serisé, mit mir das Thema zu überdenken, das ich behandeln wollte.

Jean Serisé hatte das Amt eines Sonderbeauftragten inne, trug also keine unmittelbare Verantwortung in der Regierung, stand mir aber mit seinem Rat und Urteil zur Seite und nahm gelegentlich auch für mich Kontakte nach außen auf.

Er stammte aus dem Béarn und besaß die für diese Gegend typische Scharfsinnigkeit und gütige Heiterkeit. Nach dem Besuch der staatlichen Verwaltungshochschule gehörte er zum Kreis der Ratgeber von Pierre Mendès-France. Ich hatte ihn im Finanzministerium kennengelernt, wo er mit Claude Gruson die erste Rechnungsbilanz der Nation erarbeitete. Nachdem er längere Zeit mein Mitarbeiter war, wurde er zu einem meiner treuesten Freunde.

Er gehörte zur seltenen Gattung brillanter Redenschreiber. Ich hatte einige der berühmtesten von ihnen kennengelernt. Claude Libersart, der zunächst dem Rechnungsamt angehörte, liebte die ausgewogenen Formulierungen. Er hatte einige bemerkenswerte Texte verfaßt, die sich wie freie Verse lasen und zum Erfolg Antoine Pinays beigetragen haben. Dominique Leca, von dem die Legende ging, daß er in der Vorkriegszeit zwei Reden zum selben Thema geschrieben hatte. Sie wurden am selben Tag im Senat von zwei Rednern gehalten - die eine vom Ministerpräsidenten Paul Reynaud, die andere vom Führer der Opposition. Die Legende überlieferte nicht, welche von beiden die bessere war. Man hielt ihn für den Autor einiger Wendungen, die Glück und Leid Paul Reynauds gewesen sind, wie zum Beispiel »Wir werden siegen, weil wir die Stärkeren sind!« Es ist ihm sogar gelungen - ich war Zeuge -, Joseph Laniel echte rhetorische Glanzlichter aufzusetzen, indem er für ihn als Ministerpräsident Erklärungen großen Stils verfaßte.

Im Sommer des Jahres 1953 sah sich die Regierung einer Welle heftiger Streiks in den Behörden gegenüber. Das Parlament trat zusammen. Laniel beeindruckte die Abgeordneten, indem er auf die prägnanten Formulierungen Lecas zurückgriff: »Ich sage nein zu den Streiks!« und weiter: »Ich habe Ihnen die Meinung des Menschen gesagt, nun werde ich Ihnen die des Staates sagen!« Leca erreichte den Gipfel seiner Kunst in einem dramatischen Augenblick: Er schrieb die Rede, mit der Laniel den Abgeordneten den Fall von Dien Bien Phu verkündete. Ich hörte diese Rede zufällig, bevor ich in der Nationalversammlung Edgar Faure traf, dessen Mitarbeiter ich war. Die Abgeordneten hatten sich erhoben, um Laniel zu hören. Sein nach der Art klassischer Trauerreden gestalteter Text war so ausdrucksstark, daß ich noch heute in der Erinnerung die Illusion habe, eine Beinahe-Dämmerung über die Ränge der Nationalversammlung hereinbrechen zu sehen.

Ich hatte Dominique Leca gebeten, mich in seine Geheimnisse einzuweihen. Er empfing mich in seinem winzigen Büro im Hôtel Matignon, in dem er seine Reden verfaßte, und gab mir Ratschläge. Er empfahl mir sehr kurze Sätze, das Vermeiden von Adverbien und vor allem – vor allem, betonte er – den gesamten Text mit der Hand zu schreiben. Er selbst benutzte einen Federhalter und warnte mich vor dem Diktieren von Texten: »Das Diktieren verwässert den Gedanken«, sagte er, »während es doch gerade darum geht, ihn zu verdichten.«

Wie seine berühmten Kollegen ist auch Jean Serisé ein ausgezeichneter Verfasser von Reden. Am Ende unserer Unterhaltung bat ich ihn, mir einen Entwurf vorzubereiten. Zwei Wochen später brachte er mir einen fünfzehn bis zwanzig Seiten langen Text. Dann machte ich mich an die Arbeit.

Fast immer begann ich damit, eine neue Einleitung zu verfassen. Oft ließ Serisé den Anfang sogar frei. Der Zugang zu einem Publikum kann nur persönlich sein und muß der Eingebung folgen. Der Schluß, der Spannungsabfall, der Augenblick, in dem man seine Zuhörerschaft verläßt, muß ebenfalls durch ein erlebtes, ausreichend empfundenes und verdichtetes Gefühl gekennzeichnet sein, um Zugang zu den Herzen zu finden.

Dem Rat Dominique Lecas folgend, schrieb ich also meinen gesamten Text mit der Hand, übernahm einige der vorbereiteten Sätze und fügte andere hinzu. Dann überarbeitete ich ihn zwei oder dreimal, und meine Rede war fertig.

Jean Serisé unterbreitete mir verschiedene Lösungen. Von ihm stammte die Idee, in Vassy ein Gleichnis zu erzählen: das von den Maurern, die ein Haus vor Beginn des Winters fertigstellen müssen. Die einen schlagen vor, alles abzureißen und neu zu beginnen. Die anderen ziehen es vor, von dem auszugehen, was bereits vorhanden ist. Ihnen gelingt es, das Dach vor Einsetzen der schlechten Witterung fertigzustellen.

Verfaßte er einen politischen Text, war die Feder dieses sonst so sanften und gutmütigen Mannes von einer Schärfe, die mich erstaunte. Als ich eines Tages auf Georges Marchais reagieren mußte, der den Staatspräsidenten in beleidigender Form angegriffen hatte, stellte ich verblüfft fest, daß Serisé auf die entflammende Wut eines Savonarola zurückgegriffen hatte. Ich mußte die sprachliche Gestaltung in eine dem Präsidentenamt angemessenere Form zurückführen.

Ich suchte sorgsam nach bildhaften Redewendungen, die sich ins Gedächtnis meiner Zuhörer einprägen würden, so wie es dem »Ja, aber« und dem »Ich werde Frankreich tief in die Augen sehen« gelungen war. Ich überlegte so lange, bis ich die Einfachheit erreicht hatte, die ihre Wirkung steigert. In dem Wunsch, die sinkende Moral der Landwirte zu stärken, beschrieb ich die Landwirtschaft in Vassy als das »grüne Öl Frankreichs«.

Aber ich hatte eine sehr viel kompliziertere Überzeugungsarbeit zu leisten. Der Termin der Parlamentswahlen vom März 1978 rückte näher. Seit Beginn des Frühjahrs 1977, nach den Gemeinderatswahlen, bei denen die Parteien der Regierungskoalition starke Stimmenverluste hinnehmen mußten, begann ich diese Wahl vorzubereiten.

Mein Ziel war klar: die Wahlen von 1978 gewinnen. Ich konnte den Überlegungen jener nicht folgen, die dachten, eine vorübergehende sozialistische Erfahrung könne den Franzosen helfen, eine realistischere Sicht der ökonomischen Lage zu gewinnen. Das angekündigte Programm, das berühmte »gemeinsame Programm« von Sozialisten und Kommunisten käme das Land zu teuer zu stehen. Es würde für lange Zeit die Strukturen unserer Wirtschaft durcheinanderbringen, unsere Arbeitsleistung schwächen und unsere Investitionen bremsen. Ein solches Abenteuer konnten wir uns nicht leisten. Wir mußten gewinnen.

Eine erfolgreiche Strategie beruhte meiner Ansicht nach auf zwei Faktoren: besseren wirtschaftlichen Ergebnissen und einem intensiven Bemühen um Verständigung

Unter der Führung von Raymond Barre hatte die Regierung eine Politik des ökonomischen Aufschwungs eingeleitet. Am in den Jahren 1975 und 1976 bedeckten internationalen Wirtschaftshimmel gab es erste Zeichen des Aufklarens. Wir begannen, den Schock der ersten Ölkrise zu verdauen. Der noch immer starke Preisanstieg verlangsamte sich. Ich forderte zusätzliche Anstrengungen im Hinblick auf die Arbeitsmarktlage. Christian Beullac nahm das erste staatliche Programm zur Bekämpfung der Jugendarbeitslosigkeit in Angriff, und die Regierung verzichtete auf die Sommerpause, um ihm zum Erfolg zu verhelfen.

Im Hinblick auf die Verständigung war es meine Aufgabe, das Thema vorzubereiten. Die politischen Parteien – darunter auch das sechs Monate zuvor gegründete RPR (Rassemblement pour la République) und die junge Union für die französische Demokratie –, waren noch immer von den Auseinandersetzungen im Vorfeld der Gemeinderatswahlen angeschlagen. Sie würden erst später, zum Zeitpunkt des eigentlichen Wahlkampfes, eingreifen.

Ich dachte, daß man in zwei Etappen vorgehen müsse: kurz vor den Sommerferien den Rahmen abstecken, um die Gemüter vorzubereiten, und die Öffentlichkeit sechs Monate später, gerade zu Beginn des Jahres 1978, zu informieren. Dies brachte mich dazu, zwei große Kundgebungen vorzusehen: die eine in Carpentras, am 8. Juli 1977, die andere in Verdun-sur-le-Doubs im Januar 1978.

Die Wahl von Carpentras war sicher auf das Drängen seines Bürgermeisters zurückzuführen, aber es sprachen auch mehrere andere Argumente dafür.

Um zu gewinnen, mußten wir die Regionen herüberziehen, die

traditionell die Linke wählten, insbesondere die Gegenden des Mittelmeerraumes. Carpentras, dessen Stadtverwaltung vor kurzem an die Liberalen gefallen war, war ein guter Ausgangspunkt. Gegen Ende des Frühlings setzte in Frankreich wieder die lange Wanderung in Richtung Sonne und Meer ein. Das Datum des 8. Juli wurde festgesetzt. Es war ein Freitag, um auch der arbeitenden Bevölkerung zu gestatten, sich frei zu nehmen.

Anne-Aymone und ich verließen Paris mit dem Flugzeug. Ich wurde von meinem Assistenten und zwei Polizeiinspektoren begleitet. Die anderen Mitarbeiter befanden sich bereits vor Ort.

Das Flugzeug landete um 16 Uhr auf dem Flugplatz des Militärstützpunktes von Orange. Wir fuhren mit dem Auto nach Carpentras weiter. Anfangs herrschte wenig Verkehr. Er wurde immer dichter, je näher wir der Stadt kamen. Zehn Kilometer vor Carpentras gab es bereits Staus, aber Polizei längs der Strecke bahnte uns den Weg.

Wir folgen einer von großen provenzalischen Platanen gesäumten Straße und erreichen das Rathaus. Der Bürgermeister, Maurice Charretier, empfängt uns in Begleitung der Stadtverordneten und der Gemeindevertreter der Umgebung. Die Sozialisten fehlen. Die Begrüßungsansprache des Bürgermeisters ist gewandt und herzlich, obgleich seine Nervosität unübersehbar ist. Sie ist verständlich: In seine Stadt sind ungefähr vierzigtausend Menschen eingefallen, und am Telefon lösen sich die Boten ab, um Befehle und Gegenbefehle entgegenzunehmen, die uns darüber informieren, daß das Publikum mittlerweile eingetroffen ist und sich unser Zug in Bewegung setzen kann.

Der Bürgermeister hatte die glückliche Idee, einen kleinen Fußmarsch einzuplanen. Das Publikum ist gutgelaunt und herzlich. Wieder einmal wird es durch eiserne Gitter zurückgehalten. Ich bitte die Verantwortlichen des Ordnungsdienstes, sie zu öffnen. Die befreite Menge löst sich in ein munteres Gedränge auf. Wir überqueren einen Platz an der Kirche, auf dem Händler ihre Stände errichtet haben, um Erzeugnisse aus der Umgebung anzubieten. Pfirsiche und selbstverständlich Melonen, Krippenfiguren aus der Provence, aber auch Wein von den Hängen des Mont Ventoux. Ein Händler hat auf seiner Fläche ausgestopfte Tiere ausgestellt, daneben liegen Holzpfeifen, die zum Anlocken der Vögel dienen. Wir wechseln ein paar Worte. Ich bedauere, nicht länger bleiben zu können.

»Das macht nichts«, entgegnet er. »Dann kommen Sie eben ein anderes Mal wieder!«

Zwei Jahre später bin ich von Brégançon aus noch einmal nach Carpentras gekommen, um ihn in seiner Werkstatt aufzusuchen und zwei ausgestopfte Rebhühner zu kaufen.

Die in der Ferne erkennbaren Umrisse der Synagoge erinnern an Bedeutung und lange Tradition der jüdischen Gemeinde von Carpentras.

Das letzte Stück des Weges legen wir in Autos zurück. Aus Aubagne gekommene Soldaten des 1. Kavallerieregiments der Fremdenlegion mit ihren weißen Mützen stehen Spalier. Ich hatte um ihre Anwesenheit gebeten, da ich während meines Dienstes in der 1. Armee erfolglos versucht hatte, in ihre Einheit abkommandiert zu werden. Hinter ihnen drängt sich die Menschenmenge. Einige sind bereits in Richtung Esplanade aufgebrochen, andere aber geblieben, um unsere Vorbeifahrt abzuwarten, wahrscheinlich, um mich aus der Nähe zu sehen. Sie lehnen sich über die Absperrgitter und rufen sich zu: »Hast du ihn gesehen? Das ist Giscard!« Der Bürgermeister sitzt in dem neben uns fahrenden Auto. Er blättert in seinem Text, denn er wird nachher als erster das Wort ergreifen müssen. Ich denke an den Schluß meiner Rede. Ich habe ihn noch offen gelassen. In diesem Land der Rednergabe und der wohltönenden Sprache muß ich passende Worte finden. Wir erreichen das Zelt, eigentlich ein über das Podium gespanntes Schutzdach. Es verdeckt uns die Sicht auf den Platz. Bis zum Eingang schreiten wir noch immer hinter eisernen Absperrgittern voran. Man gibt mir ein Zeichen, die Holztreppe hinaufzusteigen. Ich komme auf das Podium. Es ist einige Meter hoch, und ich sehe unter mir die in der ersten Reihe sitzenden Persönlichkeiten und die Parlamentsmitglieder aus der Provence, allen voran Jean-Claude Gaudin. Andere sind aus den Départements Ardèche und Lozère gekommen.

Vor uns die Menschenmenge. Sie füllt den gesamten Platz, der von Bäumen gesäumt ist. Sie applaudiert in Stößen und Wellen, als wäre unser Podium zu weit entfernt, um die auf die Bühne kommenden kleinen schwarzen Umrisse identifizieren zu können. Es ist das erste Mal, daß ich eine derartige Veranstaltung unter freiem Himmel abhalte. Keine Zeltplanen, keine Dächer. Die Akustik ist anders, gedämpft, so als ob die Töne in den Himmel stiegen und sich dort wie Rauchwolken auflösten.

Der Bürgermeister, Maurice Charretier, beginnt mit seiner Rede. Er dankt den Politikern und heißt mich willkommen. Ich sehe ihn von hinten, so wie auch er mich nachher sehen wird. Man spendet ihm Beifall. Er weiß sich kurz zu fassen. Nun bin ich an der Reihe.

Um das Rednerpult zu erreichen, muß ich noch weiter hinaufsteigen. Vier Stufen mehr. Ich komme mir vor wie ein auf einem Baum hockendes Äffchen. Anne-Aymone sitzt neben dem Bürgermeister rechts hinter mir in einem Sessel. Sie trägt ein helles Kleid mit großen aufgedruckten Blumen.

Jetzt kann ich endlich die gesamte Zuhörermenge überblicken. Es wird mir bewußt, daß ich seit Stunden auf diesen Augenblick gewartet habe. Ich wollte wissen, ob die Menge da war - zahlreich und herzlich. Keine Spur Lampenfieber, sondern ein körperliches Wohlbehagen angesichts dieses Publikums und dieser Weite, auf der das milde Licht des Nachmittags ruht. Ich stelle mich fest und sicher hin, bemühe mich jedoch, meine Beine locker zu halten. Ich bin nicht in der Lage, die Zuhörerschaft genau zu schätzen, versuche aber, ihre Ränder zu orten. So wie es sicher auch die Schauspieler tun, prüfe ich jedesmal das Publikum und bemühe mich zu erkennen, ob es dicht gedrängt sitzt oder ob es auch schwach besetzte Flächen gibt. Auf der rechten Seite ein leerer Straßenzug: Es ist der, über den wir gekommen sind. Sind weiter hinten Leute? Ja, ich sehe, daß sich unter den Bäumen Menschen bewegen. Das ist der Augenblick anzufangen, loszulegen. Ich habe meinen Text auf das Pult gelegt. Endlich einmal hat eins die richtige Höhe. Ich umfasse seine Seiten mit beiden Händen und beginne meine Rede: »Herr Bürgermeister, liebe Freude aus Carpentras und der Provence, Französinnen und Franzosen!«

Dem Rat Dominique Lecas folgend, habe ich meine Rede um zwei Sätze herum aufgebaut: »Ich bin zu Ihnen gekommen, um über

Frankreich zu sprechen« und: »Ich bin zu Ihnen gekommen, um über die Zukunft zu sprechen.«

Was Frankreich angeht, möchte ich vier Botschaften vermitteln.

Eine Botschaft des Vertrauens in den Erfolg des wirtschaftlichen Wiederaufschwungs. Die Krise dauert lange, sie zehrt an den Nerven. Aber die Ergebnisse unserer Politik werden langsam sichtbar. Ich fürchte, mein Stil ist allzu optimistisch. Die Zuhörerschaft spendet Beifall. Sie weiß, daß es eine geringfügige Besserung gibt. Aber sie macht mir deutlich, daß sie auf weitere überzeugende Zeichen wartet.

Es folgt die Aufforderung, besondere Anstrengungen zugunsten der Beschäftigung Jugendlicher zu unternehmen. Ich schlage eine Lösung vor: »Jeder Jugendliche muß sicher sein können, entweder einen Ausbildungsplatz oder aber einen Arbeitsplatz zu bekommen.« Die folgenden Regierungen werden sich dieses Programm zu eigen machen.

Es ist mein Wunsch, mich auch an die aus den ehemaligen Kolonien heimgekehrten Franzosen zu wenden. Sie sind im Süden Frankreichs sehr zahlreich. Viele haben mich im Wahlkampf von 1974 unterstützt. Ich weiß, daß sie sich vor mir unter den Zuhörern befinden. Man hat mich vor möglichen Demonstrationen gewarnt. Ich fürchte sie nicht. Ihre Wunden haben sich noch nicht geschlossen. Ihre Forderungen werden häufig ungeschickt vorgebracht, sind aber vom Grundsatz her gerechtfertigt. Ich sage ihnen: »In meiner Eigenschaft als Staatspräsident fordere ich die Regierung auf, ein Entschädigungsgesetz vorzubereiten, das die im Jahr 1970 beschlossene Zahlung auf gerechte Weise ergänzt.« Beifall bricht von allen Seiten los. Man ruft: »Bravo!«

Meiner letzten Botschaft wird schwerer zuzujubeln sein. Aber man muß hier, im Süden Frankreichs, damit beginnen, dem Gedanken zum Durchbruch zu verhelfen. Er betrifft den Beitritt Spaniens zur Europäischen Gemeinschaft. Fast alle stehen ihm ablehnend gegenüber. Im Regierungsbündnis widersetzt sich Jacques Chirac mit der entschlossenen Unterstützung der landwirtschaftlichen Verbände. Und die linke Opposition spricht sich dagegen aus, indem sie den Ruin des südfranzösischen Weinbaus voraussagt.

Aber ich erinnere mich an den Morgen des 27. November 1975, an dem ich - in Begleitung des deutschen Bundespräsidenten Walter Scheel - nach Madrid fuhr, um die Wiedergeburt der spanischen Demokratie zu begrüßen und zu hoffen, daß Frankreich ein wenig ihr Pate sein könne. Ich erinnere mich an das Frühstück, das ich mit Juan Carlos im Zarzuela-Palast einnahm, als er sich auf die Zeremonie vorbereitete, und an seinen kleinen Sohn, der uns schüchtern von der Tür her beobachtete.

Ganz Europa bereitet sich darauf vor, Spanien aufzunehmen. Frankreich, sein Nachbar und ebenfalls romanisch, darf nicht das letzte Land sein, das diesem Beitritt zustimmt. Daher bekräftige ich: »Nun, da sie zur Demokratie zurückgekehrt sind, werden einige Länder darum bitten, sich Europa anschließen zu dürfen. Getreu seiner Aufgabe ist Frankreich bereit, ihnen dabei zu helfen!« Ich lege eine kurze Pause ein, um mein Publikum auszuloten. Beifall begrüßt meinen Satz, stärker als ich es gedacht hatte, auf jeden Fall erkennbar mehrheitlich. Ich erwartete einige Pfiffe. Sie kommen nicht. Ich sage mir, daß die Volksweisheit auf dem Vormarsch ist und erkannt hat, daß die Mitgliedschaft Spaniens gerechtfertigt, in gewisser Weise sogar natürlich ist. Ich werde mich also auf sie stützen können. Und ich fahre in meiner Rede fort mit der Verteidigung der legitimen Interessen der südfranzösischen Landwirtschaft in diesen Verhandlungen.

Nun ist der Zeitpunkt gekommen, die Zukunft vorzubereiten und den politischen Weg der Franzosen bis zum entscheidenden Termin von 1978 abzustecken.

Ich möchte, daß die Zuhörer zwei Ideen in sich aufnehmen.

Zunächst die, daß ich im Amt bleibe - egal was passiert. Kein Druck, kein Manöver, kein persönliches Kalkül werden mich daraus vertreiben. Um sie davon zu überzeugen, muß man den Extremfall annehmen. Die kommunistische Partei hat gerade in einer Broschüre die Bedingungen genannt, denen sich der Staatspräsident zu unterwerfen habe, falls er im Amt bleiben wolle. Ich entgegne: »Die Verfassung Frankreichs wurde vom französischen Volk gebilligt. Sie wird von Broschürenautoren nicht verändert werden! Unter allen Umständen werde ich darüber wachen, daß die Verfassung Frankreichs gewahrt bleibt. Wenn es erforderlich sein sollte, werde ich an alle Demokraten appellieren, und wir werden sehen, ob es in unserem republikanischen Land ›Amateure‹ gibt, die auf einen Staatsstreich hinarbeiten!«

Donnernder Beifall. Eine Welle der Freude bringt die Menge zum Wogen. Die Lippen sind zum Schrei geöffnet. Hier und dort schwenken Abordnungen ihre Schilder. Am Fuß der Tribüne applaudieren die Parlamentsmitglieder noch immer. Ich spüre, daß sie angesichts dieses Gegenschlags glücklich und ergriffen sind. Ganz offenkundig ist Frankreich ein politisches Land!

Der andere Gedanke ist eine Ankündigung, eine Verabredung: »Ich werde auf die richtige Wahl für Frankreich hinweisen. Es ist meine Absicht, den Französinnen und Franzosen die Folgen ihrer Wahl vor Augen zu führen!«

Ich habe meine Worte sorgfältig gewählt. Die »richtige Wahl« muß sowohl bedeuten, daß keine andere möglich ist, daß sie nicht von kleinlichen Überlegungen vorgeschrieben werden kann, als auch, daß sie für die, die diese Wahl treffen, insgesamt förderlich sein wird. Und wenn ich hinzufüge »für Frankreich«, so, um den Gedanken zu übermitteln, daß es nicht um die Angelegenheiten einer Partei oder eines Interessenverbandes geht, sondern um etwas, das erheblich mehr umfaßt: die Menschen, das Land, die nationalen Interessen.

Der Gedanke ist ausgesprochen, die Verabredung getroffen: Ja, ich werde im Amt bleiben. Und wenn die Zeit gekommen ist, werde ich über die richtige Wahl reden.

Ich muß zum Schluß kommen. Meine Rede war bereits zu lang. In diesem oder jenem Augenblick habe ich bemerkt, daß die Aufmerksamkeit nachließ. Jetzt, gegen Ende meiner Rede, nimmt sie aber wieder zu. Die Tage im Juli sind lang, aber nun beginnt die Dämmerung doch hereinzubrechen. Die Stimmung auf dem Platz, der an den Seiten von Fassaden niedriger Häuser und in der Ferne von Platanen eingerahmt ist, wird ruhiger.

Der Titel eines Stückes von Jean-Michel Ribes, dessen Aufführung ich gemeinsam mit den Mitgliedern des liberalen Zirkels »Perspectives et Réalités« sah, kommt mir in den Sinn: *Jenseits der Kastanienbäume.* Der Titel störte mich, als ich ihn auf den Plakaten las, aber das Stück gefiel mir aufgrund der darin zum Ausdruck kommenden Modernität und Begabung. War es der Anblick der Platanen, der es mir wieder in Erinnerung rief? Und ich improvisiere: »Die Schatten werden schon länger. Lange Rede unter den Platanen.«

Dann schlage ich den Zuhörern vor, die *Marseillaise* zu singen. Ein Tonbandgerät spielt die Musik ein. Revolutionäre Hymne oder Nationalhymne - in diesem Augenblick ist es unwichtig. Die Menge ist glücklich, singen zu können, und ich bin glücklich, gemeinsam und mit erhobenen Armen mit ihr zu singen!

Einige Tage später beginnt mein Team für Kommunikationsforschung mit einer Untersuchung. Es lädt eine Auswahl von Personen ein, spielt ihnen meine Rede vor und testet anschließend die Reaktionen. Dann sucht mich Bernard Rideau auf, um mir die Ergebnisse zu erläutern. Die Reaktionen waren insgesamt positiv, allerdings mit Nuancen. Sehr positiv, als es um konkrete Maßnahmen ging, wie zum Beispiel im Falle der Jugendarbeitslosigkeit und der aus ehemaligen Kolonien Heimgekehrten. Weniger günstig, als ich über Außenpolitik sprach. Erneut sehr günstig während des politischen Teils, mit einer besonderen Hervorhebung meiner Ankündigung von der »richtigen Wahl«. Im Gegensatz dazu - Rideau scheint sich fast dafür zu entschuldigen - ging die Aufmerksamkeit während meiner »literarischen« Passagen, insbesondere der Anspielung auf die Platanen, fast auf Null zurück, und die Zuhörer gaben sogar eine gewisse Verärgerung zu erkennen. »Warum hat er das Bedürfnis, uns das zu sagen?« lautete der Kommentar. Ich verspüre einen leichten Stich. Mir hatten die Platanen, die ich am anderen Ende des Platzes sah, gut gefallen. Es schien mir, als wären sie dort gepflanzt worden, um mir den Rand der Menge anzudeuten. Und mir gefiel auch der Anblick der über den Platanen sanft hereinbrechenden Dämmerung.

Im Schwimmstadion fand ein Empfang statt. Die Autos, die uns dorthin brachten, fuhren einmal durch die ganze Stadt. Während dieser Fahrt entdeckte ich einen weitläufigen Vorort, der größer war, als ich vermutet hatte.

Maurice Charretier hatte mehrere tausend Einladungen verteilen lassen. Mein Wagen überholt die lange Schlange derer, die zu Fuß kommen. Wir gehen im Saal auf und ab, begrüßen immer wieder neue Leute. Das Stimmengewirr läßt eine Unterhaltung kaum zu. Aber man ruft sich zu und gibt sich Zeichen. Maurice Charretier nimmt mich am Arm, um mir die Gemeindevertreter der Umgebung vorzustellen. Ganz offensichtlich eröffnet er seinen Wahlkampf. Man reicht mir eine Sektschale, eine zweite. Der Champagner ist eisgekühlt und erfrischt mich. Mit einem Mal spüre ich, daß ich vor Durst fast umgekommen bin. Der Empfang wird sicher bis spät in die Nacht dauern. Ich danke den Organisatoren, die in kleinen Gruppen zusammenstehen und den Erfolg der Kundgebung diskutieren. Aber es ist an der Zeit aufzubrechen.

Einer der beiden Hubschrauber, die dem Staatspräsidenten zur Verfügung stehen, erwartet mich am Rande des Stadions. Ich erkenne seine weißen Umrisse auf einer Rasenfläche. Er bringt uns nach Brégançon, wo wir das Wochenende verleben werden.

Unser Sohn Henri, der gleichfalls an der Versammlung teilgenommen hatte, sollte zu uns stoßen. Man sucht ihn, um ihn von dem bevorstehenden Abflug zu unterrichten. Gefolgt von Jacques Gence, dem Polizeiinspektor in unserer Begleitung, sehe ich ihn über ein Absperrgitter springen. Die Polizisten versuchen sie aufzuhalten, lassen sie dann aber weitergehen.

Die Nacht ist inzwischen hereingebrochen. Der auf Hochtouren laufende Rotor des Hubschraubers saugt uns förmlich an. Die Gäste stehen während des senkrechten Starts mit gesenkten Köpfen um den Hubschrauber herum. Sie schwenken die Arme. Aus der Luft gesehen scheint das Stadion immer kleiner – erleuchtet wie ein Schiff auf hoher See. Ich sehe die Menschenmassen, die sich noch in der Anlage aufhalten. Und ich bitte darum, Carpentras zu überfliegen, aber die Esplanade ist fast schwarz, nur von den an gelbe Pinsel erinnernden Scheinwerfern der Autos durchzogen, die auf den aus der Stadt herausführenden Straßen ein langes geschlossenes Band bilden.

Der Flug über die Provence ist zauberhaft. Wir bewegen uns in einer Höhe von fünf- oder sechshundert Metern, in tiefster Nacht – einer Julinacht, dicht und weich wie Samt. Die großen Schattenflächen der Höhenzüge lösen einander ab, und jedes Mal, wenn man sie hinter sich gelassen hat, tauchen mit Lichtern gesprenkelte Dörfer und kleine Städte auf, so daß sich die Unebenheiten des Geländes abzeichnen. In der Ferne läßt uns ein helleres Leuchten die Küste ahnen. Wir nähern uns ihr, lassen Toulon und seine hohen Felsen rechts liegen.

Wegen der Dunkelheit müssen wir uns der Landebahn von Hyères vom Meer her nähern. Die lange weiße Schleppe des Mondes leuchtet auf dem Wellenteppich. Während der Hubschrauber zu sinken beginnt, schließe ich die Augen. Ich fühle mich entspannt, habe den trockenen Geschmack des Champagners noch in meinem Mund. Die Arbeit ist getan. Ich denke, daß die Botschaft angekommen ist. Auf jeden Fall ist der Rahmen im wesentlichen abgesteckt. Man wird den Fortgang beobachten müssen.

Leichtes Aufprallen der Räder auf der Landebahn. Ich setze mich ans Steuer des bereitstehenden Peugeot und folge der Straße. Ihre Kurven kenne ich inzwischen auswendig. Wir fahren an dem Feriendorf der Post entlang, dann durch große Weinberge. Als wir an Pinienwäldern vorbeikommen, ist die Luft noch lau. Wir fahren die Auffahrt von Brégançon hinauf und bleiben vor dem Eingang stehen, denn es ist nicht möglich, das Auto im Fort abzustellen.

Wir treten in unser Zimmer mit seinem großen provenzalischen Bett, über dem ein Bild der Jungfrau und des Christuskindes hängt, das ich bei einem Antiquitätenhändler in Aix-en-Provence erstand. Durch das geöffnete Fenster dringt ein leichtes, langsames Rauschen, das vom Meer hochsteigt. Ich werde gut schlafen.

Der Herbst 1977 war von zwei Ergebnissen geprägt, die es mir erleichtern werden, die richtige Wahl zu verdeutlichen.

Die wirtschaftliche Lage verbessert sich weiterhin. Sie ist nicht brillant, aber der Aufschwung ist spürbar. Der bis dahin noch immer starke Preisanstieg verlangsamt sich. Im Dezember beträgt die Steigerung nur 0,3 Prozent. Der Außenhandel belebt sich. Für Dezember ist ein Überschuß zu verzeichnen. Und vor allem scheint der Zunahme der Arbeitslosigkeit Einhalt geboten worden zu sein. Die

Zahl der Arbeitssuchenden sank von 1,05 Millionen im November auf 1,02 Millionen im Dezember. Das Programm zur Bekämpfung der Jugendarbeitslosigkeit verzeichnet positive Ergebnisse.

Meine Popularitätskurve und die von Ministerpräsident Raymond Barre scheinen davon zu profitieren. Die Meinungsumfrage, der ich die meiste Bedeutung zumesse, ist die der I.F.O.P., die monatlich in *France-Soir* veröffentlicht wird. Weil die gestellte Frage sehr einfach ist: »Sind Sie zufrieden oder unzufrieden mit V. Giscard d' Estaing als Staatspräsident?« Und weil man über eine große Serie von Zahlen verfügt, denn die gleiche Frage wird seit Juli 1958 regelmäßig gestellt. Man kann auf diese Weise Tendenzen über einen langen Zeitraum untersuchen.

Seit meinem Amtsantritt im Mai 1974 hat die Zahl der Unzufriedenen die der Zufriedenen nur zweimal überstiegen: Erstmals zwischen Oktober 1976 und Januar 1977, dann noch einmal im April und Mai 1977. Von Juli 1977 an kehrt sich das Ergebnis um. Im Monat Dezember erreicht die Zahl der Zufriedenen 52 Prozent und die der Unzufriedenen 38 Prozent. Für Raymond Barre ist die Entwicklung der Zahlen ähnlich. Zum gleichen Zeitpunkt sind 39 Prozent mit seinem Handeln zufrieden, 49 Prozent unzufrieden. Dies waren die letzten Ergebnisse, von denen ich Kenntnis erhielt, als ich meinen nächsten Schritt vorbereitete.

Auf politischer Ebene zeigen sich erste Risse in der durch ein gemeinsames Programm geeinten sozialistischen und kommunistischen Front.

Im September, nach Ende der Ferienzeit, läßt die dritte und kleinste Partei – die Bewegung der Linksradikalen – deutliche Anzeichen von Nervosität erkennen. Die gemäßigteren ihrer Anführer fürchten die wirtschaftlichen Auswüchse, die die Umsetzung des gemeinsamen Programms bewirken könnte. Andere machen sich Sorgen über die Stimmeneinbußen, die sie durch eine zu enge Verbindung mit der kommunistischen Partei erleiden könnten. Sie fordern ein erneutes Aushandeln einiger Bestimmungen des Übereinkommens, besonders im Hinblick auf Verstaatlichungen.

Boten sondieren in den politischen Kreisen die Meinung der Verantwortlichen, meine inbegriffen. Ich erteile Weisung, sich von diesem Kommen und Gehen fernzuhalten. So etwas muß eine Sache des linken Bündnisses bleiben. Jedes Einschreiten wäre unvorsichtig, denn in dieser von Intrigen und Leidenschaften bestimmten Atmosphäre könnte es gegen die verwendet werden, die sich darauf verlassen.

Aber ich greife zur Feder. Das Verlagshaus Hachette hat mir vorgeschlagen, mein Buch *Démocratie francaise*, das vor gerade einem Jahr erschienen ist und dessen Verkauf bereits eine Million Exemplare überschritten hat, in einer Taschenbuchausgabe herauszubringen. Ich gebe meine Zustimmung gern und rege an, ihm eine neue Einleitung voranzustellen. Ich verfasse sie an den Wochenenden, die wir in Authon verbringen. Sie wird im Dezember veröffentlicht und analysiert Ursachen und Folgen der Spaltung im linken Bündnis.

Die Zeit der Entscheidung rückt näher. Der erste Wahlgang der Parlamentswahlen wird vom Ministerrat auf den 12. März 1978 festgesetzt. Da ich mich nicht direkt am Wahlkampf der Parteien beteiligen kann, muß ich meine Einstellungen aus einer gewissen Distanz heraus bekanntmachen.

Ich beschließe, das im Januar in Burgund zu tun. Dort werde ich auf die »richtige Wahl für Frankreich« hinweisen.

Während der ersten zwei Januarwochen, in denen meine Mitarbeiter damit beschäftigt sind, das Programm meiner Reise vorzubereiten, die endgültig auf den 26. und den 27. Januar festgelegt wurde, beginne ich damit, über die Rede nachzudenken, die ich am 27. Januar in der kleinen Stadt Verdun-sur-le-Doubs halten werde.

Diese Rede trage ich in mir. Sie findet sich schon zwischen den Zeilen meiner Einleitung der Taschenbuchausgabe. Hier und dort habe ich mir eine Wendung notiert. Ich werde die Rede allein entwerfen und von Anfang bis Ende mit der Hand schreiben. Es ist eine Botschaft, die direkt aus meinem Erleben und Empfinden kommen muß; eine Botschaft, die sich an die richtet, die in zwei Monaten diese Verantwortung mit mir - der ich vorübergehend mit dem Schicksal unseres Landes betraut bin - teilen müssen.

In den Mittelpunkt meines Textes stelle ich den Satz: »Sie können die Verwirklichung des gemeinsamen Programms wählen. Das ist

Ihr gutes Recht. Aber wenn Sie es wählen, wird es auch verwirklicht werden! Glauben Sie nicht, daß die Verfassung dem Staatspräsidenten Möglichkeiten einräumt, sich dem entgegenzustellen!«

Dieser Warnung lasse ich Gründe vorausgehen und folgen, die der gesunde Menschenverstand zugunsten der richtigen Wahl eingibt.

Ich gebe diese Rede Jean Serisé zu lesen, der einige Verbesserungen anbringt. Dann entschließe ich mich, sie dem Ministerpräsidenten zu zeigen. Die Parlamentswahlen betreffen die Regierung. Der Ministerpräsident wird unweigerlich in den Wahlkampf hineingezogen. Es ist normal, daß er meine Erklärung vorher zur Kenntnis nimmt – um so mehr, da sie einige Themen der Regierungsarbeit streift – und daß er mir, wenn er es wünscht, seine Anmerkungen mitteilt.

Am Donnerstag der Woche vor meiner Reise überreiche ich ihm gegen Ende eines unserer beiden wöchentlichen Treffen ein Exemplar meiner Rede und bitte ihn, mir seine Einschätzung mitzuteilen.

Am Montag sucht er mich wieder auf. Wie immer beginnt er damit, mich über die Arbeit der Regierung zu informieren, und wir besprechen die aktuellen Themen. Zum Schluß der Unterhaltung gibt er mir meinen Text zurück, den er in einen Umschlag gesteckt hat, und sagt: »Ich habe keine besonderen Anmerkungen zu Ihrer Rede, Herr Präsident. Beim Durchlesen fand ich sie gut. Aber ich bitte Sie inständig, den Satz zu streichen, daß, wenn die Franzosen das gemeinsame Programm wählen, es auch umgesetzt wird. Sie können es sich nicht gestatten, so etwas zu sagen! Die Wähler werden demoralisiert sein!«

Seine Reaktion erstaunt mich. Im Gegensatz zu ihm finde ich diesen Satz besonders wichtig. Ich habe ihn geschrieben, um die öffentliche Meinung auf unsere Seite zu ziehen. Ich weiß, daß sich in den meisten demokratisch regierten Ländern die Wahlen, die mitten in einer Amtsperiode stattfinden, gegen die Partei an der Macht richten. Wir werden dieser Regel kaum entrinnen, wenn wir die möglichen Konsequenzen nicht ganz deutlich machen. Denn es handelt sich nicht um einen gewöhnlichen Termin, wie es die Wahl zwischen zwei politischen Richtungen wäre, die beide dem wirtschaftlichen Realismus verpflichtet sind und unsere staatlichen Einrichtungen respektieren. Davon sind wir weit entfernt. Wenn unsere Landsleute - aufgrund wiederholter Enttäuschungen, schlechter Erfahrungen mit der Verwaltung und dem Wunsch, der momentan an der Regierung befindlichen Partei eine Lektion zu erteilen - für die Kandidaten des gemeinsamen Programms stimmen, werden sie, ohne es gewollt zu haben, unweigerlich den Zusammenbruch unserer ökonomischen Strukturen und die Beteiligung der Kommunisten an der Regierung erleben. Und ich werde keine Möglichkeiten haben, dies zu verhindern!

»Aber das entspricht den Tatsachen, Herr Ministerpräsident«, sage ich. »Ich werde mich dem nicht entgegenstellen können. Glauben Sie mir, daß ich viel darüber nachgedacht habe. Das einzige Mittel, über das ich wirklich verfüge, ist das der Auflösung. Es wäre Unsinn, es am Morgen nach einer Parlamentswahl einzusetzen. Und wenn ich mich dennoch dazu entschließe, die Wähler jedoch ihr Urteil bestätigen, bleibt mir nichts als der Rücktritt, und alles wird dahin sein.«

Er beharrt auf seiner Meinung.

»Das können Sie nicht sagen, Herr Präsident. Die Wähler werden glauben, daß Sie sich mit der Verwirklichung des gemeinsamen Programms abfinden. Sie werden nicht mehr den Willen zum Kämpfen haben.«

»Das ist es nicht, was ich sagen will. Im Gegenteil, ich will die Wähler warnen. Sie dürfen nicht glauben, daß sie sich den Folgen ihrer Wahl entziehen können. Aber was Sie sagen ist wichtig.«

»Ich werde darüber nachdenken.«

Er geht, offensichtlich besorgt und unzufrieden darüber, mich nicht überzeugt zu haben.

Am übernächsten Tag sucht mich Jean Serisé in meinem Arbeitszimmer auf, um mir folgendes zu sagen: »Der Ministerpräsident ist beunruhigt über einen Satz Ihrer Rede, die Sie in Verdun-sur-le-Doubs halten wollen. Um Ihre Äußerung, daß Sie, wenn die Wähler für das gemeinsame Programm stimmen, keine Möglichkeit haben werden, sich seiner Verwirklichung in den Weg zu stellen. Er ist der Ansicht, daß das dem Wahlkampf schaden wird, da es unsere Anhänger entmutigen wird. Er hat mich gebeten, noch einmal mit

Ihnen darüber zu sprechen und zu versuchen, Sie von der Streichung dieser Äußerung zu überzeugen. Das ändert nichts am Rest Ihres Textes, den er ausgezeichnet findet.«

Dieser Schritt beunruhigt mich. Ich achte das Urteil Raymond Barres, und wenn er so denkt, werden andere ähnlich denken. Aber ich kenne das Räderwerk, in das die Franzosen während der Wahl geraten, zu lange und bin mißtrauisch. Ich weiß, daß sie die Gelegenheit der Wahlen gern wahrnehmen, um eine persönliche oder allgemeine Unzufriedenheit zum Ausdruck zu bringen, und daß sie keine Überlegung von größerer Tragweite daran hindert. Erst später machen sie sich Sorgen über die Konsequenzen. Man muß versuchen, diesen Mechanismus umzukehren und sie dazu zu bringen, die Folgen einzuschätzen, bevor sie ihren Unmut zum Ausdruck bringen. Denn diesmal steht zuviel auf dem Spiel. Ich werde also an meinem Satz festhalten, mich aber bemühen, ihn zu verdeutlichen. Ich suche ein Bild, ein Beispiel, um ihn zu veranschaulichen. Mir fällt der Zusammenbruch von 1940 ein, der – leider! – eine logische Folge war, nachdem die fassungslosen, eine Erklärung suchenden Franzosen sich jedoch immer wieder sagten: »Man hat uns getäuscht!« Ich werde meine Rede mit dieser Erinnerung beschließen.

Wir flogen am Donnerstag um 9.45 Uhr nach Auxerre. Jean-Pierre Soisson hatte Wert darauf gelegt, mich in seiner Stadt zu begrüßen, in der er 1974 die erste Versammlung meines Präsidentschaftswahlkampfes organisiert hatte. Dort treffe ich die Minister, die mich begleiten werden: Christian Bonnet, Fernand Icart und den Landwirtschaftsminister Pierre Méhaignerie. Simone Veil und Christian Beullac werden unterwegs zu uns stoßen.

Wir fahren weiter nach Saulieu, einer Zwischenstation für Autofahrer in Richtung Süden, die dort vor dem Bau der Autobahn auf die Nationalstraße 7 fuhren. Ende Januar ist es im Morvan eiskalt, und ein winterlicher Wind fegt durch die Straßen. Ein Essen mit Gemeindevertretern ist im örtlichen Festsaal vorgesehen. Da es der dem Département Nièvre nächstgelegene Ort ist und ich die vier Verwaltungsbezirke von Burgund grüßen möchte, hatte ich darum gebeten, den Vorsitzenden der Départementsversammlung François Mitterrand und die Gemeindevertreter der nördlichen

Nièvre einzuladen. Während der Autofahrt erkundige ich mich bei meinem Begleiter Philippe Sauzay: »Wissen Sie, ob Mitterrand am Essen teilnimmt?«

»Ich weiß es nicht. Ich konnte nichts erfahren.«

Als wir den Festsaal betreten, kommt Sauzay auf mich zu: »Der Präfekt hat mir gerade mitgeteilt, daß Mitterrand beim Essen nicht anwesend sein wird. Aber einige, den Regierungsparteien angehörende Gemeindevertreter werden kommen.«

Der Saal ist freundlich, strahlt gute Laune aus. Ich erinnere an den ehemaligen Bürgermeister, Marcel Roclore, der mit mir ein Mandat in der Fraktion der Unabhängigen innehatte.

Am Nachmittag folgen mehrere Zwischenstopps auf der Strecke nach Dijon. Zunächst in Précy-sous-Thil, wo der Schulleiter während des Sommers ein mittelalterliches Festival veranstaltet. Jetzt hat er Schüler in die gelb-roten Kostüme gesteckt. Die Mädchen tragen spitz zulaufende hohe Hüte, die der Jungen sind mit Glöckchen geschmückt. Die Fotografen machen viele Aufnahmen. Die Bilder sind so fröhlich, daß ich versucht sein werde, eins davon als Plakat für den Wahlkampf auszuwählen.

Dann folgt Vitteaux, wo ich mit dem Bürgermeister, dem Abgeordneten G. Mathieu, zusammentreffe, und Sombernon, wo mich der dem Zentrum angehörende Bürgermeister Mercusat mit seinem Gemeinderat empfängt. Der Kanton ist so reich an Kunstwerken, daß das Kulturministerium auf Anordnung André Malraux' vor kurzem ein Bestandsverzeichnis veröffentlicht hat. Mercusat überreicht mir ein Exemplar. Besuch der Schule. Gesang der Schüler. Die trotz des einsetzenden Regens entspannte Atmosphäre stimmt mich auf den Termin des nächsten Tages ein.

Wir erreichen Dijon um sieben Uhr abends; es ist bereits dunkel. Der Bürgermeister der Stadt, Robert Poujade, der feindselige Demonstrationen fürchtete, wünschte keine öffentliche Veranstaltung. Das bedaure ich. Demonstrationen schrecken mich nicht. Oft vermitteln sie sogar den Mitgliedern unseres Bündnisses das Gefühl des Zusammenhalts und erlauben es ihnen, ihre Stärke zu erkennen. Der Präfekt hat einen großen Empfang organisiert, dem ein Essen folgt. Als leidenschaftlicher Bücherfreund schenkt Robert Poujade mir zur Erinnerung an meinen Besuch ein Buch. Bei dem Essen treffe ich zahlreiche Freunde wieder, darunter auch Albert Lalle, den ehemaligen Vorsitzenden des Landwirtschaftsausschusses und seinerzeit eine Art Papst der französischen Bauern. In meiner das Essen beschließenden Rede würdige ich seine Leistungen. Ihn rührt dieser Rückblick in die Vergangenheit. Mich auch.

Der nächste Tag beginnt mit einem Besuch in Nolay, um Lazare Carnots zu gedenken, den seine Familie den großen Carnot nennt. Ich lege am Fuß seines Standbildes Blumen nieder und besichtige sein Geburtshaus, das von seinen Nachkommen im alten Zustand bewahrt wird. Nichts hat sich verändert: die Möbel des Zimmers, in dem seine Mutter ihre zahlreichen Kinder gebar, das Küchengeschirr, die Bibliothek mit den Büchern dieses gebildeten, bereits während des Ancien régime republikanisch gesonnenen Mathematikers und die Jagdgewehre im Flur. Ich bedaure, daß wir nicht häufiger Gebäude in einer Weise erhalten haben, die den Eindruck vermittelt, daß die Zeit dort Zuflucht gesucht hat.

Jean-Philippe Lecat, Mitglied der Départementsversammlung des Kantons Nolay, begleitet mich während dieses Besuchs. Dieser Absolvent einer renommierten Hochschule, Mitglied im Obersten Verwaltungsrat, hat im Elysée als Sprecher gearbeitet. Er rief die Vereinigung für die Demokratie ins Leben, die eine entscheidende Rolle im Zusammenhang mit der Mobilisierung für den Wahlkampf spielen wird. Er ist ein geistreicher Mann, unbekümmert, scharfsinnig und begabt. Er hat seine Freude daran, die Ereignisse unseres politischen Lebens zu kommentieren, Umrisse und Verhalten der wichtigsten Akteure bissig zu karikieren. Manchmal beteilige ich mich an seinem Spiel. Ich finde bei ihm diese Leichtigkeit des französischen Geistes, die Ausländern unverständlich ist und die sie für Verantwortungslosigkeit halten, die sich jedoch als seltene Tugend enthüllt, wenn sie den großen Dramen der Geschichte widersteht. Er ist ein wunderbarer Gefährte.

Ein kleiner Abstecher führt mich nach Montceau-les-Mines im Département Saône-et-Loire, wo ich seinen Bürgermeister, den loyalen und mutigen André Jarrot begrüße, der bis Januar 1976 in der von Jacques Chirac geführten Regierung mein Umweltminister war. Rede im Rathaus, wo er die Erinnerung an die Taten General de Gaulles in sehr direkten Worten wachruft, die treffend klingen und das Publikum ergreifen, das angesichts dieser Größe schweigsam wird. Auf dem Vorplatz des Festsaals Begegnung mit polnischen Folkloregruppen, die in dieser Gegend besonders zahlreich sind.

Dann halten wir in Beaune, um das Hospiz zu besichtigen und im Königssaal zu Mittag zu essen. Ich halte eine kurze Ansprache. Welch eine persönliche Schande für mich, nie zuvor diesen grandiosen, einzigartigen Saal besucht zu haben, der durch die Erinnerung an die Tausende und Abertausende von Kranken bewegt, die im Laufe der Zeit hier waren und in einem der schönsten Räume der Welt hinter den Vorhängen ihrer Betten litten, hofften, mit dem Tode kämpften und das Wasser aus ihren Zinnkrügen tranken.

Der Nachmittag beginnt mit einem Besuch in Clos-Vougeot. Eine Begegnung mit der »Confrérie du Tastevin«, einer burgundischen Bruderschaft von Weinkennern, ist vorgesehen. Das Essen in Beaune hat sich in die Länge gezogen. Wir brechen verspätet auf und fahren mit großer Geschwindigkeit, um die verlorene Zeit aufzuholen. Welche Wunderwerke sind doch diese fein geharkten Weinberge, deren blattlose Reben aussehen wie für mittelalterliche Miniaturen gezeichnet. Wir steigen in den Weinkeller hinab. Die Ordensbrüder erwarten uns in ihren langen Mänteln. Ich werde feierlich eingeführt, dann tauschen wir Höflichkeiten aus. Bevor ich den Elysée verließ, hatte ich den Kellermeister gebeten, mir eine Karte zukommen zu lassen, auf der die guten Jahrgänge vermerkt sind. Während der Fahrt von Beaune hierher habe ich einen Blick darauf geworfen, um sie mir wieder in Erinnerung zu rufen. Ich zähle vor meiner Zuhörerschaft die großen Jahrgänge der burgundischen Weine auf: 1929, 1949, 1961, und ich verweile einen Augenblick dabei, die jeweiligen Vorzüge der Jahrgänge 1964 und 1966 zu vergleichen. Langes zustimmendes Gemurmel. Der große Meister der Bruderschaft bringt mir gegenüber sein Verständnis zum Ausdruck: In Anbetracht meines Zeitplans kann die Weinprobe nur symbolisch sein. Ich protestiere. Wir heben unsere Gläser. Albert Lalle sitzt auf einem Stuhl an der Wand und beobachtet mich aus den Augenwinkeln. Die Weinhändler haben für mich aus ihren Vorräten Flaschen zusammengestellt. Sie sind auf einem Tisch neben dem Ausgang aufgereiht. Ich danke denen, die sie ausgewählt haben. Man wird sie mir in den Elysée nachschicken.

Wir brechen zur Präfektur von Beaune auf. Man hat mir dort ein Zimmer vorbereitet, damit ich mich umziehen und etwas frischmachen kann, bevor wir nach Verdun-sur-le-Doubs fahren.

Ich habe noch eine Dreiviertelstunde Zeit. Der Wein beginnt meinen Verstand angenehm zu trüben, und ich spüre ein Brennen in den Augen, als wären Sandkörner unter meinen Lidern. Ich sage dem Präfekten, daß ich mich zurückziehen würde, um den Text meiner Rede noch einmal durchzulesen. Anne-Aymone errät meine eigentliche Absicht. Sie weiß, daß mir daran gelegen ist, wie ein Boxer vor dem Kampf in bester körperlicher Verfassung zu sein. Ich bitte Walter Lutringer, der sich im Elysée um meine Kleidung kümmert und mich auf jeder meiner Reisen begleitet, mir eine Viertelstunde vor der geplanten Abfahrt Bescheid zu sagen. Ich trete ins Zimmer, schließe die Fensterläden, strecke mich auf dem Bett aus und schlafe an diesem geschäftigen Nachmittag voller Erwartungen und Vorbereitungen ein.

Um 18.40 Uhr startet der Hubschrauber, der uns nach Verdun-sur-le-Doubs bringt. Bürgermeister Maurice Duvernois empfängt mich bei der Ankunft. Ich hatte darum gebeten, keine andere Veranstaltung vorzusehen, um die Aufmerksamkeit ganz auf die Versammlung und meine Botschaft zu richten.

Anders als in Carpentras ist hier ein Zelt aufgebaut. Vorsicht und Wetter geboten es. Wir betreten es direkt hinter dem Podium. Die Ausstattung ist immer die gleiche: Große schwarze Kabel hängen in der Luft und versorgen die Scheinwerfer mit Strom, Feuerwehrleute sind zur Verhütung eines Brandes da und eiserne Absperrgitter, auf die sich die Mitglieder des Ordnungsdienstes stützen. Ich schüttele ihnen die Hände. Das Podium nimmt uns die Sicht. Wir – der Bürgermeister, Anne-Aymone und ich – gehen die Stufen hinauf, und vor uns breitet sich die Menschenmenge aus. Die Leute erheben sich, um zu applaudieren. Die Metallgitter unterteilen das Publikum. Das ist nicht ganz nach meinem Geschmack, aber man versichert uns, daß es unvermeidlich sei.

In den vordersten Reihen sitzen Persönlichkeiten des öffentlichen Lebens. Auch Ministerpräsident Raymond Barre ist aufgrund der Bedeutung, die meiner Rede zugemessen wird, gekommen. Neben ihm sehe ich den Präsidenten der Nationalversammlung, Edgar Faure, der aus seinem Wahlkreis in der Franche-Comté angereist ist. Und die Minister Simone Veil, Beullac, Méhaignerie, denen ich zunicke. An den Seiten befinden sich Tische und dahinter das Publikum. Das Zelt bildet eine Art Glocke aus Segeltuch, in die Licht und Lärm eingesperrt sind. Seine Ränder sind am Boden hochgewickelt, und ich merke, daß die kalte Nachtluft hereindringt.

Der Bürgermeister spricht. Er hat den rauhen Akzent der Burgunder. Seine Begrüßungsworte sind einfach und anrührend, denn ich spüre, daß in ihnen echte Gefühle zum Ausdruck kommen: die Gastfreundschaft und der Stolz darüber, für einen Abend im Mittelpunkt landesweiten Interesses zu stehen.

Als ich das Wort ergreife, wird mir bewußt, daß es meine letzte öffentliche Rede vor den Wahlen ist. Sicher werde ich mich noch im Fernsehen äußern, aber nicht mehr vor der Menge. Und danach? Wer kann es sagen?

Ich muß einen bestimmten Prozentsatz Stimmen zu mir herüberziehen. Die Umfragen, die in den Zeitungen veröffentlicht werden, sind stets ungünstig für das Regierungsbündnis. Ich weiß wohl, daß die Umfragen nicht die Wahlen sind und daß die befragten Personen nicht so antworten wie die Wähler abstimmen werden, aber die Beständigkeit dieser Ergebnisse beunruhigt mich. Ich kann nicht erwarten, daß die Wirkung meiner Rede sofort zu spüren sein wird, aber es muß mir gelingen, daß meine Warnungen und Empfehlungen in den Köpfen der Leute zu arbeiten beginnen.

Ich gebe meiner Stimme einen ruhigen Klang und versuche bereits mit den ersten Worten, den ersten Sätzen klarzumachen, an wen ich mich wende und was meine Botschaft ist.

»Liebe Französinnen, liebe Franzosen, ich bin hierhergekommen, um Sie zu bitten, die richtige Wahl für Frankreich zu treffen.«

Das Publikum applaudiert, sehr stark, lange. Das ist der geeignete Augenblick für meine warnenden Worte. Sie richten sich eigentlich nicht an die anwesende Menge, deren große Mehrheit bereits gewonnen ist, sondern an die riesigen Augen der Kameras, die meine Rede in das ganze Land übertragen.

»Ich werde zunächst erklären, warum ich mich zum Eingreifen entschlossen habe. Einige wollten mich zum Schweigen bringen, aber der Staatspräsident ist zugleich Schiedsrichter und Verantwortlicher. Sein Wahlkreis ist ganz Frankreich.«

Donnernder Beifall. Ich erinnere an den wirtschaftlichen Wiederaufschwung, indem ich die Arbeit der Regierung würdige, die Ministerpräsident Raymond Barre wichtige Impulse verdankt. Ich beglückwünsche ihn zu seinem Mut, seinem Sachverstand und seiner Rechtschaffenheit.

Dann beschreibe ich den anderen Weg, den der Verwirklichung des gemeinsamen Programms. Ich möchte erreichen, daß die Wähler sich über das wirtschaftliche Durcheinander klarwerden, das dies nach sich ziehen würde, die Vergrößerung des Haushaltsdefizits und die Geldentwertung. »Ein weniger wettbewerbsfähiges Frankreich wäre ein Frankreich der Arbeitslosigkeit!«

Nun kommt mein zentraler Satz. Er steht oben auf der Seite. Ich habe ihn mit grüner Tinte unterstrichen. Bevor ich ihn ausspreche, hole ich tief Luft: »Sie können die Verwirklichung des gemeinsamen Programms wählen. Das ist Ihr gutes Recht. Aber wenn Sie es wählen, wird es auch verwirklicht werden. Glauben Sie nicht, daß die Verfassung dem Staatspräsidenten Möglichkeiten einräumt, sich dem entgegenzustellen.

Ich würde meine Pflicht vernachlässigen, wenn ich Sie nicht warnen würde.«

Stille im Publikum. Stille und Erstaunen. Die Zuhörer wissen, daß ich mich eigentlich nicht an sie wende. Aber sie, da sie gekommen sind, um mich zu unterstützen, verspüren plötzlich den Schauer großen Unglücks. Einige Sekunden vergehen, bevor meine Zuhörer sich zur Zustimmung entschließen. Dann beginnen sie auf eine andere Art zu applaudieren – so, als sollte ihr langanhaltender Beifall Ernsthaftigkeit und Entschlossenheit ausdrücken.

Ich fahre recht schnell in meiner Rede fort, denn ich möchte nicht, daß sich der Eindruck verdichtet, sich in Angst verwandelt. Im Gegenteil, ich bin gekommen, um meine Zuhörer zu bitten, mir dabei zu helfen, Frankreich auf dem Weg der Freiheit, der Gerechtigkeit und der Einheit voranzubringen.

Jetzt spreche ich von den Zielen des Regierungsbündnisses und den Maßnahmen, die erforderlich sind, um sie zu erreichen.

Das ist der Augenblick, auf die richtige Wahl hinzuweisen.

Um zu erklären, warum meine Rede einen so ernsthaften Charakter hat, erwähne ich eine Kindheitserinnerung - wie ich im Alter von dreizehn Jahren in der Auvergne den Zusammenbruch der französischen Armee miterlebt habe.

Die Stimmung ändert sich schon durch das Wort »Zusammenbruch«: aufmerksame Stille, diese unerhörte Stille, die, wenn ein plötzliches Gefühl die Menge ergreift, so voller Spannung ist, daß man nicht eine Stimme, das Knarren eines Sitzes oder ein Husten vernimmt. Vor mir in diesem Zelt ist keine einheitliche Menge mehr, sondern da sind Tausende von Personen, die jede für sich Eindrücke, vergangene Bilder, Demütigungen wiederfinden. Ich begreife, daß die Verständigung nun endlich da ist, nicht durch die Gedankengänge, nicht durch die Zahlen, sondern durch dieses Gefühl, das uns alle zugleich in seine Zangen nimmt.

Diese Aufmerksamkeit, diese Spannung werden mich bis zu den letzten Sätzen begleiten: »Die Stärke und auch die Schwäche Frankreichs liegen darin, daß sein Schicksal nie endgültig zwischen der Größe und der Gefahr der Mittelmäßigkeit entschieden ist.

Wer Sie auch immer sind - unbekannt oder berühmt, schwach oder einflußreich -, Sie haben alle den gleichen Anteil am Schicksal unseres Landes. Und Sie werden, wie Sie es immer getan haben, die richtige Wahl für Frankreich treffen.«

Der Saal erhebt sich. Durch diesen Applaus scheint noch die vorherige Aufmerksamkeit hindurch. Es ist die gleiche Welle, die von der Stille in Beifallsstürme übergegangen ist. Wir singen die *Marseillaise*. Ich sehe, daß die Teilnehmer im hinteren Teil und an den Seiten des Zeltes aufbrechen.

Wie sie werde auch ich gehen, ohne mich weiter aufzuhalten. Der Sinn steht mir nicht nach Feierlichkeiten oder Glückwünschen.

Die Würfel liegen auf dem Tisch. Sie werden weiterrollen. Wem werden die Zahlen im März das Glück bringen?

X
Ausblick

Als ich dieses Buch zu schreiben begann, dachte ich, für meine Eindrücke über die Beziehungen zwischen Macht und Leben würde ein einziger Band reichen. Das war nicht realistisch. Zunächst einmal, weil zu viele Erinnerungen auf mich einstürmen und ich nicht möchte, daß ihre Fülle sie erdrückt. Ich müßte noch von einigen großen Persönlichkeiten sprechen, den Präsidenten der Vereinigten Staaten, von Präsident Houphouet Boigny, von den Staatsmännern der Volksrepublik China, vom König von Spanien, von Konstantin Karamanlis und Henry Kissinger. Ich möchte auch den Schatten einiger anderer beschwören: Boumedienne, Jean-Paul Sartre, Pierre Abelin, Robert Boulin, die Gründe für meine Haltung in Afrika und die Möglichkeiten eines Eingreifens darlegen, in allen Einzelheiten das Gipfeltreffen von Guadeloupe und das Treffen von Warschau beschreiben.

Und ich möchte erzählen, wie ich die Angriffe gegen mich empfunden habe, und erklären, weshalb ich unfähig war, mich zu verteidigen. Und schließlich von den letzten Monaten meiner siebenjährigen Amtszeit berichten, suchen, wo die Ursache dafür liegt, daß die 500 000 Stimmen, die meinen Sieg 1974 gesichert haben, mir 1981 fehlten. Für einen einzigen Band ist das viel zu viel Material.

Aber es gibt auch noch einen anderen Grund. Je mehr die Ereignisse, von denen ich schreibe, uns wieder gegenwärtig werden, desto deutlicher wird die Rolle der großen Männer unseres politischen Lebens. Ich würde zum Beispiel gern die Beweggründe nennen, die mich bei der Wahl meiner beiden Ministerpräsidenten geleitet haben, das Schicksal erwähnen, das einen von ihnen traf; ergründen, weshalb meine Versuche zur Entspannung der Lage fehlschlugen, indem ich von meinen Begegnungen mit den Führern der Opposition berichte. Aber eben diese Männer sind heute noch auf der politischen Bühne gegenwärtig.

Ich möchte nicht, daß das, was ich schreibe, verzerrt und benutzt wird, um das Urteil der Franzosen zu beeinflussen, die sich in den kommenden Monaten zu entscheiden haben. Das Vernünftigste ist also, eine Pause zu machen und wieder Atem zu schöpfen.

Als ich diese Erzählung begann, bin ich von einer Erinnerung ausgegangen, der Truppenparade des 14. Juli 1974. Ich möchte sie auch mit einem Bild beenden.

Natürlich suchte ich dafür nach dem schönsten Bild dieser ersten Zeit. Ich hatte die Auswahl: die riesige Menschenmenge, die sich auf den fast bis ins Unendliche steigenden Stufen im Stadion von Kinshasa drängte, die Feier zum Unabhängigkeitstag in den Vereinigten Staaten, der Empfang des Sarges des Unbekannten Soldaten von Indochina auf dem Hof vor dem Invalidendom, mein stürmisch begrüßter Besuch in dem zur Demokratie zurückgekehrten Griechenland, die Fahrt zwischen Rabat und Fez, zu der der König von Marokko mich eingeladen hatte.

Unter all diesen Bildern, die in meiner Erinnerung auftauchen, hat sich eines in mir festgesetzt; das kargste und beklemmendste, das sich an der geheimnisvollen Grenze von Sand und roter Erde erhebt und in dem Elend und Würde sich miteinander verbinden; ein Bild auch, das mir durch die Erinnerung daran eine wesentliche Triebfeder meines Gedächtnisses verrät: der Einzug in Timbuktu während meines Staatsbesuchs in Mali.

Diese Reise nach Mali fand im Februar 1977 statt. In Paris war es Winter. Die Franzosen standen kurz vor den Kommunalwahlen. Mir lag daran, nach Mali - dem ehemaligen Sudan - zu fahren, um dieses Land der Sympathie und der Unterstützung Frankreichs zu versichern. Nach einer Regierung, die das Volk für dumm verkaufte und die Reserven des Landes verschleuderte, hatten neue Männer die Macht übernommen. Sie waren aufrichtig und auf das Wohl des Landes bedacht. Ich war mehrere Male dem Präsidenten, Oberst Moussa Traoré, begegnet und schätzte seine Geradlinigkeit und seinen Willen, die Lage im Land zu verbessern. Ein Problem mußte noch gelöst werden: das des Geldes. Mali gehörte nicht zur Franc-Zone und war auch nicht Mitglied der Zentralbank Westafrikanischer Staaten. Diese Situation war für die Wirtschaft eines Binnenlandes, ohne Zugang zum Meer, ein besonders großes Handikap. Die anderen Mitgliedstaaten der Währungsunion zögerten, Mali aufzunehmen. Der Grund dafür lag in der hohen Staatsverschuldung Malis gegenüber Frankreich; sie fürchteten, diese Last dann mittragen zu müssen. Ich wollte, daß Frankreich sich an dem Versuch einer Lösung beteiligte.

Wir flogen von Orly an einem Sonntagmorgen um 11.30 Uhr bei nebligem und kaltem Wetter ab. Um 16.00 Uhr Lokalzeit landeten wir in Bamako, mitten in einem Fest und bei strahlendem Sonnenschein. Präsident Traoré hatte uns einen Empfang vorbereitet, der den außerordentlichen kulturellen und ethnischen Reichtum Malis demonstrieren sollte: Die Songhai, die Dogon, die Bambara und die Fulbe von Masina hatten sich auf dem Platz versammelt. Einige Gruppen trugen Masken, andere tanzten auf Stelzen. Wir fuhren inmitten einer riesigen Menschenmenge, die nicht abriß, durch ganz Bamako. Präsident Moussa Traoré und ich standen in einem offenen Wagen, und ich beugte mich hinaus, um die Hände zu schütteln, knochige Hände, Kinderhände, alle schwarzen Hände, die sich mir entgegenstreckten. In der Stadt hat man große Bäume angepflanzt. Unsere Kolonne fährt eine Anhöhe hinauf, die den Niger überragt. Dort befindet sich der Kuluba-Palast, in dem wir wohnen sollen. Es handelt sich um die ehemalige Residenz der Gouverneure aus der Zeit der französischen Kolonisation. Ein geräumiger, weißer, frisch gestrichener Bau, schlicht, aber mit jenem Charme, der ihm aus dieser noch kaum erforschten Epoche geblieben ist – der französischen Präsenz in Schwarzafrika, deren psychologische Hintergründe noch einer eingehenderen Analyse bedürfen. Eine Kolonisation, die weder Bitterkeit noch Feindschaft hinterlassen hat, die von einer sehr eingeschränkten wirtschaftlichen Ausbeutung begleitet war und die die Begegnung zwischen zwei Zivilisationen ermöglichte, die sich zwar völlig fremd, aber voller Neugier aufeinander waren und von menschlicher Sympathie getragen.

Am Abend ein offizielles Essen mit schwarzer Krawatte und im Abendkleid. Die Sudanesen sind in traditioneller Tracht erschienen: weißes Baumwollhemd über einer Hose, die von den Knien an eng ist, und gestickte Kappe. Wie vereinbart, gibt es keine offiziellen Ansprachen. Ich fühle mich wohl. Mir sind meine Gastgeber sympathisch. Sie empfangen einen mit der Intuition der Afrikaner für alles, was den Mitmenschen angeht. Und die Nacht, die grenzenlose afrikanische Nacht, die Nacht dieses Kontinents, der noch etwas von jener Welt hat, bevor der Mensch sie betrat, hüllt die Terrasse vor unserem Fenster ein. Am nächsten Morgen um 8.00 Uhr holen uns Präsident Traoré und seine Gattin ab. Wir fliegen nach Timbuktu.

Ich hatte mir diesen Besuch gewünscht und hatte mich auch darauf vorbereitet. Er ist gewissermaßen die Erfüllung eines alten Jugendtraums. Die Häuser aus rotem Lehm, die Dächer in Form einer abgeflachten Pyramide, aus der die eingebauten Holzbalken wie Stacheln herausragen, das schmale Gesicht René Cailliés auf den Briefmarken zur Feier des hundertsten Jahrestags seiner Forschungsreise. Und das Geheimnis, das diese Stadt noch immer umgibt, von der man nicht weiß, ob sie nun eigentlich groß oder klein ist, offen oder unzugänglich.

Ich habe die Informationen gelesen, die das Außenministerium zusammengetragen hat: Der ferne Ursprung von Timbuktu, das um einen von den Tuareg gegrabenen Brunnen unweit eines Kornlagers gegründet wurde. Die Stadt wurde bewacht von der alten Sklavin Buktu, woher auch der Name Tim-buk-tu stammt. Die Ausbreitung des Mandingo-(Melle-)Reichs im 13. und 14. Jahrhundert, als die Stadt 100 000 Einwohner hatte und der König von Timbuktu aus eine prunkvolle Wallfahrt nach Mekka unternahm, von der die Geschichtsschreiber uns berichten. Die Eroberung durch die Songhaiherrscher im 15. Jahrhundert, die aus dem Osten kamen und alle Nachbarvölker unterjochten, bis sich ihr Reich, wie die Legende erzählt, vom Tschad-See bis zum Atlantik erstreckte. Damals erreichten Ruhm und Wohlstand der Stadt Timbuktu ihren Höhepunkt. Aber in den darauffolgenden Jahrhunderten lösten die fremden Herrscher einander in der Stadt ab. Die Tuareg drangen schließlich vom Norden her vor, nahmen die Stadt ein, legten ihr einen hohen Tribut auf. Und das geheimnisumwitterte Timbuktu fiel langsam dem Vergessen anheim.

Unsere Maschine überfliegt eine bemerkenswerte Landschaft, das Land der Dogon, in dem die Dörfer dicht am Fuß der Felsen liegen. Sie sind kaum zu sehen: eine uralte Verteidigungsstrategie der Dogon, die sich früher auch in den Felswänden verschanzten. Ich erfahre aus meiner Dokumentation, daß es in ihrer Religion nur einen einzigen Gott gibt, den Schöpfer eines geordneten Universums, in dem eine unablässig gestörte und wiederhergestellte Harmonie herrscht. Wie viele von uns würden den Dogon darin nicht recht geben!

Der Niger teilt sich unter uns in mehrere Arme, die sich durch ein wüstenähnliches Sumpfgebiet schlängeln, und fließt dann in einem großen Bogen nach Süden. Unsere Maschine verläßt ihn, um in Richtung Nordosten über eine Sandwüste weiterzufliegen. Gleich darauf erreichen wir Timbuktu.

Wir landen auf einem kleinen Platz. Lokale Würdenträger erwarten uns. Musiker singen zu unserer Begrüßung.

Wir fahren weiter in die Stadt, die ein paar Kilometer vom Flughafen entfernt liegt. Die Straße ist ein schmales Band aus rissig gewordenem Teer, den man direkt auf den Sand aufgebracht hat. Sie ist etwa genauso breit wie unsere Landstraßen.

Und hier ereignet sich das Wunder: jenes Bild, von dem ich sprach.

Die ganze Straße entlang haben sich zu beiden Seiten Tuareg auf ihren Dromedaren aufgereiht. Hunderte von Tuareg, vielleicht Tausende, nebeneinander, reglos, in einer Reihe. Sie halten den Kopf ihrer Dromedare hoch, so daß er sich fast auf gleicher Höhe wie das Dach unseres Wagens befindet.

Ich kurbele das Fenster herunter, um besser sehen zu können, aber der Schleier, den die Reiter tragen, bedeckt fast das ganze Gesicht und läßt nur einen schmalen Schlitz für die Augen frei, zwischen Backenknochen und Augenbrauen. An ihren Blicken kann man ihr Alter abschätzen, ob sie jung oder weniger jung sind. Sie sehen mich an, ohne ein Zeichen zu geben, ohne den Kopf zu wenden und blicken starr geradeaus. Von Zeit zu Zeit reagiert einer von ihnen auf eine Bewegung seines Dromedars mit einer kurzen Handbewegung und einem rauhen Befehl.

Sie tragen verschiedenfarbige Schleier. Ich dachte immer, sie seien alle blau. Aber es gibt schwarze, rote, dunkelgrüne, orangefarbene: Bei allen Wüstenvölkern, von Somaliland bis zur Sahara, habe ich stets bemerkt, welch bewundernswerten Farbsinn sie besitzen. Offensichtlich haben sie sich nach Gruppen, mit ihrem jeweiligen Anführer in der Mitte, aufgestellt. Und dieser geradezu unwahrscheinliche Anblick, diese Vision, scheint kein Ende zu nehmen. Nach jeder Kurve sehe ich, wie sich links und rechts die Reihen ins Unendliche fortsetzen.

Ich frage Präsident Moussa Traoré:

»Ein wirklich außergewöhnliches Bild! Wie sind sie denn hierhergekommen?«

»Ich habe keine Ahnung«, erwidert er. »Wir haben keinen Befehl dazu gegeben. Ich denke, die Nachricht von der Ankunft des französischen Präsidenten hat sich wohl herumgesprochen, und sie haben beschlossen, sich hier zu versammeln.«

Die Schönheit dieser wilden, grandiosen Bilder hatte mich zunächst tief bewegt; aber ihre endlose Wiederholung, die ständige Bewegung dieser tausend schlanker, nervöser Füße, die den Sand fast bis zur Höhe der Wagenfenster aufwirbeln, diese dunklen Augen unter den farbigen Schleiern, die fast unbewegliche Haltung der Schultern, die Stellung der Beine mit den leicht angezogenen Knien und den flach in den großen silbernen Steigbügeln steckenden Füße: all dies überwältigte mich so, daß es fast unerträglich wurde.

Nie mehr, so dachte ich, würde ich so etwas wieder erleben.

Als ich vor zwei Tagen beim Abendessen daran dachte, was ich am nächsten Morgen schreiben wollte, fragte ich Anne-Aymone, ob sie sich an den Zeitpunkt unserer Mali-Reise erinnere. Sie überlegte einen Augenblick und erwiderte dann:

»Nein, nicht genau.«

»Denken Sie oft an diese Erinnerungen?«

»Nicht sehr oft.«

Sie steht auf, um in die Küche hinüberzugehen und die Schüssel zu holen, die dort warmsteht, Blutwurst mit dampfendem Apfelkompott. Sie kommt zurück. Wir sprechen nicht oft über diese Zeit. Ich frage weiter:

»Ist es für Sie schwierig, nicht mehr daran zu denken? Ich weiß, Sie finden, ich beschäftige mich zu sehr damit. Aber wie machen Sie es, um solche Gedanken zu vermeiden?«

Sie läßt sich Zeit zu ihrer Erwiderung. Sie denkt nach, um mir eine präzise Antwort geben zu können:

»Das ist nicht weiter schwer. Wenn eine Erinnerung in mir auftaucht, zwinge ich mich, an etwas anderes zu denken.«

Aber ich habe noch eine andere, etwas indiskretere Frage. Ich zögere, bevor ich sie ausspreche:

»Warum tun Sie das? Ist es für Sie quälend, sich daran zu erinnern?«

Sie erwidert mir in dem gleichen, aufrichtigen und gelassenen Ton: »Das ist ein anderes Leben.«

Wir fahren in die Stadt hinein. Auf dem großen Platz, wo für gewöhnlich wohl der Markt stattfindet – dort, wo René Caillié sich als ägyptischer Sklave verkleidet unter die bunte Menge gemischt hat –, verlassen wir den Wagen.

Auf dem Platz drängt sich das Volk. Alle Einwohner der Stadt müssen sich hier wohl versammelt haben. Man hat ein Podium errichtet, auf dem wir anschließend Platz nehmen werden, um die Ansprachen zu hören. Im Augenblick werden mir Datteln und Milch überreicht sowie die Schlüssel der Stadt. Wir gehen zusammen mit Präsident Traoré rings um den Platz. Vor den Reihen der Zuschauer ist kaum Platz für die Folklore-Gruppen, die vor uns tanzen. Die Anwesenden erkennen zwar Moussa Traoré, doch mich schauen sie prüfend an. Sie wissen natürlich nicht, wer ich bin. Aber sie fragen sich, wer das wohl sein könnte: jemand, der so wichtig ist, daß so viele Menschen zusammenströmen, und der aus Frankreich kommt. Wo befindet sich wohl für sie dieses Land, verglichen mit der Wüste und den tausend Armen des Flusses? Wir gehen zu dem Podium und nehmen unsere Plätze ein, um die Ansprachen zu hören. Der Gouverneur beginnt. Er heißt mich – in Songhai-Sprache

- willkommen. Dann bin ich an der Reihe. Ich weiß, daß meine Rede anschließend übersetzt werden wird.

Man hat Lautsprecher, die krächzende Laute von sich geben, auf ein paar hohen Masten rings um den Platz installiert. Ich bemerke die junge Journalistin vom *Express*, die meine Reise begleitet. Sie ist wie eine Wüstenbewohnerin bekleidet und steht gerade auf, um Fotos von der Menge zu schießen. Mir wird klar, daß man auf dem Platz kaum ein Wort hören kann; außerdem versteht wohl kaum jemand französisch: Ich vergewissere mich dessen, indem ich ein paar bestimmte Wortwendungen gebrauche, die keinerlei Reaktionen hervorrufen. Um so besser, denn der Text, den ich vorbereitet habe, ist in dieser Umgebung völlig unpassend. Ich kürze ihn und schließe mit ein paar Worten der Freundschaft und des Dankes für den Empfang, den man mir bereitet hat.

Leider hat der Songhai-Dolmetscher meinen geschriebenen Text in die Hand bekommen. Und die von der Sonne ermattete Menge muß die langweilige, endlos lange Lektüre über sich ergehen lassen.

Das Mittagessen findet im Wüsten-Hotel statt. Auf der Menükarte - die ich heute noch besitze - stand ein Couscous aus weißem Reis und ein Mechoui aus Kamelfleisch. Präsident Moussa Traoré rieb sich schon im voraus die Hände und verriet mir das Rezept: ein Ei in einer Taube, die Taube in einem Huhn, das Huhn in einem Schaf, das Schaf in einem weiblichen Kamel. Wir standen auf, um diesen Anblick zu bewundern. Das Kamel lag mit ausgeweideten Bauch auf dem Rücken, und der Rest des Menüs folgte sozusagen schichtweise. Ich hörte beim Huhn auf. Als wir das Hotel verließen, überreichte man uns unsere Geschenke: zwei Dromedare, ein männliches für mich und ein weibliches für Anne-Aymone. Sie waren noch jung; aber ihr Fell war, wie so oft bei diesen Tieren, an einigen Stellen bereits kahl. Anne-Aymones Dromedar schien mir heller und etwas anmutiger zu sein. Ich sprach den Einwohnern von Timbuktu meinen Dank für ihr Geschenk aus und sagte, ich würde die Dromedare gern nach Frankreich mitnehmen. Man erklärte mir, sie würden durch die Wüste bis zur senegalesischen Grenze laufen, von dort aus den Zug nach Dakar nehmen und anschließend nach Frankreich verschifft werden.

Vier Monate später vergewisserte ich mich, daß sie heil im Zoo von Vincennes angekommen waren.

Bevor wir die Stadt verließen, wollte ich noch eine Moschee besichtigen.

Es gibt mehrere in Timbuktu. Ich wollte gern in die älteste gehen, die berühmte Djingereiber-Moschee, die Kankan Mussa von Melle nach seiner Rückkehr von der Wallfahrt nach Mekka errichten ließ. Ich stellte sie mir sehr groß, sehr hoch und sehr imposant vor.

Dabei ist sie ein Gewirr von schmalen Gängen zwischen Mauern aus Lehm. Durch niedrige Türen sieht man in die Gebetsräume hinein. Die meisten waren leer. Ich mußte mich bücken, wenn ich eine Schwelle überschritt. In einem Saal hörte ich ein Murmeln. Einige Gläubige saßen auf den Teppichen und rezitierten Koran-Verse. Sie drehten sich mit ihrer Amber-Kette in der Hand zu mir um, sahen mich ohne Neugier an und ohne sich von mir unterbrechen zu lassen.

Als ich mich heute wieder an diese Reise erinnerte, war der Zeitraum, der dazwischenlag, plötzlich ausgelöscht, und der geheimnisvolle Mechanismus des Gedächtnisses setzte sich in Bewegung. Die Bilder, die mich bestürmten, waren so intensiv, so unmittelbar und lebendig, daß es mir schien, als könne ich sie berühren. Sie drangen in die Gegenwart ein, und die lange Reihe der Ereignisse, die sich unterdes ereignet hatten, löste sich hinter ihnen auf wie Wolken, die die Sonne verjagt. Ja, ich spüre wieder die kühle, etwas dumpfe Luft fensterloser Gänge und atme unwillkürlich rascher. Meine Finger tasten wieder über die rauhe Oberfläche der Wände, an denen ich mich abstütze, um einen Halt zu haben, und wenn ich durch eine Tür gehe, ducke ich mich, um nicht mit dem Kopf oben anzustoßen. Und als ich aus diesem Labyrinth hinaus in einen feuchten, schimmligen Halbschatten trete, um dann plötzlich wieder draußen zu stehen, auf diesem großen leeren Platz, der vor Hitze kocht, und meine Augen die Helligkeit kaum ertragen, drehe ich mich noch einmal um, um einen letzten Blick auf diese alte, berühmte Moschee zu werfen, deren Mauern der Sandwind zerfrißt.

Und während diese Eindrücke und Gefühle in mir aufsteigen, die ich mit all meinen Sinnen wahrnehme, zwingt mein Gedächtnis mich, die Wirklichkeit zu akzeptieren, diese Wirklichkeit, die ich tagtäglich insgeheim ahne und die ich nicht zuzugeben wage.

Es war gestern.

Authon, 25. Januar 1988

Anhang

Streng vertraulich!

Michel Poniatowski — Paris, den 29. Dezember 1978

An den Präsidenten
der Republik

I. Ihren Instruktionen gemäß bin ich vom 2.–28. Dezember nach Teheran gereist.

Die Stadt befindet sich praktisch im Belagerungszustand; es herrscht eine - sehr strikt gehandhabte - Ausgangssperre von 21.00 Uhr bis 6.00 Uhr früh; der Verkehr ist eingeschränkt. Demonstranten haben Straßensperren errichtet und führen ständige Wagenkontrollen durch (am Flughafen findet eine gemeinsame Kontrolle von Streikenden, Demonstranten und Polizei statt). Die Stadt steht fast ununterbrochen unter Beschuß, Handgranaten explodieren, und es gibt Zwischenfälle mit ausländischen Wagen: Einige davon werden mit Steinen beworfen und ihre Insassen geprügelt. Nur die Franzosen können sich gefahrlos bewegen; wenn der Wagen des Botschafters das Areal verläßt, wird er mit Rufen wie: »Es lebe Khomeini, es lebe Präsident Giscard!« empfangen.

Die Amtsräume der britischen Botschaft wurden in Brand gesetzt; die der amerikanischen Botschaft werden tagtäglich angegriffen. Die Fahrt zum Palast vom Botschaftsgebäude aus, das sich im Stadtzentrum befindet, war schwierig: Wir mußten - mit hoher Geschwindigkeit - zahlreiche Umwege fahren; dabei fielen einige Schüsse. Es gibt kein Benzin mehr; außerdem fehlt es an Heizöl für die Häuser (und das bei strenger Kälte!) sowie an Gas. Der Strom ist fast ständig abgestellt; eine Ausnahme bilden nur die Krankenhäuser und unsere Botschaft.

II. Der Schah machte auf mich einen recht gefaßten und klarsichtigen Eindruck; er wirkte jedoch bedrückt, erschöpft und enttäuscht. Dies ist die Zusammenfassung unseres Gesprächs: »Ich wende mich an Sie als den Politiker, nicht an den diplomatischen Vertreter. Deshalb mögen meine Worte Ihnen vielleicht allzu offen und hart erscheinen.

Hier in Teheran bin ich fast allein zurückgeblieben; die meisten haben mich verlassen. Viele meiner Freunde sind nach Europa gegangen, vor allem«, fügte er mit traurigem Lächeln hinzu, »nach Nizza.

Ich frage mich, ob mich inzwischen nicht auch das Ausland im Stich läßt. Haben sich die westlichen Länder etwa gegen mich verbündet? Hat man vielleicht beschlossen, mich meinem Schicksal zu überlassen? Glaubt man, der ›point of no return‹ sei jetzt erreicht? Wenn das der Fall ist, wäre es besser, mir das offen zu sagen, damit ich bestimmte Maßnahmen treffen und mich neu orientieren kann. Nichts ist so gefährlich wie die Unaufrichtigkeit, mit der man mir Entschlüsse zu verheimlichen sucht. Die Amerikaner behaupten, sie würden mich unterstützen, komme was wolle. Aber ich weiß, daß es bereits Stimmen gibt, die ihre Bedenken gegen diese Zusage anmelden.«

Ich erwiderte ihm daraufhin, wir seien uns völlig darüber im klaren, was auf dem Spiel stehe, und daß die Unabhängigkeit des Irans mit ein Garant für die Unabhängigkeit Europas sei; unsere Solidarität sei ihm daher gewiß.

»Es gibt einen Punkt«, fuhr er fort, »in dem der Westen mir helfen könnte: Eine gemeinsame Intervention, damit die UdSSR ihren Druck verringert. Sie beabsichtigt, den Iran in jeder Hinsicht lahmzulegen und damit auch Europa zu treffen, dem wir 50% seines Erdöls liefern. Im innenpolitischen Bereich wird dieser sowjetische Druck durch die Tudeh-Partei betrieben, allerdings in beschränktem Maße. Dagegen nimmt er auf politischem, diplomatischem und militärischem Gebiet immer mehr zu. Es hat in der letzten Zeit, und insbesondere am Aschura-Tag, Verletzungen unseres Hoheitsgebietes durch sowjetische MiGs gegeben. Ich habe befohlen, nichts weiter zu unternehmen und sie nicht zu verfolgen; aber das war nicht das erste Mal. Solche Vorfälle ereignen sich doch nicht ohne Grund, es sei denn, es handele sich um unkontrollierte militärische Aktionen, was ich nicht für wahrscheinlich halte.

Seit einem Jahr versuche ich zu begreifen, was geschehen ist. Sicherlich haben wir Fehler gemacht, sonst wäre es nicht soweit gekommen. Abgesehen von einer Korruptionsaffäre, über deren weitreichende Folgen ich mir erst jetzt klarwerde, sehe ich die tieferen Gründe für die aktuelle Situation in folgendem:

Zum einen in einer allzu raschen Entwicklung: Der Iran war noch nicht bereit für eine tiefgreifende Verwestlichung und eine laizistische Politik nach dem Vorbild des Atatürk. Zum zweiten in einer starken religiösen Neuorientierung, die dazu führte, daß der Konflikt, der seit mehr als 50 Jahren zwischen unserer Dynastie und dem schiitischen Klerus besteht, zu einer Machtprobe wurde.

Und schließlich zweifellos auch in den Einflüssen von außen. Die der Sowjetunion sind zwar beschränkt, Libyen jedoch hat durch seine finanzielle Unterstützung und Amerika durch sein ungeschicktes Verhalten sein Teil dazu beigetragen.

Was die Innenpolitik angeht, muß ich über mein weiteres Vorgehen selbst entscheiden. Es darf auf keinen Fall in der iranischen Bevölkerung der Eindruck einer ausländischen Beeinflussung entstehen; das wäre sehr gefährlich. Einige Länder tun das und meinen, mir damit zu helfen, aber sie erreichen genau das Gegenteil. Der diplomatische Vertreter eines dieser Länder (eine Anspielung auf den amerikanischen Botschafter Sullivan) ging sogar soweit, mit den Führern der Opposition Verhandlungen in bezug auf die Bildung einer neuen Regierung zu führen.

Sie fragen mich, wie ich weiter vorzugehen gedenke. Wie ich die Zukunft sehe. Es ist sehr schwierig zu handeln, wenn man die Ereignisse nicht mehr in der Hand hat und jeder Schritt sich als ein Fehler erweisen kann...

Es ist sehr schwierig zu handeln, wenn der Boden einem unter den Füßen wegsackt...

Man hat gedacht, man könne mich durch diese Demonstrationen, die nicht nur in Teheran, sondern im ganzen Land stattfinden, in eine Zwangslage bringen. Dank der Treue der Armee konnte ich diese erste Krise überwinden. Aber heute stehe ich vor einer zweiten und sehr viel ernsteren: der Lahmlegung der gesamten Wirtschaft. Das wird uns zwingen, unsere abwartende Haltung aufzugeben, denn jetzt geht es um die Lebensgrundlage des Landes.

Was soll man auch tun, wenn man kein Erdöl mehr hat, ohne das nichts mehr gesichert ist, wenn es kein Gas und keinen Strom mehr gibt. Die Erdölförderung ist auf 350 000 Tonnen pro Tag gesunken, das heißt, die Hälfte von dem, was nötig wäre, um das Land einigermaßen zu versorgen ...«

In diesem Augenblick ging auch gerade das Licht aus, und der Schah fuhr fort: »Sehen Sie, alles erlischt, das ist wie ein Symbol.

Mit der Einstellung unserer Exporte verfügen wir nicht mehr über die nötigen Finanzmittel. Übrigens gehen auch keine Steuern mehr ein. Ich weiß nicht, wovon ich die Armee bezahlen soll; wir müßten neue Banknoten drucken lassen; aber die staatliche Notenanstalt streikt; die Armee wird wohl gezwungen sein, ihr eigenes Geld zu drucken.

Diese Lahmlegung des Staates ist sehr viel ernster als die vorangegangenen Krisen. Sie betrifft das tägliche Leben der Bürger. Was ist also zu tun? Es gibt drei Lösungen. Einmal die politische Lösung: Ich habe sie ein paar Monate lang mit Amebi versucht und damit nur Zeit verschwendet und andere Gelegenheiten versäumt. Um einen Ausweg aus der augenblicklichen Situation zu finden, die durch General Azahris Krankheit noch verschärft wird, habe ich versucht, ein Ministerium unter Leitung von Sandjabi ins Leben zu rufen. Aber nachdem er die nötigen Besprechungen geführt hatte, erhielt ich von ihm den Rat, das Land zu verlassen.

Daraufhin habe ich Sideghi damit beauftragt, eine Regierung zu bilden. Bisher ist ihm das noch nicht gelungen. Ich habe ihm eine neue Frist gesetzt, die am Sonntag, den 31. Dezember, abläuft.

In Wirklichkeit besitzen die politischen Kreise im Iran keinerlei Glaubwürdigkeit; höchstens Wahlen könnten ihnen dazu verhelfen. Im Augenblick sind das alles nichts als Emporkömmlinge.

Eine andere Möglichkeit ist die Gewaltlösung: Sie wird mir von einigen empfohlen, die selbst keine Iraner sind, und ich weiß nicht, ob sie sich darüber im klaren sind, welche Konsequenzen es hätte, würde ich ihren Rat befolgen. Die Gewaltlösung würde eine Massenhinrichtung bedeuten, etwa 30 000 Verhaftungen, ein Blutbad, das Risiko eines Bürgerkrieges und der Intervention des Auslands. Gewiß, diese Leute behaupten, eine Intervention des Auslands sei meine Rettung, aber stimmt das? Der sowjetisch-iranische Vertrag gibt der UdSSR nämlich das Recht zu einem militärischen Eingreifen im Iran, wenn fremde Truppen in unser Land eindringen. Aber ich fürchte, eine solche Intervention könnte sehr einseitig ausfallen: Wenn die russischen Truppen im Iran einmarschieren – und ihre Flugzeuge sind dafür die ersten Anzeichen –, ist und bleibt es die Frage, ob die amerikanischen Truppen dann wirklich Gewehr bei Fuß stehen. Nein, die Gewaltlösung ist das absolute Abenteuer. Habe ich das Recht, mein Land, für das ich so viel getan habe, einem derartigen Risiko auszusetzen und es in solches Leid zu stürzen?

Die dritte und letzte Lösung können Sie sich selbst vorstellen. Es gibt eins, das Sie für mich tun könnten, und ich wäre Herrn Giscard d'Estaing dafür zu großem Dank verpflichtet: Bewegen Sie die Westmächte in Guadeloupe zu einer eindeutigen Haltung. Wirken Sie gemeinsam auf die UdSSR ein, daß sie sich jeder Einmischung und jeder Intervention im Iran enthält. Allerdings müßte das ein klarer gemeinsamer Beschluß aller Beteiligten sein.

Sehen Sie, es gibt so manche, die mir keinen guten Dienst erwiesen haben: Sie treiben mich vorwärts und lassen mich dann im Stich.

Auch hier behaupten einige, mir helfen zu wollen, die in Wirklichkeit jedoch nur Unruhe stiften.

Nein, ich habe kein Konzept, keinen präzisen Plan, weil es unmöglich ist, sich in einer Situation festzulegen, die sich so rasch entwickelt und in der man die Ereignisse nicht mehr unter Kontrolle hat.«

III. Ich habe anschließend das Problem des Ayatollah Khomeini mit ihm durchgesprochen.

»Es handelt sich dabei um eine alte Feindschaft zwischen unserer Dynastie und dem schiitischen Klerus. Khomeini ist gewissermaßen eine Symbolfigur. Und daher muß jeder Schritt wohlüberlegt sein; die Risiken sind sehr groß. Aus diesem Grund hat unsere Botschaft Anfang Oktober auf meine Weisung hin darum gebeten, man möge dem Ayatollah Khomeini den unbegrenzten Aufenthalt in Frankreich gestatten. Sicherlich wäre es mir lieber, ihn in einem anderen Land zu wissen, in dem die Postverhältnisse schlechter sind und damit das Versenden von Kassetten erschwert wäre. Aber wahrscheinlich würde er überall einen Weg finden. Ich dachte schon daran, Ihnen ein Land wie Algerien vorzuschlagen. Das hätte den Vorteil weniger guter Kommunikationsverhältnisse, die politischen Risiken dagegen wären sehr viel größer.

Ich vertraue in dieser Angelegenheit auf den weisen Ratschluß Frankreichs. Ich denke, es ist letztlich besser, nichts zu tun. Jedenfalls müssen Sie sich im klaren darüber sein, daß alles, was man ihm gegenüber unternimmt, weitreichende Folgen hat. Ich bestätige also die Stellungnahme unseres Botschafters von Anfang Oktober; es ändert sich nichts daran. Eine Ausweisung würde mir angelastet werden und hätte schwerwiegende Konsequenzen. Sie könnte der auslösende Funke sein. Handeln Sie, wie Sie es für richtig und vertretbar halten. Aber vergessen Sie dabei nicht, daß die Auswirkungen für Sie wie für mich von größter Tragweite sein können.«

IV. Er fragte mich, ob wir beabsichtigen, ein Kommuniqué herauszugeben, in dem mein Empfang bei ihm und dieses Gespräch erwähnt werden. Ich glaube, er hätte ein solches Kommuniqué gern gesehen, um es nach außen hin als eine klare Stellungnahme Frankreichs für ihn hinzustellen.

In Anbetracht der politischen Situation und der schwerwiegenden Folgen einer solchen Haltung für unsere im Iran wohnenden Landsleute zog ich es vor, ein solches Kommuniqué zu vermeiden – dies um so mehr, da ich nicht weiß, was Sie nun bezüglich des Ayatollahs endgültig entscheiden werden. Außerdem war meine Reise zu diesem Zeitpunkt noch geheim (was sie sicherlich nicht bleibt, denn ich wurde von mehreren Fluggästen erkannt), so daß ich ein Kommuniqué nicht für notwendig hielt.

Ich sagte also dem Schah, ich wolle Ihnen diese Frage überlassen, würde Sie jedoch erst am 3. Januar treffen. Ich bin der Ansicht, wenn die Ereignisse es rechtfertigen, sollte man an diesem Tag höchstens verlautbaren lassen, ich hätte Ihnen Bericht über meine Reise nach Teheran erstattet, nicht mehr. Je nach der Entwicklung der Dinge könnte man das so oder so auslegen. Jedenfalls – Schweigen ist Gold.

V. Natürlich ist es sehr schwierig, die Situation und ihre Entwicklung zu beurteilen und einzuschätzen, da mir manche konkreten Informationen fehlen. Ich kann Ihnen im folgenden also nur meine Eindrücke wiedergeben:

1. Die Krise spitzt sich immer mehr zu; eine Entscheidung steht unmittelbar bevor.

2. Man wird verstärkt zwei Taktiken anwenden: Demonstrationen und Streiks.

3. General Azhari, der im übrigen bettlägerig ist, war vom Schah beauftragt, nicht etwa zu regieren, sondern die Sicherheit wiederherzustellen, für Ruhe und eine geordnete wirtschaftliche Lage zu sorgen und das Land auf allgemeine Wahlen vorzubereiten. Er ist gescheitert.

4. Abgesehen von der Armee besitzt der Schah kaum noch Verbündete. So hat zum Beispiel der Verband der Justizbeamten der Provinz Teheran mit dem Generalstaatsanwalt an der Spitze ein offizielles Schreiben verfaßt und uns übergeben, das an Sie gerichtet ist und in dem man Ihnen dafür dankt, den Ayatollah aufgenommen zu haben und ihm Ihren Schutz zu gewähren.

5. Es handelt sich nicht nur um die allgemeine Ablehnung eines korrupten Polizeistaats, sondern um das Ende einer langen Feindschaft zwischen dem schiitischen Klerus und der Dynastie. Der Konflikt, wie er sich im Augenblick darstellt, ist stark emotional geprägt. Deshalb muß man sich darüber im klaren sein, daß die Ausweisung des Ayatollah, des religiösen Führers, die gleichen schwerwiegenden Folgen hätte wie die Ausweisung des Papstes bei uns.

6. Die beiden einzigen ernstzunehmenden Kräfte, die Priesterschaft und die Armee, besitzen gemeinsame Berührungspunkte, die durchaus zu einer gemeinsamen Verständigung führen könnten. Beide sind stark nationalistisch, konservativ und antimarxistisch eingestellt.

7. Die amerikanische Haltung seit Beginn der Krise beruht auf

einer politischen Analyse, die zu folgender Gleichung führte: Schah = Armee = Unabhängigkeit. Dieser Haltung hat dazu beigetragen, das ganze Problem falsch einzuordnen. Man könnte sich nämlich auch eine andere Gleichung vorstellen: Klerus = Armee = Unabhängigkeit. Mir erscheint sie jedenfalls genauso plausibel, und letztendlich zählt für uns nur die Unabhängigkeit dieses Landes.

8. Der Schah hat noch einige Trümpfe in der Hand: Zum einen die Treue der Armee, die aber - wie zahlreiche Zwischenfälle beweisen - immer mehr abbröckelt.

Das amerikanische Engagement - aber wie weit geht es? Den internationalen Konsens von Peking bis Moskau - Washington nicht zu vergessen -, dem an einer tiefgreifenden Schwächung des Landes letztlich nicht gelegen sein kann. Alle anderen Faktoren sprechen gegen den Schah.

9. Realistisch betrachtet scheint es für ihn nur zwei Möglichkeiten zu geben:

Erstens die Machtprobe zwischen Armee, Polizei und dem gesamten Land, die binnen kurzem zu einem Bürgerkrieg führen würde.

Zweitens Verhandlungen über das Verlassen des Landes, das heißt, die Ernennung eines Militärregenten, der die Zustimmung des Klerus besäße und die Aufgabe hätte, den Frieden wiederherzustellen und allgemeine Wahlen vorzubereiten.

10. Die politischen Kreise besitzen im Augenblick weder Glaubwürdigkeit noch Legitimität; beides könnten sie nur durch Wahlen erreichen.

11. Die Haltung der Öffentlichkeit Frankreich gegenüber ist äußerst positiv, im Gegensatz insbesondere zu der Einstellung gegenüber Großbritannien und den USA. Die Deutschen in Teheran sind bereits bemüht, sich möglichst schadlos aus der Affäre zu ziehen.

12. Es gibt keinen Grund anzunehmen, daß ein sowohl vom Klerus als auch von der Armee gestütztes Regime einen weniger starken Willen zur Unabhängigkeit besäße. Allerdings könnte ein solcher Wille durch eine ungünstige politische Entwicklung aufgrund späterer Wahlen auch wieder ins Wanken geraten.

13. Der Schah erwähnte außerdem, im Fall eines Bürgerkriegs bestünde die Gefahr, daß bestimmte Völkerstämme, wie zum Beispiel die Kurden und Belutschen an der Grenze zu Afghanistan, ihre eigenen seperatistischen Ziele verfolgten.

Bitte beachten Sie die folgenden Seiten

WOLFGANG STRESEMANN

Wie konnte es geschehen?

Hitlers Aufstieg in der Erinnerung
eines Zeitzeugen

248 Seiten, 8 Seiten mit Abbildungen, gebunden

Wie konnte es geschehen? Wie war die Machtübernahme aus den Händen der Weimarer Republik in die des Nazi-Diktators Hitler möglich? Einer der letzten Zeitzeugen legt seinen beeindruckenden Bericht vor: Wolfgang Stresemann, Sohn des Kanzlers und langjährigen Außenministers der Weimarer Republik.

ULLSTEIN